JOSEPH STIGLITZ

# DER WEG ZUR FREIHEIT

JOSEPH STIGLITZ

# DER WEG ZUR FREIHEIT

ÖKONOMIE
FÜR EINE GERECHTE
GESELLSCHAFT

Aus dem Englischen
von Thorsten Schmidt

Siedler

Die Originalausgabe erschien 2024 unter dem Titel
*The Road to Freedom: Economics and the Good Society*
bei W.W. Norton (New York).



FSC
www.fsc.org
MIX
Papier | Fördert gute Waldnutzung
FSC® C014496

Penguin Random House Verlagsgruppe FSC® N001967

1. Auflage

in der Penguin Random House Verlagsgruppe GmbH,
Neumarkter Straße 28, 81673 München
produktsicherheit@penguinrandomhouse.de
(Vorstehende Angaben sind zugleich
Pflichtinformationen nach GPSR)

Redaktion: Fabian Bergmann
Umschlaggestaltung: Büro Jorge Schmidt, München
Satz: satz-bau Leingärtner, Nabburg
Druck und Bindung: GGP Media GmbH, Pößneck
Printed in Germany
ISBN 978-3-8275-0199-8
www.siedler-verlag.de

# INHALT

**Vorwort** 11

**Kapitel 1**
**Einleitung: Gefährdete Freiheit** 29

Die Vielschichtigkeit des Freiheitsbegriffs am Beispiel der USA 33

Zentrale Themen und Fragen 35

Schlüsselprinzipien: Traditionelle Sichtweisen 37

Schlüsselprinzipien: Weitere traditionelle Sichtweisen 46

Anwendungen: Die gute Gesellschaft und wie man sie verwirklicht 50

**Kapitel 2**
**Freiheitskonzeptionen von Wirtschaftswissenschaftlern** 55

Historischer Abriss des ökonomischen Denkens – von Adam Smith bis zur Mitte des 20. Jahrhunderts 56

Eine neue ökonomische Ära 61

Das Scheitern des Neoliberalismus 69

Jenseits der Effizienz: Die moralischen Argumente für den Neoliberalismus 76

Jenseits des Neoliberalismus 80

## TEIL I
## GRUNDPRINZIPIEN DER FREIHEIT 83


**Kapitel 3**
**Die Freiheit des einen ist die Unfreiheit des anderen** 85

Externalitäten sind allgegenwärtig 87

Die Bewältigung von Externalitäten ist die Grundlage der Zivilisation 94

Die Beurteilung von Trade-offs und die Absurdität der absolutistischen Position 97

Externalitäten und die konservative Sichtweise 101

Die regulatorische Lösung 111

**Kapitel 4**
**Freiheit durch Zwang: Öffentliche Güter und das Trittbrettfahrerproblem** 117

Öffentliche Investitionen, die unser Leben bereichern 119

Der Nutzen auf Zwang beruhender Koordinierung 122

Eigennützigkeit im weitesten Sinne 130

Globale öffentliche Güter und globale Koordinierung 133

**Kapitel 5**
**Verträge, der Gesellschaftsvertrag und Freiheit** 136

Das Konzept des Gesellschaftsvertrags 137

Weitere Bestimmungen des Gesellschaftsvertrags: Soziale Absicherung und Lebenszeitmanagement 147

Weitere Elemente bei der Gestaltung des Gesellschaftsvertrags 155

Abschließende Bemerkungen: Leitlinien für die Ausgestaltung des Gesellschaftsvertrags 156

**Kapitel 6**
**Freiheit, eine Wettbewerbsökonomie und soziale Gerechtigkeit** 159

Man bekommt, was man verdient: Die moralische Rechtfertigung von Einkommen und Vermögen in einer Wettbewerbsökonomie 161

Eigentumsrechte und Freiheit 163

Märkte, Ungleichheit und die Spielregeln 173

Den Vorrang von Wettbewerbspreisen bei fehlendem Marktversagen hinterfragen 174

Freiheit, moralische Ansprüche und Umverteilung 177

Abschließende Bemerkungen 182

**Kapitel 7**
**Die Freiheit zur Ausbeutung** 183

Marktmacht 186

Monopolmacht beschneiden und Innovation fördern 199

Abschließende Bemerkungen 205

**TEIL II**
**FREIHEIT, ÜBERZEUGUNGEN, PRÄFERENZEN UND DER AUFBAU DER GUTEN GESELLSCHAFT** 209

**Kapitel 8**
**Sozialer Zwang und sozialer Zusammenhalt** 215

Die gesellschaftliche Formung von Überzeugungen und Präferenzen 216

Externalitäten internalisieren und sozialen Zusammenhalt erzeugen 218

Soziale Kontrolle, Sozialkredit, Werbung und individuelle Freiheit 225

Individuelle Selbstbestimmung und Gruppendruck: Eine philosophische Debatte 230

Die Prägung von Überzeugungen und die Zukunftsfähigkeit des neoliberalen Kapitalismus 232

Abschließende Bemerkungen 238

**Kapitel 9**
**Wie uns soziale Medien und Big-Tech prägen** 239
Der freie Marktplatz der Ideen 241
Die Marktmacht der sozialen Medien 250
Warum Marktmacht im Mediensektor von Bedeutung ist: Eine Vielzahl negativer sozialer Folgen 254
Warum Polarisierung profitabel ist 258
Marktmacht, Ungleichheit und gesellschaftliche Metanarrative 260
Wachsender Konsens über Regulierungsbedarf 265
Die Zukunft des neoliberalen Kapitalismus 270

**Kapitel 10**
**Toleranz, Solidarität und Freiheit** 273
Zwei wichtige Unterscheidungen 275
Die Grenzen der Toleranz 278
Freiheit, Gleichheit, Brüderlichkeit 286
Aus welcher Quelle speiste sich die Toleranz der Aufklärung? 288
Abschließende Bemerkungen 289

**TEIL III**
**DIE WIRTSCHAFTSORDNUNG DER GUTEN UND GERECHTEN GESELLSCHAFT** 291

**Kapitel 11**
**Neoliberaler Kapitalismus: Warum er scheiterte** 299
Das vielfältige Versagen des Neoliberalismus 300
Korrigiert sich unser wirtschaftliches und politisches System von selbst? 309
Vielleicht ist die Zeit reif: Hoffnungsvolle Anzeichen 318

**Kapitel 12**
**Freiheit, Souveränität und zwischenstaatlicher Zwang** 321
Geistiges Eigentum 326
Globale Governance und die Besteuerung multinationaler Konzerne 327
Die Schuldenfalle 330
Investitionsabkommen: Verschleierte Ausbeutung 342
Demokratie, Macht und Weltwirtschaftsarchitektur 347

**Kapitel 13**
**Progressiver Kapitalismus, Sozialdemokratie und eine lernende Gesellschaft** 356
Der Aufbau einer lernenden Gesellschaft 357
Eine dezentrale Wirtschaft mit einem reichhaltigen institutionellen Ökosystem 360
Macht, das Wettbewerbsparadigma und progressiver Kapitalismus 362
Wirtschaftliche Spaltungen, Macht und soziale Gerechtigkeit 367
Progressiver Kapitalismus, die Rolle des Staates und Sozialdemokratie 369
Wie das System Menschen prägt 372
Abschließende Bemerkungen 374

**Kapitel 14**
**Demokratie, Freiheit, soziale Gerechtigkeit und die gute Gesellschaft** 375
Konflikte um Freiheit in einer gespaltenen Gesellschaft beilegen 378
Neoliberalismus und stabile Demokratie 383
Progressiver Kapitalismus, Sozialdemokratie und soziale Gerechtigkeit 392

**Dank** 397

**Anmerkungen** 402

**Register** 473

# VORWORT

Freiheit ist ein menschlicher Grundwert. Aber viele Freiheitsbefürworter fragen nur selten, was diese Idee eigentlich bedeutet. Freiheit für wen? Was geschieht, wenn die Freiheit einer Person auf Kosten derjenigen einer anderen geht? Der in Oxford lehrende Philosoph Isaiah Berlin[1] brachte dies einmal folgendermaßen auf den Punkt: »Die Freiheit der Wölfe hat oftmals den Tod der Schafe bedeutet.«[2]

Wie können wir politische und wirtschaftliche Freiheit miteinander in Einklang bringen? Welche Bedeutung hat das Wahlrecht für jemanden, der Hunger leidet? Wie steht es mit der Freiheit, sein Potenzial auszuschöpfen, was vielleicht nur möglich ist, wenn wir die Reichen besteuern und ihnen die Freiheit nehmen, ihr Geld nach Belieben auszugeben?

Die politische Rechte in den Vereinigten Staaten hat sich vor einigen Jahrzehnten der Freiheitsrhetorik bemächtigt und sie für sich reklamiert, genauso wie sie Patriotismus und die amerikanische Flagge für sich reklamiert.[3] Freiheit ist ein wichtiger Wert, der uns viel bedeutet und bedeuten sollte, aber er ist komplexer und vielschichtiger als die Idee, auf die sich die Rechte beruft. Die gegenwärtige konservative Interpretation des Freiheitsbegriffs ist oberflächlich, irreführend und ideologisch motiviert. Die Rechte spielt sich als Verteidigerin der Freiheit auf. Ich werde zeigen, dass ihre Deutung dieses Begriffs und die Art und Weise, wie sie ihn in praktische

Politik umsetzt, zum entgegengesetzten Ergebnis – einer massiven Einschränkung der Freiheiten der meisten Bürger – führten.

Die Gleichsetzung von freien Märkten mit wirtschaftlicher Freiheit und von wirtschaftlicher Freiheit mit politischer Freiheit veranschaulicht in plastischer Weise diese Schwächen. Einige Zitate führender Republikaner vermitteln einen Eindruck von dem, was ich meine. Als die US-Wirtschaft im Jahr 2008 nach jahrzehntelanger Finanzmarktderegulierung am Rande eines Kollapses stand und die Regierung im Begriff war, das größte staatliche Rettungspaket für die Privatwirtschaft in der Weltgeschichte zu schnüren, formulierte George W. Bush, der zur Zeit der Finanzkrise US-Präsident war, das, worum es ging, folgendermaßen:

> Zwar sind Reformen im Finanzsektor unabdingbar, die langfristige Lösung für die gegenwärtigen Probleme besteht jedoch in nachhaltigem Wirtschaftswachstum. Und der sicherste Weg zu diesem Wachstum sind freie Märkte und freie Menschen.[4]

Vor Bush hatte Ronald Reagan, dessen Präsidentschaft von 1981 bis 1989 weithin als ein Wendepunkt hin zu einer rechtsgerichteten Politik und ein lautstarkes Bekenntnis zu freien Märkten angesehen wurde, eine Gesetzesinitiative zur Gewährleistung wirtschaftlicher Grundrechte ins Leben gerufen.[5] Er bedauerte, dass die US-Verfassung nicht so weit gegangen war, diese Rechte zu verbürgen, und sich stattdessen auf politische Rechte konzentriert hatte. Er erklärte:

> Untrennbar verknüpft mit diesen politischen Freiheiten ist die Sicherung wirtschaftlicher Freiheiten. (…) Während die US-amerikanische Verfassung unsere politischen Freiheiten sehr ausführlich darlegt, sind diese wirtschaftlichen Freiheiten ein integraler Bestandteil davon. (…) Es gibt vier wirtschaftliche Grundfreiheiten. Sie verknüpfen die Lebensgestaltung

untrennbar mit der Idee der Freiheit; sie befähigen den Einzelnen, sein Schicksal selbst in die Hand zu nehmen, und sie machen Selbstbestimmung und persönliche Unabhängigkeit zu einem Teil der amerikanischen Lebensweise.[6]

Diese vier Freiheiten sind: erstens, die Freiheit zu arbeiten, zweitens, die Freiheit, die Früchte seiner Arbeit zu genießen, drittens, die Freiheit, Eigentum zu besitzen und darüber zu verfügen, und viertens, *die Freiheit, an einem freien Markt teilzunehmen – nach Belieben Verträge über Güter und Dienstleistungen abzuschließen und sein Potenzial voll auszuschöpfen, ohne staatliche Beschränkungen der Selbstentfaltung, wirtschaftlicher Unabhängigkeit und Wachstumschancen* (Hervorhebung durch den Verfasser).

Während die amerikanischen Siedler, die sich Ende des 18. Jahrhunderts gegen die britische Krone auflehnten, sich den Slogan »Besteuerung ohne Repräsentation ist Tyrannei« zu eigen machten, scheinen ihre Nachfahren im 21. Jahrhundert zu dem Schluss gekommen zu sein, dass Besteuerung *mit* Repräsentation ebenfalls Tyrannei ist. Ron Paul, ein altgedienter Republikaner aus Texas, der im Jahr 1988 von der Libertären Partei als Kandidat für das Amt des US-Präsidenten aufgestellt wurde, drückte es unverblümt aus: »Wir müssen einsehen: Je mehr der Staat ausgibt, umso mehr Freiheit geht verloren.«[7]

Rick Santorum, von 1995 bis 2007 republikanischer Senator, der sich 2012 um die republikanische Präsidentschaftskandidatur bewarb und um ein Haar aufgestellt worden wäre, formulierte es andersherum: »Je weniger Geld wir wegnehmen, umso mehr Freiheit haben Sie.«[8]

Und Ted Cruz, der republikanische Senator aus Texas und ehemalige Präsidentschaftskandidat von 2016, benannte jene Teile des Regierungsapparats, die seines Erachtens die Freiheit der Bürger am stärksten beeinträchtigten:

»Ich habe die *Five for Freedom* [»Fünf zur Stärkung der Freiheit«] identifiziert: Während meines ersten Jahres als Präsident werde ich mich dafür einsetzen, die Bundessteuerbehörde, das Bildungsministerium, das Energieministerium, das Handelsministerium und das Ministerium für Wohnungsbau und Stadtentwicklung abzuschaffen.«[9]

Diese Freiheitskonzeptionen stehen in deutlichem Gegensatz zu den Idealen, die Präsident Franklin D. Roosevelt formulierte, als er am 6. Januar 1941 in seiner Rede zur Lage der Nation im Kongress eine Freiheitsvision entwarf, welche über die traditionellen Bürgerrechte hinausging, die er in seiner Rede über die »Vier Freiheiten« nur auf die ersten beiden beschränkte:

> Die erste ist die Freiheit der Rede und des Ausdrucks – überall auf der Welt. Die zweite ist die Freiheit jeder Person, Gott auf ihre Weise zu verehren – überall auf der Welt.

In der Erkenntnis, dass diese beiden Freiheiten nicht ausreichten, fügte er zwei weitere hinzu. Die Menschen bräuchten

> (…) Freiheit von Not – was, weltweit gesehen, wirtschaftliche Vereinbarungen bedeutet, die jeder Nation gesunde, friedliche Lebensverhältnisse für ihre Einwohner gewähren – überall auf der Welt.

Und sie bräuchten auch

> (…) Freiheit von Furcht. Diese bedeutet, weltweit gesehen, eine globale Abrüstung, so gründlich und so lange durchgeführt, bis kein Staat mehr in der Lage sein wird, einen Nachbarn mit Waffengewalt anzugreifen – überall auf der Welt.

Ein Mensch, der extreme Not oder Furcht erlebt, ist nicht frei. Ebenso wenig wie jemand, dessen Fähigkeit, ein erfülltes Leben zu führen und sein Potenzial voll auszuschöpfen, eingeschränkt ist, weil er in Armut hineingeboren wurde. Als ich in Gary im Bundesstaat Indiana, der einst florierenden Stahlstadt am Südufer des Michigansees, aufwuchs, sah ich mit eigenen Augen, dass es Afroamerikanern, die im Zuge der *Great Migration* vor der Unterdrückung in den Südstaaten geflohen waren, und Kindern vieler Einwanderer, die aus Europa gekommen waren, um in den hiesigen Stahlwerken zu arbeiten, an wirtschaftlicher Freiheit fehlte. Mehrere meiner ehemaligen Klassenkameraden erzählten mir 2015 bei unserem Highschool-Treffen nach 55 Jahren von ihren Lebenserfahrungen. Nach ihrem Abschluss hatten sie in dem Stahlwerk arbeiten wollen, wie es schon ihre Väter getan hatten. Aber nach einer weiteren Wirtschaftskrise hatten sie *keine andere Wahl* gehabt – keine Freiheit –, als zum Militär zu gehen. Und nach dem Ende ihres Dienstes im Vietnamkrieg hatten sie abermals nur wenige Möglichkeiten gehabt, zumindest ihrer eigenen Einschätzung nach. Die Deindustrialisierung vernichtete Arbeitsplätze im verarbeitenden Gewerbe, sodass hauptsächlich Stellen für sie übrig blieben, bei denen sie von ihrer militärischen Ausbildung profitierten, wie etwa bei der Polizei.

Sowohl als Entscheidungsträger in Washington als auch als Berater und Kommentator wirtschaftlicher Ereignisse sah ich Freiheit in einem anderen Licht als Bush, Reagan und andere Vertreter der Rechten. Von Reagan bis Clinton haben US-Präsidenten die Freiheit der Banken erweitert. Finanzmarktderegulierung und *-liberalisierung* bedeutete, den Banken zu erlauben zu tun, was sie wollten.[10] Schon das Wort »Liberalisierung« impliziert »Befreiung«. Die Banken nutzten diese neue Freiheit auf eine Weise, die ihren Gewinn steigerte, aber enorme Risiken für die Gesellschaft mit sich brachte. Im Zuge der Finanzkrise von 2008 entdeckten wir dann die Kosten. Viele Amerikaner verloren ihre Freiheit von Furcht und Not, als sich immer deutlicher abzeichnete, dass Millionen von Arbeitnehmern und Rentnern ihre Arbeitsplätze und Immobilien verlieren würden. Wir als Gesellschaft verloren unsere Freiheit – wir hatten *keine andere Wahl*, als das Geld der Steuerzahler auszugeben, um die Banken zu retten. Andernfalls wäre das gesamte Finanzsystem – und die Wirtschaft – zusammengebrochen.

In den Jahren, in denen ich Präsident Clinton als Berater zur Seite stand (die letzten beiden zwischen 1995 und 1997 als Vorsitzender des wirtschaftlichen Beirats), lehnte ich die Deregulierung des Finanzsektors entschieden ab, zum Teil deshalb, weil ich erkannte, dass dessen »Befreiung« uns letztlich alle weniger frei machen würde. Nach meinem Ausscheiden im Jahr 1997 verabschiedete der Kongress zwei Gesetze: eines, das die Banken deregulierte, und ein zweites, das die Regierung dazu verpflichtete, Derivate nicht zu regulieren – Schritte, die sogar noch über das hinausgingen, was Reagan getan hatte. Deregulierung/Liberalisierung ebneten dem Finanzdebakel von 2008 den Weg. Reagan und Clinton hatten den Wölfen (den Banken) auf Kosten der Schafe (Arbeitnehmern, Kleinanlegern und Hauseigentümern) Freiheiten eingeräumt.

### *Freiheit im historischen Kontext der USA*

Für US-Amerikaner, die fest davon überzeugt sind, dass ihr Land auf den Prinzipien der Freiheit errichtet worden sei, ist der Begriff besonders sinnträchtig. Daher ist es wichtig, dass wir gründlich darüber nachdenken, was das Wort *damals*, vor 200 Jahren, und was es *heute* bedeutet. Als die USA gegründet wurden, war »Freiheit« ein mehrdeutiger, widersprüchlicher Begriff, und die grundlegenden konzeptionellen Probleme sind seither nur noch deutlicher zutage getreten. Freiheit bedeutete *damals* nicht Freiheit für alle. Sie bedeutete nicht Freiheit für die Versklavten. Frauen und anderen

Personen ohne eigenen Besitz wurden keine gleichen Rechte garantiert, und sie erhielten diese auch nicht. Frauen mussten Steuern zahlen, ohne repräsentiert zu sein – es sollte 140 Jahre dauern, bis das Land sich mit diesen Widersprüchen auseinandersetzte. Das heutige US-Außengebiet Puerto Rico wurde im 16. Jahrhundert gewaltsam von den Spaniern erobert, nach dem Spanisch-Amerikanischen Krieg 1898 an die USA abgetreten, und seine Bürger unterliegen noch immer einer »Besteuerung ohne Repräsentation«.

Seit Langem ist offensichtlich, dass wirtschaftliche und politische Freiheiten miteinander zusammenhängen. Die Debatte darüber, welcher Freiheit Vorrang eingeräumt werden sollte, war von zentraler Bedeutung für den Kalten Krieg. Der Westen behauptete, politische Freiheiten (an denen es in der kommunistischen Welt ganz klar mangelte) seien wichtiger; die Kommunisten behaupteten, dass politische Rechte wenig bedeuteten, wenn nicht zuvor bestimmte grundlegende wirtschaftliche Rechte gewährleistet würden. Aber konnte eine Nation eine Kategorie von Rechten ohne die andere haben? Ökonomen wie John Stuart Mill, Milton Friedman und Friedrich von Hayek haben sich in diese Debatte eingeschaltet und sich mit der Frage beschäftigt,[11] welches Wirtschafts- und politische System diese eng miteinander verschränkten Freiheiten am besten verwirklicht und das individuelle und gesellschaftliche Wohlergehen am besten fördert. Dieses Buch befasst sich aus der Perspektive des 21. Jahrhunderts mit den gleichen Fragen, und es gelangt zu Antworten, die sich deutlich von denjenigen Friedmans und Hayeks in der Mitte des letzten Jahrhunderts unterscheiden.

Das Konzept von »Trade-offs«* spielt in den Wirtschaftswissenschaften eine zentrale Rolle, und diese Idee liefert einen weiteren

* Wirtschaftswissenschaftlicher Begriff, der bedeutet, dass eine Größe, ein Wert oder ein Ziel nur auf Kosten einer anderen Größe etc. optimiert werden kann, dass insoweit ein Zielkonflikt besteht, der durch Abwägungen/Kompromisse gelöst werden muss. (A. d. Ü.)

Grund dafür, dass Ökonomen Substanzielles zu Diskussionen über das Thema Freiheit beisteuern können. Wie sich noch zeigen wird, gibt es auf diesem Gebiet, wenn überhaupt, dann nur weniges, was absolut gilt. Die Ökonomik stellt Werkzeuge bereit, die es erlauben, über die Natur der Trade-offs nachzudenken, und die in Diskussionen über Freiheiten und die richtige Art, Trade-offs zu adressieren, eine zentrale Rolle spielen sollten.

Außerdem fördern wir jede Menge Paradoxien zutage, sobald wir das oberflächliche Bekenntnis der Rechtskonservativen zur Freiheit genauer unter die Lupe nehmen, wie zum Beispiel die bedeutsame Erkenntnis, dass leichter Zwang – jemanden zu nötigen, etwas zu tun, was er aus eigenem Antrieb nicht tun würde – in einigen Fällen die Freiheit aller mehren kann, auch derjenigen, die unter Druck gesetzt werden. Ich werde zeigen, dass die Wirtschaftswissenschaften eine Erklärung für die zahlreichen wichtigen Fälle liefern, in denen kollektives Handeln – etwas gemeinsam tun, was Individuen nicht von sich aus tun würden – wünschenswert ist. Aber wegen sogenannter Trittbrettfahrerprobleme, die wir später erörtern werden, ist kollektives Handeln ohne ein bisschen Zwang oft nicht möglich.

### *Freiheit aus der Sicht des 21. Jahrhunderts*

Letzten Endes werde ich zeigen, dass die wahren Anhänger eines tiefen, bedeutungsvollen Freiheitsbegriffs der progressiven Bewegung sowohl in den USA als auch im Rest der Welt nahestehen. Sie und die Mitte-links-Parteien, die sie repräsentieren, müssen wieder die Kontrolle über die Freiheitsagenda übernehmen. Insbesondere von den Amerikanern verlangt dies, die Geschichte und die Gründungsmythen ihres Landes einer Neubewertung zu unterziehen.

Das erste Ziel dieses Buches besteht darin, den Freiheitsbegriff aus der Sicht der Wirtschaftswissenschaften des 21. Jahrhunderts auf eine verständliche und einfache Weise zu erklären, so wie es

John Stuart Mill in der Mitte des 19. Jahrhunderts in seinem klassischen Werk *On Liberty* (*Über die Freiheit*, 1859) getan hat. In den mehr als 160 Jahren, die seither vergangen sind, hat sich die Welt gewandelt, und das Gleiche gilt für unser Verständnis von Wirtschaft und Gesellschaft. Das, worüber heute auf den Korridoren der Macht diskutiert wird, unterscheidet sich von der damaligen politischen Agenda. Damals waren Erinnerungen an die staatliche Verfolgung bestimmter Religionsgemeinschaften (insbesondere durch die britische Regierung, was ein Grund der betroffenen Gläubigen für die Auswanderung nach Nordamerika war) noch lebendig, und es war vor allem dieses Vermächtnis, das einen prägenden Einfluss auf die Ansichten der Menschen hatte. Heute treiben uns Dinge um wie Klimawandel, Waffengewalt, Umweltverschmutzung, das Recht auf Abtreibung und die Freiheit, seine Geschlechtsidentität auszuleben. In größerer Perspektive diskutieren wir über die Bedeutung sozialer Zwänge und der »zwanghaften« Reaktionen dagegen. Unsere gegenwärtigen Herausforderungen machen eine Neubestimmung grundlegender Begriffe einschließlich dem der Freiheit nötig. Tatsächlich sagte Mill selbst, dass Freiheiten im Zuge des wirtschaftlichen und gesellschaftlichen Wandels neu gedacht werden müssten.

Zwar bin ich fest davon überzeugt, dass Wirtschaftswissenschaftler wichtige Beiträge zu unserem Verständnis von Freiheit und ihrer Beziehung zu unserem Wirtschafts- und Gesellschaftssystem liefern können, aber zugleich engt die besondere, spezifische Brille, durch welche sie für gewöhnlich die Welt betrachten, ihr Gesichtsfeld auch ein. Das Thema ist wesentlich komplexer, als es die begrenzten Blickwinkel von Ökonomen zu erfassen vermögen, und an verschiedenen Stellen im Text weise ich auf diese Begrenzungen hin.[12,13]

### *Wirtschaftssysteme und Freiheit*

Die *Bedeutung* von Freiheit zu verstehen, ist eine Vorstufe zu meinem letztendlichen Ziel: ein wirtschaftliches und politisches System zu beschreiben, das nicht nur in Bezug auf Effizienz, Gerechtigkeit und Nachhaltigkeit hält, was es verspricht, sondern auch moralischen Werten gerecht wird. Bei dieser Diskussion ist Freiheit der wichtigste dieser moralischen Werte, aber Freiheit verstanden als ein Wert, der *eng* mit den Begriffen »Gleichheit«, »Gerechtigkeit« und »Wohlergehen« verbunden ist. Es ist dieser erweiterte Freiheitsbegriff, mit dem gewisse wirtschaftswissenschaftliche Denkrichtungen kurzen Prozess gemacht haben.

Hayek und Friedman waren in der Mitte des 20. Jahrhunderts die bekanntesten Verfechter eines unregulierten, freien Kapitalismus. »Ungezügelte Märkte« – Märkte ohne Regeln und Vorschriften – ist ein Widerspruch in sich, weil ohne staatlich durchgesetzte Regeln und Vorschriften kaum Handel stattfinden würde. Betrug wäre an der Tagesordnung, Vertrauen wäre gering. Eine Welt ohne Beschränkungen wäre ein Dschungel, in dem nur Macht zählte, die bestimmen würde, wer was bekommt und wer was tut. Es wäre überhaupt kein Markt. Verträge über die heutige Lieferung eines Gutes gegen spätere Zahlung wären unmöglich, weil es keinen Durchsetzungsmechanismus gäbe. Aber es besteht ein großer Unterschied zwischen der Aussage, eine gut funktionierende Gesellschaft benötige einen Mechanismus der Vertragsdurchsetzung, und der Aussage, *jeder* Vertrag sollte durchgesetzt werden.

Hayek und Friedman behaupteten, der Kapitalismus – so wie sie ihn interpretierten – sei in Bezug auf Effizienz das beste System, und ohne freie Märkte und freies Unternehmertum gäbe es keine individuelle Freiheit. Sie waren fest davon überzeugt, dass Märkte von sich aus Wettbewerb sicherstellen würden. Bemerkenswerterweise hatten sie die Erfahrungen der Monopolbildung und wirtschaftlichen Machtballung, die zu den Wettbewerbsgesetzen geführt hatten (in den USA der Sherman Antitrust Act von 1890 und, ein Vierteljahrhundert später, der Clayton Antitrust Act von 1914), bereits vergessen – oder verdrängt. Als nach der Großen Depression, der Ende 1929 einsetzenden Weltwirtschaftskrise, die in vielen Ländern der Welt 25 Prozent der Arbeitnehmer arbeits- und mittellos machte, der Staat verstärkt in die Wirtschaft eingriff, befürchtete Hayek, wir befänden uns auf dem Weg zur Knechtschaft, wie er es in seinem gleichnamigen Buch von 1944 ausdrückte;[14] das heißt, auf dem Weg zu einer Gesellschaft, in der Menschen sich der Staatsgewalt unterwerfen würden.

Ich komme zu einer völlig anderen Schlussfolgerung. Aufgrund demokratischer Forderungen haben demokratische Regierungen wie die US-amerikanische durch *kollektives Handeln* auf die Große Depression reagiert. Das Versagen der deutschen Regierung, angemessen auf die stark steigende Arbeitslosigkeit in der Spätphase der Weimarer Republik zu reagieren, führte zum Aufstieg Hitlers. Heute hat der *Neoliberalismus* – der Glaube an ungezügelte, unregulierte Märkte[15] – zu massiven Ungleichheiten geführt und liefert fruchtbaren Boden für Populisten. Zu den »Verbrechen« des Neoliberalismus zählen unter anderem die Deregulierung der Finanzmärkte, welche die schwerste Finanzkrise der letzten 75 Jahre auslöste, die Liberalisierung des Handels mit der Folge einer beschleunigten Deindustrialisierung und die Tatsache, dass es Unternehmen erlaubt wurde, Verbraucher, Arbeitnehmer und ebenso die Umwelt auszubeuten. Anders als es Friedman in seinem (erstmals 1962 erschienenen) Buch *Kapitalismus und Freiheit* behauptete,[16] fördert diese Form des Kapitalismus *nicht* die Freiheit in unserer Gesellschaft. Vielmehr verschaffte sie einigen wenigen neue Freiheiten – auf Kosten der vielen. Freiheit für die Wölfe, Tod für die Schafe.

Ähnliche Probleme treten auch auf internationaler Ebene auf; sie enthüllen aufschlussreiche und wichtige Zusammenhänge zwischen Regeln und dem Ideal der Freiheit. Es ist nicht so, dass die Globalisierung ohne Regeln verlaufen würde, aber diese Regeln gewähren Freiheiten und erlegen Beschränkungen in einer Weise auf, die überall dieselben unterschiedlichen Schicksale von Wölfen und Schafen festschreibt – es ist lediglich so, dass Wölfe und Schafe über verschiedene Regionen und Nationen der Welt verteilt sind. Sogenannte Freihandelsabkommen enthalten Regeln, die die Freiheit von Entwicklungs- und Schwellenländern und der Menschen, die in ihnen leben, einschränken, während sie gleichzeitig multinationalen Konzernen mehr Möglichkeiten zur Ausbeutung geben.

Diese ganze Diskussion führt uns über eine bloße Erkundung dessen, was Freiheit bedeutet, hinaus. Wir befassen uns mit Fragen, die die Grundlagen der modernen Volkswirtschaftslehre betreffen: die moralische Legitimität von Eigentumsrechten und die Verteilung von Einkommen und Vermögen, die die Wirtschaft erzeugt. Die politische Rechte spricht oft von der »Unantastbarkeit von Verträgen«, aber ich werde darlegen, dass viele Verträge in einem tieferen Sinne unmoralisch sind, verboten gehören und nicht gerichtlich einklagbar sein sollten. Aus heutiger Sicht hatten die Gründer der amerikanischen Republik ein falsches Verständnis grundlegender Begriffe wie »Eigentum« und »Freiheit«. Sie erkannten die Eigentumsrechte der Sklavenhalter an – tatsächlich bestand das »Eigentum« in den Südstaaten zu einem großen Teil aus Sklaven –, während sie die Rechte der Sklaven, die Früchte ihrer Arbeit zu genießen, nicht anerkannten. Während die Sklavenhalter davon sprachen, das Joch der britischen Herrschaft abzuschütteln, verweigerten sie vielen Menschen, die in den Südstaaten lebten, elementare Freiheitsrechte. Zweifellos wird man in 100 Jahren auch die heutigen Anschauungen wiederum als mangelhaft ansehen.

Der bedeutende italienische Intellektuelle Antonio Gramsci (1891–1937) lag höchstwahrscheinlich richtig, als er behauptete, unsere Gesellschaftsideologie bilde das Fundament für das reibungslose Funktionieren der Gesellschaft und für die Aufrechterhaltung der Macht der Eliten. Die Ideologie hilft, Institutionen und Regeln zu legitimieren, die einigen mehr und anderen weniger Freiheiten gewähren – einschließlich der Freiheit, die Regeln zu machen. Die Veränderungen in den Glaubenssystemen Amerikas seit der Verabschiedung der Verfassung sollten uns dies deutlich vor Augen führen. Was damals als legitim angesehen und kaum hinterfragt wurde, gilt heute als abscheulich. Deshalb ist es so wichtig, die Prozesse zu verstehen, durch die Ideologien innerhalb einer Gesellschaft entstehen und weitergegeben werden. Und auch in dieser Hinsicht sind Gramscis Erkenntnisse über die Hegemonie der Eliten sehr aufschlussreich. Selbstverständlich wird Einfluss im 21. Jahrhundert auf eine andere Weise ausgeübt als zu seinen Lebzeiten.

In Teil II dieses Buches befassen wir uns mit der Frage, wie sich allgemein akzeptierte Freiheitskonzeptionen herausbilden.

### *Es kommt auf die Wörter an*

Der modernen Verhaltensökonomik verdanken wir die Erkenntnis, dass das »Framing« (die Art der sprachlichen Formulierung eines Sachverhalts) von großer Bedeutung ist. Eine Prämie dafür, dass man das Richtige getan hat, wird anders wahrgenommen als eine Strafe dafür, dass man das Falsche getan hat, auch wenn die beiden aus Sicht der klassischen Ökonomik äquivalent sein und die gleichen Handlungen auslösen können.

Die Sprache der Freiheit, wie sie heute gebräuchlich ist, hat unsere Fähigkeit eingeschränkt, in vernünftiger Weise darüber nachzudenken, welches politische, wirtschaftliche und gesellschaftliche System dem gesamtgesellschaftlichen Wohlergehen am förderlichsten ist – und auch darüber, welches System am ehesten der größtmöglichen Zahl von Menschen Freiheit und Wohlergehen *in einem bedeutungsvollen Ausmaß* bringt. Die Sprache von Zwang und Freiheit ist zu einem emotional stark aufgeladenen Teil unseres politischen Wortschatzes geworden. Freiheit ist gut; Zwang ist schlecht. Tatsächlich gibt es die weitverbreitete, grob vereinfachende Auffassung, wonach »Freiheit« und »Zwang« bloße Gegenbegriffe sein sollen. In einem Fall hat eine Person die Freiheit, eine Maske zu tragen oder nicht, sich impfen zu lassen oder nicht, einen finanziellen Beitrag zu den Verteidigungsanstrengungen ihres Landes zu leisten oder nicht, den Armen Geld zu geben oder nicht. Der Staat hat nun die Macht, ihr diese Freiheiten wegzunehmen. Er kann sie zwingen oder durch Druck dazu bewegen, eine Maske zu tragen, sich impfen zu lassen, Steuern zur Finanzierung der Streitkräfte zu zahlen oder Menschen mit niedrigerem Einkommen zu unterstützen.

Die gleiche Dichotomie gilt für die Beziehungen eines Nationalstaates zu anderen Nationalstaaten. Möglicherweise fühlen sich Staaten dazu gezwungen, etwas zu tun, was sie nicht tun wollen, durch die Androhung entweder militärischer Gewalt oder wirtschaftlicher Maßnahmen, die ihre Wirtschaft so schwer schädigen würden, dass sie ihres Erachtens keine andere Wahl haben.

Allerdings scheint das Wort »Zwang« in vielen Kontexten nicht hilfreich zu sein. Alle Menschen (und alle Staaten) unterliegen Beschränkungen. So könnte man sagen, dass ich gezwungen bin, nicht über meine Verhältnisse zu leben, aber genauso gut könnte man sagen, dass ich keinen Anspruch darauf habe, über meine Verhältnisse zu leben, oder dass niemand anders dazu gezwungen werden kann, mir über mein Budget hinaus zusätzliche Mittel zur Verfügung zu stellen. Wir können die Einschränkung durch ein knapperes Budget einfach als eine von vielen *nicht auf Zwang beruhenden* Möglichkeiten ansehen, die Handlungsfreiheit einer Person einzuschränken. Aber die Budgetbeschränkung einer Person ist in gewisser Weise gesellschaftlich bestimmt. In einer Marktwirtschaft ist sie das Ergebnis wirtschaftlicher Kräfte, die von gesellschaftlich bestimmten Regeln geprägt werden, wie ich noch ausführlicher darlegen werde.

Folglich hat die grob vereinfachende Verwendung des Wortes »Freiheit« durch die politische Rechte eine zentrale gesellschaftliche Freiheit geschwächt: die Freiheit, ein Wirtschaftssystem auszuwählen, das tatsächlich den meisten Bürgern ein Mehr an Freiheit bringen würde. In diesem Sinne hoffe ich, dass die Diskussion in diesem Buch Raum für eine breitere Debatte schaffen wird – dass sie *befreiend* sein wird.

### *Mein intellektueller Werdegang*

Lesern meiner früheren Werke wird auffallen, dass dieses Buch auf Ideen aufbaut, die mich schon seit Langem beschäftigen. Meine wissenschaftliche Karriere begann mit dem theoretischen Nachweis, dass langjährige Annahmen, wonach Wettbewerbsmärkte effizient seien, schlichtweg falsch sind, insbesondere bei unvollständiger Information, was immer der Fall ist. Aber meine Tätigkeiten in der Regierung Clinton und bei der Weltbank überzeugten mich davon, dass die Schwächen der US-Wirtschaft (und der vorherrschenden wirtschaftswissenschaftlichen Modelle) tiefgreifender sind.

In meinen früheren Arbeiten beschrieb ich, wie sich Globalisierung, Finanzialisierung und Monopolisierung auf unsere Wirtschaft auswirkten und wie sie zu der zunehmenden Ungleichheit, der Wachstumsschwäche und schwindenden Aufstiegschancen beitrugen. Ich gelangte auch zu der Überzeugung, dass die Probleme in unserer Wirtschaft und Gesellschaft nicht unvermeidlich waren; sie waren nicht das Ergebnis des Wirkens von Natur- oder ökonomischen Gesetzen. Vielmehr waren sie in gewisser Weise das Ergebnis einer freien Wahl – der Regeln und Vorschriften, die die Grundlage unseres Wirtschaftssystems bilden. Diese waren in den letzten Jahrzehnten maßgeblich vom Neoliberalismus geprägt worden, und der Neoliberalismus war schuld daran.

Aber es gibt noch einen zweiten Teilbereich meiner Arbeit, der für dieses Buch von Belang ist. Es begann mit meinem Interesse für natürliche Ressourcen und die Umwelt – Themen, mit denen ich mich in Aufsätzen beschäftigte, die ich vor vielen Jahren geschrieben habe. Es war offensichtlich, dass es beim Schutz der Umwelt und bei der Nutzung natürlicher Ressourcen schwerwiegendes Marktversagen gab. Ich bemühte mich, sowohl die besondere Eigenart dieses Versagens zu verstehen als auch mögliche Abhilfemaßnahmen vorzuschlagen. Ich war Leitautor des *Intergovernmental Report on Climate Change* von 1995, des ersten derartigen Berichts, der auch wirtschaftliche Analysen enthielt.[17]

Gleichzeitig setzte ich mich im Wirtschaftswissenschaftlichen Beirat des Präsidenten dafür ein, unser System der volkswirtschaftlichen Gesamtrechnung mit dem Ziel zu überarbeiten, die Auswirkungen der wirtschaftlichen Produktion auf die natürlichen Ressourcen und die Umwelt zu erfassen – kurzum: ein »grünes« Bruttoinlandsprodukt (BIP) zu berechnen. Das Handelsministerium, das die volkswirtschaftliche Gesamtrechnung erstellt, hat uns dabei begeistert unterstützt. Wir wussten, dass wir an etwas Wichtigem dran waren, als mehrere Kongressabgeordnete damit drohten, unser Budget zusammenzustreichen, sollten wir unser Vorhaben weiterverfolgen. Meine Arbeit kam vorübergehend zum Erliegen, aber einige Jahre später bat mich der französische Präsident Nicolas Sarkozy, gemeinsam mit dem Nobelpreisträger der Wirtschaftswissenschaften Amartya Sen und unserem Ökonomenkollegen Jean-Paul Fitoussi den Vorsitz der internationalen Kommission für die Messung der Wirtschaftlichen Leistungsfähigkeit und des Sozialen Fortschritts (CMEPSP) zu übernehmen. Unser im Anschluss daran veröffentlichter Bericht *Mismeasuring Our Lives: Why GDP Doesn't Add Up* beeinflusste die Entstehung einer

Bewegung, die gelegentlich auch »Beyond GDP« genannt wird, und die Gründung einer Allianz von Ländern, der Wellbeing Economy Government Alliance, die Wohlergehen im weitesten Sinne in den Mittelpunkt ihrer Agenda stellt.[18] Leitidee der Bewegung und der Allianz ist, dass es nicht nur auf die vom BIP gemessenen materiellen Güter und die Dienstleistungen ankommt, sondern auch auf das Wohlergehen des Einzelnen und der Gesellschaft, das viele Dinge umfasst, die das traditionelle BIP nicht berücksichtigt, einschließlich gegebenenfalls einer Beurteilung der »Lage der Freiheit« in einem Land.

Dieses Buch ist sehr stark von diesem Geist geprägt. Noch gravierender als die Ineffizienzen und Instabilitäten, die der Neoliberalismus hervorgebracht hat, sind die zerstörerischen Ungleichheiten, die er erzeugt, die Tatsache, dass er Egoismus und Unaufrichtigkeit fördert, und die Einengung des Horizonts und der Werte, die zwangsläufig daraus folgt. Einer der gravierendsten Mängel des Neoliberalismus ist die Tatsache, dass er die Freiheit der vielen einschränkt, während er die Freiheit der wenigen vergrößert.

Das vorliegende Buch baut auf meinen früheren Arbeiten auf, die es zusammenführt und erweitert. Es genügt nicht, zu verstehen, warum und in welcher Weise der Neoliberalismus gescheitert ist, und zu erkennen, dass wir über das BIP hinausgehen müssen. Wir haben auch zu fragen, was eine gute Gesellschaft ausmacht, und herauszufinden, was wir tun müssen, um sie zu verwirklichen. Auf den folgenden Seiten liefere ich nicht so sehr eindeutige Antworten, sondern stelle vielmehr Fragen und präsentiere einen Bezugsrahmen für die Analyse dieser Probleme einschließlich der sachgerechten Abwägung zwischen verschiedenen Freiheiten.

Nie in meinem Leben sahen sich Demokratie und Freiheit größeren Herausforderungen und Angriffen ausgesetzt als heute. Ich hoffe, dieses Buch trägt zu einem tieferen Verständnis von Freiheit bei und stärkt die demokratische Debatte darüber, welche Art von politischem, wirtschaftlichem und gesellschaftlichem System für die meisten Bürger einen Zugewinn an Freiheit bringt. Die USA sind eine Nation, die aus der Überzeugung geboren wurde, dass Menschen frei sein müssen. Wir können es nicht zulassen, dass wirtschaftliche und politische Freiheit nur von einer Gruppe definiert wird, die beide anschließend nur zu ihrem Vorteil nutzt.

Wir werden und können diesen existenziellen Kampf um Freiheit und Demokratie nur gewinnen, wenn wir ganz genau wissen, was wir wollen. Wofür kämpfen wir? Wie kommt es, dass die politische Rechte lange Zeit unser Denken über die Begriffe verwirrt hat? Die von ihr betriebene Begriffsverwirrung ist ihren Zwecken sehr dienlich, während sie eine Reihe politischer Schlachten anzettelt, die, sollte sie diese gewinnen, zum genauen Gegenteil dessen führen würde, was echte Freiheit bedeutet.

# KAPITEL 1

# EINLEITUNG

## Gefährdete Freiheit

Die Freiheit ist bedroht. Nach allgemeiner Auffassung leben weltweit immer weniger Menschen in freien und demokratischen Gesellschaften. Freedom House, eine gemeinnützige Organisation in den Vereinigten Staaten, die alljährlich einen Überblick über die weltweite Lage der Freiheit und Entwicklungstrends der Freiheit veröffentlicht, stellte in ihrem Bericht für das Jahr 2022 fest, dass die Freiheiten seit 16 aufeinanderfolgenden Jahren auf dem Rückzug sind. Heute leben 80 Prozent der Weltbevölkerung in Ländern, die Freedom House als autoritär oder lediglich teilweise frei einstuft – das heißt Ländern, denen ein Schlüsselelement einer freien Gesellschaft wie etwa eine unabhängige Presse fehlt. Selbst die Europäische Union mit ihrem klaren Bekenntnis zu Demokratie und Menschenrechten blieb nicht verschont. Ungarn wird seit dem 29. Mai 2010 von Viktor Orbán regiert, der Anhänger eines »illiberalen Demokratiemodells« ist und entschieden gegen eine freie Presse und Selbstbestimmung im Bildungswesen vorgegangen ist. Auf der anderen Seite des Atlantiks hat Donald Trump ganz klar autoritäre Tendenzen, was sich unter anderem daran ablesen lässt, dass er die friedliche Machtübertragung störte, nachdem er bei den Präsidentschaftswahlen von 2020 eine vernichtende Niederlage erlitten hatte. Doch ungeachtet zahlreicher Anklagen und Zivilprozesse, die von Betrug bis zu Vergewaltigung reichten, stellte ihn die Republikanische Partei für die Wahl 2024 abermals

als Präsidentschaftskandidaten auf, und nachdem er sogar gute Aussichten gehabt hatte, wurde er tatsächlich ein zweites Mal ins Amt gewählt.

Wir befinden uns mitten in einem globalen intellektuellen und politischen Krieg, in dem es darum geht, Freiheit zu schützen und zu bewahren. Leisten Demokratien und freie Gesellschaften das, was Bürger von ihnen erwarten und was ihnen wichtig ist, und sind sie darin autoritären Regimen überlegen? Dies ist ein Kampf um die Herzen und Köpfe der Menschen überall auf der Welt. Ich bin fest davon überzeugt, dass Demokratien und freie Gesellschaften die Bedürfnisse ihrer Bürger sehr viel effektiver befriedigen als autoritäre Systeme. Allerdings versagen unsere freien Gesellschaften auf mehreren Schlüsselgebieten, insbesondere in der Wirtschaftspolitik. Aber – und das ist wichtig – dieses Versagen ist nicht unvermeidlich und zum Teil darauf zurückzuführen, dass die verfehlte Freiheitskonzeption der politischen Rechten uns auf den falschen Pfad führte. Es gibt andere Pfade, die eine bessere Versorgung mit den von den Vertretern dieses Lagers gewünschten Gütern und Dienstleistungen gewährleisten, die mehr Sicherheit versprechen und zugleich mehr Menschen einen Zugewinn an Freiheit bringen.[1]

In diesem Buch nähern wir uns Freiheitsfragen aus der Perspektive und mit der Sprache der Ökonomen, sodass es sich, zumindest anfangs, auf das konzentriert, was man wirtschaftliche Freiheit nennen könnte, im Unterschied zu dem, was für gewöhnlich politische Freiheit genannt wird (später werde ich dann darlegen, dass beide im Grunde nicht voneinander getrennt werden können).

### *Freiheit in einer Welt der wechselseitigen Verflechtung*

Wenn wir überdenken wollen, was Freiheit bedeutet, müssen wir zunächst einmal anerkennen, dass wir voneinander abhängig sind. »Niemand ist eine Insel, in sich ganz«, formulierte der englische

Dichter John Donne im Jahr 1624. Dies gilt insbesondere für unsere moderne, urbane, vernetzte Gesellschaft, die sich erheblich von der Agrargesellschaft der präindustriellen Ära unterscheidet, in der viele Menschen mit ihren Angehörigen auf Gehöften lebten, die mitunter weit voneinander entfernt waren. In dicht besiedelten städtischen Gebieten wirkt sich das, was eine Person tut, auf andere aus – angefangen vom Hupen hinterm Steuer bis zum Entfernen der Hinterlassenschaften ihres Hundes beim Gassigehen. Und in unserer industriellen Welt mit ihren Kraftfahrzeugen, Fabriken und der industriellen Landwirtschaft trägt die Luftverschmutzung durch eine Person oder ein Unternehmen nach und nach dazu bei, dass die Atmosphäre zu stark mit Treibhausgasen belastet wird, was zu jener globalen Erwärmung führt, unter der wir alle zu leiden haben.

Eine Grundannahme dieses Buches lautet, dass *die Freiheit einer Person oft gleichbedeutend ist mit der Unfreiheit einer anderen Person* beziehungsweise, anders formuliert, dass *die Stärkung der Freiheit des einen oftmals auf Kosten der Freiheit des anderen geht.* Cicero drückte es vor gut 2000 Jahren so aus: »Schließlich sind wir alle Diener des Gesetzes, um frei sein zu können.«[2] Nur durch kollektives Handeln, durch eine Regierung, können wir ein Gleichgewicht der Freiheiten erreichen. Klug durchdachte staatliche Maßnahmen wie etwa Vorschriften, die die Handlungsfreiheit bis zu einem gewissen Grad einschränken, können in einem grundlegenden Sinne freiheitsfördernd sein – zumindest für einen Großteil der Bevölkerung. In einem gesunden, modernen Gemeinwesen müssen staatliche Eingriffe und Freiheit nicht im Widerspruch zueinander stehen.

Selbstverständlich wurden die Grenzen der Freiheit von jeher infrage gestellt, und sie sind zwangsläufig nicht klar definiert. Sollte die Meinungsfreiheit *überhaupt nicht* eingeschränkt werden, auch nicht in Bezug auf Kinderpornografie? Privateigentum stellt eine

Beschränkung dar – eine Person hat das Recht, einen Vermögensgegenstand zu gebrauchen und darüber zu verfügen, während andere dieses Recht nicht besitzen. Aber Eigentumsrechte müssen definiert werden, insbesondere was neuere Formen des Eigentums wie zum Beispiel geistiges Eigentum betrifft. Selbst die US-Verfassung erkennt das »hoheitliche Obereigentum« *(eminent domain)* an, also das Enteignungsrecht des Staates, verbunden mit angemessener Entschädigung. Und die Umstände, unter denen dem Staat dieses Recht zusteht, wandeln sich von Rechtsfall zu Rechtsfall.

Ein Großteil dieser Debatte betrifft die Balance zwischen der Freiheit von staatlichem Zwang und der Freiheit, nicht durch andere geschädigt zu werden. Aber es gibt eine wichtige positive Dimension von Freiheit, die ich bereits erwähnt habe: die Freiheit, sein Potenzial auszuschöpfen. Menschen, die finanziell kaum über die Runden kommen, haben in gewisser Weise keine Freiheit. Sie tun, was sie tun müssen, um zu überleben. Aber um ihnen die Mittel zu geben, die sie benötigen, um ein auskömmliches Leben zu führen oder gar ihr Potenzial auszuschöpfen, ist es nötig, alle Bürger eines Gemeinwesens zu besteuern.[3] Manche Anhänger der politischen Rechten behaupten, dass eine solche Besteuerung – auch mit Repräsentation – einer Tyrannei gleichkomme, weil sie das Recht verloren hätten, ihr Geld nach eigenem Belieben auszugeben. In der gleichen Weise sind sie der Meinung, dass Gesetze, die Arbeitgeber dazu verpflichten, den Mindestlohn – oder einen auskömmlichen Lohn – zu zahlen, diesen die Freiheit nimmt, den Lohn zu zahlen, für den jemand bereit ist, für sie zu arbeiten. Diese Freiheit trägt sogar einen eleganten Namen: Vertragsfreiheit.

In diesem Buch geht es mir letztlich darum, zu ergründen, welches Politik-, Wirtschafts- und Gesellschaftssystem den meisten Bürgern am ehesten einen Zugewinn an Freiheiten bringt, unter anderem dadurch, dass Freiheitsgrenzen sachgerecht und angemessen festgelegt, geeignete Regeln und Vorschriften erlassen und die richtigen Abwägungen getroffen werden.

Die Antwort, die ich vorlege, läuft derjenigen zuwider, die sich seit über 100 Jahren in den Schriften von Konservativen findet. Es ist nicht der von Libertären befürwortete »Minimalstaat« und auch nicht der vom Neoliberalismus erträumte »gebundene Staat«.[4] Vielmehr läuft mein Vorschlag auf so etwas wie eine modernisierte europäische Sozialdemokratie oder einen neuen Amerikanischen Progressiven Kapitalismus, eine sozialdemokratische Politik für das 21. Jahrhundert oder den skandinavischen Wohlfahrtsstaat hinaus.

Selbstverständlich stehen hinter diesen verschiedenen Wirtschaftssystemen – dem neoliberalen Kapitalismus einerseits und dem progressiven Kapitalismus andererseits – verschiedene Theorien über individuelles Verhalten und die Funktionsweise von Gesellschaften sowie Theoretiker, die erklären, warum das von ihnen bevorzugte System anderen überlegen ist. Im nächsten Kapitel greifen wir diese alternativen Theorien und Theoretiker auf.

## DIE VIELSCHICHTIGKEIT DES FREIHEITSBEGRIFFS AM BEISPIEL DER USA

Die Vielschichtigkeit des Freiheitsbegriffs wird durch die Diskussionen über Freiheit in den Vereinigten Staaten besonders gut verdeutlicht. Freiheit saugen Amerikaner schon mit der Muttermilch ein. Die Gründung der USA war ein Akt der Freiheit – die Amerikaner entrissen ihren britischen Oberherren, die Tausende Kilometer weit weg waren, die politische Herrschaftsgewalt. Jedes Schulkind in den Vereinigten Staaten lernt den Ausruf »Gebt mir die Freiheit, oder gebt mir den Tod!«, den einer der bekanntesten Verfechter der Unabhängigkeit, der Rechtsanwalt Patrick Henry aus Virginia, bei einer Rede 1775 prägte, und bei zahllosen öffentlichen Gelegenheiten singen die Amerikaner ihre Nationalhymne mit den Worten »das Land der Freien und die Heimat der Tapferen«. Die ersten zehn Zusatzartikel zur Verfassung, die Bill of Rights, stellen sicher, dass der Staat die Grundfreiheiten des Einzelnen nicht beeinträchtigt. Aber die letzten Jahre haben es mit dieser Darstellung der US-amerikanischen Geschichte nicht gut gemeint. Denn es gab damals zwar Freiheit für einige, doch das Gegenteil von Freiheit für versklavte Völker. Andere – die indigenen Völker des Kontinents – erlebten einen regelrechten Genozid. Die Freiheit, für die sich die Patrioten des Landes einsetzten, war nicht die Freiheit für alle oder ein allgemeines Freiheitsideal, sondern Freiheit *für sich selbst*. Es war insbesondere politische Freiheit von der Herrschaft des britischen Königs und von den Steuern auf Tee, die er verhängt hatte.

Zumindest von unserem heutigen Blickwinkel aus ist es schwer zu verstehen, wie eine Gesellschaft, die der Freiheit einen so hohen Stellenwert einräumte, es zulassen konnte, dass die Sklaverei fortdauerte. Nach Ansicht mancher Apologeten müssen wir die damaligen Verhältnisse nach den zeitgenössischen Moralvorstellungen beurteilen; aber selbst damals gab es Stimmen, die die Sklaverei als ein moralisches Übel verdammten.[5]

So gesehen, ging es bei der Amerikanischen Revolution weniger um Freiheit als um die Frage, wer die politische Herrschaft ausüben sollte, darum, ob es eine Autonomie mit einer Regierung der lokalen Eliten oder eine »Fernherrschaft« durch ein Parlament in London geben sollte, in dem die Ablehnung der Sklaverei immer größeren Zuspruch fand. Schließlich schaffte Großbritannien im Jahr 1833 und damit gut 30 Jahre früher als die Vereinigten Staaten die Sklaverei ab. (Noch deutlicher war die zentrale Rolle der Sklaverei in Texas, das gegen Mexiko »rebellierte« und dann im selben Jahr, in dem Mexiko die Sklaverei verbot, den Vereinigten Staaten als Sklavenstaat beitrat.)

Auch später, im 20. Jahrhundert, war es nicht anders: Zur gleichen Zeit, als man im Weißen Haus große Reden über die zentrale Bedeutung von Freiheit hielt, wurden Bemühungen unterstützt, die demokratischen Freiheiten anderer zu untergraben. So war der US-Auslandsgeheimdienst CIA in Militärputsche in einer Reihe von Staaten wie etwa Griechenland und Chile verwickelt – was für Tausende Menschen den Verlust der grundlegendsten Freiheit nach sich zog: der Freiheit zu leben.

Ein anderer Aufstand aus jüngerer Vergangenheit – die Erstürmung des Kapitols in Washington am 6. Januar 2021 – war ein Angriff mit dem Ziel, den wichtigsten Prozess in einem demokratischen Gemeinwesen zu sabotieren – die friedliche Machtübertragung. Als sich ein Großteil der Republikanischen Partei in eine Art Sekte verwandelte und entgegen allen Beweisen behauptete, die Wahl sei gestohlen worden, wurde deutlich, dass die Demokratie in den USA in Gefahr ist, und mit ihr die Freiheiten, die den Amerikanern lange Zeit so viel bedeuteten. Viele derjenigen, die an dieser Erstürmung teilnahmen, behaupteten indes, sie würden die Freiheit *verteidigen.*

Unsere gespaltene Nation wird nur dann eine Chance haben, wieder zusammenzukommen, wenn wir diese Konzepte besser verstehen.

## ZENTRALE THEMEN UND FRAGEN

Wie bereits gesagt, lautet die zentrale Botschaft dieses Buches, dass der Begriff der Freiheit vielschichtiger ist, als es seine grob vereinfachende Verwendung durch die politische Rechte nahelegt. Ich möchte hier kurz innehalten, um zu erklären, in welchem Sinne ich den Begriff »die Rechte« verwende. Ich beziehe ihn weit gefasst auf verschiedene Gruppen in den USA – einige davon bezeichnen sich selbst als »Konservative«, andere als »Libertäre«, während sich wieder andere politisch als »rechts von der Mitte« einordnen –, die viele unterschiedliche Sichtweisen haben, aber die Überzeugung teilen, dass die Rolle der US-Bundesregierung und der Umfang kollektiven Handelns begrenzt sein sollten. Anders als einige Anarchisten glauben diese Gruppen jedoch an den Staat. Sie glauben, dass Eigentumsrechte durchgesetzt werden müssen. Die meisten glauben (oft fest) an die Notwendigkeit von Rüstungsausgaben. Und einige würden auch andere begrenzte Maßnahmen des Bundes befürworten, wie etwa öffentliche Unterstützung im Fall einer Krise wie eines verheerenden Erdbebens oder Hurrikans. Dieses Buch erklärt, warum es notwendig ist, dass der Staat eine umfassendere Rolle spielt, und betrachtet diese umfassendere Rolle insbesondere durch die Brille der Freiheit.

Die Reflexion über die Bedeutung von Freiheit lässt uns tiefer über viele Schlüsselaspekte der Gesellschaft nachdenken, die wir oft als selbstverständlich erachten – zum Beispiel über die Arten von Verträgen, die durchgesetzt werden sollten. Sie lässt uns über die Bedeutung von Toleranz und ihre Grenzen nachdenken. Wie tolerant sollten wir gegenüber denjenigen sein, die intolerant sind? Ich werde nicht alle schwierigen Fragen, die aufkommen, beantworten können, aber ich hoffe, dass ich zumindest verdeutlichen kann, worum es geht, und einen Rahmen für eine vertiefte Beschäftigung mit ihnen zu skizzieren vermag. Weil einige der Fragen sehr komplex sind, befürchte ich, dass ich vor lauter Bäumen den Wald aus dem Blick verliere. Daher möchte ich auf den nächsten Seiten einen Abriss des Themas geben und einige der zentralen Ideen und Fragen beschreiben, die von essenzieller Bedeutung für ein tieferes Verständnis von Freiheit sind. Ich strukturiere die Diskussion entsprechend den drei Teilen, in die das Buch gegliedert ist.

Der erste Teil betrachtet Freiheit und Zwang durch die Brille eines traditionellen Ökonomen, der die Überzeugungen und Wünsche eines Individuums als etwas Feststehendes, das sich im Lauf der Zeit nicht verändert und nicht von anderen beeinflusst wird, ansieht. Der zweite Teil greift Erkenntnisse der modernen Verhaltensökonomik auf, wonach Überzeugungen und Verhaltensweisen geformt werden *können*. Das ist gerade heute in Anbetracht der Tatsache wichtig, dass Meinungen, die oft keinerlei Bezug zu Fakten oder Logik haben, auf der Basis von Falsch- und Desinformation gebildet und propagiert werden.[6] Teil II befasst sich auch mit der freiheitseinschränkenden Wirkung von sozialem Zwang. Der dritte Teil greift in den Teilen I und II entwickelte Ideen auf, um uns zu helfen zu verstehen, was eine gute Gesellschaft ausmacht und welche Art von Regierung und internationaler Ordnung diese am ehesten hervorbringt.

## SCHLÜSSELPRINZIPIEN: TRADITIONELLE SICHTWEISEN

### *Grundlegende Freiheit: Handlungsfreiheit*

Der wirtschaftliche Freiheitsbegriff eines Ökonomen geht von einer einfachen Idee aus: Die Freiheit einer Person hängt davon ab, was sie tun und wofür sie sich entscheiden kann. Es mag den Anschein haben, als käme diese Sichtweise derjenigen Milton Friedmans nahe, die sich im englischen Originaltitel seines 1980 erschienenen und gemeinsam mit seiner Frau Rose geschriebenen Bestsellers *Free to Choose* (wörtlich »Die freie Wahl haben«) widerspiegelt. Aber Friedman vergaß eine elementare Tatsache. Jemand mit einem sehr begrenzten Einkommen hat nur geringe Wahlfreiheit. Was zählt, ist die *Gesamtheit der Handlungsmöglichkeiten* – die Gesamtheit der Optionen –, die jemandem zur Verfügung stehen.[7] Aus der Sicht eines Ökonomen ist dies das Einzige, was zählt. Die Gesamtheit seiner Handlungsoptionen bestimmt, ja definiert die *Handlungsfreiheit* eines Menschen.[8] Jede Verringerung des Spektrums seiner verfügbaren Handlungsoptionen ist ein Verlust an Freiheit.[9]

Es macht keinen Unterschied, wie eine Erweiterung oder Verringerung der Gesamtheit an Handlungsoptionen sprachlich formuliert wird.[10,11] Es macht keinen Unterschied, ob man jemanden dazu bewegt, sich in einer bestimmten Weise zu verhalten, indem man ihm durch Belohnungen *Anreize* gibt oder ihn durch Bußgelder *bestraft*, auch wenn wir Ersteres vorziehen, weil es »frei von Zwang« ist (wir rühmen Wirtschaftssysteme, die kluge Anreizsysteme konzipieren, welche das erwünschte Verhalten auslösen), und Letzteres als »auf Zwang beruhend« geißeln.

Versteht man wirtschaftliche Freiheit als Handlungsfreiheit, erscheinen viele der zentralen Fragen im Zusammenhang mit Wirtschaftspolitik und Freiheit in einem neuen Licht. Libertäre und andere Konservative halten die Fähigkeit, das eigene Einkommen nach Belieben auszugeben, für ein definierendes Merkmal wirtschaftlicher Freiheit.[12] Sie betrachten Einschränkungen dieser Fähigkeit als Zwang und Besteuerung als die Einschränkung, die den größten Zwangscharakter hat. Aber diese Sichtweise gibt Märkten und Marktpreisen den Vorrang. Ich werde diese Auffassung einer Kritik unterziehen. Es mag ökonomische Kontroversen bezüglich der Höhe und Ausgestaltung von Steuern geben, aber ich werde zeigen, dass dem Markteinkommen von Menschen – dem Einkommen, das sie in unserer Marktwirtschaft aus Löhnen, Dividenden, Kapitalerträgen oder anderen Quellen beziehen – kein nennenswerter beziehungsweise gar kein moralischer Vorrang zukommt und dass es daher kaum bis gar keine moralischen Gründe dafür gibt, diese Einkommen nicht zu besteuern.

### *Freiheit von Not und Furcht und Freiheit, sein Potenzial auszuschöpfen*

Die Freiheit von Menschen, die gerade mal so über die Runden kommen, ist extrem eingeschränkt. Sie müssen ihre ganze Zeit und Tatkraft dafür aufwenden, genügend Geld für Lebensmittel, Unterkunft und Fahrt zur Arbeit zu verdienen. So wie die Einkommen von Menschen an der Spitze der ökonomischen Leiter keine moralische Legitimation besitzen, so gibt es auch keine für die Einkommen der Menschen am Fuß der Leiter. Sie haben nicht unbedingt etwas getan, um ihre Armut zu verdienen. Eine gute Gesellschaft würde etwas gegen die Entbehrungen beziehungsweise Freiheitsminderungen derjenigen tun, die niedrige Einkommen beziehen.

Es ist nicht überraschend, dass Menschen, die in den ärmsten Ländern leben, wirtschaftlichen Rechten, dem Recht auf medizinische Versorgung, auf Unterkunft, auf Bildung und der Freiheit von Hunger große Bedeutung beimessen. Sie sind besorgt über den Freiheitsverlust, der sich nicht nur der Politik einer repressiven Regierung, sondern auch einem wirtschaftlichen, gesellschaftlichen und politischen System verdankt, das große Teile der Bevölkerung in Armut zurückgelassen hat. Man kann diese Freiheiten als *negative* beschreiben: das, was Menschen verlieren, wenn sie ihr Potenzial nicht ausschöpfen können. Man kann sie aber auch als *positive* Freiheiten auffassen: das, was Menschen durch gute Wirtschafts- und Gesellschaftssysteme gewinnen, nämlich die Freiheit, ihr Potenzial auszuschöpfen, eine Freiheit, die mit Chancen auf ein besseres Leben und Zugang zu Bildung, Gesundheitsfürsorge und ausreichender Lebensmittelversorgung verbunden ist.

Die Rechte behauptet, Regierungen hätten die Freiheit der Bürger durch Besteuerung unnötig eingeschränkt; Steuern würden die Budgets der Reichen beschneiden und dadurch (nach unserer Formulierung) ihre Freiheit vermindern. Aber selbst diese Behauptung ist nur teilweise richtig, weil der gesamtgesellschaftliche Nutzen der mit diesen Steuern finanzierten Ausgaben, der Investitionen in Infrastruktur und Technologie zum Beispiel, die Gesamtheit ihrer Handlungsoptionen (ihre Freiheit) womöglich in einem bedeutungsvollen Ausmaß erweitert. Aber selbst wenn sie mit ihrer Beurteilung der Auswirkung auf die Reichen richtigliegen sollten, würden sie die umfassenderen gesamtgesellschaftlichen Auswirkungen auf Freiheiten übersehen. Eine progressive Besteuerung, bei der die Einnahmen durch Sozial- oder Bildungsprogramme an diejenigen, die weniger gut dastehen, umverteilt werden, gibt den Armen mehr Handlungsoptionen, erhöht ihre Freiheit, auch wenn sie gleichzeitig die Handlungsmöglichkeiten der Reichen einschränken mag. Wie immer geht es um Trade-offs.

### *Die Freiheit des einen ist die Unfreiheit des anderen*

Ich habe dieses zentrale Thema bereits eingeführt und werde in Kapitel 3 die vielfältigen Folgen, die sich daraus ergeben, erläutern. So führt diese unbestreitbare Tatsache zum Beispiel direkt zu dem damit zusammenhängenden Thema der Regelsetzung. Regelsetzung ist nicht das Gegenteil von Freiheit; in einer freien Gesellschaft sind Einschränkungen notwendig. Sogar ältere, einfachere Gesellschaften brauchten Regeln. Die meisten der Zehn Gebote lassen sich als das Minimum an Gesetzen (Vorschriften) auffassen, ohne das eine Gesellschaft nicht funktionieren kann.

Eine der wichtigsten Konsequenzen daraus habe ich ebenfalls bereits erwähnt: Freiheit erfordert oftmals Trade-offs. Manchmal liegt es auf der Hand, wie Rechte gegeneinander abgewogen werden sollten. In allen Gesellschaften ist es verboten, einen Menschen zu töten, außer unter eng definierten Umständen. Das »Recht zu töten« wird dem »Recht, nicht getötet zu werden« untergeordnet. Es gibt viele weitere Fälle, in denen offensichtlich sein sollte, wie Rechte gegeneinander abzuwägen sind, sofern wir uns nur von der Verwirrung frei machen würden, die durch die falsche Rhetorik von Freiheit und Zwang entsteht. Mit der Ausnahme einer Person, für die eine Impfung gesundheitsgefährdend ist, wiegt zum Beispiel das Risiko, dass ein Ungeimpfter ein gefährliches und vielleicht tödliches Virus verbreitet, viel schwerer als die »Unannehmlichkeit« oder der »Freiheitsverlust« einer Person, die gezwungen ist, sich impfen zu lassen. Es sollte auch offensichtlich sein, dass das Ausmaß des Ungleichgewichts mit steigender Infektiosität und Schwere der viralen Erkrankung zunimmt.

Allerdings gibt es einige Fälle, in denen es nicht offensichtlich ist, wie Trade-offs gegeneinander abgewogen werden sollten; in späteren Kapiteln stelle ich einen Rahmen für eine sachgerechte Herangehensweise an solche Situationen vor.

### *Freie, ungezügelte Märkte begünstigen Ausbeutung, nicht Wahlfreiheit*

Ein spezielles Beispiel für Abwägungen, bei denen die Antwort meines Erachtens leicht ist, betrifft Ausbeutung. Diese kann viele Formen annehmen: Marktmacht, einschließlich Wucherpreise in Kriegszeiten, oder Pharmaunternehmen, die Preise während einer Pandemie hoch halten, Zigaretten-, Nahrungsmittel- und Pharmaunternehmen, die Abhängigkeiten ausnutzen, Casinos und Glücksspiel-Webseiten, die Vulnerabilitäten ausnutzen. Jüngste Fortschritte auf dem Gebiet der digitalen Ökonomie haben der Ausbeutung ganz neue Perspektiven eröffnet.

Herkömmliche Wettbewerbsanalysen in der akademischen Volkswirtschaftslehre gehen von der Annahme aus, dass niemand Macht besitzt, jeder perfekt informiert ist und alle vollkommen rational handeln. Dadurch klammern sie Marktmacht und andere Formen von Ausbeutung von vornherein aus. Aber in der heutigen Welt gibt es einige Individuen und Unternehmen, die über erhebliche Macht verfügen.[13] Es ist so, als würden Menschen, die der Auffassung sind, der Staat solle nicht in die wirtschaftlichen Abläufe eingreifen, sämtliches *Rent-Seeking* in einer Volkswirtschaft des 21. Jahrhunderts einfach wegzaubern. (Eine knappe Definition von Rent-Seeking: Renten sind die Erträge einer Dienstleistung, von Arbeit, Kapital oder Grund und Boden, die über das hinausgehen, was für ihre Bereitstellung erforderlich wäre. Da das Angebot an Land konstant ist, zählen Erträge aus Grund und Boden als Renten; in ähnlicher Weise zählen zusätzliche Erträge, die durch Marktmacht erwirtschaftet werden, als Renten. Wenn Unternehmen ihre Marktmacht erhöhen oder in anderer Weise Ausbeutung betreiben wollen, dann bezeichnen wir dies als Rent-Seeking.)[14]

Ausbeutung bereichert den Ausbeutenden auf Kosten des Ausgebeuteten. Einschränkungen dieser Ausbeutung werden wahrscheinlich die Handlungsoptionen (Freiheit) der meisten vergrößern, während sie die Handlungsoptionen des Ausbeutenden verringern. Es gibt einen Trade-off, und die Gesellschaft muss entscheiden, wer die Gewinner sind und wer die Verlierer. In den meisten Fällen versteht sich das, was getan werden sollte, von selbst: Hier geht es nicht darum, ob die Einkommen beziehungsweise Vermögen der Ausbeutenden oder die der Ausgebeuteten Vorrang haben sollen, sondern um die Art und Weise, wie das Wohlergehen der einen auf Kosten der anderen verbessert werden kann.[15] So gibt es zum Beispiel breite Unterstützung für gesetzliche Vorschriften, die Offenlegungspflichten begründen – zu dem Zuckergehalt im Müsli, den mit dem Zigarettenrauchen verbundenen Gefahren, dem effektiven Zins eines Hypothekendarlehens oder den verborgenen Risiken von Kapitalanlageprodukten. Diese Offenlegungspflichten verringern Informationsasymmetrien und dadurch die Möglichkeiten zur Ausbeutung, und sie tragen dazu bei, dass Märkte effizienter arbeiten. Wir können für unterschiedlichste Situationen nachweisen, dass »Zwang«, der Ausbeutung einschränkt, die wirtschaftliche Effizienz selbst in dem engen Sinne, in dem Ökonomen diesen Begriff verwenden, erhöht und die Handlungsoptionen der meisten, wenn nicht aller vergrößert.[16]

Dies bringt uns zu einem weiteren Thema, das vielleicht noch rätselhafter ist als »die Freiheit des einen ist die Unfreiheit des andere«: *Zwang kann allen einen Zugewinn an Freiheit bringen.* Ampeln sind eine einfache, leicht durchsetzbare Regel, die es Verkehrsteilnehmern erlaubt, abwechselnd eine Kreuzung zu durchfahren. Ohne sie käme es zu weit mehr Staus oder Unfällen. Alle stünden schlechter da. Es ist klar, dass der kleine Zwang, den Ampeln ausüben – sie schränken ein, was wir tun können –, das Wohlergehen und in einem gewissen Sinne auch die Handlungsfreiheit aller erhöhen kann.

### *Eigentumsrechte können Freiheit einschränken oder erweitern*

Wir betrachten Eigentumsrechte als etwas derart Selbstverständliches, dass die meisten im Westen sie nicht einmal als »Vorschriften« oder »Einschränkungen« ansehen. Wir nehmen die moralische Legitimität von Eigentum und eines auf Eigentumsrecht basierenden Wirtschaftssystems einfach als gegeben hin. Das System der Eigentumsrechte wird aus Gründen der ökonomischen Effizienz verteidigt. Gäbe es keine Eigentumsrechte, dann hätte niemand einen Anreiz, zu arbeiten oder zu sparen. Die Idee, dass die Erhaltung irgendeiner Form von Eigentum für das Funktionieren einer Gesellschaft von zentraler Bedeutung ist, spiegelt sich in dem achten der Zehn Gebote wider: »Du sollst nicht stehlen.«

Eigentumsrechte sind für andere eine *Einschränkung* (so wird zum Beispiel ihre Freiheit, mein Eigentum zu verletzen, eingeschränkt); aber es ist eine Einschränkung, die, aufs Ganze gesehen, ein »Freiheitsgewinn« ist, weil sie Menschen mehr Handlungs- und Konsummöglichkeiten gibt. Es herrscht allgemeines Einvernehmen darüber, dass Eigentumsrechte öffentlich durchgesetzt werden sollten. Die kollektive Durchsetzung von Eigentumsrechten bedeutet, dass wir keine riesigen Mengen an Ressourcen aufwenden müssen, um unser Eigentum zu verteidigen.

Wie der wegen seiner (weiter unten behandelten) Diskussion der Frage, auf welche Weise sich die übermäßige Abweidung von

Allmenden verhindern lasse, berühmte amerikanische Ökologe Garrett Hardin schrieb: »Wir stellen weder in Abrede, noch bedauern wir es, dass wir dadurch die Freiheit potenzieller Räuber schmälern.« Und weiter: »Als Männer übereinkamen, Gesetze gegen Raub zu erlassen, brachte dies der Menschheit ein Mehr, nicht ein Weniger an Freiheit (...) Sobald sie die Notwendigkeit gegenseitiger Zwangsausübung erkannten, wurden sie frei, andere Ziele zu verfolgen.«[17]

Aber diese Sichtweise stößt an ihre Grenzen. Eigentumsrechte müssen definiert und zugewiesen werden. Die erhitzten Debatten über die Definition neuer Formen von Eigentum – geistigen Eigentums – zeigen ganz klar, dass Eigentum ein soziales Konstrukt ist, bei dem Trade-offs zwischen mehreren Freiheiten vorgenommen werden. Die Freiheit potenzieller Nutzer des betreffenden Wissens ist eingeschränkt, während die Freiheit des tatsächlichen oder zumindest als solcher angegebenen Erfinders oder Wissensentdeckers gestärkt wird. Kapitel 6 zeigt, dass Eigentumsrechte unterschiedlich definiert werden können und in verschiedenen Ländern auch unterschiedlich definiert werden, sowie die verschiedenen damit verbundenen Trade-offs.

### *Private Verträge und Gesellschaftsverträge - freiwillig akzeptierte Einschränkungen*

Bis jetzt sind wir bei unserer Diskussion von der einfachen Annahme ausgegangen, dass die Auferlegung gewisser Einschränkungen die Handlungsoptionen vieler, der meisten oder sogar aller erweitern kann. Selbstverständlich erlegen sich Menschen im Umgang mit anderen auch selbst Beschränkungen auf. Genau darum geht es in Verträgen. Ich erkläre mich bereit, etwas zu tun oder nicht zu tun (das heißt, ich schränke meine Handlungsfreiheit ein), wenn Sie sich im Gegenzug dazu verpflichten, etwas zu tun oder zu unterlassen. Freiwillig geschlossene Verträge stellen beide

Parteien besser. Wenn wir einen Vertrag abschließen, glauben wir, dass die Einschränkung unserer Freiheit in einer gewissen Hinsicht unsere Handlungsoptionen – unsere Freiheiten – in anderer Hinsicht erweitert, die uns mehr bedeutet als die Verluste, die uns durch die Einschränkung auferlegt werden. Tatsächlich ist die Durchsetzung von Verträgen eine der wenigen Aufgaben des Staates, die die politische Rechte anerkennt. Verträge gelten als unverletzlich.

Wie wir sehen werden, fehlt es dieser Auffassung von Verträgen an Nuanciertheit. Die Rechtsordnung bestimmt, welche Verträge durchsetzbar sein sollten und durchgesetzt werden, wann Verträge gebrochen werden dürfen und ob und in welcher Höhe Schadensersatz zu leisten ist, wenn dies geschieht. Es ist schlichtweg nicht wahr, dass ein Vertrag, den zwei aus freien Stücken zustimmende Parteien aus eigenem Willen abschließen, notwendigerweise die gesamtgesellschaftliche Wohlfahrt erhöht. Vielmehr ist es so, dass es die gesamtgesellschaftliche Wohlfahrt steigern kann, die Menge der »zulässigen« Verträge einzuschränken – dies kann sogar die Wohlfahrt *jedes* Mitglieds der Gesellschaft erhöhen.

Ähnliche Überlegungen können und wurden auf den sogenannten Gesellschaftsvertrag angewandt, der die Beziehungen von Bürgern zueinander und zum Staat definiert – beziehungsweise zum Souverän, wie Thomas Hobbes (1588–1679) und John Locke (1632–1704), zwei der ersten Philosophen, die sich in ihren Schriften mit Gesellschaftsverträgen befassten, meinten. Es ist nicht so, als würden die Bürger tatsächlich einen Vertrag unterzeichnen (oder als hätten sie dies je getan), der eine Reihe von Verpflichtungen mit sich bringt, wie etwa das Zahlen von Steuern im Gegenzug für eine Reihe von staatlichen Leistungen, zu denen etwa Schutz (vor Verbrechen und äußeren Feinden) gehört. Vielmehr soll uns die Idee eines Gesellschaftsvertrags dabei helfen, über die moralische Legitimität kollektiven Handelns und die Verpflichtungen und Einschränkungen, die damit verbunden sind, nachzudenken – eines freien Tauschgeschäfts, auf den sich die Bürger einer Gesellschaft freiwillig einigen.

## SCHLÜSSELPRINZIPIEN: WEITERE TRADITIONELLE SICHTWEISEN

Mill, Friedman und Hayek verfassten ihre Werke, bevor sich die moderne Verhaltensökonomik entwickelte, die erkannt hat, dass Menschen sich ganz anders verhalten, als es in der herrschenden Wirtschaftstheorie behauptet wurde. Sie sind weniger rational, aber auch weniger egoistisch.

Die traditionelle Wirtschaftstheorie, insbesondere die neoliberale Wirtschaftslehre, hat einfach unterstellt, Überzeugungen und auch Präferenzen seien unveränderlich und gegeben, und damit die Möglichkeit geleugnet, dass diese beeinflusst werden können. Aus Sicht der traditionellen Wirtschaftslehre wissen Menschen im Grunde schon gleichsam bei ihrer Geburt, was sie mögen und nicht mögen und wie sie mehr von einem Gut gegen weniger von einem anderen tauschen. Nach der Standardtheorie ändern wir unsere Überzeugungen oder unsere Handlungen (bei konstant gehaltenen Einkommen und Preisen) nur aufgrund besserer Informationen. Tatsächlich aber lassen sich Präferenzen und Überzeugungen oftmals beeinflussen, wie jede Mutter und jeder Vater, jeder, der im Marketing oder in der Werbung arbeitet, und jeder, der eine Desinformations- oder Antidesinformationskampagne führt, ganz genau weiß.[18] Bei der Beeinflussung von Überzeugungen und Präferenzen geht es nicht nur darum, mehr und bessere Informationen bereitzustellen; es geht darum, Einstellungen zu verändern. Das ist ein Thema, das sowohl Psychologen als auch Marketingexperten erforschen, für das sich Wirtschaftswissenschaftler, die nicht von ihrem geliebten Modell vollständiger

Rationalität mit bereits bei der Geburt feststehenden Präferenzen lassen wollen, jedoch in der Regel nicht interessieren.[19] Von besonderem Interesse ist dabei die Tatsache, dass unser Wirtschaftssystem als solches Präferenzen und Überzeugungen prägt – und diese prägende Wirkung ist von allergrößter Bedeutung, wenn es darum geht, die Vorzüge eines Systems gegenüber denen eines anderen zu beurteilen.

Wenn diese Form der Beeinflussung von Menschen sie »mehr Rücksicht auf die Belange anderer« nehmen lässt, dann mag dies zum Wohle einer Gesellschaft sein, weil sie eine scheinbar nicht auf Zwang beruhende Möglichkeit eröffnet, die Folgen der Handlungen einer Person für andere »zu internalisieren«. Wir denken über die Auswirkungen unserer Handlungen auf andere nach. Entwicklungsökonomen haben unlängst gezeigt, dass es weitaus effektiver (und kostengünstiger) sein kann, Verhaltensweisen, die der Entwicklung und dem gesamtgesellschaftlichen Wohl förderlich sind – wie etwa verminderte Fertilität, Genderdiskriminierung oder häusliche Gewalt –, durch Einstellungsänderung herbeizuführen, als auf traditionelle Methoden zu setzen, die auf Anreizen oder besserer Information beruhen.[20]

Aber wie das Beispiel der Impfgegner verdeutlichen sollte, können Überzeugungen und Präferenzen auch in einer Weise gefördert werden, die antisozial ist und schädliche gesellschaftliche Auswirkungen hat. In ähnlicher Weise ist die Grenze zwischen prosozialem Verhalten (das heißt Verhalten, bei dem man die Folgen des eigenen Handelns für andere berücksichtigt), das durch *sozialen Zusammenhalt* ausgelöst wird, und einem Verhalten, das durch fragwürdigen *sozialen Zwang* induziert wird, bestenfalls fließend. Weil Verhalten und Entscheidungen – auch in der Politik – in einem so hohen Maße von Überzeugungen beeinflusst werden, kommt der Macht, diese zu prägen, eine entscheidende Rolle zu. Und leider ist diese Macht im 21. Jahrhundert in den Händen der vergleichsweise wenigen Personen konzentriert, die in den meisten Ländern die Medien kontrollieren.

Wenn Länder, die wir nicht mögen, Anstrengungen unternehmen, um die Überzeugungen ihrer Bürger gezielt zu beeinflussen, bezeichnen wir dies abwertend als »Gehirnwäsche« oder »Propaganda«. Dabei übersehen wir, dass das Gleiche in Marktwirtschaften geschieht, oftmals »bloß« mit einem Gewinnmotiv, aber manchmal auch in der Absicht politischer Beeinflussung. So kritisch wir Bemühungen, Menschen zum Kauf von Gütern und Dienstleistungen zu animieren, die sie nicht brauchen, sehen mögen, sind die Auswirkungen zum Beispiel von politischer Desinformation noch besorgniserregender. Bürger nutzen ihr Stimmrecht, um die Regeln des Spiels zu schreiben, die ihrerseits die Möglichkeiten erweitern, andere dazu zu bewegen oder dazu zu zwingen, sich in einer bestimmten Weise zu verhalten.

Marktmacht ist folglich in der Medienindustrie von großer Bedeutung, und wir müssen das Verhältnis von Freiheit und Marktmacht aus einer systemischen Perspektive betrachten. So können Menschen beispielsweise dazu gebracht werden, entgegen theoretischen und empirischen Belegen zu glauben, Märkte seien immer effizient und der Staat sei immer korrupt. Dies führt zu Wahlergebnissen, die Macht und Reichtum der Eliten festigen. Dies wiederum vergrößert die Freiheit der Eliten auf Kosten der übrigen Gesellschaft.

### *Bildung als Befreiung*

Ökonomen haben unter Bildung traditionell lediglich die Vermittlung von Fähigkeiten und Kompetenzen – also die Erzeugung von Humankapital – verstanden. Aber Bildung tut mehr als das; sie formt die Persönlichkeit.

Bildung ist ein zwei-, oder vielleicht sollte ich auch sagen dreischneidiges Schwert. Einerseits kann sie als ein Instrument der sozialen Zwangsausübung, der Indoktrinierung von Menschen zum Zweck sozialer Konformität, eingesetzt werden. Andererseits kann sie Schülern beibringen, Rücksicht auf andere zu nehmen und der Gesellschaft keine unnötigen Kosten aufzuerlegen. Am wichtigsten aber ist, dass Allgemeinbildung Befreiung bedeutet. Sie befähigt uns dazu, Dinge aus einer übergeordneten Perspektive zu betrachten, einen Standpunkt jenseits dessen einzunehmen, was uns von unseren Eltern oder unserer Gemeinschaft mitgegeben wurde. Sie stärkt die Handlungsmacht und Autonomie des Einzelnen – deshalb tun die Feinde der Freiheit und einer offenen Gesellschaft alles, um Bildungsinhalte zu zensieren, und deshalb sind ihnen höhere Bildungseinrichtungen ein Dorn im Auge.

### *Ein Angriff auf Toleranz und die Werte der Aufklärung: Die bedrohte Denkfreiheit*

Diese Intoleranz gegenüber Bürgern, die anders denken oder handeln, durchdringt gewisse Bewegungen der Rechten und zeigt sich auch immer deutlicher bei der Linken. Dabei ist Toleranz der zentrale Wert der Aufklärung, jener intellektuellen Bewegung, die im Europa des 17. und 18. Jahrhunderts tonangebend war und aus der die moderne Wissenschaft hervorging. Der modernen Wissenschaft wiederum verdanken wir den unerhörten Anstieg des Lebensstandards im Verlauf der darauf folgenden 250 Jahre.[21] Handlungen einer Person können anderen zweifellos einen direkten Schaden zufügen – für Gedanken gilt das nicht in gleicher Weise. Aus diesem Grund ist die Freiheit, zu denken, wie es einem gefällt, und zu tun, was einem gefällt – solange die Handlungen anderen nicht schaden –, ein Kernelement des Freiheitsbegriffs. Diese Ideen bilden auch die Grundlage von Toleranz.

## ANWENDUNGEN: DIE GUTE GESELLSCHAFT UND WIE MAN SIE VERWIRKLICHT

Im letzten Teil des Buches werde ich die Frage stellen, was für ein Wirtschaftssystem und was für eine globale Ordnung am ehesten in der Lage ist, das zu verwirklichen, was ich – und, wie ich hoffe, auch viele andere – als die »gute Gesellschaft« ansehe. Die Analyse der Unzulänglichkeiten des Neoliberalismus einschließlich der Ursachen seines Scheiterns bildet die Grundlage für das Verständnis dessen, was getan werden muss, um eine gesündere Wirtschaft und Gesellschaft hervorzubringen. Hierzu bedarf es unter anderem eines besseren Gleichgewichts zwischen Markt, Staat und Zivilgesellschaft und eines vielfältigeren institutionellen Ökosystems, das Genossenschaften und gemeinnützige Organisationen einschließt.

### *Eine Alternative zum Neoliberalismus: Progressiver Kapitalismus oder eine erneuerte Sozialdemokratie*

Der ökonomische Neoliberalismus ist aber nicht nur auf Länderebene, sondern auch als prägendes Modell der internationalen Ordnung gescheitert. Es gibt eine Parallele zwischen der Souveränität von Ländern und der Freiheit von Individuen. Das neoliberale System internationaler Regeln und Institutionen – einschließlich Handelsabkommen, Investitionsabkommen, Rechten am geistigen Eigentum und dem Weltfinanzsystem – hat die wirtschaftlichen Chancen der reichen Länder auf Kosten insbesondere der armen erhöht.

Eines der Kennzeichen des Neoliberalismus und einer neoliberalen Politik ist die Behauptung, sie seien alternativlos. Entscheidungsträger haben dies gebetsmühlenartig wiederholt, als Europa unter dem Einfluss von Wolfgang Schäuble, dem deutschen Finanzminister während der Eurokrise von 2010, Griechenland und den anderen Ländern, die als die PIGS etikettiert wurden, bestrafende

Sparmaßnahmen – massive Ausgabenkürzungen – auferlegte.[22] Man hätte die Eurokrise damals auf andere Weise bewältigen können, und heute gibt es Alternativen, mit denen sich eine bessere Wirtschafts- und Gesellschaftsordnung aufbauen ließen. Es gibt andere Möglichkeiten, um die Gesellschaft zu organisieren und für mehr Chancengerechtigkeit zu sorgen. Das System, mit dem sich dies meines Erachtens am ehesten erreichen lässt, nenne ich *progressiven Kapitalismus.* (In Europa entspräche dem eine erneuerte sozialdemokratische Agenda.)

Von »Kapitalismus« spreche ich nur deshalb, weil große Teile der Wirtschaft sich auch weiterhin in den Händen gewinnorientierter Unternehmen befinden werden; das, was ich progressiven Kapitalismus nenne, erfordert nicht nur ein breites Spektrum an Institutionen, sondern auch umfangreiches kollektives Handeln. Er stützt sich nicht auf die irrige Annahme, Märkte seien die Lösung und der Staat sei das Problem (wie es Präsident Reagan behauptete), vielmehr strebt er ein besseres Gleichgewicht zwischen Markt und Staat an – einem Staat, der mit geeigneten regulatorischen Maßnahmen einen funktionierenden Wettbewerb sicherstellt und die Ausbeutung von Arbeitskräften und der Umwelt verhindert. Eine zentrale Aufgabe kollektiven Handelns besteht darin, die Freiheit aller Menschen zu erweitern (durch zielgerichtete Regulierung und steuerfinanzierte öffentliche Investitionen), ein weiterer Schlüsselaspekt besteht darin, Freiheitszugewinne einiger sorgfältig gegen Freiheitseinbußen anderer abzuwägen.

Dies gelingt nur mit einem robusten System gegenseitiger Kontrollen, nicht nur innerhalb des Staates, sondern, in einem weiteren Sinne, innerhalb der Gesellschaft, und diese gegenseitigen Kontrollen können in der Praxis nur funktionieren, wenn es keine Machtkonzentrationen gibt. Aber diese Ballung von Macht ist unvermeidlich, wenn Vermögen in wenigen Händen konzentriert ist, und eine freie Marktwirtschaft führt zwangsläufig zu

Vermögenskonzentration, wenn der Staat den Wettbewerb nicht aktiv fördert, das Wirtschaftsgeschehen durch »faire Regeln« lenkt und Umverteilung betreibt.

### *Progressiver Kapitalismus fördert politische und wirtschaftliche Freiheit*

Zum Abschluss dieses Kapitels wenden wir uns dem Zusammenhang zwischen wirtschaftlicher und politischer Freiheit zu. Ökonomen und andere, die politisch rechts stehen, wie etwa Friedman und Hayek, behaupten, politische Freiheit erfordere freie, ungezügelte Märkte. Im Grunde sei es unvermeidlich, dass beliebige Einschränkungen der wirtschaftlichen Handlungsfreiheit nur zu weiteren ökonomischen Fesseln führten. Zu deren Absicherung bedürfe es dann Einschränkungen der politischen Freiheit, womit der Weg in die Knechtschaft vorgezeichnet sei. Dafür trügen egoistische und selbstherrliche Bürokraten und Politiker Sorge. Wenn man ihnen mehr Befugnisse gebe, um bestimmte Regeln durchzusetzen, würden sie diese dazu nutzen, ihre Macht zu erweitern.

Diese Vorhersagen sind falsch, zum Teil deshalb, weil sie auf einer unzutreffenden Sichtweise der menschlichen Natur beruhen, und zum Teil, weil sie sich auf eine verfehlte Sichtweise demokratischer politischer Systeme stützen. Faschistische und autoritäre Herrscher verdanken ihren Aufstieg zur Macht hauptsächlich der Tatsache, dass die Regierungen vor ihnen nicht genug getan haben, nicht dem Umstand, dass sie zu viel getan hätten. In den letzten Jahren haben wir den Aufstieg populistischer und extremistischer antidemokratischer Regierungen in Brasilien, den USA, Russland und Ungarn erlebt – Ländern, die wenig getan haben, um ihre Ungleichheiten zu verringern. Wir sehen diese Ungleichheiten nicht – zumindest nicht im gleichen Ausmaß – in Schweden, Norwegen oder Island, Ländern mit einem starken Staat, der seine Bürger schützt.[23] Und entgegen den Behauptungen Hayeks und Friedmans haben die Beschränkungen, die den Menschen in den letztgenannten Ländern auferlegt wurden, zu *höheren* Lebensstandards geführt – einem spürbaren Zugewinn an bedeutungsvoller Freiheit für die allermeisten Bürger.

Friedman und Hayek haben wie viele andere Konservative eine grundsätzlich pessimistische Sicht der menschlichen Natur. Vielleicht gelangten sie durch tiefe Introspektion zu den extremen Ansichten über den Egoismus des Einzelnen, die sie dann auf alle Menschen verallgemeinerten. Sie verkannten, dass sehr viele deshalb in den öffentlichen Dienst eintreten, weil sie Gutes tun wollen, nicht, weil sie geltungsbedürftig wären. Öffentliche Bedienstete hätten, zumal in der Ära des Neoliberalismus, in der Privatwirtschaft viel mehr verdienen können. Es stimmt, dass einige Menschen extrem egoistisch und machthungrig sind, und jedes politische System muss dem Rechnung tragen. Eine Demokratie mit ihrem System der Gewaltenteilung ist so gestaltet, dass sie die Folgen, die sich daraus ergeben können, begrenzen sollte.

Der Neoliberalismus ist nicht nachhaltig. Er schafft sich selbst ab. Er hat unsere Gesellschaft und die Menschen, die in ihr leben, deformiert. Der materialistische, extreme Egoismus, den er förderte, hat die Demokratie, den gesellschaftlichen Zusammenhalt und das Vertrauen untergraben, was sogar die Funktionstüchtigkeit der Wirtschaft schwächte. Keine Volkswirtschaft kann ohne ein gewisses Maß an Vertrauen gut funktionieren; eine Welt, in der wegen allem prozessiert wird, ist eine dysfunktionale Welt. Gut funktionierende Märkte, die der Gesellschaft dienen, sind auf Wettbewerb angewiesen – aber ohne Wettbewerbsgesetze untergraben Unternehmen den Wettbewerb auf die eine oder andere Weise, und es kommt zu zunehmender Machtkonzentration. Ohne strenge Regulierung wird der Neoliberalismus unseren Planeten zerstören. Die extreme wirtschaftliche Ungleichheit, die er hervorgebracht hat, schuf politische Ungleichheiten, und in unserer Demokratie wurde die Idee, dass die Stimme jedes Wählers das gleiche Gewicht haben sollte (Wahlgleichheit), durch die zynische Realität abgelöst, die sich treffender als »Käuflichkeit von Wahlen« oder »Stimmgewichtung nach Kontostand« beschreiben ließe. Diese politische Ungleichheit untergräbt die demokratische Ordnung. Auf internationaler Ebene waren die Auswirkungen des Neoliberalismus vielleicht noch schlimmer, weil er Staaten eine Politik aufzwang, die ihre demokratischen Spielräume einengte und die meisten der armen Länder – und der Menschen, die in ihnen lebten – dazu verdammte, arm zu bleiben.

Diese Ergebnisse sind das genaue Gegenteil der Behauptungen Hayeks und Friedmans, wonach der ungezügelte Kapitalismus *notwendig* sei, um politische Freiheit zu bewahren. Aber ein Kapitalismus, dem keine Schranken auferlegt werden – die Art von Kapitalismus, die von der Rechten und von deren Vordenkern, Friedman und Hayek, befürwortet wird –, untergräbt bedeutungsvolle wirtschaftliche und politische Freiheit und führt uns geradewegs in einen Faschismus des 21. Jahrhunderts hinein. Der progressive Kapitalismus dagegen führt uns auf den Weg der Freiheit.

KAPITEL 2

# FREIHEITSKONZEPTIONEN VON WIRTSCHAFTSWISSENSCHAFTLERN

Ökonomen befassen sich schon seit Langem mit der Idee der Freiheit und den Zusammenhängen zwischen Freiheit und dem Wirtschaftssystem einer Gesellschaft. Hayek und Friedman waren die Anführer einer Gruppe konservativer Ökonomen, die versuchten, sachdienliche Diskussionen schon allein durch das von ihnen benutzte Vokabular zu verhindern. Sie sprachen von »freien Märkten«, als würde die Auferlegung von Regeln und Vorschriften zu »unfreien Märkten« führen. Sie nannten Privatunternehmen – Unternehmen, die Privatpersonen gehören – in »freie Unternehmen« um, wie wenn diese Bezeichnung ihnen eine Ehre erweisen und nahelegen würde, dass man sie nicht antasten und ihre Freiheit nicht beschnitten werden sollte, auch dann nicht, wenn sie Menschen und den Planeten ausbeuten.

Für Hayek und Friedman war der ungezügelte Kapitalismus nicht nur wegen seiner Effizienz wünschenswert, sondern auch, weil er Freiheit förderte. Aber bevor wir die Frage beantworten können, ob er tatsächlich zu mehr oder weniger Freiheit führt, müssen wir uns zunächst vergegenwärtigen, wie eine Marktwirtschaft eigentlich funktioniert.

# HISTORISCHER ABRISS DES ÖKONOMISCHEN DENKENS – VON ADAM SMITH BIS ZUR MITTE DES 20. JAHRHUNDERTS

Adam Smith (1723–1790), der Begründer der modernen Volkswirtschaftslehre, kritisierte die übertrieben etatistische (merkantilistische) Betrachtungsweise des Wirtschaftsgeschehens. Er glaubte an Märkte. In seinem 1776 erschienenen Buch *Der Wohlstand der Nationen* stellte er die Hypothese auf, eine auf Wettbewerb beruhende Volkswirtschaft sei effizient. In seinem eigennützigen Streben verwirkliche ein Unternehmer *wie von einer unsichtbaren Hand geleitet* das Gemeinwohl:

> (…) wenn er dadurch die Erwerbstätigkeit so fördert, dass ihr Ertrag den höchsten Wert erzielen kann, strebt er lediglich nach eigenem Gewinn. Und er wird in diesem wie auch in vielen anderen Fällen von einer unsichtbaren Hand geleitet, um einen Zweck zu fördern, den zu erfüllen er in keiner Weise beabsichtigt hat.[1]

Allerdings war Smith im Hinblick auf ungezügelte Märkte weit weniger optimistisch als seine modernen Anhänger. Ich bin mir sicher, dass er entsetzt gewesen wäre über das Ausmaß, in dem Zitate von ihm aus dem Zusammenhang gerissen und andere kluge Bemerkungen von ihm ignoriert wurden, weil sie nicht mit dem mentalen Modell der freien Marktwirtschaft übereinstimmten – genauer gesagt mit der Art und Weise, wie politisch Rechtsstehende das marktwirtschaftliche System auffassten. Betrachten wir die folgenden Beispiele. Im ersten betont Smith die Neigung von Unternehmern zu wettbewerbswidrigem Verhalten:

> Geschäftsleute des gleichen Gewerbes kommen selten, selbst zu Festen und zur Zerstreuung, zusammen, ohne dass das

Gespräch in einer Verschwörung gegen die Öffentlichkeit endet oder irgendein Plan ausgeheckt wird, wie man die Preise erhöhen kann.[2]

Bei Vorliegen von Marktmacht (heimlichen Absprachen) sind Märkte im Allgemeinen nicht effizient, sondern verzerrt. Und wie Smith hervorgehoben hat, können Unternehmen Verbraucher und Arbeiter ausbeuten, indem sie deren Wahlmöglichkeiten (ihre Freiheit) einschränken, während sie zugleich die Freiheit der Firmeneigner ausweiten. Smith war nicht der Erste, der die Frage stellte, wie eine unzureichend regulierte Wirtschaft aussehen könnte. Schon vor der industriellen Revolution hatten Philosophen darüber nachgedacht, wie eine Gesellschaft ohne angemessene Regierung wohl beschaffen wäre. Thomas Hobbes beschrieb in seinem Werk *Leviathan* (1651) das Leben in einer solchen Welt als »einsam, arm, elend, nicht besser als das eines Tieres und kurz«.[3]

Smiths wenig optimistische Sicht des Kapitalismus schien sich in den ersten Jahrzehnten der industriellen Revolution zu bewahrheiten. Englands Armengesetze von 1834 hatten zur Folge, dass Menschen massenhaft als billige Lohnsklaven für lokale öffentliche Bauvorhaben und in Fabriken eingesetzt wurden. Zwar wuchs die Wirtschaft, aber die Früchte des Wachstums kamen nicht allen gleichermaßen zugute. Das Elend, in dem die Arbeiter in England lebten, wurde von Friedrich Engels (1820–1895) in seiner berühmten Abhandlung *Die Lage der arbeitenden Klasse in England* von 1845 dokumentiert und in zeitgenössischen Romanen plastisch geschildert.[4]

Im Verlauf der industriellen Revolution bildeten sich zwei ökonomische Denkschulen heraus. Es ist bemerkenswert, dass zwei so grundverschiedene Weltanschauungen entstanden, da beide ja scheinbar mit den gleichen Realitäten konfrontiert waren. Die eine konzentrierte sich auf das, was ihre Anhänger als das reibungslose

Funktionieren des Wirtschaftssystems und seiner Fähigkeit, Güter zu produzieren, ansahen. Diese Schule wurde von klassischen Ökonomen angeführt, die das Zitat von Adam Smith aus dem Zusammenhang rissen und Theorien des »Laissez faire, laissez aller« entwickelten, die im Kern besagten, man solle den Markt einfach sich selbst überlassen, dann werde er Wunder vollbringen.[5] Diese Theorie wurde oft *Liberalismus* genannt und betonte die Bedeutung freier Märkte. So empfahl sie insbesondere, Schranken für die Einfuhr billiger landwirtschaftlicher Erzeugnisse nach Großbritannien zu beseitigen, da dies eine Senkung der Löhne erlauben würde. Die zweite Schule, die insbesondere mit dem Namen von Karl Marx (1818–1883) verbunden ist, stellte die Ausbeutung der Arbeiter in den Mittelpunkt und betonte die Notwendigkeit, diese zu bekämpfen.

In den folgenden Jahrzehnten kam es auf beiden Seiten des Atlantiks zu Wachstum und Ausbeutung. Das Wachstum wurde nicht nur durch die Akkumulation von Kapital und technische Neuerungen, sondern auch durch die Ausbeutung von versklavten Menschen, Kolonien und einfachen Arbeitern gefördert. Es ist praktisch unmöglich, die relative Bedeutung dieser Faktoren aufzudröseln. Heute lassen sich im Pantheon der bedeutenden Stifter, die im 18. und 19. Jahrhundert die großen Bildungseinrichtungen gründeten oder durch Schenkungen unterstützten, nur noch schwer Männer finden, deren Ansehen nicht durch den Sklaven- oder Opiumhandel – oder beides – befleckt ist.

### *Die Große Depression und die gemischte Wirtschaftsordnung*

Aber nicht einmal Marktanhänger konnten die Große Depression ignorieren, die am »Schwarzen Donnerstag«, dem 24. Oktober 1929, an der New Yorker Wall Street als frühes Element oder gar Ursprung der Weltwirtschaftskrise losbrach und in der jeder vierte Arbeitnehmer in den USA arbeitslos wurde. Der Börsencrash von

1929, bei dem Millionen ihre Ersparnisse verloren, war nur die schlimmste der Finanzkrisen, die die Wirtschaft heimsuchten. Nur 22 Jahre zuvor hatte es die Panik von 1907 gegeben, die zur Gründung der Federal Reserve führte, der US-Zentralbank, aber selbst diese konnte das Bankensystem und die Wirtschaft nicht retten. Es bedurfte umfangreicher staatlicher Hilfen, die Präsident Franklin D. Roosevelt im Rahmen des New Deal bereitstellte.[6]

Der britische Wirtschaftswissenschaftler John Maynard Keynes (1883–1946) lieferte nicht nur eine Erklärung für das, was in der Großen Depression schiefgelaufen war, sondern auch eine Liste mit konkreten Handlungsempfehlungen. Dazu gehörte der Rat, dass der Staat aktiv in das Wirtschaftsgeschehen eingreifen sollte – nicht im Sinne einer allumfassenden Planung, wie sie von den Sozialisten und Kommunisten gefordert wurde, sondern als eine Instanz, die sich darauf beschränkte, einen Ordnungsrahmen für die Wirtschaft bereitzustellen. Aber selbst das war für die Kapitalisten ein rotes Tuch.

Die gemischte Wirtschaftsordnung, die in den Jahren nach dem Zweiten Weltkrieg entstand, war entschieden antisozialistisch. Privatunternehmen waren vorherrschend, aber der Staat spielte eine entscheidende Rolle bei der Gewährleistung des Wettbewerbs, der Verhinderung von Ausbeutung und der Stabilisierung der Gesamtwirtschaft. Der Sozialismus ist eine Wirtschaftsordnung, in welcher sich die Produktionsmittel im Eigentum des Staates befinden. Dagegen standen in dem System, das in Westeuropa und den Vereinigten Staaten vorherrschte, weiterhin Märkte und die private Produktion von Gütern und Dienstleistungen im Mittelpunkt. Allerdings übernahm der Staat auch hier durch Investitionen in Bildung, Forschung und Infrastruktur, durch Sozialhilfe, Rentenversicherung und Regulierung von Finanz- und anderen Märkten wichtige Aufgaben.

Dieses Wirtschaftsmodell war enorm erfolgreich. In den USA war das Wachstum nie höher,[7] und die Früchte dieses Wachstums waren nie gleichmäßiger verteilt. Die USA und die Welt erlebten die längste Phase von Stabilität ohne eine Finanzkrise oder eine tiefe Rezession. Das Modell wurde von beiden US-Parteien unterstützt, den Republikanern wie den Demokraten, und die Steuersätze erreichten unter dem republikanischen Präsidenten Dwight Eisenhower neue Höchststände. Gleichzeitig brachte er landesweit umfangreiche Bildungs-, Infrastruktur- und Forschungsprogramme auf den Weg.

Eine Variante des Modells in Ostasien, wo der Staat in einigen Ländern die Entwicklung etwas aktiver förderte, erwies sich als das erfolgreichste Entwicklungsmodell überhaupt. Beispiellose Wachstumsraten verringerten die Kluft zwischen diesen und fortgeschrittenen Ländern. Diesem Modell folgend, wurde Japan die viertgrößte Volkswirtschaft der Welt und China die zweitgrößte, wenn man die offiziellen Wechselkurse zugrunde legt. Aber gemessen in der sachgerechteren Kaufkraftparität (welche die unterschiedlich hohen Lebenshaltungskosten in verschiedenen Ländern berücksichtigt) war China im Jahr 2023 bereits die *größte* Volkswirtschaft der Welt, welche die US-amerikanische Wirtschaftsleistung um fast ein Viertel übertraf.[8]

Ironischerweise wurde keine »Theorie« erarbeitet, die erklärt hätte, warum sich die Dinge während dieser Zeit so gut entwickelten. Dies stellte Ökonomen vor das gleiche Problem, das eine Giraffe für Biologen darstellt. Giraffen existieren, auch wenn wir nicht genau wissen, wie ein Tier mit einem so langen Hals überleben kann. Erst in der zweiten Hälfte des 20. Jahrhunderts wurde wirklich verstanden, warum Märkte Schwächen haben und wie gezielte staatliche Eingriffe das Wirtschaftssystem leistungsfähiger machen können.

## EINE NEUE ÖKONOMISCHE ÄRA

Mit dem Ölpreisschock der 1970er-Jahre brach der wirtschaftliche Ordnungsrahmen der Nachkriegszeit zusammen, und die Inflation schnellte in die Höhe – nicht die Art von Hyperinflation, die Deutschland in den 1920er-Jahren heimgesucht hatte, aber doch Inflationsraten, die die USA und viele andere Länder noch nicht gesehen hatten. Es war verstörend und beunruhigend.

Die politische Rechte, der sich Demokraten anschlossen, deren Glaube an das System anscheinend erschüttert worden war, ergriff die Gelegenheit und sprach sich für ein neues Wirtschaftssystem aus.

Schon bald darauf wurden im Zuge dessen, was *Liberalisierung* – Befreiung der Wirtschaft – genannt wurde, gesetzliche Vorschriften und Beschränkungen planlos gestrichen. Dies sollte den Geist unternehmerischer Initiative freisetzen, die Innovationskraft stärken und das Wohlergehen aller fördern. Selbst wenn die Ungleichheit (enorm) ansteigen sollte, so der Gedankengang, stünden alle besser da, weil die Gewinne der Reichsten zu allen anderen »durchsickern« würden. Gleichzeitig kam es zu einer Welle von Privatisierungen, bei der Staatsunternehmen in gewinnorientierte Privatunternehmen umgewandelt wurden. In Europa gab es viele derartige Unternehmen, von der Stahl- und Kohleindustrie bis hin zur Stromerzeugung und zum Transportwesen. In den USA, wo es weniger Staatsbetriebe gab, war die Privatisierung entsprechend eingeschränkter – von Abfallentsorgungsunternehmen und Wasserversorgern in einigen Städten bis hin zu dem Unternehmen, das angereichertes Uran herstellte, den »Treibstoff« für Atombomben und Kernkraftwerke.[9]

Auf beiden Seiten des Atlantiks und auf allen Seiten des politischen Spektrums schien es für das Mantra aus Handelsliberalisierung (Beseitigung von Handelshemmnissen), Deregulierung und

Privatisierung Unterstützung zu geben.[10] US-Präsident Bill Clinton versuchte, dem ein menschlicheres Antlitz zu geben, trotzdem setzte er sich mit Nachdruck dafür ein – insbesondere mit der Verabschiedung des Nordamerikanischen Freihandelsabkommens (NAFTA) im Jahr 1994 und dem internationalen Abkommen, das zur Gründung der Welthandelsorganisation (WTO) im Jahr 1995 führte. Zu den herausragendsten »Erfolgen« seiner Regierung gehörte die Deregulierung des Finanzsektors, die ein Jahrzehnt später zur Weltfinanzkrise führte. Infolge dieser finanz- und handelspolitischen Initiativen kam es überdies zu einer beschleunigten Deindustrialisierung.

Clinton war nicht der einzige führende Politiker, der sich für eine Liberalisierung einsetzte – der britische Premierminister Tony Blair und der deutsche Bundeskanzler Gerhard Schröder verfolgten eine ähnliche Agenda.

Diese Ideen bildeten die Grundlage für den »Washington Consensus«, ein wirtschaftspolitisches Maßnahmenpaket, das insbesondere Entwicklungsländern auferlegt wurde, die bei der Weltbank und dem Internationalen Währungsfonds (IWF) um Hilfe ersuchten.[11]

### *Die intellektuellen Kämpfe*

US-Präsident Ronald Reagan und die britische Premierministerin Margaret Thatcher standen an vorderster Front des politischen Kampfes, der die Wirtschaftspolitik und die westlichen Volkswirtschaften im letzten Drittel des 20. Jahrhunderts grundlegend veränderte. Aber schon lange bevor diese politischen Führungsfiguren die Bühne betraten, hatten Friedman und Hayek die intellektuellen Vorarbeiten geleistet. Beide gehörten einem Kreis von Intellektuellen und Wirtschaftsführern an, der nach der geografischen Nachbarschaft ihres Gründungsorts am Genfer See benannten Mont Pèlerin Society, die sich darum bemühte, Argumente für eine minimalistische Rolle des Staates auszuarbeiten und politisch durchzusetzen. In der »Erklärung über unsere Ziele« (»Statement of Aims«) anlässlich ihrer Gründung im Jahr 1947 malte die Mont Pèlerin Society ein düsteres Bild der Weltlage:

> In großen Teilen der Erde sind die grundlegenden Voraussetzungen für die Wahrung menschlicher Würde und Freiheit bereits nicht mehr gegeben. In anderen Regionen werden sie durch gegenwärtige politische Tendenzen ständig bedroht. Die Stellung des Einzelnen und selbstgewählter Gruppen wird zunehmend durch Ausweitungen willkürlicher Macht untergraben.[12]

Die Mont Pèlerin Society propagierte eine staatsfeindliche Vision, die sogar weitaus radikaler war als die damalige Programmatik der Republikanischen Partei in den USA.[13] Ihre Mitglieder waren der Meinung, freie Märkte und Privateigentum seien eng miteinander verknüpft; ohne sie könne man sich »nur schwerlich eine Gesellschaft vorstellen, in der die Freiheit erfolgreich bewahrt wird«, wie sie es in ihrer »Erklärung über unsere Ziele« ausdrückten.[14]

Selbstverständlich kann man die Frage stellen, wie sehr sich die Mitglieder der Mont Pèlerin Society tatsächlich für eine Agenda der politischen Freiheit einsetzten. Milton Friedman diente nur allzu bereitwillig als ein Schlüsselberater des berüchtigten chilenischen Militärdiktators Augusto Pinochet, und vielen anderen Konservativen schien oft mehr an Ordnung als an Freiheit gelegen zu sein. Mit dem Versprechen, ein älteres Regime wiederherzustellen, setzte Pinochet wie andere Diktatoren der Unordnung und der Unsicherheit ein Ende, die, so die Befürchtung von Konservativen, eine Folge der Veränderungen seien, die freiheitsliebende »Linke« anstrebten. Die Bevorzugung von Ordnung gegenüber Freiheit spiegelt sich in einem weiteren Begriff wider, der oft im

Zusammenhang mit Märkten gebraucht wird – »Marktdisziplin«. Märkte »erzwingen« demnach ein bestimmtes Verhalten. Wenn Länder die von der Wall Street aufgestellten Regeln nicht befolgen, werden sie womöglich bestraft. Die Wall Street wird ihr Kapital abziehen, und die Wirtschaft wird zusammenbrechen. In gewisser Weise wird Menschen die Freiheit genommen, in einer anderen als der vom Markt diktierten Weise zu handeln. Selbstverständlich ist es eine Illusion, zu glauben, der Wandel lasse sich aufhalten – die alten Machtstrukturen könnten unangetastet bleiben, während sich unsere Welt, die Struktur unserer Wirtschaft und unsere Ideen verändern.

### *Die Phase der Entspannung nach dem Ende des Kalten Krieges*

Politische Debatten erreichen oftmals nicht das gleiche Ausmaß an Differenziertheit und Komplexität wie die intellektuellen Debatten, die hinter ihnen liegen und sie, zum Teil, anregen. Als der Eiserne Vorhang im Jahr 1991 fiel und China erklärte, ein marktwirtschaftliches System einzuführen, wenn auch »mit chinesischem Gepräge« (was immer das heißen sollte), bestand allgemeines Einvernehmen darüber, dass die Extreme von Sozialismus/Kommunismus mit universellem Staatseigentum (und stillschweigend inbegriffen: staatlicher Kontrolle) einerseits und einem vollkommen ungezügelten Markt (wie ihn die Mont Pèlerin Society gefordert hatte) andererseits der Vergangenheit angehörten. Der Politik- und Wirtschaftswissenschaftler Francis Fukuyama konnte dies sogar als »das Ende der Geschichte« feiern,[15] da unser Verständnis wirtschaftlicher und politischer Systeme zu der »richtigen Lösung« konvergiert war – Marktwirtschaft und freiheitliche Demokratie. Man suchte nach dem besten »dritten Weg« zwischen der extremen Linken und der extremen Rechten, da zwischen den Extremen der Mont Pèlerin Society und des Kommunismus ein breiter Zwischenraum lag. Es machte einen großen Unterschied, wo genau zwischen den beiden Extremen man sich selbst einordnete. Auf politischer Ebene spiegelte sich dies in den Auseinandersetzungen innerhalb von und zwischen Mitte-links und Mitte-rechts wider. Die politische Debatte spitzte sich vor allem während der Präsidentschaft Bill Clintons zu – zum Beispiel zwischen denjenigen in seiner Regierung, die ihr Hauptaugenmerk auf die Umwelt, Ungleichheit und wirtschaftliche Wettbewerbsfähigkeit legten, und denjenigen, die sich auf Schulden, Zinssätze, Deregulierung, Liberalisierung und Wachstum konzentrierten. Zumeist setzte sich letztgenannte Gruppe durch.[16]

Das System, das sich im letzten Viertel des 20. Jahrhunderts auf beiden Seiten des Atlantiks entwickelte, wurde »Neoliberalismus« genannt.[17] »Liberal« bedeutet »frei«, in diesem Zusammenhang: frei von staatlichen Eingriffen einschließlich Vorschriften. »Neo« sollte zu verstehen geben, dass etwas Neues darin enthalten war; tatsächlich unterschied sich diese neue Spielart kaum von dem Liberalismus und den Laissez-faire-Lehren des 19. Jahrhunderts, die empfohlen hatten, »es dem Markt zu überlassen«.[18] Tatsächlich hatten diese Ideen noch bis ins 20. Jahrhundert hinein einen so großen Einfluss, dass die tonangebenden Ökonomen jener Zeit dazu geraten hatten, als Reaktion auf die Große Depression »nichts zu tun«. Sie glaubten, der Markt werde sich recht schnell von selbst erholen, solange die Regierung nicht herumpfusche und alles vermassle.

Wirklich neu war dabei der Trick, zu behaupten, der Neoliberalismus schaffe Regeln ab, während er tatsächlich neue Regeln einführte, die Banken und Vermögende begünstigten. So ging zum Beispiel die sogenannte Deregulierung der Banken mit einem *vorübergehenden* Rückzug des Staates einher, was den Bankern erlaubte, ordentlich Kasse zu machen. Aber als dann 2008 die Finanzkrise ausbrach, wurde die Regierung zum zentralen Akteur, als sie – dem Steuerzahler sei Dank – das größte Rettungspaket der Geschichte schnürte. Die Banker profitierten auf Kosten des

Rests der Gesellschaft. Die Kosten für diesen waren, in Dollar gerechnet, höher als die Gewinne der Banken. Der Neoliberalismus lief *in der Praxis* auf eine Art »Ersatzkapitalismus« hinaus, in dem die Verluste auf die Gesellschaft abgewälzt und die Gewinne privatisiert wurden.

Neoliberale Ökonomen erstellten eine Theorie, die ihre Ansichten unterfütterte und, nicht überraschend, »neoklassische Wirtschaftstheorie« genannt wurde. Der Name erinnerte an die klassische Wirtschaftstheorie des 19. Jahrhunderts, während das Präfix »neo« darauf verwies, dass sie auf solideren Grundlagen errichtet worden sein sollte, was konkret bedeutete, sie in einen Wust mathematischer Formeln zu übersetzen. Einige neoklassische Ökonomen waren leicht schizophren: Sie räumten ein, dass Märkte von sich aus oftmals keine Vollbeschäftigung erzeugten und folglich manchmal keynesianische Maßnahmen nötig seien; aber sobald Vollbeschäftigung erreicht sei, werde wieder die klassische Wirtschaftstheorie gelten. Diese Sichtweise, die mein Lehrer Paul Samuelson vertrat, wurde »neoklassische Synthese« genannt. Es war eine sehr einflussreiche Konzeption, die allerdings weder theoretisch noch empirisch fundiert war.[19]

Als in der Mitte des 20. Jahrhunderts Forderungen nach einer Rückkehr zum Liberalismus – unter dem neuen Namen Neoliberalismus – laut wurden, stand dies im Widerspruch zu dem, was sich während der Großen Depression ereignet hatte. Derartige Forderungen basierten auf einer bewussten Wahrheitsverdrehung. In Anbetracht der Großen Depression mutete das ökonomische Argument, wonach Märkte, sich selbst überlassen, effizient und stabil seien, geradezu absurd an. (Dies war eine Lüge: Tatsächlich war es nämlich so, dass der Staat eine bedeutende Rolle spielte, unabhängig davon, wie man diese misst – ob als Anteil am BIP oder an der Beschäftigung. Im Lauf der Zeit hatten demokratische politische Systeme Bereiche identifiziert, in denen Märkte nicht das leisteten, was Gesellschaften wollten und benötigten, und Länder hatten Mittel und Wege ersonnen, die entsprechenden Güter öffentlich bereitzustellen.)

Aber Erinnerungen verblassen schnell, und nur ein Vierteljahrhundert nach diesem dramatischen Ereignis – mit dem Trauma des Zweiten Weltkriegs und dem Beginn des Kalten Krieges dazwischen – war die Rechte bereit, die Vergangenheit hinter sich zu lassen und abermals die vermeintliche Effizienz freier Märkte zu preisen. Als man ihren Vertretern theoretische und empirische Befunde vorlegte, die dies entkräfteten, schlossen sie die Augen und bekräftigten ihren Glauben. Das habe ich persönlich bei meinen wiederholten Begegnungen mit Milton Friedman und seinen Kollegen sowohl an der Universität Chicago als auch in ihrer Hochburg an der Westküste, dem Hoover-Institut zu Krieg, Revolution und Frieden, auf dem Campus der Universität Stanford erlebt. Der Glaube an den Markt (und der damit verbundene Materialismus: je höher das BIP, umso besser) wurde für viele überall auf der Welt zu *der* Religion des späten 20. Jahrhunderts, an der man unbedingt festhielt, auch wenn sie durch überzeugende theoretische oder empirische Befunde widerlegt wurde.

Als im Jahr 2008 die Finanzkrise ausbrach, erschien es undenkbar, dass diese Konservativen an ihrer marktfundamentalistischen Religion festhalten würden, der zufolge Märkte von sich aus effizient und stabil seien. Aber sie taten es, was in gewisser Weise bestätigte, dass es sich um eine fundamentalistische Religion handelt, deren Wahrheitsanspruch weder durch vernünftige Argumente noch, wie in diesem Fall, durch konkrete Ereignisse erschüttert werden kann.[20]

Und selbst als das nachstehend beschriebene Versagen des Neoliberalismus immer offensichtlicher wurde, glaubten sie weiterhin daran.

Sie verschlossen die Augen nicht nur vor den großen Mängeln, sondern auch vor den kleineren, die vielen Menschen das Leben unnötig schwer machen – Fluggesellschaften mit zahllosen Verspätungen und verlorenen Gepäckstücken, Mobilfunk- und Internetdienste, die unzuverlässig und teuer sind, und, in den USA, ein Gesundheitssystem, in dem man sich kaum zurechtfindet und dessen »Erfolg« die niedrigste Lebenserwartung aller Industrieländer ist, obgleich es das mit Abstand teuerste weltweit ist. Die Dogmen dieser neuen Religion lauten, dass Märkte immer effizient und der Staat immer ineffizient und repressiv ist. Wir haben die Effizienzgewinne zweistündiger Warteschleifen bei der telefonischen Kontaktaufnahme mit unserem Internetanbieter oder unserer Krankenversicherung einfach nicht richtig verstanden.

Diese »Wirtschaftsreligion« ähnelt noch in anderer Hinsicht herkömmlichen Religionen – in ihrem Bekehrungseifer. Der Glaube der Konservativen wird eifrig durch die Medien und, in einem erheblichen Umfang, auch von den höheren Bildungsinstitutionen verbreitet. Sie haben dem öffentlichen und politischen Zeitgeist sämtliche Überreste einer alternativen, humaneren Wirtschaftsvision, die erstmals in den 1930er-Jahren aufgekommen war und dann in der turbulenten Zeit Ende der 1960er, Anfang der 1970er eine erneute Blüte erlebte, erfolgreich ausgetrieben.

Der Neoliberalismus hatte auch noch in einer anderen Hinsicht etwas von einer fundamentalistischen Religion: Er hatte einfache Antworten auf alles, was seinen Dogmen zu widersprechen schien. Wenn Märkte instabil waren (wie es die Finanzkrise von 2008 zeigte), hing dies damit zusammen, dass die Regierung beziehungsweise die Zentralbanken zu viel Geld in die Wirtschaft gepumpt hatten. Wenn ein Land, das seine Wirtschaft liberalisiert hatte, nicht so stark wuchs, wie es die Religion geweissagt hatte, war dies darauf zurückzuführen, dass es die Liberalisierung nicht weit genug vorangetrieben hatte.

Nachdem im letzten Viertel des 20. Jahrhunderts eine Generation, die nach der Großen Depression geboren worden war, das Ruder ergriffen hatte, übernahmen wie gesagt Regierungen auf der ganzen Welt irgendeine Variante des Neoliberalismus. Das gefiel den Kapitalisten, und das allzu simple Argument, dass freie Märkte sowohl wirtschaftlichen Erfolg als auch Freiheit bringen würden, verfing bei sehr vielen Menschen. Ich habe ebenfalls schon erwähnt, dass die politische Rechte bei der Durchsetzung der neoliberalen Agenda eine wichtige Rolle spielte; außerdem war sie unglaublich erfolgreich darin, den Zeitgeist zu prägen. Selbst Clinton, Schröder und Blair bekannten sich ja zum Neoliberalismus.

Ich möchte betonen, dass es im Hinblick auf die praktische politische Umsetzung des Neoliberalismus große – vor allem rhetorische – Unterschiede zwischen den Mitte-links- und Mitte-rechts-Parteien gab, die die politischen und wirtschaftlichen Debatten bestimmten. Erstere bemühten sich, den Reformen ein menschliches Antlitz zu geben, indem sie staatliche Hilfen für diejenigen forderten, die infolge der Handelsliberalisierung arbeitslos wurden. Letztere konzentrierten sich auf Anreize, denn sie befürchteten, dass jegliche Form von Anpassungshilfe die Bereitschaft der Betroffenen, sich selbst anzustrengen, schwächen könnte. Die Rechte beschwor die Vorstellung, dass Wohlstandseffekte »von oben nach unten« durchsickerten: Wenn wir den wirtschaftlichen Kuchen größer machten, käme dies *auf lange Sicht* allen zugute. US-Demokraten und europäische Sozialdemokraten hingegen waren sich nicht so sicher, ob das Durchsickern funktionieren beziehungsweise schnell genug wirken würde. Aber ungeachtet dieser Differenzen und viel rhetorischer Schaumschlägerei verfolgten Mitte-rechts und Mitte-links eine neoliberale Agenda.

Mittlerweile währt dieses neoliberale Experiment, das unter Reagan und Thatcher begann, 40 Jahre.[21] Seine rosigen Versprechungen eines beschleunigten Wachstums und breit geteilter höherer Lebensstandards wurden nicht eingelöst. Das Wachstum hat sich verlangsamt, die Chancengerechtigkeit hat abgenommen, und die Früchte jenes Wachstums, das stattgefunden hat, sind ganz überwiegend den oberen Einkommensgruppen zugutegekommen. In den Vereinigten Staaten mit ihrer größeren Marktgläubigkeit und einer Finanzmarktliberalisierung, die weiter getrieben wurde als in irgendeinem anderen Land, waren die Ergebnisse vielleicht am schlimmsten. Die USA erlebten mit der Finanzkrise von 2008 die schwerste Rezession seit 75 Jahren und exportierten diese Krise in den Rest der Welt. In den ersten Jahren dieses Jahrhunderts waren sie zu dem Industrieland mit der höchsten Ungleichheit und mit den niedrigsten Aufstiegschancen geworden. Die Löhne der Geringverdiener bewegten sich inflationsbereinigt ungefähr auf gleicher Höhe wie 50 Jahre zuvor. Der amerikanische Traum war zu einem Mythos geworden, da die Lebensperspektiven junger US-Amerikaner mittlerweile stärker vom Einkommen und Bildungsniveau ihrer Eltern abhingen als in anderen fortgeschrittenen Ländern. Nur etwa die Hälfte der nach 1980 geborenen Amerikaner konnte darauf hoffen, mehr zu verdienen als ihre Eltern (ein Rückgang gegenüber den 90 Prozent für die Kohorte derjenigen, die 1940 geboren worden waren).[22,23] Dieser Verlust der Zukunftshoffnung hatte auch politische Folgen, wie bereits die erste Wahl Donald Trumps zum US-Präsidenten 2016 so klar belegte.[24]

Die Statistiken erzählen uns nicht die ganze Geschichte. Dass unregulierte oder auch unzureichend regulierte Märkte zu gesellschaftlich unerwünschten Ergebnissen führen, sollte für jeden, der das späte 20. beziehungsweise das frühe 21. Jahrhundert in den USA erlebt hat, offensichtlich sein. Denken wir nur an die Opioidkrise, die in einem nicht unerheblichen Ausmaß von Pharmaunternehmen und Apotheken, die an Schmerzen leidende Menschen ausbeuteten, herbeigeführt wurde; denken wir an die Zigarettenhersteller, die suchterzeugende, tödliche Produkte herstellen; denken wir an die unzähligen Betrugsmaschen, denen ältere und andere vulnerable Menschen zum Opfer fallen; denken wir an die Lebensmittel- und Getränkehersteller, die ungesunde Produkte schon seit Langem so aggressiv vermarkten, dass sich die USA einer Diabetesepidemie bei Kindern gegenübersehen; und denken wir auch an die Erdöl- und Kohleunternehmen, die Milliarden von Dollar mit Aktivitäten erwirtschaften, die den Planeten gefährden. Es fällt einem kaum ein Winkel unseres kapitalistischen Systems ein, in dem *nicht* irgendeine Form von Betrug oder Ausbeutung stattfindet.

Es geht nicht nur um die Kosten, die denjenigen auferlegt werden, die die dunklen Seiten des Kapitalismus direkt erleben; wir alle sind aus Furcht, dass man uns übers Ohr hauen könnte, ständig auf der Hut. Die ökonomischen Kosten sind beträchtlich; die Kosten für unsere Psyche weitaus größer. In ihnen spiegelt sich ein systemisches Versagen mit gravierenden Folgen wider – zum Beispiel dem oben erwähnten relativ schlechten Gesundheitszustand der US-Bevölkerung (im Vergleich zu anderen fortgeschrittenen Ländern).

Die Folgen des neoliberalen Projekts sind anderswo auf der Welt nicht besser. In Afrika führte eine Politik, die sich am »Washington Consensus« orientierte, zu einem Prozess der Deindustrialisierung und einem Vierteljahrhundert eines Wachstums des Pro-Kopf-Einkommens von nahezu null.[25] Lateinamerika erlebte in den 1980er-Jahren das sogenannte Verlorene Jahrzehnt. In vielen Ländern führte der schnelle Zufluss und anschließende jähe Abfluss von Kapital im Gefolge einer Politik der Kapital- und Finanzmarktliberalisierung zu einer Krise nach der anderen – insgesamt mehr als 100 weltweit. Die Ungleichheiten, die die USA prägten, waren nur ein Schatten dessen, was anderswo geschah. Die den Ländern der ehemaligen Sowjetunion aufgenötigte Politik des »Washington Consensus« führte auch dort zu einer Deindustrialisierung. Ein einst mächtiges Russland wurde weitgehend zu einer Rohstoffökonomie, deren BIP ungefähr dem Spaniens entsprach, und sie wurde von einer kleinen Gruppe von Oligarchen kontrolliert, die dem Westen verübelten, wie er das Land vom Kommunismus weggeführt hatte.[26] Das schuf die Voraussetzungen für den Aufstieg Putins und alles, was dann folgte.

### *Ökonomische Theorie und Praxis*

Wie aber steht es mit der Theorie, wonach Märkte zu effizienten Ergebnissen führen? Konservative Ökonomen griffen Adam Smiths »unsichtbare Hand« auf, ließen aber die Einschränkungen weg, mit denen er die Idee versehen hatte. Als Wirtschaftstheoretiker beweisen wollten, dass Wettbewerbsmärkte effizient sind, gerieten sie in eine Sackgasse. Die Schlussfolgerung war *nur* unter sehr eingeschränkten Bedingungen wahr, so sehr eingeschränkt, dass sie für keine Volkswirtschaft von Bedeutung war. Tatsächlich haben diese Bemühungen, zu beweisen, dass der Markt effizient ist, dessen Begrenztheiten *verdeutlicht* – das, was später Marktversagen genannt wurde. Es gibt verschiedene Formen von Marktversagen, zum Beispiel eingeschränkten Wettbewerb (hier haben die meisten Firmen eine gewisse Preissetzungsmacht),[27] fehlende Märkte (man kann zum Beispiel keine Versicherung für die meisten der wichtigen Risiken, denen wir ausgesetzt sind, abschließen) und unvollständige Information (Verbraucher kennen nicht die Qualität und die Preise sämtlicher auf dem Markt erhältlichen Güter; Unternehmen kennen nicht die Eigenschaften all ihrer potenziellen Mitarbeiter; Kreditgeber kennen nicht die Wahrscheinlichkeit, mit der ein potenzieller Kreditnehmer seine Schulden zurückzahlt, und so weiter). Konservative Ökonomen wie Friedman identifizierten sich so stark mit ihrer Ideologie, dass sie diese grundlegenden theoretischen Ergebnisse nur widerwillig akzeptierten. Ich erinnere mich an ein Gespräch mit Friedman bei einem Seminar, das ich Ende der 1960er-Jahre an der Universität Chicago abhielt und in dem ich zeigte, dass Märkte nicht in der Lage sind, Risiken effizient abzusichern – ein Ergebnis, dessen Nachweis ich in einer Reihe von Aufsätzen führte, die in den 50 Jahren seit ihrer Veröffentlichung nicht widerlegt wurden.[28] Unser Gespräch begann mit seiner Behauptung, ich läge falsch und Märkte seien effizient. Ich forderte ihn auf, mir die Fehler in meinen Beweisen zu zeigen. Er bekräftigte seine Behauptung und seinen Glauben an Märkte. Unser Gespräch endete ergebnislos.

Obgleich Hayek früher als Friedman schrieb, war seine Argumentation in vielerlei Hinsicht subtiler. Er scheint stärker von der Evolutionstheorie beeinflusst worden zu sein, war er doch der Auffassung, der Überlebenskampf führe irgendwie dazu, dass die »bestangepassten« Unternehmen (diejenigen, die am effizientesten sind und die Bedürfnisse der Verbraucher am besten befriedigen) ihre Konkurrenten überdauern. Seine Analyse war allerdings noch unvollständiger als die Friedmans und stützte sich einfach auf die *Hoffnung* (beziehungsweise den Glauben), dass evolutionäre Prozesse wünschenswerte Ergebnisse zeitigen würden. Darwin selbst hatte erkannt, dass dies womöglich nicht der Fall sein würde, denn die Experimente (der Natur) auf den isolierten Galapagosinseln hatten zu ganz anderen und manchmal recht bizarren evolutionären Ergebnissen geführt.[29] Heute wissen wir, dass evolutionäre Prozesse nicht zielgerichtet sind. Ökonomisch formuliert: Es kann nicht davon ausgegangen werden, dass sie zur langfristigen dynamischen Effizienz der Volkswirtschaft führen.[30] Ganz im Gegenteil. Es gibt hinlänglich bekannte Mängel, und die in den vorstehenden Absätzen beschriebenen Formen von Versagen sind nur die offensichtlichsten. Die natürliche Auslese merzt nicht unbedingt die am wenigsten Leistungsfähigen aus. Unternehmen, die in einer Rezession pleitegehen, sind oft genauso leistungsfähig wie diejenigen, die überleben; sie sind nur höher verschuldet.[31]

Friedman und Hayek waren talentierte Rhetoriker, die scheinbar überzeugende Argumente vortrugen. Die Stärke der modernen, mathematischen Volkswirtschaftslehre besteht darin, dass sie sowohl bei den Annahmen als auch bei den Analysen zu größerer Präzision zwingt. Aber das ist zugleich ihre Schwäche, weil eine derartige Präzision zu Vereinfachungen zwingt, die bedeutsame komplexe Zusammenhänge außer Acht lässt. Wirtschaftstheoretiker sowohl in der Tradition der Gleichgewichtstheorie (der Friedman angehörte) wie auch in der Tradition der Evolutionstheorie (der Hayek angehörte) haben gezeigt, dass ihre Analysen unvollständig und/oder falsch waren, so wie ich es auch gerade dargelegt habe. Die Wirtschaftstheorie sagte vorher, dass ungezügelte Märkte ineffizient, instabil und ausbeuterisch sein und ohne geeignete staatliche Eingriffe von Unternehmen mit großer Marktmacht beherrscht werden würden, was erhebliche Ungleichheiten mit sich brächte. Sie wären kurzsichtig und würden Risiken nicht gut absichern. Sie würden die Umwelt verschmutzen. Und die Maximierung des Börsenwertes von Unternehmen würde, anders als von Friedman behauptet, nicht zur Maximierung des gesellschaftlichen Wohlergehens führen. Diese Vorhersagen seitens der Kritiker unregulierter Märkte haben sich bestätigt. Wenn man aus der Perspektive eines Dreivierteljahrhunderts intensiver Forschung auf ihre Wirtschaftskonzeptionen zurückblickt, kommt man zu dem Schluss, dass Hayek und Friedman schlichtweg danebenlagen und, leider, nicht einmal die richtige Forschungsagenda hatten. Sie waren große Polemiker, deren Ideen einen enormen Einfluss hatten und immer noch haben.

Wie konnten solche brillanten Köpfe derart falschliegen? Die Antwort ist einfach. Friedman und Hayek betrachteten das Wirtschaftsgeschehen aus einer ideologischen Perspektive – nicht unvoreingenommen. Sie versuchten, ungezügelte Märkte und bestehende Machtverhältnisse, wie sie sich unter anderem in der Einkommens- und Vermögensverteilung widerspiegelten, *zu verteidigen*. Sie wollten nicht wirklich verstehen, wie der Kapitalismus funktionierte. Sie nahmen einfach an, dass auf Märkten immer ein hohes Maß an Wettbewerb gegeben sei und dass kein Unternehmen die Macht habe, Preise festzusetzen, während es offensichtlich war, dass wichtige Märkte nicht kompetitiv waren. Außerdem nahmen sie in vielen ihrer Arbeiten an, dass auf Märkten vollständige Information gegeben sei, oder zumindest, dass Märkte informationseffizient seien – das heißt, dass sie alle relevanten Informationen kostenlos und unverzüglich von den informierten an die uninformierten Akteure übermitteln und alle relevanten Informationen zusammenführen, sodass diese sich vollständig in den Preisen widerspiegeln.[32] Dies waren zweckmäßige Annahmen, die halfen, zu den gewünschten Ergebnissen bezüglich der Effizienz einer Marktwirtschaft zu gelangen. Und sie waren auch noch in einer anderen Weise zweckmäßig: Friedman und Hayek verfügten nämlich schlichtweg nicht über die mathematischen Werkzeuge, die es braucht, um Märkte mit unvollständiger Information zu analysieren. Aber wenn man ihnen Analysen vorlegte, die mithilfe dieser fortgeschrittenen Werkzeuge erstellt wurden und zeigten, dass Märkte nicht informationseffizient sind und sein können, schauten sie und andere aus ihrem Lager weg. Sie wollten sich nicht mit Analysen auseinandersetzen, die vielleicht zu einer Schlussfolgerung führten, die mit ihrer unverbrüchlichen Marktgläubigkeit unvereinbar war.

Friedman und Hayek waren die intellektuellen Handlanger der Kapitalisten. Sie wollten den Einfluss des Staates zurückdrängen und weniger kollektives Handeln. Sie gaben der Regierung die Schuld an der Großen Depression (schlechte Geldpolitik) und an jedem anderen scheinbaren Wirtschaftsversagen. Und sie behaupteten, staatliche Eingriffe in freie Märkte führten geradewegs in den Totalitarismus, wobei sie die historische Realität der wirtschaftlichen Bedingungen, die zu Faschismus und Kommunismus führten, außer Betracht ließen. Zu wenig Staat – eine Regierung, die nicht genug zur Bewältigung der drückenden Probleme unternahm –, nicht zu viel Staat führte zu Populismus und ließ Gesellschaften wiederholt den Weg in den Autoritarismus einschlagen.

## JENSEITS DER EFFIZIENZ: DIE MORALISCHEN ARGUMENTE FÜR DEN NEOLIBERALISMUS

Hayek und Friedman wollten über das Effizienzargument für den Kapitalismus hinausgehen. Sie behaupteten, jeder würde vom Erfolg des kapitalistischen Systems profitieren – damit ist das mysteriöse Durchsickern von Wohlstandsgewinnen nach unten gemeint, das der Kapitalismus angeblich bewirkt. Vor allem aber wollten sie ein moralisches Argument für den Kapitalismus – ein Argument, das die Einkommensungleichheiten rechtfertigen konnte, die nach heutigen Maßstäben gering waren, aber dennoch so groß, dass sie für viele Menschen moralisch empörend waren.

### *Die »moralische Legitimität« von Ungleichheiten*

Gemäß der neoklassischen Wirtschaftstheorie werden Menschen entsprechend ihren Beiträgen zum gesellschaftlichen Wohlstand belohnt – die Theorie des sogenannten wohlverdienten (gerechten) Lohns. Diese »moralische Rechtfertigung« des Einkommens, das Menschen erhalten, dient zugleich als moralisches Argument gegen Umverteilung: Jede Person erhält das *angemessene* Einkommen.[33] Während viele konservative Ökonomen folglich dachten, dass es eine grundlegende ethische Rechtfertigung für die gravierenden

Ungleichheiten gebe, die unregulierte Märkte womöglich erzeugten, erkannten selbst diese Konservativen, dass das vom Markt erzeugte Ausmaß an Ungleichheit wohl gesellschaftlich inakzeptabel ist. So ist es zum Beispiel unverantwortlich, Menschen verhungern zu lassen. Kinder stellen einen Sonderfall dar, weil ihre Entbehrungen nicht die Folge von irgendetwas sind, was sie getan haben; sie hatten einfach Pech im Lotteriespiel der Zeugung. Sie haben sich die falschen Eltern »ausgesucht«.

Rechts stehende Ökonomen behaupteten auch, es sei zwar wünschenswert, diese Ungerechtigkeiten abzumildern, dies könne und solle jedoch innerhalb eines marktwirtschaftlichen Ordnungsrahmens durch Auferlegung sogenannter Pauschalsteuern geschehen. Diese Steuern würden unabhängig von dem gezahlt werden, was die Betreffenden arbeiteten und wie hoch ihr Einkommen wäre, sodass ihr Verhalten nicht durch Steuervermeidungsaktivitäten »verzerrt« würde.[34] Damit verfolgten sie eine böswillige Absicht: Es sollte der Eindruck erweckt werden, man könne und solle Fragen der Effizienz von Verteilungsfragen trennen. Es wurde behauptet, Ökonomen sollten sich auf die Effizienz konzentrieren und dafür sorgen, dass der ökonomische Kuchen möglichst groß sei, während sie die Frage einer gerechten Verteilung Philosophen und Politikern überlassen sollten. Einige gingen noch weiter; so behauptete der Wirtschaftsnobelpreisträger Robert Lucas von der Universität Chicago im Jahr 2004, als die Ungleichheit deutlich anzog: »Unter den Tendenzen, die einer soliden Wirtschaftswissenschaft schaden, ist die verführerischste und meines Erachtens verderblichste die Konzentration auf Verteilungsfragen.«[35]

Derartige Behauptungen sind moralisch verwerflich, ja fast toxisch. Die Forschung hat im Lauf der letzten 50 Jahre gezeigt, dass sie auch analytisch falsch sind. Effizienz und Verteilung lassen sich nicht voneinander trennen. Selbst der IWF und die

Organisation für Wirtschaftliche Zusammenarbeit und Entwicklung (OECD) – nicht gerade links stehende Institutionen – haben betont, dass Volkswirtschaften mit größerer Gleichheit erfolgreicher sind.[36]

### *Freiheit als der zentrale Wert einer Marktwirtschaft*

Ich sage all dies, um Hayeks und Friedmans Behauptungen (und die ähnlicher Konservativer), sie wüssten, wie sich im Rahmen einer Marktideologie Gleichheit herstellen lasse, Lügen zu strafen. Aber kommen wir zurück zum Thema Freiheit: Sowohl Friedman als auch Hayek maßen der Beziehung zwischen freien Märkten und Freiheit eine sehr große Bedeutung zu. Insbesondere Friedman befürchtete, gesetzliche Vorschriften und anderweitige staatliche Eingriffe würden, unabhängig von den damit verfolgten Absichten, die Freiheit des Einzelnen beeinträchtigen:

> In jedem einzelnen Fall einer geplanten Intervention müssen wir eine Bilanz aufstellen, in der wir die Vor- und Nachteile gegenüberstellen. Auf die Passiv-Seite jeder vorgesehenen Regierungsintervention werden wir ihre Auswirkungen in Bezug auf die Gefährdung der Freiheit eintragen und dieser Wirkung besondere Bedeutung beimessen müssen.[37]

Sie behaupteten nicht nur, dass der Kapitalismus mehr Freiheit gewährleiste als jedes alternative System, sondern auch, dass sich diese Freiheit nur mit einer »reineren« Version des Kapitalismus aufrechterhalten lasse. Die Marktwirtschaft der Mitte des 20. Jahrhunderts war, aus Friedmans Sicht, einfach durch ein Zuviel an kollektivem Handeln und an staatlichen Eingriffen geprägt.

Diese Argumente, die sich auf moralische Rechte und Freiheit fokussierten, besaßen vermutlich genauso viel oder mehr Überzeugungskraft für die Verfechter freier Märkte wie die technischen Argumente über die Effizienz von Märkten, die von Ökonomen vorgebracht wurden.

### *Fragen zur moralischen Legitimität von Märkten und Markteinkommen*

Friedmans und Hayeks Verständnis des Wirtschaftsgeschehens und des Verhältnisses zwischen Wirtschaft und Gesellschaft weist gravierende Mängel auf. Und das Gleiche gilt für ihre (oft unausgesprochene) Schlussfolgerung über die moralische Legitimität marktbestimmter Einkommen. Wenn zum Beispiel die ökonomische Effizienz des Marktes eine wichtige Grundlage für seine Legitimität und die von ihm erzeugte Einkommensverteilung wäre, dann würde die Tatsache, dass freie Märkte *nicht* effizient sind, die behauptete Legitimität untergraben.

Aber selbst innerhalb ihres eigenen theoretischen Bezugsrahmens hätten Friedman und Hayek die moralische Legitimität von Ungleichheiten, die aus Marktmacht und anderen Formen der Ausbeutung hervorgehen, hinterfragen müssen. Sie spielten die Bedeutung solcher Abweichungen vom Wettbewerbsparadigma herunter, weil sie glaubten, dass auf den Märkten einer Wirtschaft *von Natur aus* vollständiger Wettbewerb herrsche und Ausbeutung nicht existieren könne. Sie behaupteten, es gebe starke Kräfte, die dafür sorgten, dass Märkte kompetitiv seien – auf ihnen also vollständige Konkurrenz bestehe – und es nicht zu Ausbeutung komme. Die Tatsache, dass wir jeden Tag Marktmacht und Ausbeutung sehen, sollte ausreichen, um diese Theorien zu widerlegen. Aber auch theoretische Arbeiten aus den letzten 50 Jahren haben gezeigt, wie brüchig das intellektuelle Gebäude ist, auf dem ihre Argumente fußen. Schon kleine Informationsunvollkommenheiten, geringe Recherchekosten oder geringe versunkene Kosten (Kosten, die nicht wieder hereingeholt werden können, wenn man aus einem Projekt aussteigt) ändern die Standardergebnisse vollständig und lassen ein hohes Maß an Marktmacht und Ausbeutung zu.

Entsprechend steht jede Theorie der Freiheit, auch die Hayeks und Friedmans, die auf der Behauptung beruht, dass Märkte von sich aus effizient und nicht ausbeutend seien, auf tönernen Füßen. In späteren Kapiteln werde ich erklären, warum die moralische Legitimität von Märkten und der von ihnen erzeugten Einkommens- und Vermögensverteilung sogar noch schwächer ist, als es diese Diskussion nahelegt. Und in dem abschließenden Kapitel werde ich die Hayek-Friedman'sche These, dass wirtschaftliche Freiheit, wie auch immer man sie definiert – wobei sie in der Regel in einer Weise definiert wird, die mit einem Minimalstaat verbunden ist –, für politische Freiheit notwendig sei, auf den Kopf stellen. Der Neoliberalismus hat zu der Welle von Autoritarismus geführt, die die Welt heute erlebt.

## JENSEITS DES NEOLIBERALISMUS

Die Finanzkrise von 2008 markierte vielleicht den Höhepunkt des Neoliberalismus. Sie zeigte, dass die Finanzmarktliberalisierung selbst in der Hochburg des Kapitalismus scheiterte. Der Staat musste damals die Wirtschaft retten. Dann kam Trump zum ersten Mal, und sogar die konservative Republikanische Partei schien die Handelsliberalisierung aufzugeben. Allzu viele Menschen waren abgehängt worden. Immer mehr statistische Befunde trudelten ein: Die Lebenserwartung in den USA ging zurück, während die Ungleichheit in vielen Teilen der Welt wuchs.[38]

Der Neoliberalismus hatte externen Effekten kaum Beachtung geschenkt, aber mit dem Klimawandel und dann der Covid-19-Pandemie wurde klar, dass externe Effekte von größter Bedeutung sind. Der Staat ist unverzichtbar, nicht nur, um die Umwelt zu schützen und die Gesundheit der Bevölkerung zu fördern, sondern auch, um die gesamtwirtschaftliche Stabilität zu gewährleisten.

Ich werde später noch darlegen, dass es immer dann zu Veränderungen kommt, wenn ein System zusammenbricht und nicht das hält, was es versprochen hat. Das ist das Wesen der Evolution. Aber es gibt keine Gewissheit bezüglich der Richtung des Wandels. Das Ende der Détente gegenüber dem Neoliberalismus nach dem Ende des Kalten Krieges hat der extremen Rechten neuen Auftrieb gegeben. Es ist, als würden deren Vertreter sagen, der Neoliberalismus habe zu viele Kompromisse gemacht und es brauche den ungezügelten Kapitalismus der Mont Pèlerin Society, Friedmans und Hayeks. Die Überzeugungen rechts stehender Politiker, die ich als im Grunde »religiös« bezeichnet habe, können Menschen begeistert mitreißen. Ihr Appell an den Einzelnen hat etwas sehr Verlockendes: Wenn nur jeder hart arbeitet, kreativ ist und seine *eigenen* Interessen verfolgt, wird alles gut. Aber diese Behauptung ist bedauerlicherweise falsch. Wenn man heute weiterhin an dieser Überzeugung festhält, ignoriert man sowohl die intellektuellen Entwicklungen als auch die globalen Veränderungen der letzten 50 Jahre. Diese Ideen ergaben schon in der Mitte des 20. Jahrhunderts, als sie herausgearbeitet wurden, keinen Sinn, und sie tun dies noch weniger im ersten Viertel des 21. Jahrhunderts, in dem globale externe Effekte – der Klimawandel und die Pandemie – in den Mittelpunkt rückten. Eine ehrgeizige autoritäre Führungsfigur nach der anderen betritt heute in einem Land nach dem anderen die Bühne; sie schwingen große Reden und lassen Ideen vom Stapel, wie wenn das Gerede über freie Märkte *ihre* Freiheit stärken würde, anderen Freiheiten wegzunehmen.

John Maynard Keynes und Franklin D. Roosevelt hatten eine andere Zukunftsvision, die sich auf die klassische Wirtschaftstheorie stützte. Wenn man die deutlichen Veränderungen in der

Wirtschaft und unsere Erkenntnisfortschritte im letzten Dreivierteljahrhundert darin einbezieht, bietet sich ihre Vision nach wie vor als eine Alternative zu der auf sie folgenden neoklassischen und neoliberalen Wirtschaftskonzeption und zu der aufstrebenden neuen Rechten an. Keynes und Roosevelt schwebte ein gemäßigter Kapitalismus vor, in dem der Staat eine zentrale, aber begrenzte Rolle spielt: Er soll für Stabilität, Effizienz und Gleichheit sorgen – jedenfalls in einem höheren Maße, als dies ein ungezügelter Kapitalismus tut. Sie legten die Grundlagen für einen progressiven Kapitalismus des 21. Jahrhunderts, der menschlicher Freiheit echte Bedeutung verleiht.

# TEIL I
# GRUNDPRINZIPIEN DER FREIHEIT

# KAPITEL 3

# DIE FREIHEIT DES EINEN IST DIE UNFREIHEIT DES ANDEREN

Jeden Tag hören wir in den USA in den Nachrichten von einem weiteren Schusswaffenattentat mit mehreren Todesopfern – seit Anfang 2020 sind es fast zwei pro Tag.[1] Die Schusswaffenangriffe mit mehreren Toten, so erschütternd sie auch sind, machen nur etwas über 1 Prozent der jährlichen Todesfälle infolge von Schusswaffengebrauch aus.[2] In einigen Regionen des Landes müssen Schüler vor dem Betreten des Schulgebäudes durch Metalldetektoren gehen, und bereits im Kindergarten wird den Kleinen beigebracht, wie sie sich im Fall eines Schusswaffenattentats verhalten sollen. Sogar Kirchgänger und Synagogenmitglieder müssen befürchten, niedergeschossen zu werden. Die USA befinden sich nicht im Krieg mit einem ausländischen Feind, vielmehr tobt die Schlacht innerhalb der Nation selbst.

Es gibt einen einfachen Grund dafür, dass es in den USA weit mehr Todesopfer durch Schusswaffengebrauch als in anderen fortgeschrittenen Ländern gibt: Es sind mehr Schusswaffen in Umlauf. Die USA haben pro Einwohner etwa 30-mal so viele Schusswaffen wie Großbritannien und etwa 50-mal so viele Todesfälle durch Schusswaffen.[3] Man kann in den USA AR-15 und weitere automatische Waffen viel leichter erwerben als in anderen Ländern. Der Grund dafür ist eine Fehlinterpretation des Zweiten Verfassungszusatzes durch den Obersten Gerichtshof, die den Besitz praktisch aller Handfeuerwaffen zu einem von der Verfassung geschützten

Recht macht.[4] Einige Bundesstaaten, etwa Texas, gehen noch weiter, indem sie ihren Bürgern auch den Besitz von Sturmgewehren erlauben. Gemäß der Interpretation des Obersten Gerichtshofs – über die man in Texas sogar noch hinausging – wiegt das Recht, eine Schusswaffe bei sich zu tragen, mehr als das Leben derer, die vielleicht damit umgebracht werden. Die Rechte einer Gruppe, der Waffenbesitzer, erhalten Vorrang vor dem, was die meisten Menschen als ein grundlegenderes Recht ansehen würden: das Recht auf Leben. In Abwandlung des Zitats von Isaiah Berlin, das ich im Vorwort erwähnte, könnte man sagen: »Die Freiheit der Schusswaffenbesitzer bedeutete oft den Tod für die Schulkinder und Erwachsenen, die bei Schusswaffenattentaten ermordet wurden.«

Dies ist ein Beispiel für eine Externalität, eine Handlung einiger Personen, die sich negativ auf andere auswirkt. Wenn solche negativen Externalitäten auftreten, beschneidet die Freiheit, solche Handlungen auszuführen – die sogar als ein Recht verbrieft wird –, notwendigerweise die Freiheit anderer Menschen. Externalitäten sind in unserer Wirtschaft und Gesellschaft weit verbreitet. Heute haben sie eine viel größere Bedeutung als zu der Zeit, als John Stuart Mill *Über die Freiheit* schrieb, und als Friedman und Hayek es behaupteten. Wie wir gesehen haben, stellen Märkte von sich aus keine geeigneten »Lösungen« für die ökonomischen Verzerrungen bereit, die durch Externalitäten entstehen. In Anbetracht der unvermeidlichen Abwägungen zwischen verschiedenen Freiheiten müssen Gesellschaften Prinzipien und Praktiken entwickeln, die Auskunft darüber geben, welche Freiheiten wichtiger sind.

## EXTERNALITÄTEN SIND ALLGEGENWÄRTIG

Zwar hat es schon immer bedeutende Externalitäten gegeben, aber andauernde Veränderungen in der Struktur unserer Wirtschaft und der Welt haben sie in den Vordergrund gerückt. Sie sind überall. Zentrale Fragen der Wirtschaftspolitik betreffen den angemessenen Umgang mit Externalitäten – das Abschrecken von Aktivitäten, die schädliche Auswirkungen auf Dritte hätten, und das Fördern von Aktivitäten, die positive externe Effekte haben.

Wir leben auf einem dicht bewohnten Planeten, dessen Bevölkerung sich zwischen 1950 und 2020 verdreifacht hat. In dieser kurzen Spanne der Menschheitsgeschichte verfünfzehnfachte sich das globale BIP, was zur Folge hatte, dass die Erde überall an ihre Grenzen stößt. Dies zeigt sich mit besonderer Dringlichkeit am Klimawandel, der eine existenzielle Bedrohung für die Menschheit darstellt. Aber das ist nicht die einzige ökologische Externalität. Wir alle leiden unter den Folgen von Luft- und Wasserverschmutzung sowie Giftmülldeponien.

Es ist bemerkenswert, dass Menschen noch immer über die Frage diskutieren, ob der Klimawandel eine Tatsache ist beziehungsweise ob Treibhausgase in der Atmosphäre in nennenswertem Umfang dazu beitragen. Im Jahr 1896 sagte der schwedische Naturwissenschaftler Svante Arrhenius voraus, dass die Zunahme der Treibhausgaskonzentration in der Atmosphäre zu einer Erwärmung des Planeten führen werde. Es war eine bedeutende naturwissenschaftliche Vorhersage, auch wenn sie erst Jahrzehnte später bestätigt wurde. Und heute sehen wir die Auswirkungen des Klimawandels überall um uns herum, und aller Wahrscheinlichkeit nach wird die Welt in den kommenden Jahren dessen Folgen noch deutlicher zu spüren bekommen. Klimawandel bedeutet nicht nur, dass sich der Planet um ein paar Grad aufheizt, sondern auch, dass die Anzahl extremer Wetterereignisse zunimmt. Mehr Dürren, mehr

Überflutungen, mehr Hurrikane, mehr extreme Hitze- und Kältewellen, ein steigender Meeresspiegel und eine zunehmende Meeresversauerung, mit all den schwerwiegenden Folgen, die sich daraus ergeben – von sterbenden Meeren über Waldbrände bis hin zum Verlust von Menschenleben und Eigentum.

Es ist erstaunlich, dass einige Ökonomen in Anbetracht der offensichtlichen Kosten und Risiken, die mit dem Klimawandel verbunden sind, die Auffassung vertreten, wir sollten nichts oder nur sehr wenig dagegen tun.[5] Letztlich geht es um eine Abwägung von Freiheiten (Handlungsmöglichkeiten) zwischen den und innerhalb der Generationen. Wir schränken die »Verschmutzungsfreiheit« der heutigen Generationen ein (und verringern dadurch die Gewinne von Kohleunternehmen – deren Freiheit), vergrößern im Gegenzug jedoch die Freiheit der Menschen späterer Generationen, einen lebenswerten Planeten zu bewohnen, ohne sich mit einem immensen finanziellen Aufwand an den massiven Klimawandel und den starken Anstieg des Meeresspiegels anpassen zu müssen.

Ein kurzes Nachdenken genügt, um zu zeigen, wie widersprüchlich wir Risiken und Leben in verschiedenen Kontexten bewerten. Die USA zogen als Reaktion auf die Angriffe auf das World Trade Center und das Pentagon am 11. September 2001 in den Krieg. Etwas weniger als 3000 Menschen kamen bei diesem Angriff ums Leben. In dem anschließenden Krieg starben rund 7000 US-Amerikaner und über 100 000 Kämpfer von Verbündeten sowie Millionen Afghanen und Iraker,[6,7] während sich die Kosten auf mehrere Billionen Dollar beliefen.[8]

Dagegen haben Klimawandel und Luftverschmutzung während der ersten 20 Jahre dieses Jahrhunderts schätzungsweise fünf Millionen zusätzliche Todesfälle pro Jahr verursacht, und es besteht das Risiko, dass in den kommenden Jahrzehnten die Sterblichkeit weiter ansteigt und gigantische Vermögensschäden anfallen.[9] Aber wir können uns nicht darauf einigen, die vergleichsweise geringen Investitionen aufzubringen, die erforderlich sind, um diese immensen menschlichen und materiellen Verluste sowie die impliziten Freiheitseinbußen der zahllosen davon betroffenen Menschen abzumildern.

In ähnlicher Weise zucken wir vor Schreck zusammen, wenn wir von einem Flugzeugabsturz hören, und weigern uns aufgrund von Sicherheitsbedenken, in eine Boeing 737 MAX einzusteigen. Aber das Risiko, dass es mit diesem Flugzeug zu einem Problem kommt, verblasst im Vergleich zu den Risiken des Klimawandels.

Die Covid-19-Pandemie machte uns ihre enormen externen Effekte auf die öffentliche Gesundheit bewusst – und die Debatten über das Maskentragen, Abstandhalten, Testen und Impfen verdeutlichten, dass es weithin am Verständnis für diese Externalitäten fehlte. Die Entscheidung einiger Menschen, keine Maske zu tragen oder sich nicht impfen zu lassen, erhöhte die Wahrscheinlichkeit für andere, sich anzustecken, ins Krankenhaus zu kommen und zu sterben.[10] Und Wissenschaftler weisen immer wieder darauf hin, dass Covid-19 nicht die letzte Epidemie gewesen sein wird, die auf uns zukommt.

Weltweit hat die Verstädterung stark zugenommen. Vor 150 Jahren lebten fast drei Viertel der Bevölkerung in den USA in ländlichen Gebieten.[11] Bis 2050 werden geschätzte 89 Prozent in Städten leben.[12] Externe Effekte treten vornehmlich in Städten auf, wo sie unterschiedlichste Formen annehmen, wie etwa Staus, Lärm und Umweltverschmutzung. Aus diesem Grund setzen fast alle Städte auf irgendeine Form von Flächennutzungs- und Stadtplanung sowie auf Gesundheitsvorschriften. Die wenigen, die dies nicht tun, bieten ein chaotisches Bild. Houston ist ein Beispiel. In einer Lokalzeitung fand sich folgende Beschreibung:

> [Es gibt] eingeschossige Häuser neben Wolkenkratzern, Parkplätze neben Spielplätzen oder auch Grundschulen neben Sexshops. (…) Schau dir einen der berühmtesten Albträume an, die durch Houstons fehlende Stadtplanung [Zonierung] entstanden sind. Die Zone d'Erotica, ein kinkfreundlicher Erotikshop, befindet sich auf dem Parkplatz des Galleria-Einkaufszentrums, das eine private Vorschule sowie noch viele andere erbaulichere Einrichtungen beherbergt. Und nicht nur das: Viele Einwohner von Houston haben sich beschwert, dass er direkt gegenüber einer dicht besiedelten Wohngegend liegt, die ebenfalls voller Kinder ist.[13]

Externe Effekte können sowohl positiv als auch negativ sein, und eine gut funktionierende Gesellschaft muss Aktivitäten mit positiven Externalitäten fördern, während sie Menschen von Aktivitäten mit negativen Externalitäten abhalten sollte. Da wir uns zu einer Wissensökonomie entwickelt haben, sind Informations- und Wissensexternalitäten mittlerweile ebenfalls von größter Bedeutung. Von neuen Erkenntnissen eines Unternehmens können vielleicht auch viele andere Unternehmen einen Nutzen haben. Verbraucher können von niedrigeren Preisen profitieren, und eine Innovation kann eine andere inspirieren.

Ganz gleich, welche Ebene einer Volkswirtschaft man betrachtet, sind externe Effekte allgegenwärtig und folgenreich. Früher einmal war es so, dass an Bord eines Flugzeugs oder in einem Restaurant das Risiko bestand, dass jemand, der in der Nähe saß, rauchte. Für einen Nichtraucher konnte dies ärgerlich sein. Vielleicht fingen seine Augen an zu tränen, vielleicht hat er gehustet, oder der Rauch verschlug ihm den Appetit. Wir wissen heute, dass auch Passivraucher mit gravierenden Gesundheitsproblemen rechnen müssen.

Vielleicht hebt sich Ihre Laune, wenn Sie aus dem Fenster Ihres Hauses auf Blumen schauen, während es auf Ihre Stimmung drückt, wenn Sie auf einen Müllberg sehen. Vielleicht bringen laute Nachbarn Sie nachts um den Schlaf, oder lärmende Müllmänner wecken Sie frühmorgens auf.

Vielleicht bemerken Sie externe Effekte nicht einmal. Es gibt gut dokumentierte negative Auswirkungen auf Schwangere, die in der Nähe von Mautstellen leben, weil Pkws und Lkws gesundheitsschädliche Abgase ausstoßen. Diese zusätzliche Verschmutzung fordert ihren Tribut, unabhängig davon, ob man die umweltwissenschaftlichen Zusammenhänge versteht oder nicht.[14]

Unsere Wirtschaft ist stärker finanzialisiert worden, und dies hat das Potenzial für enorme negative Externalitäten erhöht. Die Wirtschaftskrise von 2008 verdeutlichte die zentrale Rolle gesamtwirtschaftlicher Externalitäten und die Art und Weise, wie die verstärkte Finanzialisierung ihrerseits das Ausmaß dieser externen Effekte vergrößert hat. Der Zusammenbruch des US-Bankensystems war eine Folge übermäßiger Risikoneigung, schlechter Risikoabsicherung und unzureichender Regulierung. Die Nachwirkungen stellten eine so große Bedrohung für die Weltwirtschaft dar, dass die US-Regierung die Banken mit einer Finanzspritze von rund 700 Milliarden Dollar vor dem Zusammenbruch rettete (hinzu kamen versteckte Subventionen seitens der Federal Reserve). Derivate und eine Vielzahl ähnlich komplexer Instrumente erhöhten das systemische Risiko – die Wahrscheinlichkeit, dass Finanzprobleme in einem Teil des Finanzsystems in einer Art Dominoeffekt zum Zusammenbruch des gesamten Finanzsystems oder eines bedeutenden Teils davon führen. Der Zusammenbruch von Lehman Brothers löste eine katastrophale Kettenreaktion aus.[15] Keiner von denen, die diese Finanzinstrumente kauften oder verkauften, hatte einen blassen Schimmer von ihren systemischen Folgen – also davon, wie sie sich auf diejenigen auswirkten, die nicht direkt an der Transaktion beteiligt waren. Erstere dachten nur an die ökonomischen Vorteile für sich selbst. Sie wussten kaum, dass, wenn sie und andere ähnliche Instrumente kauften, das Finanzsystem so instabil wurde, dass sie und alle anderen Bürger dieses Landes größeren Risiken ausgesetzt waren oder dies zumindest gewesen wären, wenn die Regierung ihnen nicht zu Hilfe gekommen wäre.

Es gab noch eine weitere Externalität. Die Handlungen der Banken wirkten sich nicht nur auf die US-Wirtschaft aus, sondern auf die gesamte Welt. Es gibt viele weitere Beispiele für grenzüberschreitende Externalitäten, und diese sind mit fortschreitender Globalisierung immer stärker geworden, sodass die weltumspannende Verflechtung von allem mit jedem noch weiter zunahm.

Wir sprechen von »Ansteckung«, der Ausbreitung einer Krankheit von einer Person auf eine andere, was eindeutig ein externer Effekt ist. In ähnlicher Weise sprechen Ökonomen von »wirtschaftlicher Ansteckung«, so springt zum Beispiel eine Rezession in einem Land auf ein anderes über, was der Grund für massive globale Rettungspakete ist.

Auch die »ansteckende« Wirkung regionaler Konflikte macht uns Sorgen. Aber Konflikte können sich nicht nur ausbreiten, sondern vielmehr auch weit jenseits der Grenzen, in denen sie sich ereignen, enorme Auswirkungen haben, woran uns der Einmarsch Russlands in die Ukraine erinnert. Die Lebensmittel- und Energiepreise sind weltweit stark angestiegen, was zu den Dominoeffekten von Inflation und wirtschaftlicher Instabilität führte. Der Konflikt schürt auch Unsicherheit in weiten Teilen Europas und Asiens. Konfliktbedingte Migration hat ebenfalls erhebliche Auswirkungen, insbesondere in Europa.

Während diese externen Effekte offensichtlich sind und spektakuläre Folgen haben, gibt es auch chronische, weitverbreitete, aber weniger offensichtliche externe Effekte. Mein Columbia-Kollege Bruce Greenwald und ich zeigten, dass immer dann, wenn Informationen unvollständig und asymmetrisch sind (Situationen, in denen einige Personen einige Dinge wissen, die andere nicht wissen) und Risikomärkte unvollkommen sind (die Alltagssituationen, in denen ich mich gegen Risiken, denen ich ausgesetzt bin, nicht versichern kann), externe Effekte auftreten, die die Effizienz von Märkten beeinträchtigen.[16] Märkte sind im Grunde niemals effizient. Ich habe wiederholt darauf hingewiesen, dass Adam Smiths unsichtbare Hand deshalb unsichtbar ist (die Verfolgung eigennütziger Interessen führt *wie von einer unsichtbaren Hand geleitet* zum Gemeinwohl), weil es sie nicht gibt. Um ein Beispiel zu nehmen: Wenn Menschen mehr rauchen, steigt ihr Hospitalisierungs- und Sterberisiko, und das bedeutet, dass die Prämien für Kranken- und Lebensversicherungen steigen.[17] Versicherungsgesellschaften wissen nicht, wer raucht und wie viel, sodass auch Nichtraucher durch die höheren Versicherungsbeiträge schlechtergestellt werden. Die Raucher erlegen Nichtrauchern einen externen Effekt auf, und die starken Raucher erlegen Wenigrauchern einen externen Effekt auf.

### *Die vielfältigen Dimensionen von Externalitäten*

Es gibt eine Standardliste von – positiven und insbesondere negativen – Externalitäten, auf die ich wiederholt hingewiesen habe. Aber an verschiedenen Stellen dieses Buches werden wir noch andere erörtern. So kann man zum Beispiel Falsch- und Desinformation als Verschmutzung unseres Informationsökosystems auffassen, weil beide es erschweren, den Informationsmüll herauszufiltern. Dies erlegt denjenigen, die die Wahrheit wissen wollen, hohe Kosten auf, und es können zusätzliche Externalitäten auftreten, wenn Menschen auf Grundlage von Falsch- oder Desinformation handeln.

Betrachten wir auch die vielen Dimensionen unserer Gesellschaft, in denen Vertrauen eine Rolle spielt. Die Wirtschaft würde viel besser funktionieren, wenn alle einander vertrauen könnten. Wir bräuchten keine kostspieligen Juristen, die Verträge aufsetzen, welche jede Eventualität und jede Form von Fehlverhalten abzudecken versuchen. Aber nicht vertrauenswürdige Menschen »verschmutzen« die Gesellschaft und zwingen uns dazu, die Vertrauenswürdigkeit jeder Person, der wir begegnen, einzuschätzen. Nicht vertrauenswürdige und unehrliche Unternehmen zwingen Kunden dazu, mehr Zeit und Energie aufzuwenden, die Produkte, die sie kaufen, zu beurteilen, und sie zwingen Investoren dazu, mehr Zeit und Ressourcen aufzuwenden, um die Finanzprodukte, die sie kaufen, zu beurteilen.

## DIE BEWÄLTIGUNG VON EXTERNALITÄTEN IST DIE GRUNDLAGE DER ZIVILISATION

Wenn die Handlungen einer Person sich auf andere auswirken, müssen wir Mittel und Wege finden, um diese Wechselwirkungen in geordnete Bahnen zu lenken. Wir versuchen, unseren Kindern beizubringen, rücksichtsvoll zu sein. Wir sagen ihnen: »Behandle andere so, wie du von ihnen behandelt werden möchtest« und »Was du nicht willst, dass man dir tu, das füg auch keinem anderen zu«. Religionen und Philosophien sind über die allgemeinen Gebote hinausgegangen und haben enger definierte Verhaltensmaßregeln gegen Totschlag, Diebstahl und so weiter aufgestellt. Um zu verdeutlichen, warum dies so wichtig ist, hat die moderne Wirtschaftswissenschaft postuliert, dass Menschen zutiefst egoistisch seien und *nur* ihr eng definiertes Selbstinteresse verfolgten. Eine Welt, die von derart egoistischen Menschen bevölkert ist, wäre ohne diese Regeln eine wahre Dystopie.

### *Ein kurzer Exkurs über die Entwicklung der Wirtschaftswissenschaften: Egoismus und menschliche Natur*

Während jüngste Fortschritte in den Wirtschaftswissenschaften und jahrelange Forschungen in anderen Sozialwissenschaften die Hypothese extremer Selbstsucht widerlegt haben, hält sie sich unter Ökonomen noch immer hartnäckig. Die Volkswirtschaftslehre strebte lange Zeit danach, eine exakte Wissenschaft wie die Physik zu werden, frei von normativen Urteilen darüber, was gut oder schlecht, richtig oder falsch ist. Ökonomen ließen sich von Adam Smiths unsichtbarer Hand inspirieren. Aber Smith selbst hat ausdrücklich die Auffassung vertreten (insbesondere in seinem 1759 erschienenen Buch *Die Theorie der ethischen Gefühle*, das 27 Jahre vor seinem bekannteren Werk *Der Wohlstand der Nationen* veröffentlicht wurde), dass Menschen nicht *vollkommen* egoistisch sind. Er beginnt das Buch mit den Zeilen:

> Mag man den Menschen für noch so egoistisch halten, es liegen doch offenbar gewisse Prinzipien in seiner Natur, die ihn dazu bestimmen, am Schicksal anderer Anteil zu nehmen, und die ihm selbst die Glückseligkeit dieser anderen zum Bedürfnis machen, obgleich er keinen anderen Vorteil daraus zieht als das Vergnügen, Zeuge davon zu sein.[18]

Tatsächlich behaupten Wirtschaftshistoriker, die das gesamte Werk Smiths einschließlich seiner *Theorie der ethischen Gefühle* im Blick haben, dass er, als er die These aufstellte, die Verfolgung des Selbstinteresses durch den Einzelnen führe zum gesamtgesellschaftlichen Wohl, damit kein vollkommen egoistisches Streben meinte, wie moderne Ökonomen denken. Vielmehr habe er das Wohl der Menschen *in einem weit gefassten Sinn* im Auge gehabt, das auch ihr instinktives Interesse am Wohlergehen anderer einschließe.

In manchen Fällen mag sich in »fremdbezogenem« Verhalten tatsächlich direktes Selbstinteresse widerspiegeln. Jemand erkennt vielleicht, dass er *im engeren Verständnis von Selbstinteresse* schlechter dastehen würde, wenn er (und andere) sich nicht scheinbar uneigennützig verhalten hätten. Die Ausbreitung von Covid-19 mag letztlich seine eigene Sterbewahrscheinlichkeit erhöhen, sodass es in seinem eng verstandenen Selbstinteresse ist, die sozialen Folgen seiner Handlungen zu bedenken. Oder dass er sich sicherer fühlt, wenn niemand Schusswaffen trägt, was bei Weitem das Vergnügen übertrifft, das es ihm bereitet, die Waffe überall bei sich zu tragen. Und ihm geht vielleicht auf, dass der Klimawandel verheerende Auswirkungen auf sein Leben haben wird, und er beugt sich daher bereitwillig den Verhaltenseinschränkungen, die notwendig sind, um den Klimawandel zu begrenzen.

Andererseits geht uneigennütziges Verhalten aus echter Empathie für andere hervor, einschließlich zukünftiger Generationen.[19] Meines Erachtens könnte man durchaus behaupten, dass Menschen in einer guten Gesellschaft diese Art von Empathie fühlen, zumindest bis zu einem gewissen Grad. Die Wirtschaftswissenschaften haben unseren Blick darauf verengt, welche Art von Wirtschaft und Gesellschaft wünschenswert ist, indem sie die Bedeutung von Empathie bestritten und nicht zugeben wollten, dass deren Ausmaß selbst durch das Wirtschaftssystem beeinflusst wird.

Die beiden Perspektiven – das Verfolgen sozialer Gerechtigkeit, weil es im eng verstandenen Eigeninteresse ist oder weil es, in einem weiteren Sinne, tief in unserer Identität verwurzelt ist – sind selbstverständlich normalerweise eng miteinander verflochten und lassen sich nicht ohne Weiteres voneinander trennen.

Allerdings liegen die Wirtschaftswissenschaften richtig mit der Annahme, dass Personen manchmal – und einige oft – anderen nicht ausreichend Beachtung schenken, selbst nachdem sie die beste Erziehung und die tiefste religiöse oder philosophische Bildung erhielten oder ihnen die schönsten Moralpredigten gehalten wurden. Daher haben Gesellschaften Gesetze, Regeln und Vorschriften, die das Ausmaß dieser externen Effekte und ihre negativen Auswirkungen verringern und Sanktionen für diejenigen vorsehen, die sie nicht befolgen. Das ist Zwang. Wir schränken die Freiheit von einigen ein, weil dies notwendig ist, wenn wir wollen, dass eine zivilisierte Gesellschaft gut funktioniert und andere einige der Freiheiten haben, die sie wünschen, und damit jede Gesellschaft, die sich selbst als eine freie Gesellschaft begreift, bestehen kann.

## DIE BEURTEILUNG VON TRADE-OFFS UND DIE ABSURDITÄT DER ABSOLUTISTISCHEN POSITION

Sobald man die Wechselbeziehungen zwischen Freiheiten erkennt, muss man beginnen, die Trade-offs zwischen ihnen zu beurteilen. Eine absolutistische Position, die sagt: »Jegliche Verletzung meiner Freiheit ist unannehmbar«, würde ins Chaos führen.

Wir alle akzeptieren *eine gewisse* Einschränkung, wie das Verbot von Diebstahl und Totschlag. Die absolutistische Position ist absurd und unhaltbar – sie ist zudem inkohärent. In unserer komplexen, interdependenten Welt, in der die Freiheit des einen oft mit der Freiheit eines anderen kollidiert, können nicht alle Freiheiten »absolut« sein. In die Freiheit von irgendjemandem muss eingegriffen werden. Und wenn dies der Fall ist, müssen wir entscheiden: Wessen Freiheit soll eingeschränkt werden, damit die Freiheit von jemand anderem vergrößert wird? Es gibt philosophische Bezugssysteme, die uns als Individuen und als Gesellschaft bei der Beantwortung dieser Frage anleiten können. Eines davon werde ich weiter unten ausführlich erörtern.

*Einfache und schwierige Fälle*

Manchmal ist es leicht, zu einem fundierten Urteil über die Verteilung der Kosten auf die verschiedenen Betroffenen zu kommen. Wenn man von mir verlangt, mich auf ein tödliches Virus testen zu lassen oder eine Maske zu tragen, ist das eine Unannehmlichkeit (ein Freiheitsverlust). Ist dies höher oder niedriger zu veranschlagen als das Risiko, dass ich mein Leben verliere, oder die Unannehmlichkeit, zu Hause zu bleiben, wenn ich das Risiko, mich anzustecken, vermeiden will? Alle beziehungsweise zumindest fast alle vernünftigen Menschen werden zustimmen, dass das Tragen einer Maske eine Kleinigkeit ist, wenn man es mit der Alternative vergleicht, zu Hause zu bleiben, weil man sonst sein Leben riskiert.

Viele der erbittertsten politischen Kontroversen entstehen jedoch, wenn verschiedene gesellschaftliche Gruppen in Bezug auf die Ausgewogenheit von Trade-offs unterschiedlicher Auffassung sind. Diesen Meinungsverschiedenheiten liegen oftmals *empirische* Urteile über die Natur der Welt zugrunde, die mithilfe der Wissenschaft des 21. Jahrhunderts auf ihre sachliche Richtigkeit überprüft werden können.

Betrachten wir das oben zitierte Fallbeispiel über den Freiheitsverlust aufgrund der Pflicht zum Maskentragen gegenüber dem Freiheitsverlust, den das Sterben an einer ansteckenden Krankheit bedeutet. Die Beurteilung solcher Trade-offs wird offensichtlich von Überzeugungen beeinflusst – in diesem Fall Überzeugungen bezüglich der Wirksamkeit von Masken. Wenn jemand der irrigen Auffassung ist, Masken seien wirkungslos, dann glaubt er auch, dass der Verzicht auf das Tragen einer Maske anderen keinen Schaden zufügt. Dabei spielen sowohl Wertvorstellungen als auch kognitive Elemente eine Rolle. Letztere sollten lösbar sein, aber an diesem Punkt lassen sich viele Maskengegner nicht mehr von wissenschaftlichen Argumenten beeinflussen. Sie verlegen sich auf Anekdoten über einen Ort, der auch ohne Masken gut durch die Pandemie gekommen ist. Offensichtlich ist die Ausbreitung einer Infektionskrankheit ein komplexer Prozess, der von einer Vielzahl von Variablen beeinflusst wird, und die wissenschaftliche Methode versucht, alle anderen Faktoren konstant zu halten. Auf diese Weise möchte man herausfinden, ob das Tragen von Masken etwas bewirkt oder nicht. Und Wissenschaftler fanden heraus, dass, unter sonst gleichen Bedingungen, das Tragen von Masken und Abstandhalten durchaus etwas bewirken.[20] Folglich geht es bei dem Streit um das Maskentragen letzten Endes um Werte. Gibt es verantwortungsbewusste Menschen, die wirklich glauben, dass das Recht, nicht durch das Tragen einer Maske belästigt zu werden, wichtiger ist als das Recht auf Leben?

Ich würde noch weiter gehen. Selbst wenn es keine klaren, starken und eindeutigen wissenschaftlichen Belege für die Wirksamkeit der Masken gäbe, ist das Tragen einer Gesichtsbedeckung so lange, wie eine erhebliche *Wahrscheinlichkeit* besteht, dass es etwas bewirkt, weil es möglicherweise andere schützt, höchstwahrscheinlich vorzuziehen, wenn man die niedrigen Kosten des Maskentragens und die potenziell immensen Kosten der Krankheit berücksichtigt.

### *Scheinbar einfache Prinzipien sind nicht immer einfach*

Selbst für den scheinbar einfachsten Fall eines externen Effekts – Totschlag – hat die Gesellschaft einen nuancierten Ansatz entwickelt. Wir schränken das Verbot ein. Wir erkennen Notwehr als Rechtfertigungsgrund an. Aber dann diskutieren wir darüber, ob in einer konkreten Situation die Berufung auf Notwehr legitim ist.[21]

Als Reaktion auf viele Externalitäten halten wir uns an den Grundsatz, dass die Person, die anderen einen Schaden zufügt, für den Schaden aufkommen muss. Im Fall von Umweltschäden verweisen wir auf den Grundsatz »Der Verursacher zahlt«. Dies ist sinnvoll, weil es einem potenziellen Umweltsünder einen Anreiz gibt, die Umwelt nicht zu verschmutzen.

Aber die Externalität ereignet sich nicht in einem Vakuum. Die Handlungen einer Person würden einer anderen nicht schaden, wenn diese nicht am Ort der Verschmutzung wäre. Ein Chemieunternehmen, das einen See verseucht, würde niemandem schaden, wenn niemand in dem Wasser schwimmen oder davon trinken würde – auch wenn es trotzdem der Umwelt schaden und Menschen davon *abhalten* würde, dort zu schwimmen oder Wasser zu trinken. Ein rücksichtsloser Autofahrer könnte sogar behaupten, wenn das andere Fahrzeug sich nicht an dieser Stelle befunden hätte, wäre er nicht mit ihm zusammengestoßen.

In den meisten dieser Fälle gibt es eine automatische (und, wie ich finde, richtige) Antwort. Es versteht sich von selbst, dass ich das Recht haben sollte, in einem öffentlichen See zu schwimmen und sicher auf der Straße zu fahren. Dies ist vor allem darauf zurückzuführen, dass unsere Gesellschaft entschieden hat, welche dieser Freiheiten wichtiger sind. Allerdings ist es manchmal nicht leicht gewesen, sich auf diesen vernünftigen Konsens zu einigen. In Deutschland darf man auf bestimmen Abschnitten der Autobahn noch immer ohne Geschwindigkeitsbegrenzung fahren, obwohl hohe Geschwindigkeiten die Wahrscheinlichkeit erhöhen, dass jemand einen tödlichen Unfall baut, und schlecht für die Umwelt sind.

Mir geht es hier nicht darum, die Frage zu beantworten, wie jede dieser schwierigen Abwägungen zwischen Freiheiten vorgenommen werden sollte. Auf jedem Gebiet gibt es komplexe und knifflige Aspekte zu bedenken. Die gesellschaftlichen Ansichten zu diesen Themen können sich – manchmal schnell – wandeln, und sie unterscheiden sich von Land zu Land. Als *Erstes* möchte ich vielmehr Freiheit durch das ökonomische Prisma von Tradeoffs betrachten, was einen rationalen öffentlichen Diskurs über die Frage erfordert, wie Freiheiten gegeneinander abgewogen werden sollten. Ich verfolge mit diesem Buch noch zwei weitere Ziele, denen ich mich zuwenden werde, nachdem ich die Grundlagen für ein besseres Verständnis der Freiheitsabwägungen gelegt habe: Zum einen möchte ich ein *Rahmenkonzept* vorlegen, das helfen soll, diese schwierigeren Fragen zu beantworten, bei denen es vielleicht nicht so offensichtlich ist, auf welche Freiheit aus einer Reihe einander widerstreitender Freiheiten mehr Gewicht gelegt werden sollte (vgl. Kapitel 5). Zum anderen will ich die Frage beantworten, welches wirtschaftliche/politische/gesellschaftliche System am ehesten für gerechte Ergebnisse und gesamtgesellschaftliches wie auch individuelles Wohlergehen sorgt (damit befasse ich mich in Teil III).

## EXTERNALITÄTEN UND DIE KONSERVATIVE SICHTWEISE

In Kapitel 2 habe ich viel Zeit darauf verwendet, ökonomische Positionen, die den freien Markt ins Zentrum stellen, zu erörtern. Meines Erachtens ist die Tatsache, dass die politische Rechte nicht erkannt hat, dass die Freiheit des einen die Unfreiheit des anderen ist, der grundlegendste philosophische Fehler in den Positionen von Konservativen und Libertären. Freiheit muss im sozialen Zusammenhang gesehen werden. In einer integrierten Gesellschaft können wir schlichtweg die Freiheit des Einzelnen nicht betrachten, ohne die Folgen dieser Freiheit für andere zu bedenken.

Hayek und Friedman wussten selbstverständlich, dass es – negative wie auch positive – Externalitäten gibt. Und sie schrieben sogar, dass der Staat eingreifen müsse, wenn externe Effekte auftreten. So heißt es zum Beispiel bei Hayek in *Der Weg zur Knechtschaft* (1944):

> Auch gewisse Schäden, die durch Abholzung, bestimmte landwirtschaftliche Anbaumethoden oder den Rauch oder Lärm der Fabriken verursacht werden, können nicht auf den betreffenden Eigentümer beschränkt werden oder auf solche, die bereit sind, sich gegen eine ausbedungene Entschädigung den Schaden gefallen zu lassen. Unter solchen Umständen müssen wir irgendeinen Ersatz für die Regulierung des Preismechanismus finden.[22]

Während die Anhänger der Rechten sich der *Möglichkeit* externer Effekte bewusst sind, begehen sie vier Fehler: (a) Sie behandeln Externalitäten als Ausnahmen; (b) sie erkennen nicht die wirklich wichtigen Externalitäten; (c) sie glauben, dass in den meisten der seltenen Fälle, in denen es zu Externalitäten kommt, freiwillige Maßnahmen ausreichen würden und es keiner staatlichen Eingriffe bedürfe; und (d) sie glauben, dass der Staat, wenn er etwas unternehmen muss, dafür ein einziges Instrument einsetzen sollte – nämlich die Aktivität besteuern, die externe Effekte erzeugt. In den folgenden Abschnitten erläutere ich jeden dieser grundlegenden Fehler.

### *Externalitäten sind die Regel, nicht die Ausnahme*

Ich habe bereits dargelegt, dass in unserer Welt des 21. Jahrhunderts Externalitäten allgegenwärtig sind. In der Welt Hayeks, Friedmans und anderer Rechtskonservativer sind Externalitäten dagegen die Ausnahme, etwas, was man in einem wirtschaftswissenschaftlichen Seminar am Ende des Semesters erörtert, sofern Zeit dafür ist. Aufgrund ihrer wirtschaftswissenschaftlichen Ausbildung konnten sie Externalitäten nicht *vollständig* ignorieren, aber diese standen für sie mit Sicherheit nicht im Mittelpunkt.

Wenn Externalitäten wirklich so unwichtig wären, wie es Friedman und die heutigen Rechten behaupten, dann könnten wir uns vielleicht überwiegend einfach auf den Markt stützen. Aber wie schon gesagt, sind Externalitäten weitverbreitet, und sie sind von Bedeutung. So gesehen, verkörperte Friedman einen großen Rückschritt in unserem Verständnis der Wirtschaft gegenüber der differenzierteren Analyse von Adam Smith mehr als 175 Jahre zuvor. Ironischerweise verstärkte der Neoliberalismus die unternehmensübergreifenden Externalitäten, insbesondere diejenigen, die mit dem Finanzsektor verbunden sind. Die übermäßige Deregulierung führt zu eng miteinander verflochtenen Finanzinstituten, was zur Folge hat, dass der Zusammenbruch eines oder einiger weniger von ihnen den gesamten Finanzsektor und die Wirtschaft als Ganze zu Fall bringen konnte.

### *Fokussierung auf die falschen Externalitäten: Bürden für unsere Kinder*

In der modernen Politik der USA behauptet die Rechte (am prominentesten die Vereinigung »Freedom Caucus«, in der sich Abgeordnete der republikanischen Fraktion im Repräsentantenhaus zusammengefunden haben), sie sei es, die sich Sorgen wegen der *entscheidenden* Externalität überhöhter Staatsausgaben und der Bürde mache, die sie zukünftigen Generationen auferlegten. (Sie stellt diese Sorgen allerdings zurück, wenn es um Schulden geht, die von Steuersenkungen für die Reichen und mächtige Konzerne herrühren. Mit diesen Schulden verhält es sich ihrer Meinung nach irgendwie anders.)

Aus ökonomischer Sicht sind ihre Überlegungen mit grundlegenden Fehlern behaftet. Erstens können wir Schulden nicht isoliert betrachten; vielmehr müssen wir uns ansehen, was wir für diese Schulden bekommen. Wenn wir das Geld für Infrastruktur, Bildung oder Technologie ausgeben, dann steigern wir die Produktivität der Wirtschaft; es gibt Vermögenswerte, welche die Schulden aufwiegen. Die meisten Unternehmen wachsen, indem sie Schulden machen. Niemand in der Privatwirtschaft würde sich nur die Passivseite einer Bilanz ansehen. Wenn ein Unternehmen gut investiert, wächst der Wert seiner Aktiva schneller als der seiner Verbindlichkeiten, sodass sich sein Eigenkapital erhöht. Das Gleiche gilt für Länder.

Anders ausgedrückt: Wichtige öffentliche Investitionen *nicht* zu tätigen, heißt, ein Land ärmer zu machen. Es besteht allgemeines Einvernehmen darüber, dass genau dies in den USA und einigen anderen fortgeschrittenen Ländern geschehen ist. Jede Kategorie von öffentlichen Investitionen weist sehr hohe Renditen auf, sie sind viel höher als die Kosten der Kreditaufnahme, trotzdem hat die Furcht der Rechten vor Defiziten und Schulden die Gesellschaft davon abgehalten, diese so wichtigen Ausgaben zu tätigen. Die bloße Existenz von Schulden bedeutet nicht automatisch, dass eine ungerechte Abwägung stattgefunden hätte, bei der die gegenwärtigen Generationen auf Kosten künftiger Generationen profitierten. Sich zu verschulden, um hochprofitable öffentliche Investitionen zu tätigen, ist im besten Interesse der Länder, da sowohl diese als auch künftige Generationen profitieren.

Zweitens sind Schulden eine Finanzverbindlichkeit, keine reale Verbindlichkeit. Dagegen sind Umweltschäden eine reale Belastung für künftige Generationen; sie erlegen ihnen eine reale Bürde auf, die *reale* Folgen hat, wie etwa den Klimawandel, der unserer Gesundheit, unserem Lebensstandard und unserer materiellen Infrastruktur schadet. Die Folgen lassen sich nur dadurch begrenzen, dass man künftige Generationen dazu *zwingt*, Geld auszugeben, um die Schäden zu beheben. Dadurch, dass wir Umweltzerstörung zulassen, geben wir den heutigen Verschmutzern mehr und künftigen Generationen weniger Freiheit. Dies ist die wirkliche transgenerationale Freiheitsabwägung.[23]

Um den Unterschied zwischen diesem realen Trade-off und der finanziellen Schuldenlast, auf die sich die Rechte fokussiert, zu verdeutlichen, nehmen wir den Fall eines Landes, das seine Schulden dadurch finanziert, dass es sich Geld von seinen Bürgern leiht. Das ist zum Beispiel grosso modo in Japan der Fall. Dessen Staat schuldet bestimmten Bürgern innerhalb des Landes Geld. Wenn ein Gesetz verabschiedet würde, das besagte, dass die Schulden restrukturiert werden, sodass jemand mit einer Staatsanleihe im Nennwert von 100 Dollar eine neue Anleihe erhält, die nur 50 Dollar wert ist, stünden die Anleiheinhaber offensichtlich schlechter da; die Steuerzahler innerhalb des Landes, die andernfalls für die Bedienung der höheren Schulden zahlen müssten, stünden besser da. Aber die Schulden wären halbiert worden, und die relevanten *realen* Variablen (wie der Kapitalstock) blieben unverändert. Während die Finanzschulden eines Landes mit einem Federstrich herabgesetzt werden können, ist dies bei den Schulden gegenüber der Umwelt nicht der Fall.

Bei einer offenen kleinen Volkswirtschaft, die im Ausland Kredite aufnimmt, ist die Lage etwas anders. In diesem Fall bedeutet eine erhöhte Verschuldung, dass ein größerer Teil der im Inland produzierten Waren ausgeführt werden muss, um die Schulden zurückzuzahlen. Die Schulden verringern zwar das, was künftige Generationen konsumieren können, aber auch hier gilt: Wenn die Kredite zur Finanzierung produktiver Investitionen aufgenommen werden, stehen künftige Generationen besser da, als es der Fall wäre, wenn keine Schulden gemacht worden wären. Man muss auch beachten, dass private Schulden die Konsummöglichkeiten künftiger Generationen genauso verringern oder steigern, wie es öffentliche Schulden tun (je nachdem, wie das mit den Schulden verbundene Geld ausgegeben wird). Tatsächlich können unregulierte Märkte zu einer systematischen übermäßigen privaten Kreditaufnahme führen, da einzelne private Kreditnehmer die Auswirkungen ihrer Verschuldung auf den Wechselkurs und dadurch auf den Rest der Wirtschaft nicht berücksichtigen.[24]

Es gibt eine Reihe weiterer Situationen, in denen bedeutende transgenerationale Externalitäten auftreten – die vergrößerte Freiheit der heutigen Generationen zumindest teilweise auf Kosten der Freiheit künftiger Generationen geht. Aber diese unterscheiden sich stark von dem, was sich die Rechte vorstellt. Die Finanzmarktliberalisierung zum Beispiel verschärfte das Problem der Verschuldung des privaten Sektors, das ich im vorhergehenden Absatz erwähnte. Die Ausweitung der Freiheit der heutigen Banker kam um den Preis häufigerer Finanzkrisen, die den Dutzenden Ländern, die davon betroffen waren, enorme Kosten auferlegten und dadurch die Freiheit zukünftiger Bürger einschränkten. Sie wurde auch mit Immobilienbooms in Verbindung gebracht, die es jüngeren Generationen erschweren, Immobilien zu mieten oder zu kaufen und knappe Ersparnisse von Branchen wie der Industrie abzuzweigen, wo sie gesamtgesellschaftlich produktiver eingesetzt werden könnten.

### *Es dem Markt überlassen*

Sogar Friedman und Hayek waren der Meinung, wir könnten die Bewältigung externer Effekte nicht dem Markt überlassen. Allerdings waren einige von Friedmans Kollegen der Chicagoer Schule (der Name, der oft der konservativen Denkschule gegeben wird, deren bekanntester Repräsentant Friedman war),[25] insbesondere der Nobelpreisträger Ronald Coase, der Meinung, Märkte könnten von sich aus das Problem externer Effekte lösen, mit allenfalls begrenzten staatlichen Maßnahmen.[26] Sie irrten sich offensichtlich, zumindest in einigen wirklich wichtigen Fällen. Die ihren Überlegungen zugrunde liegende Intuition lässt sich bei einem einfachen Beispiel erkennen, an dem herkömmlicherweise externe Effekte veranschaulicht werden. Bienenzüchter profitieren von mehr Apfelgärten, aber Apfelgärten profitieren auch von mehr Bienen. Die Bienen sind unverzichtbar für die Bestäubung und steigern so die Apfelernte. Aber zumindest in den Fällen, in denen es einen isolierten Apfelgarten gibt, lässt sich das Problem leicht dadurch lösen, dass in dem Apfelgarten gleichzeitig Bienen gehalten werden. In diesem Fall sprechen wir davon, dass der externe Effekt internalisiert wurde. Wenn eine Gemeinde relativ wenige Apfelbauern und Imker hat, könnten sie sich zusammentun und eine effiziente Lösung erarbeiten.[27]

Coase behauptete, dass sich das Problem externer Effekte in vielen Fällen dadurch »lösen« lasse, dass der Staat Eigentumsrechte zuweise und durchsetze. Verschiedene Zuweisungen könnten allerdings dazu führen, dass eine Gruppe ihre Freiheit auf Kosten einer anderen vergrößert.

Betrachten wir das Problem der Überweidung oder Überfischung, wenn die Bürger einer Gemeinde Weideland gemeinsam nutzen (wie es in Teilen Schottlands und Englands der Fall war) beziehungsweise einen See oder eine andere Ressource. Das Problem ist, dass kein Bürger die externen Effekte berücksichtigt – zumindest tun dies einige der Bürger nicht.[28] Wenn jemand dem See mehr Fische entnimmt, bleiben vielleicht weniger für die anderen übrig, und diese anderen müssen sich mehr Mühe geben, um die gleiche Anzahl von Fischen zu fangen wie zuvor. Schlimmer noch: Jeder entnimmt vielleicht so viele Fische, dass deren Gesamtpopulation abnimmt. Dann sind alle schlechtergestellt. Dies wird *Tragik der Allmende* genannt.[29]

Eine privatisierte Allmende, bei der das Eigentum an dem Gemeindegut auf eine einzelne Person übertragen würde, wäre, so Coase, effizient zu bewirtschaften. Als Eigentümer würde diese Person die optimale Anzahl von Schafen, die sie auf dem Land weiden ließe, beziehungsweise von Fischen, die sie aus dem See entnähme, berechnen, um den optimalen Ertrag aus dem Land oder Gewässer herauszuholen. Die Erträge wären so hoch, dass der Eigentümer, der zum Beispiel das Gemeindeland übernähme (in der Regel der lokale Grundherr), den Dorfbewohnern ein Einkommen zahlen könnte, das dem entspräche, was sie früher erwirtschaftet hätten, als ihre Tiere das Land abweideten, und der Grundherr könnte sich den Überschuss aneignen. Doch wenn er auch nur einen geringen Betrag des Überschusses mit anderen teilte, wären alle bessergestellt.

Tatsächlich wurden in vielen Gegenden Großbritanniens Allmendeweiden von Großgrundbesitzern durch sogenannte Einhegungen *(enclosures)* privatisiert. Diese Entwicklung begann im 15. Jahrhundert in England und in ähnlicher Weise in Schottland.[30,31] Weil die Grundbesitzer jedoch nichts von den Erträgen mit denjenigen teilten, die früher Zugang zu den Allmenden gehabt hatten, standen viele eindeutig schlechter da als zuvor.[32]

Außerdem funktioniert die »Privatisierungslösung« von Coase in vielen der relevantesten Fälle nicht. Es ist – gelinde gesagt – versponnen zu glauben, wir könnten die Atmosphäre »privatisieren«, um den Klimawandel abzuwenden, sprich irgendeiner Person oder Unternehmung das ausschließliche Recht übertragen, die Atmosphäre zu verschmutzen, worauf dieser Rechteinhaber es an andere verkaufen und Verschmutzungsgebühren erheben würde.[33] Es gibt ein breites Spektrum bedeutender externer Effekte, die nur durch staatliche Eingriffe eingedämmt werden können.

Aber die Coase'sche Lösung funktioniert nicht einmal in viel einfacheren Situationen. Nehmen wir den externen Effekt, der in einem Raum auftritt, in dem sich Raucher und Nichtraucher aufhalten. Coase würde das Problem dadurch lösen, dass er den einen oder den anderen – sagen wir den Rauchern – Eigentumsrechte übertrüge. Dann würden die Nichtraucher die Raucher dafür bezahlen, dass sie nicht rauchten. Wenn der Wert sauberer Luft für die Nichtraucher größer wäre als der Wert des Rauchens für die Raucher, dann würden die Nichtraucher die Raucher durch Geldzuwendung dazu bewegen, nicht zu rauchen, und der

Raum wäre rauchfrei. Andernfalls wäre er voller Rauch. Aber so oder so wäre die Lösung effizient, selbst wenn die Nichtraucher sie für unfair hielten, weil sie entweder die Raucher dafür bezahlen müssten, nicht zu rauchen, oder unter dem Rauch litten. Doch es gäbe noch ein weiteres Problem. Jeder Nichtraucher könnte sich denken: Wenn sich genug andere Nichtraucher zu Wort melden und anbieten, die Raucher dafür zu bezahlen, nicht zu rauchen, hört das Rauchen auf, und ich muss nicht zahlen. Einige Nichtraucher wären kostenlose Nutznießer der Aufwendungen, die andere tätigten, um das Rauchen zu unterbinden. Aber wenn dies jeder täte, würden die Nichtraucher nicht genügend Geld aufbringen, um die Raucher dazu zu bewegen, nicht zu rauchen, und das »schlechte« Gleichgewicht mit Rauchen würde fortbestehen.[34] Dies wird *Trittbrettfahrerproblem* genannt, und es ist in allen Situationen, in denen positive oder negative externe Effekte auftreten, weitverbreitet und betrifft viele Menschen.[35]

Aus diesen und einer Reihe weiterer Gründe ist die Privatisierungs-/Coase-Lösung in der Regel keine Lösung für die Tragik der Allmende oder umfassendere Probleme im Zusammenhang mit externen Effekten.[36] Normalerweise gibt es keine freiwillige Lösung.

### *Umweltsteuern und externe Umwelteffekte*

Weil Friedman und Hayek einen »Minimalstaat« anstrebten und die Bedeutung externer Effekte herunterspielten, verwandten sie nicht viel Energie darauf, darüber nachzudenken, wie man externe Effekte, so sie auftraten, am besten in den Griff bekommt. Friedman stützte sich auf das, was Ökonomen immer reflexartig einfällt: den Preismechanismus. Er glaubte, Preise seien ausschlaggebend für Entscheidungen von Unternehmen darüber, was und wie sie produzierten, und von Haushalten darüber, was sie konsumierten. Aber er ging noch weiter. Er plädierte dafür, *ausschließlich* auf Preise zu setzen. Wenn eine Gesellschaft daher der Meinung wäre, die vom freien Markt erzeugte Umweltverschmutzung müsse verringert werden, dann sollte die Regierung umweltverschmutzende Aktivitäten besteuern und so den »Preis« der Umweltverschmutzung auf jenes Niveau anheben, welches das optimale Ausmaß an Verschmutzung erzeugte.[37] Dann wären die (Grenz-)Kosten der Schadstoffemission gleich den (Grenz-)Kosten der Schadstoffvermeidung. Die »Lösung« für Kraftfahrzeuge, die Schadstoffe ausstoßen, bestehe darin, so Friedman, »eine Steuer auf die Menge an Schadstoffen, die ein Kraftfahrzeug ausstößt, zu erheben«. Dies würde dafür sorgen, »dass es im eigenen Interesse der Autohersteller und der Verbraucher wäre, den Schadstoffausstoß niedrig zu halten«.[38]

Zwar ist es richtig, wenn Friedman sagt, Preise würden Anreize darstellen, aber wirtschaftstheoretisch gesehen ist seine Behauptung, es sei am besten, nur auf Preiseingriffe zu setzen, falsch. Bei *mehrfachem Marktversagen* – unvollständigem Wettbewerb in Verbindung mit unvollständiger Information, unvollkommenen Kapitalmärkten und Ungleichheiten, die durch eine Schadstoffsteuer womöglich verschärft würden[39] – ist es notwendig, eine Steuer auf die Menge an Schadstoffen mit anderen staatlichen Maßnahmen zu kombinieren, wie etwa einer Vorschrift, die die Menge an Schadstoffemissionen begrenzt, und öffentlichen Investitionen in öffentliche Verkehrsmittel.[40]

Wieder ist der Klimawandel ein aufschlussreiches Beispiel. Die Auswirkungen von Regulierungsmaßnahmen lassen sich vielleicht sicherer vorhersagen als diejenigen von Preiseingriffen. Wir wissen nicht sehr genau, wie Unternehmen und Haushalte auf einen $CO_2$-Preis reagieren würden (eine Gebühr, die auf $CO_2$-Emissionen erhoben werden würde).[41] Wir können nicht sicher sein, ob ein bestimmter $CO_2$-Preis einen Stromkonzern dazu veranlassen würde, auf erneuerbare Energien umzustellen, oder einen Haushalt dazu, auf ein Elektroauto umzusteigen, sodass Regulierungsmaßnahmen vorzuziehen wären. Dies gilt insbesondere in Situationen wie dem Klimawandel, für den die Konzentration von Treibhausgasen in der Atmosphäre entscheidend ist, die direkt mit der Höhe der Emissionen zusammenhängt, und über den wir wissen, dass eine echte Gefahr besteht, dass wir bestimmte, wissenschaftlich festgelegte Schwellenwerte überschreiten. Ich werde gleich zum Ende dieses Kapitels noch näher auf die Gründe eingehen, warum »optimale Eingriffe« als Reaktion auf einen externen Effekt wie den Klimawandel ein ganzes Bündel an Maßnahmen umfassen, darunter $CO_2$-Steuern, Regulierung und öffentliche Investitionen.

## DIE REGULATORISCHE LÖSUNG

Die mit dem Nobelpreis ausgezeichnete Politologin und Wirtschaftswissenschaftlerin Elinor Ostrom wies darauf hin, dass es noch einen anderen Ansatz gibt, um das Allmendeproblem zu lösen, der fairer und womöglich genauso effizient ist wie die Coase'sche Privatisierungslösung: Regulierung. Das Problem lässt sich dadurch lösen, dass man die Anzahl der Rinder, Schafe und Ziegen, die jede Person weiden lassen kann, einschränkt (beziehungsweise die Anzahl der Fische, die sie entnehmen darf, begrenzt).[42] Historische Studien in Großbritannien haben gezeigt, dass tatsächlich ein Großteil des Allmendelandes gut reguliert wurde, da Gemeinden selbst Beschränkungen einführten, um Überweidung zu verhindern. Es gab kein Effizienzargument für die Landeinhegungen, und eine Privatisierung war nicht notwendig, so wie es laut Ostrom nachweislich in vielen Entwicklungsländern heute der Fall ist.[43]

Sowohl Privatisierung als auch Regulierung beruhen auf Zwang. Der gewöhnliche Schotte oder Engländer, der Tiere auf dem

Gemeindeland weiden ließ, wurde durch die Privatisierung vollständig daran gehindert, das zu tun, was er früher kostenlos hatte tun können. In einem grundlegenden Sinne bedeutete die Privatisierung der Allmenden, dass denjenigen, die dort zuvor ihre Tiere hatten weiden lassen, ihre Eigentumsrechte weggenommen wurden. Da die Bauern *(commoners)*, die die Weiderechte besessen hatten, nicht entschädigt wurden, waren sie eindeutig schlechtergestellt als vor den Einhegungen.

Der Neoliberalismus hat uns gelehrt, das Problem aus Sicht der Grundbesitzer zu betrachten, die offensichtlich in ihrer Freiheit weniger stark eingeschränkt waren. Aber wenn wir es aus Sicht der einfachen Leute betrachten, dann wäre eine Regulierungslösung mit weitaus weniger Zwang verbunden gewesen. Es wäre weitaus besser gewesen, die Anzahl der Schafe, die ein Bauer weiden lassen durfte, zu begrenzen, als dem Bauern gar keine Weiderechte mehr zu gewähren. Jeder einfache Bürger hätte mehr Freiheit, mehr Handlungsmöglichkeiten gehabt.

### *Wie man am besten reguliert*

Wir haben gesehen, dass die Behauptung, es solle im Fall bedeutender Externalitäten keine öffentlichen Eingriffe geben, nicht haltbar ist. Regulierungen (gesetzliche und behördliche Vorschriften) sind möglicherweise effizienter und fairer als andere Eingriffsformen und manche Regulierungen effizienter und fairer als andere. Die Privatisierung der Allmendeweiden war viel ungerechter und nicht effizienter, als es die Einführung sachgerechter Regulierungen gewesen wäre.

Externe Umwelteffekte sind ein weiteres typisches Beispiel. Der Rückgriff auf Regulierung zur Eindämmung von Externalitäten wie Umweltverschmutzung wird von der Rechten weithin kritisiert. Sie will (sofern sie Umweltverschmutzung überhaupt zu bekämpfen beabsichtigt) Produzenten lieber durch Subventionen dazu bringen, keine Schadstoffe zu emittieren, als sie für ihre Schadstoffemissionen durch Steuern zu bestrafen oder sie durch entsprechende, mit sehr hohen Bußgeldern bewehrte Vorschriften von der Verschmutzung der Umwelt abzuhalten. Derartige Subventionen (die zum gegenwärtigen Zeitpunkt auf über eine Billion Dollar geschätzt werden) stehen in den USA im Mittelpunkt des Inflation Reduction Act von 2022.[44]

Subventionen, Steuern und Regulierungen können gleichermaßen zu Kraftwerken führen, die weniger Umweltschadstoffe ausstoßen, weil sie keine Kohle mehr verbrennen. In allen Fällen können die Gewinne infolge der Umstellung höher sein, auch wenn man damit verbundene Kosten berücksichtigt. Den Kraftwerksbetreibern sind Subventionen lieber als gesetzliche Vorschriften oder Steuern. Der Grund dafür liegt auf der Hand. Sie erhalten lieber Geld vom Staat, als die Kosten selbst zu tragen. Aber die »Erweiterung« ihrer Handlungsmöglichkeiten durch Subventionen muss durch eine Verringerung der Handlungsoptionen anderer ausgeglichen werden. Die »Freiheit« der Energieunternehmen (und die ihrer Eigentümer) wird auf Kosten der Durchschnittsbürger erhöht, die zur Finanzierung der Subventionen höhere Steuern zahlen müssen. Rein unter Effizienzgesichtspunkten betrachtet, verzerren die Subventionen außerdem die geordnete Funktionsweise der Wirtschaft, weil die Energieunternehmen die Kosten ihrer Aktivitäten nicht vollständig tragen müssen, auch wenn es ihnen gelingt, ihre Emissionen zu drosseln. Tatsächlich kann es passieren, dass die Strompreise schließlich niedriger sind, als sie es sein sollten, und der Energieverbrauch höher ist. Das wird die globale Erwärmung verschlimmern, obwohl sich die Emissionen pro Stromeinheit verringern.

Konventionelle Ökonomen haben eine Schwäche für Preise, weil sie Signale an alle Mitglieder der Gesellschaft senden, die dann kreativ nach Mitteln und Wegen suchen können, $CO_2$-Emissionen zu reduzieren. Preise sind mithin ein wesentliches Instrument in einer dezentralen Volkswirtschaft. Aber wir haben gesehen, dass einige Ökonomen, wie etwa Friedman, die Auffassung vertreten, wir sollten uns *nur* auf Preissignale stützen, wie zum Beispiel diejenigen, die eine $CO_2$-Steuer aussenden würde. Einige haben behauptet, eine $CO_2$-Steuer lasse sich einfacher konzipieren und durchsetzen als Regulierungen. Diese seien, so beteuern sie, notwendigerweise komplex und ihre Umsetzung kostspielig. Aber in der Praxis ist dies oft nicht der Fall. Es ist viel leichter zu überprüfen, ob ein Kraftwerk Kohle verfeuert, als seine $CO_2$-Emissionen zu messen, oder zu schauen, ob ein Auto einen Verbrennungsmotor hat, als seine Schadstoffemissionen zu messen.[45] Was die dringend notwendige Bekämpfung des Klimawandels anlangt, so zeigt sich, dass mit vergleichsweise wenigen Regulierungen ein Großteil dessen erreicht werden kann, was getan werden muss.

Regulierungen haben, wie schon erwähnt, einen weiteren Vorteil: Ihre Auswirkungen lassen sich mitunter besser vorhersagen. Und es gibt sogar noch einen Vorteil. Manchmal lassen sich gesetzliche Vorschriften so maßschneidern, dass die negativen Verteilungsfolgen begrenzt werden. Erinnern Sie sich daran, wie ungerecht die neoliberale Lösung für Überweidung – Privatisierung – war? In ähnlicher Weise kann es unfair gegenüber gewissen Gruppen sein, ausschließlich auf das Preissystem zu setzen. Und das politische System kann dies womöglich nur schwer ausgleichen.

Daher ist es oftmals besser, ein ganzes Bündel von Maßnahmen einzusetzen, wie etwa rechtliche Vorschriften, Preise und öffentliche Investitionen, um Externalitäten entgegenzuwirken, insbesondere bei einem so umfangreichen und komplexen Problem wie dem Klimawandel. Diese Pakete lassen sich so gestalten, dass sie effizienter und fairer sind, als wenn man nur auf Preise oder Regulierungen setzen würde.[46]

Was sich im November 2018 in Frankreich ereignete, veranschaulich dies. Der wohlmeinende französische Staatspräsident Emmanuel Macron kündigte die Einführung einer Steuer auf Erdgas und Diesel an, um die $CO_2$-Emissionen zu reduzieren. Daraufhin kam es zu Krawallen, die in einigen der ärmeren Regionen des Landes von Arbeitern angeführt wurden – Proteste, die von der »Gelbwestenbewegung« ausgingen (sie benannte sich nach den Warnwesten, die viele der Protestierenden trugen). Jahre zuvor war im Zuge staatlicher Sparmaßnahmen das Angebot im öffentlichen Nahverkehr reduziert worden. Dies zwang die Menschen dazu, für die Fahrt zur Arbeit, zum Gottesdienst und zum Supermarkt ihre Autos zu nutzen. Kurzum, ihr Leben zu leben. Auch spürten diese Arbeiter nichts von dem Wohlstand, der sich in den französischen BIP-Statistiken widerspiegelte. Zusammen mit der Senkung einiger Steuern für die Reichen schien die Treibstoffabgabe der Tropfen zu sein, der das Fass zum Überlaufen brachte. Eine Petition gegen die Abgabe sammelte eine Million Unterschriften. Im ganzen Land kam es zu massiven Protesten, die teilweise gewaltsam verliefen. Insgesamt beteiligten sich rund drei Millionen Menschen an den Gelbwestenprotesten. Zwei Monate später kippte die Regierung die Abgabe, und Frankreich trug unvermindert zur globalen Erwärmung bei. Andererseits hätte ein klug durchdachtes Paket, das den öffentlichen Nahverkehr und vielleicht auch Subventionen für die am stärksten betroffenen Gruppen berücksichtigte – insbesondere für diejenigen, die am wenigsten in der Lage waren, die Last der Steuer zu tragen, wie etwa Rentner –, womöglich genügend Unterstützung in der Bevölkerung gefunden, um diesen Rückschlag zu verhindern.[47]

Ein umfassendes Paket aus gesetzlichen Vorschriften, Preisen und öffentlichen Investitionen wird die Handlungsoptionen der meisten Menschen in irgendeiner Weise erweitern (sie können jetzt ein Leben mit einem geringeren Risiko von Klimaveränderungen genießen) und sie für andere verringern (sie müssen jetzt vielleicht höhere Preise für einige Güter bezahlen). Konkret bedeutet dies, dass zwar die meisten besser dastehen werden, einige aber schlechtergestellt sein werden. Es gibt Trade-offs. Aber es ist falsch zu behaupten, das regulatorische System sei mit mehr Zwang verbunden als das Preis- oder Subventionssystem. Wir müssen die Folgen sowohl für die Gewinner als auch für die Verlierer umfassend bewerten. Meines Erachtens wird eine Gesellschaft, die dies tut, sich kaum ausschließlich auf Preise oder ausschließlich auf Rechtsvorschriften stützen. Eine Mischung ist höchstwahrscheinlich die beste Lösung.

Die zentrale Botschaft, dass ein wenig scheinbarer Zwang, hier durch das regulatorische System, einen Zugewinn an Freiheit mit sich bringen und die Handlungsmöglichkeiten der meisten Menschen erweitern kann, ist für weite Bereiche öffentlicher Investitionen, die vielleicht höhere Steuern erfordern, sogar noch relevanter.

KAPITEL 4

# FREIHEIT DURCH ZWANG: ÖFFENTLICHE GÜTER UND DAS TRITTBRETTFAHRERPROBLEM

Betrachten wir, was geschehen würde, wenn es keine Regeln gäbe, die festlegen, auf welcher Straßenseite wir fahren sollen. Einige wären auf der linken Fahrspur unterwegs, andere auf der rechten. Es käme zu Chaos und Verkehrskollaps, wie es in einem Entwicklungsland geschehen kann, wo das Wirtschaftswachstum der Entwicklung des notwendigen regulatorischen Rahmens davongeeilt ist. Das Chaos lässt sich durch einen einmaligen Eingriff bändigen: ein Gesetz, das alle dazu verpflichtet, auf der rechten Spur zu fahren. Dies löst das Koordinierungsproblem auf elegante Weise, und nachdem das Gesetz einmal erlassen worden ist, übt es keinen Zwang mehr aus. Wenn alle auf der rechten Seite fahren, dann tue ich das auch.

In verkehrsreichen Gebieten kann das Fehlen von Ampeln ebenfalls zu Chaos und totaler Verkehrsblockade führen. Die Nutzung von Ampeln ist eine einfache Regulierung, die festlegt, wann Autos über eine Kreuzung fahren dürfen. Diese Vorschrift ist mit minimalem Zwang und relativ geringen Kosten sowohl für den Staat als auch für die Fahrer verbunden, aber sie hat den enormen Vorteil, ewig lange Staus und Unfälle zu verhüten oder zumindest zu reduzieren. Um es klar zu sagen: Ampeln zwingen uns zu einem bestimmten Verhalten. Und trotzdem profitiert jeder.

Diese Beispiele stehen im Gegensatz zu Situationen, die im letzten Kapitel diskutiert wurden, Fällen, in denen scheinbare staatliche Zwangsmaßnahmen darauf abzielen, den Schaden zu begrenzen, den eine Person einer anderen zufügt. Hier entscheidet kollektives Handeln der Gruppe über ein Regelwerk, welches das Wohl der Gesellschaft *als Ganze* erhöht, auch wenn bestimmte Individuen oder Gruppen von Individuen schlechter dastehen. In diesem Kapitel betrachte ich einen weiteren wichtigen Fall, in dem Zwang wünschenswert ist, in dem *kollektives Handeln* durch die Bereitstellung eines öffentlichen Gutes oder durch erleichterte Koordinierung (wie sie Ampeln leisten) Vorteile mit sich bringt. In vielen Fällen nimmt Zwang die Form von Steuern an, um so die Bereitstellung des öffentlichen Gutes zu ermöglichen. In den USA bekämpft die Rechte diese Steuern oftmals besonders militant, außer wenn sie zur Finanzierung des Verteidigungshaushalts dienen. In diesem Fall erkennen sogar die Rechten an, dass der Nutzen des mithilfe von Steuereinnahmen bereitgestellten öffentlichen Gutes die Kosten wert ist. Alle, auch diejenigen, die die höchsten Steuern zahlen, stehen infolge dieser milden Form von Zwangsausübung besser da. Bill Gates und Jeff Bezos könnten ihren Reichtum unter einem von Wladimir Putin geführten Regime oder in einer von China dominierten Welt vermutlich nicht genießen. Sicherlich kann es unterschiedliche Auffassungen darüber geben, welches konkrete öffentlich bereitgestellte Gut die Zwangserhebung von Steuern rechtfertigt. Im Allgemeinen mag die Linke dem Nutzen von Militärausgaben skeptisch gegenüberstehen, während die Rechte den Nutzen öffentlicher Gesundheitsausgaben anzweifelt. Im Jahr 2023 erkannten beide großen Parteien in den USA gemeinsam den Nutzen von Ausgaben für Infrastruktur und Technologie, insbesondere für fortgeschrittene Microchips.

Jeder sollte diesem Prinzip zustimmen. Es gibt einige Kategorien von Staatsausgaben, bei denen milder Zwang zu verbesserter gesamtgesellschaftlicher Wohlfahrt führt und unsere Freiheit in dem breiteren, positiven Sinne von Freiheit stärkt, für den ich plädiert habe. Zwang ist erforderlich, aber die Zwangsausübung führt im Ergebnis zu einer »Lockerung« der Budgetbeschränkungen für Bürger, einschließlich derjenigen, die gezwungen werden müssen, Steuern zu zahlen. In diesem Sinne kommt es für Menschen zu einem Zugewinn an wirtschaftlicher Freiheit (die Gesamtheit der Dinge, die sie tun können).

In jedem Winkel unseres Lebens sehen wir die Früchte dieser Ausgaben, und sie bereichern jeden Aspekt unseres Wohlergehens.

## ÖFFENTLICHE INVESTITIONEN, DIE UNSER LEBEN BEREICHERN

In unserer Wirtschaft des 21. Jahrhunderts haben wir alle von öffentlichen Investitionen in die Grundlagenforschung profitiert, die zu naturwissenschaftlichen und technischen Fortschritten führen. Ich überprüfe ständig Fakten und Zahlen im Internet und bleibe durch E-Mail mit Freunden und Verwandten in Verbindung. Aber das Internet fiel nicht vom Himmel. Es war das Ergebnis eines gezielten Forschungsprogramms der US-Regierung, genauer gesagt des Verteidigungsministeriums: der Defense Advanced Research Projects Agency (DARPA). Selbst der Browser war eine öffentlich finanzierte Erfindung. Obgleich mithilfe öffentlicher Gelder entwickelt, wurde er an die Privatwirtschaft übergeben, die riesige Gewinne damit macht.[1]

### *Gesundheit*

Ein wichtiger Maßstab zur Messung von Fortschritten im Lebensstandard ist die Zunahme der Lebensdauer. Im Jahr 2021 betrug die Lebenserwartung bei der Geburt 76,4 Jahre in den USA, 80,3 Jahre im Durchschnitt der OECD-Länder und sogar 84,5 Jahre in Japan.[2] Ein Großteil dieser längeren Lebensdauer verdankt sich medizinischen Fortschritten, die wiederum auf öffentlich finanzierter Grundlagenforschung beruhen.

Die Reaktion auf Covid-19 verdeutlicht auch, wie wichtig entschlossenes öffentliches Handeln ist. In Rekordzeit hat die Welt den Erreger identifiziert, der für diese schreckliche Erkrankung verantwortlich ist; in Rekordzeit wurde ein Impfstoff entwickelt, getestet und produziert. All dies wäre ohne eine lange Geschichte öffentlich finanzierter Forschung nicht möglich gewesen. Die Privatwirtschaft beteiligte sich schließlich, aber erst gegen Ende und selbst dann mit massiver staatlicher Unterstützung. An die jahrzehntelange Erforschung der DNA schloss sich die Erforschung der Messenger-RNA an; gefolgt von der Entwicklung der mRNA-Impfstoffplattform, die sich als sehr nützlich bei der Herstellung eines hochwirksamen mRNA-Impfstoffs gegen Covid-19 erwies.

Trotz des falschen öffentlichen Eindrucks, der mRNA-Impfstoff verdanke sich den Kompetenzen und Anstrengungen von Privatunternehmen, war der Erfolg auf eine gut funktionierende Zusammenarbeit zurückzuführen. Pfizer entwickelte seinen Impfstoff gemeinsam mit dem deutschen Biotechnologieunternehmen BioNTech, das staatliche Subventionen erhalten hatte. Und der zügige Erfolg der Unternehmen war nur möglich wegen der vorangehenden staatlich geförderten und universitären Forschungsarbeiten zu mRNA-Plattformen.[3]

Anfangs wusste man nicht, wie sich das Virus ausbreitete, aber wieder kam weitgehend öffentlich finanzierte Forschung zu Hilfe. Nachdem man die Übertragungswege verstanden hatte, konnte man soziale Verhaltensregeln aufstellen, die die Ausbreitung verringerten. Öffentliche Kampagnen, die diese Verhaltensempfehlungen bekannt machten und zur kostenlosen Impfung rieten, trugen erheblich dazu bei, die Erkrankung unter Kontrolle zu bringen.

### *Öffentliche Güter und das Trittbrettfahrerproblem*

Ich habe nur ein paar der zahllosen Güter und Dienstleistungen gestreift, die öffentlich bereitgestellt werden; es gibt noch mehr: Gewährleistung der inneren Sicherheit und Ordnung (durch die Polizei), Bildungswesen, Infrastruktur, Brandbekämpfung, Nationalparks – die Liste ist endlos. Selbstverständlich gibt es in den Details so manchen Streit bezüglich der Frage, ob diese oder jene Dienstleistung nicht vielleicht besser privatwirtschaftlich statt von öffentlicher Seite erbracht werden sollte.[4] Aber die Kontroverse dreht sich vor allem darum, *wie* öffentliche Güter produziert werden sollten. Dies ist etwas anderes als das Thema, das uns gerade beschäftigt, nämlich die Notwendigkeit, diese öffentlichen Güter mithilfe von Zwang – steuerlichen Zwangsbeiträgen – zu finanzieren.

Trotz der Tatsache, dass Ausgaben für öffentliche Güter große Vorteile mit sich bringen, gibt es ein Trittbrettfahrerproblem. Öffentliche Güter stellen alle Menschen besser,[5] unabhängig davon, ob jede Person etwas zu ihrer Finanzierung beiträgt. In einer großen Volkswirtschaft könnte jede Person zu dem Schluss kommen, dass es keine Rolle spielt, ob sie etwas dazu beiträgt, weil es sich nicht auf die Bereitstellung des Gutes auswirkt.

Wir können freiwillige Beiträge zu einem öffentlichen Gut als Schaffung einer *positiven* Externalität betrachten. Die Person, die den Beitrag leistet, profitiert, und ebenso alle anderen. Ich wies im letzten Kapitel darauf hin, dass Marktwirtschaften einerseits zu viel von den Gütern mit negativer Externalität produzieren (zu viel Stahl zum Beispiel, bei dessen Produktion Umweltschadstoffe freigesetzt werden), während sie zugleich zu wenig von den Gütern produzieren, bei denen eine positive Externalität auftritt. Und dies gilt insbesondere im Fall öffentlicher Güter. Jede Person hat einen starken Anreiz, von den Beiträgen anderer zu profitieren, ohne selbst etwas beizusteuern. Aber wenn jeder ein Trittbrettfahrer sein will, dann gibt es keine öffentlichen Güter. Selbst wenn nur einige Trittbrettfahrer sind, kommt es zu einer Unterversorgung, die allen schadet.

In diesem Schlüsselbereich öffentlicher Güter, die für unser Wohlergehen so wichtig sind, erhalten wir das scheinbar paradoxe Ergebnis, dass es die Optionen und die individuelle Freiheit von allen erweitern kann, wenn man die Bürger dazu zwingt, Steuern zur Finanzierung öffentlicher Güter zu zahlen, auch wenn dies scheinbar die Optionen einschränkt.

Im letzten Kapitel habe ich dargelegt, dass es ein gravierender intellektueller Fehler der Rechten ist, nicht zu erkennen, dass die Freiheit des einen die Unfreiheit des anderen ist. Ein weiterer besteht darin, nicht den enormen Wert öffentlicher Ausgaben zu erkennen, die nur mit Steuern finanziert werden können. Und ein dritter ist es, nicht den Nutzen auf Zwang basierender Koordinierung zu erkennen. Dieses intellektuelle Versagen insgesamt erklärt, warum der Freiheitsdiskurs der Rechten so verfehlt und so kurzsichtig ist.

## DER NUTZEN AUF ZWANG BERUHENDER KOORDINIERUNG

Es gibt viele weitere Bereiche jenseits der Bereitstellung öffentlicher Güter, in denen staatliche Maßnahmen, die einen Zwangscharakter zu haben scheinen, tatsächlich allen oder doch den meisten Menschen mehr Optionen eröffnen. Dies kennzeichnet zum Beispiel eine breite Palette von Situationen, die Ökonomen »Koordinierungsprobleme« nennen, bei denen Individuen auf die eine oder andere Weise miteinander interagieren und die Ergebnisse besser sind, wenn sie sich irgendwie abstimmen. Ich habe dieses Kapitel mit einem naheliegenden Beispiel begonnen: Wir müssen uns miteinander absprechen, auf welcher Straßenseite wir fahren. Es ist egal, ob es links oder rechts ist; es muss einfach nur die eine oder die andere Spur sein.

Ein Großteil unserer Interaktionen mit anderen erfordert Koordinierung, und es verursacht hohe Kosten, wenn wir uns nicht gut abstimmen. Wir verpassen einen Freund, weil wir unsere Reisen nicht abgestimmt haben. Wenn die Hersteller von Babynahrung nicht genug davon produzieren, können die Kosten horrend sein. Das geschah im Anschluss an die Covid-19-Pandemie. Solche Arten von Knappheit waren ein allgegenwärtiger Teil des Lebens in der Sowjetunion und ein Zeichen dafür, dass die zentrale Planung bei der Koordinierung versagte.

Das Thema dieses Abschnittes ist, dass gute Koordinierung enorme Vorteile bringen kann. Individuen und Märkte können, sich selbst überlassen, bei der Koordinierung Fehler machen, aber der Staat kann Abhilfe schaffen. Dazu mag auch ein Element des Zwangs gehören – ein gewisses Maß an Zwang kann sogar unerlässlich sein –, aber die Zwangsausübung ist »befreiend«, weil die Handlungsfreiheit des Einzelnen, die Gesamtheit seiner Handlungsoptionen, erweitert wird.

### *Urlaube koordinieren*

Nehmen wir das Problem eines Familienurlaubs. Wenn beide Elternteile arbeiten, erfordert dies Absprachen mit ihren beiden Arbeitgebern sowie mit der Schule ihrer Kinder. Da mein Ehepartner zu einer bestimmten Zeit Urlaub hat, wollen meine Kinder und ich unsere Ferien zur gleichen Zeit haben. Frankreich löst dieses Koordinierungsproblem auf eine einfache Weise: Alle haben den August frei. Dieses koordinierte französische Gleichgewicht funktioniert besser als das unkoordinierte amerikanische, wo der Wert der Urlaubstage geringer ist, weil es für beide Partner schwieriger ist, zur gleichen Zeit Urlaub zu bekommen. Daher nehmen beide weniger Urlaubstage. Nicht genug damit, dass beide schlechter dastehen, vielmehr sind die Produktivität und damit auch die Gewinne womöglich niedriger.[6]

### *Das Gefangenendilemma*

Das bekannteste Koordinierungsproblem ist vielleicht das sogenannte Gefangenendilemma, bei dem es für die Betreffenden von Vorteil wäre, wenn sie kooperieren würden, aber jeder einen Anreiz hat, von der wohlfahrtsmaximierenden Kooperationsvereinbarung abzuweichen.[7]

Jeder möchte einen arbeitsfreien Sonntag haben und sich, entsprechend dem biblischen Gebot, einen Tag lang ausruhen. Aber wenn alle anderen Geschäfte geschlossen sind, dann zahlt es sich für mich aus, mein Geschäft zu öffnen, weil ich alle Kunden bekomme, die sonntags einkaufen gehen wollen – und einige davon werden mir vielleicht für den Rest der Woche treu bleiben. Aber wenn ich mein Geschäft sonntags öffne, werden meine Konkurrenten gezwungen sein, das Gleiche zu tun; falls sie es nicht tun, könnten ihnen, so ihre Sorge, Umsatz und Gewinn entgehen. Das Gleichgewicht, das sich herausbildet, ist dann eines, in dem alle Geschäfte sonntags geöffnet haben und alle Ladenbesitzer frustriert sind. Denn insgesamt verkaufen sie vielleicht nicht mehr, als wenn sie alle sonntags geschlossen hätten. Staatliche Eingriffe, die alle Geschäfte dazu zwingen, sonntags zu schließen, führen dazu, dass Ladenbesitzer bessergestellt sind. Die Kunden, die ihre Einkäufe wirklich sonntags machen wollten, sind selbstverständlich schlechter dran.[8]

Die Regulierung löst das Gefangenendilemma, indem sie alle Spieler besserstellt. Jeder hat das Gefühl, zu etwas gezwungen zu werden, und würde gerne von der Regel abweichen. Aber der Zwang erweitert den Handlungsspielraum von allen – er wirkt »befreiend«.

### *Wohlfahrtsmindernde Spekulation*

Es gibt viele weitere Fälle, in denen Kooperation zwar zu einem besseren Ergebnis führt, sich aber nicht durchhalten lässt, weil jede Person einen privaten Anreiz hat, von kooperativem Verhalten abzuweichen. Nehmen wir den Wetterbericht. Wir alle profitieren davon, dass wir das Wetter von morgen kennen. Wenn es eine weitere Person kennt, dann verringert dies den Wert meines Wissens nicht (anders als bei einem gewöhnlichen materiellen Gut, das Sie und ich in der Regel nicht gleichzeitig besitzen und nutzen können). Das ist ein öffentliches Gut par excellence, das auch öffentlich bereitgestellt werden sollte, sofern der Nutzen, das Wetter im Voraus zu kennen, die Kosten übersteigt.

Betrachten wir jetzt den Fall, in dem der Nutzen die Kosten nicht rechtfertigt. Spekulanten haben vielleicht ein besonderes Interesse daran, das Wetter von morgen etwas früher als alle anderen zu kennen. Es ermöglicht ihnen vielleicht, Regenschirme aufzukaufen und sie tags darauf zu einem hohen Preis zu verkaufen. Der Spekulant kann einen hohen Gewinn erzielen. Aber dies wird die meisten Menschen dazu bewegen, Geld auszugeben, um in Erfahrung zu bringen, ob es regnen wird, und zwar einfach deshalb, damit sie von dem Spekulanten nicht abgezockt werden. Dies setzt eine Kaskade verschwenderischer Ausgaben für die Beschaffung von Informationen in Gang, ausgelöst durch den Versuch des Spekulanten, die Verbraucher zu übervorteilen, und die dagegen gerichteten Ausgaben des Rests der Gesellschaft.

Eine einfache Zwangsregel – keine Wucherpreise, wenn es regnet – löst das Problem. Der Spekulant hat dann keinen Anreiz, die Informationen zu sammeln. Und dies wiederum ermöglicht allen anderen, die gegen den Spekulanten gerichteten Ausgaben zu vermeiden. Bis auf den Spekulanten sind alle bessergestellt.[9]

Wenn andererseits Informationen über das Wetter *für die Allgemeinheit* einen hinreichend großen Nutzen hätten, indem sie Menschen eine bessere Lebensplanung ermöglichten, wäre die staatliche Bereitstellung dieser Informationen wohlfahrtssteigernd, auch wenn dies eine Zwangssteuer zur Finanzierung des öffentlich bereitgestellten Gutes erfordern würde. Die staatliche Bereitstellung der Informationen stäche den Spekulanten aus.[10,11] Sie nähme ihm die Möglichkeit, Wucherpreise zu verlangen.

### *Systemische Koordinierung*

Allerdings interessiert mich hier vor allem die Rolle staatlicher Eingriffe und staatlicher Zwangsausübung bei der Koordinierung des gesamten Wirtschaftssystems. Einige Unternehmen stellen Autos her, andere Stahl. Einige Firmen (die Autohändler) haben einen Lagerbestand an Autos, die sie verkaufen wollen, und einige Haushalte denken darüber nach, Autos zu kaufen. Wie kommt es, dass dies alles passgenau aufeinander abgestimmt zu sein scheint? Wie kommt es, dass die produzierte Stahlmenge im Großen und Ganzen Jahr für Jahr ungefähr dem Bedarf entspricht? Und dass die Anzahl der produzierten Autos sich ungefähr mit der von Käufern nachgefragten Menge deckt?

Im 19. Jahrhundert entwickelten mehrere Wirtschaftswissenschaftler, insbesondere Léon Walras (1834–1910), eine mathematische Version dessen, was Adam Smith ihres Erachtens mit der Metapher von der unsichtbaren Hand meinte – dass nämlich eigennütziges Verhalten in einer Wettbewerbsökonomie zum Wohle aller führe, weil es auf irgendeine Weise dafür sorge, dass die Güter, die Verbraucher wollten, in den von ihnen benötigten Mengen produziert würden. In der Mitte des 20. Jahrhunderts wurde dieses Modell weiter verfeinert und nachgewiesen, dass der Rahmen der wirtschaftlichen Interaktionen, die preisgesteuert in Märkten stattfinden, die gesamte benötigte Koordinierung leistet, jedenfalls bei vollständiger Information über die Eigenschaften sämtlicher Güter zu jedem beliebigen Zeitpunkt und bei vollständigem Wettbewerb in Märkten für sämtliche Güter und Dienstleistungen zu jedem beliebigen Zeitpunkt in allen Eventualfällen (sodass es tatsächlich vollkommene Risikomärkte gibt) *und* wenn es keinen technischen Wandel gibt. Und das Gleichgewicht, in dem jede Person ihren Nutzen bei gegebenen Preisen (in denen sich wiederum die Handlungen aller anderen widerspiegeln) maximiert, ist ein effizientes Ergebnis. Preise sind der Koordinierungsmechanismus, und sie steigen oder fallen je nachdem, ob es einen Nachfrage- oder einen Angebotsüberhang gibt. Wenn man einmal davon absieht, dass die Annahmen unrealistisch sind, sind die Schönheit des Beweises und die weitreichenden Folgen des Ergebnisses atemberaubend. Die beiden Ökonomen, denen die Beweise gelangen, Kenneth Arrow und Gerard Debreu, erhielten verdientermaßen den Nobelpreis für Wirtschaftswissenschaften.[12]

Das Ergebnis wurde von verschiedenen Gruppen von Ökonomen auf drei unterschiedliche Weisen interpretiert. Eine kleine Gruppe unter Führung von Debreu nahm es als das, was es war: ein mathematisches Theorem, das analysiert und verallgemeinert werden konnte – mehr nicht. Es oblag anderen, über die Relevanz des Theorems für die reale Welt zu entscheiden.

Konservative wiederum sahen darin eine Bestätigung lang gehegter Überzeugungen. Es untermauerte ihren Glauben an den »Marktfundamentalismus«.[13] Sie ignorierten die Begrenztheit ihrer Annahmen, so wie sie auch die vielen Vorbehalte von Smith, der auf die Schwächen ungezügelter Märkte hingewiesen hatte, in den Wind schlugen. Sie hielten auch dann noch an dieser Sichtweise fest, als es in den Jahrzehnten nach Arrows und Debreus Arbeit immer deutlicher wurde, dass die Annahmen, die dem Beweis der Markteffizienz zugrunde lagen, nicht abgeschwächt werden konnten. Arrow und Debreu hatten die spezifischen Annahmen entdeckt, unter denen ihre Ergebnisse gültig waren.[14]

Die dritte Gruppe – zu der mehr oder minder auch Arrow gehörte – behauptete, bewiesen worden sei, dass der Markt nicht effizient sei. Die Tatsache, dass die Annahmen, unter denen eine Ökonomie effizient ist, so weit von der Realität entfernt waren, bedeutete, dass Arrow und Debreu (zusammen mit späteren Ökonomen, die jede der Annahmen eingehender untersuchten) bewiesen hatten, dass Märkte tatsächlich nicht effizient sind; das heißt, wenn diese unrealistischen Bedingungen nicht erfüllt sind, dann ist die Wirtschaft im Allgemeinen *ineffizient*. Tatsächlich zeigte sich, dass Aspekte, die Debreu in seiner Analyse vollständig außer Betracht gelassen hatte, von entscheidender Bedeutung waren. Die Ergebnisse über die Effizienz einer Ökonomie trafen schon bei einer geringfügigen Informationsunvollkommenheit, geringen Informationsbeschaffungskosten nicht mehr zu. Kurz gesagt, zwar koordinieren Preise in Wettbewerbsmärkten Angebot und Nachfrage (etwa zwischen Produzenten und Konsumenten, sodass das, was produziert wird, genau dem entspricht, was konsumiert wird), aber sie tun dies in einer Weise, die im Allgemeinen nicht effizient ist.

Aus dieser Analyse folgt, dass es Eingriffe in den Markt gibt – manchmal auf Zwang beruhend –, die alle besserstellen können.

### *Makroökonomisches Versagen*

In der Praxis sind die Dinge besser und schlechter, als es die Marktfundamentalisten der Rechten glauben.[15] Es gibt andere Koordinierungsmechanismen; Firmen stützen sich nicht nur auf Preise. Sie beobachten ihre Lagerbestände und diejenigen anderer Firmen. Wenn sich Lagerbestände aufbauen, wissen sie, dass sie die Produktion drosseln müssen. Sie beraten sich mit anderen – einschließlich Ökonomen –, um zu verstehen, wie sich die Wirtschaft und ihre Branche wohl entwickeln werden. Im Gegensatz zur Standardtheorie der Marktwirtschaft, die behauptet, Preise enthielten alle relevanten Informationen, nutzen sie eine Vielzahl von Informationsquellen. Aber die Dynamik dieses hochkomplexen Systems ist im Allgemeinen weder effizient noch stabil. Die makroökonomischen Schwankungen, die den Kapitalismus in den vergangenen

250 Jahren kennzeichneten – einschließlich der Großen Depression ab 1929 und der Großen Rezession ab 2007 –, sind die deutlichen Manifestationen dieses massiven Koordinierungsversagens, das der Gesellschaft enorme Kosten auferlegt hat. Noch Jahre später ist das Wachstum niedriger; die Wirtschaft wird vielleicht nie den Rückstand gegenüber dem Niveau aufholen, das sie ohne diese Krisen erreicht hätte. Die Kosten für die Menschen sind sogar noch größer – ruinierte Leben und ausgelöschte Vermögen, unterbrochene Bildungsverläufe, weitverbreitete Existenzängste und Unsicherheit.

Im Verlauf der letzten 80 Jahre haben staatliche Eingriffe sowohl das Ausmaß als auch die Häufigkeit der Schwankungen und ihre Auswirkungen deutlich verringert. Diese Verbesserungen der makroökonomischen Leistungsfähigkeit trugen erheblich zum gesellschaftlichen und individuellen Wohlergehen bei. Durch Stärkung der Stabilität und Effizienz der Wirtschaft wird Freiheit nicht nur im Sinne der weiter oben diskutierten Handlungsmöglichkeiten erweitert, sondern auch in dem allgemeineren Sinne von Wohlergehen, das insbesondere Freiheit von Hunger und von Furcht beinhaltet.

Aber die meisten dieser Eingriffe sind mit einem gewissen Maß an Zwang verbunden: Zwangsbeiträge zur Arbeitslosenversicherung, sodass die Folgen für Arbeitnehmer im Fall von Arbeitslosigkeit abgemildert werden; Steuern, um sicherzustellen, dass es – wenn auch schwache – Sicherungsnetze für eine minimale Lebensmittel- und Gesundheitsversorgung gibt; Regulierung der Banken, damit sie keine übermäßig riskanten Kredite vergeben, die, wenn sie nicht zurückgezahlt werden, die Wirtschaft in Rezessionen oder Depressionen stürzen.

Der Erfolg dieser makroökonomischen Eingriffe liefert eine Antwort auf einen weiteren Einwand der Rechten gegen staatliche Interventionen. Manchmal räumen sie widerwillig ein, dass Märkte nicht effizient sind und es, *im Grundsatz*, staatliche Eingriffe gibt, die dem abhelfen könnten. Aber staatliche Eingriffe – so wenden sie ein – beruhten auf politischen Prozessen, und diese würden es *zwangsläufig* vermasseln. Selbst wenn es hypothetisch wohlfahrtssteigernde Eingriffe gebe, würden staatliche Eingriffe in der Regel genau das Gegenteil bewirken.

Aber das ist schlichtweg nicht richtig. Auch wenn Regierungen, wie alle anderen menschlichen Institutionen, fehlbar sind, haben sie in diesem und in vielen anderen Bereichen wirtschaftliche Ergebnisse erfolgreich verbessert.

## EIGENNÜTZIGKEIT IM WEITESTEN SINNE

Ökonomen mit ihrer *Abneigung* gegen staatliches Handeln fragen sich naturgemäß, ob Menschen diese Probleme im Zusammenhang mit öffentlichen Gütern und Koordinierung nicht selbst lösen könnten.

Es gibt eine Vielzahl freiwilliger Zusammenschlüsse, nichtstaatlicher und anderer Organisationen, die teilweise spezifische Koordinierungsprobleme und Probleme bei der Bereitstellung öffentlicher Güter adressieren. In einigen Bereichen ist die Lage nicht so schlecht, wie es Ökonomen, für die Menschen *durch und durch* egoistisch sind, vielleicht erwartet haben. Menschen sind nicht *derart* egoistisch.[16] Sie spenden Milliarden für wohltätige Zwecke. Es liegt ihnen etwas an anderen.[17] Weltweit hat die Zahl der freiwilligen Vereinigungen und NGOs, die sich für einen bestimmten öffentlichen Zweck einsetzen – bessere Menschenrechte, bessere Behandlung der Umwelt, bessere Gesundheitsversorgung – stark zugenommen. Beitragszahler und Freiwillige spenden Zeit und Geld, und Mitarbeiter geben sich mit einem Gehalt zufrieden, das weitaus geringer ist als das, was sie woanders verdienen könnten.

In einer Vielzahl von Bereichen und Situationen scheinen viele Menschen – vielleicht sogar die meisten – so zu handeln, als würden sie ihr Wohlbefinden in einem Sinne maximieren, der über ihr Eigeninteresse *im engeren Sinne* hinausgeht. Sie zeigen eine größere Neigung zu *aufgeklärtem Eigeninteresse*, das die Natur der Gesellschaft berücksichtigt, die entstehen würde, wenn sich jeder ähnlich verhielte. Sie verzichten ausdrücklich darauf, sich *voll und ganz* als Trittbrettfahrer zu verhalten. Dies trifft vor allem auf die Politik zu, wo sich viele Bürger in der Wahlkabine fragen: »Was für eine Gesellschaft will ich eigentlich?« Viele Reiche stimmen für höhere Steuern für die Reichen in der Überzeugung, dass, wenn jeder seinen Beitrag leistete (alle wären dazu gezwungen), öffentliche Investitionen gewisse Ungleichheiten verringern und die gesellschaftliche Produktivität und Wohlfahrt erhöhen würden. Ein solcher Zwang brächte eine bessere Gesellschaft hervor. In Anbetracht des geltenden Steuersystems versuchen die Reichen, ihre Steuern entsprechend ihrem Eigeninteresse im engeren Sinne zu minimieren. Aber wenn sie über die Spielregeln abstimmen, betrachten sie die Dinge aus einer übergeordneten, »aufgeklärteren« Perspektive.

Die meisten Menschen in den USA halten es für ihre staatsbürgerliche Pflicht, als Geschworene tätig zu sein. Sie tun dies freiwillig, sehr wohl wissend, dass sie irgendeinen triftigen Grund vorschieben könnten, dies nicht zu tun. Und Eltern bemühen sich sehr darum, die Qualität ihrer lokalen Schulen zu verbessern. Davon profitieren nicht nur ihre eigenen Kinder.

Kurzum, das Menschenbild der Rechten – und der herrschenden ökonomischen Lehre – ist schlichtweg falsch. Auch wenn einige Menschen bedauerlicherweise nicht uneigennützig handeln. Sie verhalten sich genau so, wie es Ökonomen in ihren Theorien postulieren, und unsere Gesellschaft muss so gestaltet werden, dass sie dies berücksichtigt. Aus diesem Grund können wir uns nicht ausschließlich auf freiwillige Handlungen stützen, um Probleme bei der Bereitstellung öffentlicher Güter und der Koordinierung (am Markt) zu lösen. Es braucht Zwang, um die umfassenden Probleme zu lösen, die öffentliche (staatliche) Eingriffe erfordern.

Aber die Rechte hat eine Falle aufgestellt. Sie preist Egoismus fast schon als eine Tugend und behauptet irreführend, rücksichtsloser Egoismus fördere das Gemeinwohl. Dies bedeutet, wie ihre Vertreter selbst gesagt haben, dass man staatlichen Eingriffen nicht trauen kann, weil der von ihnen gerühmte Egoismus auch für öffentliche Bedienstete gilt, und Beamte würden ihre eigenen Interessen auf Kosten des Rests der Gesellschaft fördern. Aber die Rechte irrt sich in jeder Hinsicht. Menschen sind nicht so egoistisch, wie sie es behauptet; viele treten in den öffentlichen Dienst ein, um dem Gemeinwohl zu dienen. Am wichtigsten für meine Zwecke hier ist die Tatsache, dass wir öffentliche Institutionen mit gegenseitiger Kontrolle errichten können, die jene Missbräuche verhindert, welche die Rechte so sehr fürchtet. Einigen Ländern ist dies bemerkenswert gut gelungen. Und es gibt eine sich selbst verstärkende positive Dynamik. In Ländern, denen es besser gelungen ist, vertrauenswürdige Regierungen aufzubauen, haben die Menschen mehr Vertrauen in ihre Regierung, und ihr öffentlicher Dienst lockt mehr kompetente Personen an. Tatsächlich sind einige Länder so erfolgreich, dass ihre Bürger *bereitwillig* Steuern zahlen in dem Wissen, dass »Steuern der Preis sind, den wir für eine zivilisierte Gesellschaft bezahlen«, wie es Oliver Wendell Holmes sagte, der von 1902 bis 1932 Richter am Obersten Gerichtshof der USA war. In Finnland zum Beispiel ergab eine von der Steuerbehörde in Auftrag gegebene Umfrage, dass »95 Prozent der Finnen es für eine grundlegende Staatsbürgerpflicht halten, Steuern zu zahlen. (...) Zudem gaben 79 Prozent der Befragten an, sie zahlten gerne Steuern und hätten den Eindruck, für die gezahlten Steuern eine gute Gegenleistung zu erhalten.«[18]

In Teil II werde ich die Frage erörtern, wie eine Gesellschaft mehr Vertrauen schaffen kann, mehr Vertrauen in die Regierung und mehr zwischenmenschliches Vertrauen. Auch auf den gegenteiligen Fall werde ich eingehen und darlegen, dass in Gesellschaften ohne Vertrauen nicht einmal die Privatwirtschaft gut funktioniert. Der neoliberale Kapitalismus hat Menschen hervorgebracht, die nicht vertrauenswürdig sind, und er hat (verständlicherweise) das Vertrauen nicht nur in den Staat, sondern auch in private Institutionen sowie das wechselseitige Vertrauen zwischen Menschen untergraben. Er hat ein System geschaffen, das sich selbst zerstört. Allerdings ist all dies nicht unvermeidlich.

## GLOBALE ÖFFENTLICHE GÜTER UND GLOBALE KOORDINIERUNG

Wie wir gesehen haben, gibt es eine Parallele zwischen dem, was *im Innern* von Nationen geschieht, und dem, was sich *zwischen* Nationen ereignet. Was eine Person tut, kann sich auf andere auswirken; was ein Land tut, kann andere Länder betreffen. Wir brauchen Regeln und Regulierungen, um negativen externen Effekten, die eine Person auf eine andere hat, vorzubeugen und um externen Effekten, die ein Land auf ein anderes hat, vorzubeugen. Das Problem, das ich ausführlich in Kapitel 12 erörtern werde, besteht darin, dass die grundlegende politische Einheit in der heutigen Welt der Nationalstaat ist, der aber nur das regeln kann, was innerhalb seiner Grenzen geschieht. Es gibt keine effektive *globale* Institution mit transnationaler Regulierungskompetenz. Das Gleiche gilt für die internationale Koordinierung und die Bereitstellung globaler öffentlicher Güter.[19] Ein wenig Zwang könnte zu einem Anstieg des globalen sozialen Wohlergehens führen. Die Schwierigkeiten bei grenzüberschreitenden wohlfahrtssteigernden kooperativen Maßnahmen bedeuten, dass es weniger Koordinierung, mehr negative Externalitäten und weniger globale öffentliche Güter gibt, als es andernfalls der Fall wäre.

Das wichtigste Beispiel eines globalen öffentlichen Gutes ist der Schutz der Welt vor dem Klimawandel. Zwar ergreifen Länder bereitwillig einige Maßnahmen, aber viel weniger, als nötig wären, um die Welt vor den extremen Gefahren eines globalen Temperaturanstiegs um mehr als 1,5 bis 2 Grad Celsius zu schützen.[20]

Ich habe betont, dass es Regeln und Vorschriften – Zwang – braucht, um Externalitäten vorzubeugen und für Koordinierung und Kooperation zu sorgen, aber ich sollte auch betonen, dass die Durchsetzung dieser Regeln und Vorschriften genauso wichtig ist. Hier versagt das globale System wirklich. Es gibt keine globale Instanz, die auch nur lockere Vereinbarungen durchsetzt. Auf einigen Gebieten war die internationale Gemeinschaft erfolgreich, und Zwang (und die Androhung von Zwang einschließlich Handelssanktionen gegen Länder, die gegen ein Abkommen verstoßen) hatte die gewünschte Wirkung. So riss etwa die Verwendung von Chemikalien wie Fluorchlorkohlenwasserstoffen (FCKWs) und Halonen vor dem Montrealer Protokoll über Stoffe, die zu einem Abbau der Ozonschicht führen – einem 1987 geschlossenen internationalen Abkommen –, riesige Löcher in die Ozonschicht der Stratosphäre, die uns unter anderem vor Hautkrebs schützt. Die Erholungskräfte der Erde sind erstaunlich stark, und man erwartet, dass sich die Ozonschicht, nachdem diese Stoffe weitgehend abgebaut wurden, bis zur Mitte dieses Jahrhunderts wieder regeneriert. Der Nutzen der wiederhergestellten Ozonschicht ist enorm: Denjenigen, die zwischen 1980 und 2100 geboren wurden beziehungsweise werden, bleiben wahrscheinlich rund 443 Millionen Fälle von Hautkrebs und schätzungsweise 2,3 Millionen Todesfälle durch Hautkrebs sowie über 63 Millionen Fälle von grauem Star erspart, und die Erde wird einen Temperaturanstieg von 2,5 Grad Celsius allein aus dieser Quelle vermeiden.[21]

Das Montrealer Protokoll lässt sich als ein Vertrag zwischen Ländern auffassen, für dessen Zustandekommen jedes einen Teil seiner »Freiheit« (FCKW einzusetzen) aufgegeben hat, damit andere das Gleiche tun, mit offensichtlichen Vorteilen für alle. Aber das Protokoll beinhaltete ein Element des Zwangs. Länder, die es nicht einhielten, müssten eine hohe Strafe zahlen. Zwang führte zu einem Freiheitsgewinn – der Freiheit zum Beispiel, nicht an Hautkrebs zu erkranken.

In ähnlicher Weise gibt es im privaten Sektor freiwillige Verträge, die einvernehmlich vereinbarte Beschränkungen beinhalten. Diese umfassen die Aufgabe von Freiheiten in einer Dimension für eine als höherwertig erachtete Ausweitung von Freiheiten in einer anderen Dimension, sodass der Nutzen die Kosten überwiegt. Im nächsten Kapitel befassen wir uns eingehender mit diesen Situationen.

KAPITEL 5

# VERTRÄGE, DER GESELLSCHAFTS-VERTRAG UND FREIHEIT

Wenn Menschen einen Vertrag unterzeichnen, erklären sie sich bereit, etwas zu tun. Der Vertrag schränkt ihre zukünftige Handlungsfreiheit im Gegenzug für etwas ein, was sie von der anderen Vertragspartei erhalten. Menschen stimmen solchen Einschränkungen bereitwillig zu, weil sie von dem gesamten Austauschvorgang profitieren, genauso wie es sich bei dem »Zwang« verhält, den der Staat womöglich ausübt, um bestimmte Handlungen zu regulieren oder um Bürger dazu zu bringen, Steuern für die Finanzierung öffentlicher Investitionen zu zahlen, die alle besserstellen.

Im Grunde sind alle Verträge Einschränkungen, die den Vertragsparteien für sie bedeutsame neue Handlungsoptionen verschaffen. So erhielten wir zum Beispiel ohne Kreditverträge keinen Zugang zu dem Geld, das wir brauchen, um renditeträchtige Investments zu tätigen. Im Gegenzug nehmen wir Einschränkungen hin, darunter auch solche, die die Verwendung dieser Mittel betreffen, und womöglich sogar Einschränkungen anderer Handlungsoptionen, wie etwa des Verbots, uns Geld von einem anderen Kreditgeber zu leihen.

Die Tatsache, dass man einen Vertrag aus freien Stücken abschließt, bedeutet nicht, dass er nicht ausbeuterisch sein kann – ein Thema, auf das ich später noch zurückkommen werde. Jemand unterschreibt vielleicht einen ausbeuterischen Arbeitsvertrag, wenn dies für ihn die einzige Möglichkeit ist zu überleben. In dieser

Situation könnte man sagen, dass die Person unter Zwang handelt – und dies gilt umso mehr dann, wenn ihr Alternativen vorenthalten werden, wie im Fall von Südafrika, wo Schwarzen Menschen das Recht, selbstständig Landwirtschaft zu betreiben, vorenthalten wurde. So gesehen, besteht ein großer Unterschied zwischen Verträgen, die von ungefähr gleich mächtigen Parteien geschlossen werden, und Verträgen zwischen Parteien, bei denen ein Machtgefälle besteht.

## DAS KONZEPT DES GESELLSCHAFTSVERTRAGS

Seit Langem betrachten Philosophen die Beziehung zwischen Individuum und Gesellschaft als von einem vorstehendem Vertragstypus ähnlichen *Gesellschaftsvertrag* bestimmt,[1] der die Bürger in einer Weise einschränkt, die ihre Freiheit und ihr Wohlergehen unter dem Strich vergrößert. Man sollte dabei immer bedenken, dass der Gesellschaftsvertrag eine Metapher ist; es gibt keinen schriftlichen oder förmlichen Vertrag.

Ein Gesellschaftsvertrag regelt die Beziehungen zwischen Individuum und Gesellschaft, ganz ähnlich wie es ein realer Vertrag tun würde, indem er die Pflichten der Vertragsparteien im Verhältnis zueinander festlegt.

Allerdings gibt es einen großen Unterschied zwischen dem Gesellschaftsvertrag und gewöhnlichen Verträgen. Der Verstoß gegen einen gewöhnlichen Vertrag hat Folgen, sowohl für das Verhältnis selbst als auch – insbesondere – für die vertragsverletzende Partei. Der Geschädigte kann versuchen, eine Vertragsstrafe gegen denjenigen durchzusetzen, der vertragsbrüchig geworden ist. Bei einer Vertragsverletzung gibt es klare Regeln für das Verfahren, nach dem beurteilt wird, ob und in welchem Ausmaß gegen die Vertragsbestimmungen (Regeln und Vorschriften) verstoßen wurde und welche Sanktionen dafür zu verhängen sind. Verletzt dagegen der Staat seine Verpflichtungen, gibt es keinen entsprechenden Mechanismus zur Durchsetzung des Gesellschaftsvertrags. Dies ist der grundlegende Unterschied zwischen einem gewöhnlichen Vertrag und einem Gesellschaftsvertrag. Hinter jedem gewöhnlichen Vertrag steht die Staatsgewalt, die ihn durchsetzt. Gesellschaftsverträge dagegen beruhen auf Vertrauen. Bei einem Gesellschaftsvertrag besteht das Risiko, dass Recht und Ordnung zusammenbrechen können.

### *Den Gesellschaftsvertrag aufsetzen*

Der Begriff des Gesellschaftsvertrags fordert uns dazu auf, die Frage zu stellen, welche Regeln und Prinzipien, die die Grundlage dieses Vertrages bilden, vielleicht einen Beitrag zum gesellschaftlichen Wohlergehen leisten. Kapitel 3 und 4 haben verdeutlicht, dass bei der Festlegung der Regeln für die Wirtschaft und die Gesellschaft wichtige gesellschaftliche Abwägungen vorgenommen werden müssen. Konzentrieren wir uns auf das Wohl der Wölfe oder das der Schafe? Auf die Waffenbesitzer oder die Opfer von Waffengewalt? Auf die Reichen, deren Freiheit durch progressive Besteuerung verringert wird, oder auf die Armen, deren Recht auf ein gutes Leben erheblich gestärkt wird, wenn die Regierung ein besseres Bildungs-, Gesundheits- und Ernährungssystem finanziert?

Sobald wir einsehen, dass Freiheiten Kompromisse erfordern, müssen wir ein System konzipieren, um die Ausweitung der Freiheiten einiger Menschen gegen die Beschneidung der Freiheiten anderer Menschen abzuwägen – und zwar jenseits des Gesetzes des Dschungels, wo die Starken ihre Freiheit auf Kosten aller anderen ausdehnen. John Rawls' *Theorie der Gerechtigkeit* (1971) stellt den hierfür benötigten Regelrahmen bereit. Wir können nachvollziehen, wie Menschen diese Abwägungen vornehmen würden, wenn wir sie uns hinter dem vorstellen, was Rawls »Schleier des Nichtwissens« nennt, wo sie nicht wissen, an welcher Stelle in der Gesellschaft sie sich selbst befinden werden, wenn der Schleier gelüftet wird. Werden sie reich sein, oder werden sie arm sein? Hinter dem Schleier wissen sie es nicht. In pragmatischer Hinsicht ähnelt Rawls' Konzept Smiths »unparteiischem Beobachter«. Der an der University of Illinois, Chicago, lehrende Philosophieprofessor Samuel Fleischacker schreibt zu Letzterem:

> Moralische Normen bringen somit die Gefühle eines unparteiischen Zuschauers zum Ausdruck. Ein Gefühl, sei es das einer Person, die motiviert ist, eine Handlung vorzunehmen, oder das einer Person, auf die von anderen eingewirkt wurde, verdient dann und nur dann unsere moralische Billigung, wenn ein unparteiischer Zuschauer mit diesem Gefühl sympathisieren würde.[2]

Sowohl Rawls als auch Smith behaupten lediglich, dass sich eine Person von ihrem Eigeninteresse distanzieren sollte, wenn sie beurteilt, was eine gute oder eine gerechte Gesellschaft ausmacht. Tatsächlich präsentiert Rawls eine Methode, die uns *davon abhält*, bei der Auswahl der Prinzipien und Leitlinien, nach denen wir leben wollen, solche auszuwählen, die uns selbst begünstigen. Dies ist, was er *Gerechtigkeit als Fairness* nennt. Smiths unparteiischer Beobachter ist in gewisser Weise eine Personifizierung dieser Methode.

Rawls nutzt dieses Konzept, um überzeugende Argumente für eine progressive Umverteilung als einen wünschenswerten Teil des Gesellschaftsvertrags vorzulegen.[3] Ich werde sein Konzept hier benutzen, um die breit gefächerten institutionellen Regelungen, die eine Gesellschaft organisieren, näher zu betrachten.

Wir können uns die verschiedenen Bestimmungen des Gesellschaftsvertrags als präzise Auflistung der Regeln und Vorschriften einer Gesellschaft vorstellen. Märkte existieren nicht in einem Vakuum. Es gibt keinen freien Markt als abstrakte Idee. Märkte werden von Regeln und Vorschriften strukturiert. Hinter dem Schleier des Nichtwissens würde meines Erachtens breites Einvernehmen über die Kompromisse bestehen, die bei der Ausarbeitung des Gesellschaftsvertrags unumgänglich sind. Wie wägen wir die Freiheit der Wölfe gegen die Freiheit der Schafe ab? Die der Ausbeuter gegen die der Ausgebeuteten? Wir können fragen: Welche Regeln und Vorschriften würden wir uns hinter dem Schleier des Nichtwissens wünschen, wo uns nicht bekannt ist, was für eine Position wir innerhalb der Gesellschaft einnehmen werden – die geringe Wahrscheinlichkeit, ein marktbeherrschender Monopolist zu werden, oder die hohe Wahrscheinlichkeit, ein potenziell ausgebeuteter Arbeitnehmer oder Verbraucher zu werden? Wahrscheinlich gäbe es viel weniger Dissens über diese Bestimmungen, bei denen wir davon ausgehen können, dass sie sozial gerechte Ergebnisse hervorbringen. Grob gesprochen: Wir würden Bestimmungen auswählen, die ein Höchstmaß an Gleichheit fördern, und zwar im Einklang mit der gesamtwirtschaftlichen Leistungsfähigkeit.[4,5]

Dieses Konzept kann als Richtschnur für die Ausgestaltung der unzähligen Gesetze, Regeln und Vorschriften dienen, die konstitutiv für eine Wirtschaftsordnung des 21. Jahrhunderts sind, einschließlich derjenigen, die Arbeitnehmer, Verbraucher, den Wettbewerb und die Umwelt schützen. Interessanterweise erkannte Adam Smith, dessen Name so oft zugunsten einer Laissez-faire-Wirtschaftspolitik, die jeglichen staatlichen Eingriff ablehnt, angeführt wird, dass es entscheidend auf die Ausgestaltung von gesetzlichen Vorschriften ankommt:

> Ist daher eine Regelung für den Arbeiter günstig, ist sie stets gerecht und billig, begünstigt sie die Meister, ist das zuweilen nicht der Fall.[6]

Smith verstand, dass sich Gesetze, welche das Miteinander von Arbeitnehmern regeln, auf die Verhandlungsmacht auswirken, und er erkannte auch Asymmetrien in der Marktmacht:

> Was üblicherweise Arbeitslohn ist, hängt überall von dem Vertrag ab, den beide Parteien gewöhnlich miteinander vereinbaren, wobei die Interessen der beiden keineswegs die gleichen sind. (…) Es lässt sich indes leicht vorhersehen, welche der beiden Parteien unter normalen Umständen einen Vorteil in dem Konflikt haben muss und die andere zur Einwilligung in ihre Bedingungen zwingen wird. Die Unternehmer, der Zahl nach weniger, können sich viel leichter zusammenschließen. (…) In allen Lohnkonflikten können zudem die Unternehmer viel länger durchhalten.[7]

Weiterhin stellte er fest:

> Unter Unternehmern besteht immer und überall eine Art stillschweigendes, aber dauerhaftes und gleichbleibendes Einvernehmen, den Lohn nicht über den jeweils geltenden Satz zu erhöhen. (…) Mitunter finden sich Unternehmer auch zusammen, um die Löhne sogar unter das bestehende Niveau zu senken. Diese Absprache geschieht bis zum Zeitpunkt der Ausführung stets in aller Stille und möglichst heimlich.[8]

Smith erkannte, dass die Realität, die wir vorfinden, sich deutlich von dem unterscheidet, was wir in einem Gesellschaftsvertrag, der hinter dem Schleier des Nichtwissens ausgearbeitet wird, erwarten würden. In den realen Regeln und Vorschriften spiegeln sich Machtverhältnisse wider – insbesondere politische Machtverhältnisse, weil sie in politischen Prozessen festgelegt werden. Die natürlichen Machtasymmetrien, die in einem Beschäftigungsverhältnis auftreten, werden durch den regulatorischen Rahmen verschärft, der auf die eine oder andere Weise die gewerkschaftliche Organisierung (den »Zusammenschluss« von Arbeitern) behindert, aber manchmal wegschaut, wenn sich Unternehmen zusammentun, um Löhne zu drücken. Das Bemerkenswerte an diesen Passagen, die lang vor dem Aufkommen der Industrieökonomie, ganz zu schweigen von unserer wissensbasierten Ökonomie, geschrieben wurden, ist die Tatsache, dass sie noch immer wahr klingen. Die Technologiegiganten Apple, Google usw. haben sich *insgeheim* abgesprochen, keine Arbeitskräfte voneinander abzuwerben. Die daraus resultierende Abschwächung des Wettbewerbs drückte die Löhne ihrer Ingenieure, von deren intellektuellen Fähigkeiten der Erfolg der Unternehmen abhing.[9]

### *Die Sichtweise der Rechten*

Ich habe dargelegt, dass Menschen Vorschriften oder Steuern, die ihre Freiheit einschränken, hinnehmen, weil diese Einschränkungen letztlich ihre Handlungsmöglichkeiten erweitern. Die Rechte hat oft eine eigentümliche und sehr beschränkte Sichtweise dieses Gesellschaftsvertrags. Ihrer Auffassung nach gibt es eine begrenzte Zahl von Handlungseinschränkungen, die als Teil des Gesellschaftsvertrags akzeptiert werden könnten (Totschlag, Diebstahl). Entscheidend aber sind die Eigentumsrechte, ganz egal, wie das Eigentum erworben wurde. Dem Staat obliegt es, Eigentumsrechte und Privatverträge durchzusetzen. Dies scheint der Rechten so selbstverständlich zu sein, dass es praktisch keiner Rechtfertigung dafür bedarf.

Tatsächlich bedeuten Verträge und Eigentum wenig, wenn sie nicht durchsetzbar sind. Ohne die Möglichkeit, Verträge einzuklagen, könnten viele vorteilhafte Transaktionen schlichtweg nicht stattfinden, insbesondere wenn dabei eine Vertragspartei heute etwas tun soll (etwa eine Zahlung leisten), während die andere eine

Leistung in Zukunft erbringen soll (etwa die Lieferung einer versprochenen Ware). Ebenso würden Menschen ohne Eigentumsrechte von Investitionen abgehalten. Jemand könnte einfach einem anderen dessen Eigentum wegnehmen. Aber wie ich im nächsten Kapitel erörtern werde, müssen Eigentumsrechte definiert werden. Eigentumsrechte und die Regeln, die Verträgen zugrunde liegen, sind gesellschaftliche Konstruktionen, etwas, was wir konzipieren und genau definieren, um gesamtgesellschaftliche Interessen zu fördern. Sie wurden uns nicht auf dem Berg Sinai verkündet, und sie sind auch nicht aus irgendeinem geheimnisvollen Naturrecht abgeleitet. Die Gesellschaft muss auch entscheiden, welche Verträge zulässig sind und vom Staat durchgesetzt werden sollten.

Viele Rechtskonservative scheinen dies nicht zu verstehen, oder, genauer gesagt, sie wünschen sich Regeln, die das Machtgleichgewicht noch stärker zugunsten der Mächtigen verschieben. Gemäß dem Grundsatz der *Vertragsfreiheit* plädieren sie dafür, dass der Staat privatrechtliche Verträge durchsetzen sollte, ganz egal, wie ausbeuterisch die Vereinbarung ist, solange die Verträge freiwillig geschlossen werden. Die Rechte besteht auch dann auf der Durchsetzung, wenn es große Informationsasymmetrien gibt und eine Partei die andere in die Irre geführt hat. Ihre Vertreter erlauben und erleichtern sogar kooperative Handlungen, die in bestimmten Formen von juristischen Personen – Konzernen – vorgenommen werden,[10] während sie andere kooperative Handlungen wie etwa die gewerkschaftliche Organisierung von Arbeitnehmern zur Förderung ihrer Belange als sittenwidrige Absprachen verbieten. Und sie erschweren ein gemeinsames juristisches Vorgehen, wenn Arbeitnehmer oder Verbraucher gerichtlich Ersatz für Schäden einklagen, die durch Unternehmen verursacht wurden.[11]

Diese von der Rechten propagierten Regeln und Vorschriften (Bestimmungen, die sie stillschweigend als integrale Bestandteile des Gesellschaftsvertrags ansieht) haben klare Auswirkungen auf das gesamtgesellschaftliche Wohlergehen und die Verteilung von Macht und Reichtum.[12] Menschen mit niedrigem oder auch mittlerem Einkommen können den Reichen nur mit »Waffengleichheit« entgegentreten, wenn sie zusammenarbeiten. Wenn die Rechte diesen Weg verstellt, fördert sie de facto die Ausbeutung durch Unternehmen, erhöht die Ungleichheit und vermindert das gesamtgesellschaftliche Wohlergehen.

Ich bezweifle, dass der von der Rechten gewünschte Gesellschaftsvertrag, der sich ausschließlich auf den Schutz von Eigentumsrechten und die Durchsetzung sämtlicher Verträge konzentriert, aus einer vernunftgeleiteten Diskussion über die Frage hervorgehen würde, wie ein sozial gerechter Gesellschaftsvertrag oder auch ein Gesellschaftsvertrag, der wirtschaftliche Effizienz fördert, aussehen sollte. Die Veränderungen in unserer Gesellschaft und Wirtschaft erfordern heute mehr staatliche Eingriffe und Investitionen als in der Vergangenheit und – entsprechend – höhere Steuern und mehr Regulierung. Wir können über den besten Weg, diese Investitionen zu tätigen, diskutieren,[13] aber kein vernünftiger Mensch kann den Bedarf an derartigen Investitionen und die Notwendigkeit, zumindest einen Großteil dieser Kosten öffentlich zu schultern, in Abrede stellen.

### *Welche Privatverträge sollten durchsetzbar sein?*

Verträge an und für sich sind selbstverständlich ethisch neutral; sie können ebenso sozial unerwünschte wie sozial erwünschte Transaktionen fördern. Ein guter Gesellschaftsvertrag würde nicht zu gesellschaftlich unerwünschtem Verhalten ermuntern, und entsprechend sollte der Staat Privatverträge, die dies tun, nicht durchsetzen. Dies ist so offensichtlich, dass es banal ist – so offensichtlich wie die Notwendigkeit von Gesetzen gegen Diebstahl und Totschlag. Ein Vertrag, der jemanden dazu zwingt, etwas Verbotenes zu tun, sollte selbst illegal und ganz natürlich nicht einklagbar sein. Aber dadurch, dass die Rechte die »Unantastbarkeit von Verträgen« betont, erkennt sie nicht an, dass es einen Unterschied gibt zwischen Verträgen, die dem gesellschaftlichen Wohl dienen, und solchen, die dies nicht tun. Natürlich wird es in Grenzfällen zwangsläufig Kontroversen und Debatten darüber geben, welche Verträge gut oder schlecht für das Gemeinwohl sind. Aber sobald wir anerkennen, dass Verträge soziale Konstrukte sind, erkennen wir auch an, dass sie gut oder schlecht sein können und dass manche Verträge aufgrund ihrer groben Sittenwidrigkeit keineswegs unantastbar sein sollten.

Wenn man einräumt, dass es Meinungsverschiedenheiten darüber geben kann, was ein guter und was ein schlechter Vertrag ist, ergeben sich interessante Fragen. So gibt es zum Beispiel Raum für Debatten über die Frage: Was sollte verkauft werden dürfen? Selbst wenn allgemeines Einvernehmen darüber bestünde, dass es Menschen nicht erlaubt sein sollte, ihre Nieren zu verkaufen, stellt sich die Frage, ob es zulässig sein sollte, sein Blut zu verkaufen. Es gibt einige Anhaltspunkte dafür, dass in Bezug sowohl auf die Quantität als auch auf Qualität (das heißt Freiheit von Krankheitserregern, die bei einer Bluttransfusion eventuell übertragen werden) bessere Ergebnisse erzielt werden, wenn Blut nur durch freiwillige Spenden gesammelt und dies zu einer gesellschaftlichen Norm wird.[14] In ähnlicher Weise ist es – unabhängig davon, was Menschen von Prostitution halten – eine legitime Frage, ob ein Vertrag über entsprechende Dienstleistungen gerichtlich einklagbar sein sollte.

Aber während es bei Grenzfällen Kontroversen darüber geben mag, welche Verträge zulässig und rechtsstaatlich durchsetzbar sein sollten, besteht heute breites Einvernehmen darüber, dass der Gesellschaftsvertrag Verträge und Vertragsbestimmungen, die Kinderarbeit, Menschenhandel, Betrug und Ausbeutung, Sklaverei, Schuldknechtschaft oder den Verkauf von Organen und anderen lebenswichtigen Körperteilen fördern, nicht erlauben und erst recht nicht einklagbar machen sollte.

Ein weiteres Beispiel für eine fragwürdige Vertragsbestimmung sind Vertraulichkeitsvereinbarungen (NDAs), die Unternehmen in zunehmendem Maße in Verträge aufgenommen haben. Es mag gewisse Umstände geben, in denen Geheimhaltung (mangelnde Transparenz) wünschenswert ist, aber oftmals wird die Verschwiegenheitsverpflichtung dazu benutzt, einen Missstand unter den Teppich zu kehren. Diese Vereinbarungen werden häufig in Vergleiche aufgenommen, bei denen es um sexuelle Übergriffe mächtiger Männer auf Frauen geht, und es hat sich gezeigt, dass sie ein bedeutendes Hemmnis sind, diese Männer zur Rechenschaft zu ziehen. Der berüchtigte Fall des Filmmoguls und Sexualstraftäters Harvey Weinstein hat verdeutlicht, was für eine große Rolle Vertraulichkeitsvereinbarungen spielen können.[15] Diese machen es schwer, wenn nicht unmöglich, andere systemische Probleme wie etwa rassenbezogene Diskriminierung im Bankensektor,[16] wegen der Prozesse geführt und Vergleiche geschlossen wurden, zu identifizieren und zu korrigieren. Ich hoffe und glaube, die Einsicht wächst, dass solche Vertragsbestimmungen nicht einklagbar sein sollten.

In Kapitel 7 werden wir weitere Vertragsbestimmungen erörtern, die darauf abzielen, Marktmacht und die Fähigkeit von Akteuren mit Marktmacht, andere auszubeuten, zu stärken. Wenn man Freiheitsgewinne und Freiheitsverluste abgleicht, sollte die Antwort klar sein: Ein gerechter Gesellschaftsvertrag würde es nicht zulassen, dass ausbeuterische Verträge aufgesetzt werden, geschweige denn, dass er Regierungen auffordern oder gar dazu verpflichten würde, diese durchzusetzen.

## WEITERE BESTIMMUNGEN DES GESELLSCHAFTSVERTRAGS: SOZIALE ABSICHERUNG UND LEBENSZEITMANAGEMENT

Etliche weitere Aspekte des Gesellschaftsvertrags sind wichtig und würden hinter dem Schleier des Nichtwissens im Allgemeinen befürwortet. Viele beziehen sich auf Fälle, in denen Märkte nicht so funktionieren, wie sie es in der idealisierten und fiktionalen Welt der Rechten tun würden. Und viele dieser Formen von Versagen wohnen Märkten inne. Märkte funktionieren einfach nicht so, wie es sich die Rechte vorstellt, weil Information grundsätzlich unvollkommen und asymmetrisch ist, und es ist kostspielig, diese Informationsunvollkommenheit zu beseitigen. Es ist auch kostspielig, Märkte zu betreiben.

Wenn wir von »vollkommenen Märkten« sprechen – in denen Märkte effiziente Ergebnisse erzielen –, dann *müssen* diese auch vollkommene Versicherungsmärkte umfassen, in denen jedes relevante Risiko abgesichert werden kann.[17] (Dies ist kein offensichtliches Erfordernis, und der Nachweis, dass Versicherungsmärkte einbezogen werden müssen, war eine der herausragenden Leistungen der Wirtschaftstheorie im letzten Viertel des 20. Jahrhunderts.) Aber einige der wichtigsten Risiken, denen wir ausgesetzt sind, haben naturgemäß unbekannte Dimensionen und Größenordnungen. Die Covid-19-Pandemie und der Krieg in der Ukraine veranschaulichen große Risiken, denen die Wirtschaft ausgesetzt war und ist – mit weitreichenden Folgen für Unternehmen und Haushalte auf der ganzen Welt. Trotzdem stellte der Markt keine Versicherung gegen diese Risiken bereit, und es ist undenkbar, dass er dies gegen ähnliche Risiken in der Zukunft tun würde.[18]

### *Soziale Absicherung im Gesellschaftsvertrag*

Ein Aspekt eines guten Gesellschaftsvertrags, der in praktisch alle modernen Gesellschaften einbezogen wurde und eine der herausragendsten sozialen Neuerungen der letzten 150 Jahre darstellt, ist die soziale Absicherung. Diese schützt uns vor den Wechselfällen und Unwägbarkeiten des Lebens, insbesondere den bedeutenden, wie etwa Arbeitsplatzverlust oder eine schwere Erkrankung. Soziale Absicherung hilft uns bei dem, was ich Lebenszeitmanagement nenne, die Tatsache, dass Menschen oft just zum Zeitpunkt, zu dem sie Geld und andere Ressourcen dringend benötigen, nicht darüber verfügen. Einige dieser großen Lebensrisiken hängen mit den Arten von Ereignissen zusammen, die im vorstehenden Abschnitt beschrieben wurden und für die private Märkte keinen Versicherungsschutz anbieten können.

Zudem haben junge Menschen nicht die Mittel, um in ihre Ausbildung und ihre Gesundheit zu investieren. Kaum über die Runden kommende junge Eltern haben nicht das Geld, um sich eine gute Kinderbetreuung leisten zu können, und Rentner müssen vielleicht feststellen, dass sie nicht genug Mittel für ein auskömmliches Leben haben. In den USA haben Eltern oft nicht das Geld, um ihre Kinder aufs College zu schicken, auch wenn sie wissen, dass deren Lebensperspektiven ohne einen College-Abschluss begrenzt sind.

In Anbetracht dieser offensichtlichen Unzulänglichkeiten des Marktes erscheint es genauso offensichtlich, dass sich Menschen *hinter dem Schleier des Nichtwissens* einen Gesellschaftsvertrag wünschen würden, der zumindest eine gewisse soziale Absicherung vorsehen und Investitionen in junge Menschen tätigen würde, um sie zu befähigen, ihr Potenzial auszuschöpfen (statt nur auf die Mittel ihrer Eltern angewiesen zu sein). Praktisch alle modernen Gesellschaften tun dies.

### *Marktversagen und die konservative Sichtweise*

Die Mainstream-Ökonomen – und viele Libertäre und andere Rechtsstehende – *unterstellen*, dass die Kapitalmärkte vollkommen sind, und ihre Sichtweise lässt sich annähernd wie folgt umreißen: Die jungen Menschen können gegen Verpfändung ihrer zukünftigen Einnahmen Kredite aufnehmen. Sie (oder ihre Eltern, die stellvertretend für sie handeln) tätigen in rationaler Weise Gesundheits- und Bildungsinvestitionen, wobei sie ein optimales Verhältnis zwischen Renditen und Finanzierungskosten anstreben, die in einem vollkommenen Markt niedrig wären. Junge Eltern können ihr Einkommen über ihre Lebenszeit glätten; wenn sie Kinderbetreuung möchten, werden sie diese aus eigener Tasche bezahlen, oder aber eines der Elternteile bleibt zu Hause. Nach Auffassung des Mainstream-Ökonomen ist dies die effiziente und wünschenswerte Lösung. Der Staat vermassele, so die Standardökonomen, nun alles, wenn er selbst Kinderbetreuung anbiete oder subventioniere, weil dann auf lange Sicht zu viele Frauen erwerbstätig würden. Es sei besser, wenn einige dieser Frauen zu Hause blieben, um sich um ihre Kinder zu kümmern. Ihr Arbeitseinkommen rechtfertige nicht die Kosten für vom Markt bereitgestellte Kinderbetreuungsangebote (der spitze Bleistift der Ökonomen bei der Kosten-Nutzen-Abwägung berücksichtigt selbstverständlich nicht übergeordnete gesellschaftliche Anliegen, wie etwa die Möglichkeit, dass Frauen ihr Potenzial ausschöpfen, oder Machtverhältnisse zwischen den Geschlechtern. Das Standardmodell klammert die Existenz von Machtverhältnissen von vornherein aus und nimmt einfach vollkommene Märkte an.)

Ich verdeutliche die Absurdität dieses Glaubens an vollkommene Märkte am Beispiel meiner Studenten, die praktisch alle heute niedrige Einkommen, aber in der Zukunft sehr viel höhere Einkommen haben werden. Viele von ihnen hätten gern bessere Wohnungen und würden gern jetzt, da sie jung sind, öfter Skiurlaub machen. Wie sie in den meisten ihrer anderen Vorlesungen in Volkswirtschaftslehre gelernt haben, besagt das Standardmodell, dass sie ihren Konsum über einen längeren Zeitraum glätten sollten, indem sie sich heute gegen Verpfändung ihres zukünftigen Einkommens verschulden. Ich schlage ihnen vor, ihre Bankfiliale aufzusuchen und dort einen Kredit zu beantragen, der sie befähigen würde, dies zu tun. Ich weiß, was geschehen würde, wenn sie dies täten: brüske Ablehnung. Vielleicht bekämen sie einen *kleinen* Kredit, aber selbst diesen in der Regel nur zu hohen Zinsen. Im wirklichen Leben sind Kredite rationiert.[19]

Kommen wir zu Risikomärkten. Die Rechte geht im Einklang mit dem ökonomischen Standardmodell davon aus, dass es perfekte Risikomärkte gibt. Alle in den beiden vorangehenden Absätzen beschriebenen »Investitionen« sind riskant. Menschen kennen die Rendite von Investitionen in Gesundheit und Bildung oder auch in die Vorschulerziehung nicht. Sie wissen auch nicht, wie lange sie leben werden. Und in einigen dieser Fälle sind sich nicht einmal Experten über die Größenordnungen der wirtschaftlichen Renditen einig. Wir wissen, dass niemand ohne angemessene Bildung und Gesundheitsversorgung sein Potenzial voll ausschöpfen kann. Aber in keinem dieser Fälle können Menschen sich privat gegen die relevanten zukünftigen Risiken versichern, die sich auf die Renditen ihrer Investitionen in Gesundheit und Bildung von Kindern auswirken. Im Allgemeinen halten Risiken von solchen Investitionen ab,[20] und wenn es keine guten Risikomärkte gibt, werden daher weniger Investitionen getätigt, als es im Interesse der gesamtgesellschaftlichen Produktivität sinnvoll wäre. Es gibt viele weitere Risiken, die sich auf das Wohlergehen einer Person auswirken. Unsicherheit kann verheerende Folgen für Menschen haben. Aus diesem Grund war die Forderung von Präsident Franklin D. Roosevelt nach »Freiheit von Furcht« so wichtig.[21]

### *Gesundheitsversorgung, Arbeitslosigkeit und Renten*

In den letzten 100 Jahren haben Regierungen immer klarer erkannt, dass ihre Bürger bedeutenden Risiken ausgesetzt sind, die von privaten Versicherungsmärkten nicht ausreichend abgedeckt werden. Dies gab den Anstoß zur Einführung der Sozialversicherung. Bevor auf Initiative von Präsident Lyndon B. Johnson im Jahr 1965 das Krankenversicherungsprogramm Medicare verabschiedet wurde, das die staatliche Gesundheitsversorgung von älteren US-Amerikanern gewährleistet, konnten sich viele keine Krankenversicherung leisten, und viele, die es konnten, mussten extrem hohe Prämien bezahlen. Vor der Verabschiedung einer Reihe von Gesetzen und Verordnungen, insbesondere des Affordable Care Act im Jahr 2010, konnten auch viele Menschen unter 65 Jahren keine Krankenversicherung abschließen, insbesondere wenn sie Vorerkrankungen wie etwa eine Herzschwäche oder Arthritis hatten – Erkrankungen, bei denen es besonders wichtig war, krankenversichert zu sein. Und bei vielen, die sich krankenversichern konnten, beliefen sich die Beiträge auf einen hohen Prozentsatz ihres Einkommens.

Der private Markt hat auch nie eine Arbeitslosenversicherung angeboten, obwohl es eines der schwerwiegendsten Risiken und eine bedeutende Quelle der Unsicherheit für Arbeitnehmerfamilien ist, wenn der Hauptverdiener arbeitslos wird und nicht schnell eine neue Stelle findet.[22]

Ein weiteres Beispiel für ein öffentlich organisiertes soziales Sicherungssystem ist die gesetzliche Rentenversicherung wie etwa die Social Security in den USA. Der deutsche Reichskanzler Otto von Bismarck hat als Erster im Jahr 1889 ein gesetzliches Rentenversicherungssystem eingeführt. Damals lebten relativ wenige Menschen über das normale Renteneintrittsalter von 65 Jahren hinaus. Heute liegt die Lebenserwartung in einigen Ländern bei 80 Jahren und mehr. In Japan beträgt sie 82 Jahre bei Männern und 88 Jahre bei Frauen, das heißt, sie leben nach dem Renteneintritt noch 15 oder mehr Jahre. Es besteht weiterhin große Unsicherheit bezüglich der Lebensdauer einer einzelnen Person, obwohl wir gute Statistiken über Lebensspannen für verschiedene Gruppen innerhalb der Bevölkerung haben. Jahresrenten, also Versicherungspolicen, die einen festen Betrag auszahlen, egal, wie lange die versicherte Person lebt, schwächen dieses Risiko ab, allerdings zu einem sehr hohen Preis, der weit über dem liegt, was sich mit Daten über Lebenserwartungen rechtfertigen lässt. Dies ist selbstverständlich keine Überraschung. Jemand muss die riesigen Gewinne und Werbekosten der Versicherungsgesellschaften bezahlen, und diese Person ist der Kunde. Die Social Security lässt sich im Wesentlichen als eine staatlich organisierte Jahresrente betrachten, deren Transaktionskosten sich auf einen Bruchteil derjenigen des privaten Sektors belaufen.[23]

Und es gibt Klauseln innerhalb der Social Security, die von entscheidender Bedeutung für das Sicherheitsgefühl einer Person und in privaten Rentenversicherungen nicht enthalten sind, insbesondere der Inflationsausgleich. Die Inflation mag nach dem Schub in den 1970er-Jahren jahrzehntelang gedämpft gewesen sein, aber die postpandemische Inflation erinnerte uns alle daran, dass sie wieder anziehen kann. Wir müssen uns gegen derartige Ereignisse versichern können, auch wenn sie nur selten eintreten. Der Markt versagt dabei, aber der Staat kann diese Versicherung bereitstellen und hat dies auch getan.

Noch ein weiterer im öffentlichen Rentenversicherungssystem der USA verankerter Mechanismus ist wichtig: Die Zahlungen steigen mit den allgemeinen Lohnerhöhungen. Ohne diese Komponente hätten ältere Menschen, die ausschließlich auf ihre Ersparnisse angewiesen sind, bei hohen Lohnsteigerungen – wie es in den Jahrzehnten nach dem Zweiten Weltkrieg der Fall war – einen Lebensstandard weit unterhalb desjenigen jüngerer Leute. Die Einkommensungleichheit zwischen den Generationen würde unannehmbar hoch werden. Ein öffentliches Rentenversicherungssystem gewährleistet ein wenig generationenübergreifende Risikoteilung und Einkommensglättung, weil eine der Determinanten der Rentenbezüge die gegenwärtige Lohnhöhe ist, auch wenn die entscheidende Bestimmungsgröße die Beiträge sind, die ein Rentner während seines Arbeitslebens eingezahlt hat.

Erstaunlicherweise wollen einige Rechtskonservative noch immer verschiedene Komponenten der Sozialversicherung privatisieren, obgleich sie gerade deshalb eingeführt wurden, weil es Risiken gibt, die der Markt nicht angemessen abdeckt; in vielen Fällen konnte er es gar nicht.

Ein Großteil des Widerstandes gegen öffentliche soziale Sicherungssysteme beruht auf simplen ideologischen Überzeugungen, wonach kollektives Handeln unsere individuelle Freiheit einschränke und der Staat immer ineffizient sei.[24] (Ein Großteil davon beruht auch auf nacktem Egoismus. Einige Akteure im Finanzsektor wissen, dass sie einen Haufen Geld verdienen können, wenn zum Beispiel die Social Security privatisiert werden würde, auch wenn dies auf Kosten der Rentner ginge.)

Ich bin bereits auf die Behauptung eingegangen, kollektives Handeln beschneide unsere Freiheit. Tatsächlich hat die Sozialversicherung die Freiheit beziehungsweise die Handlungsoptionen der meisten Bürger erweitert.[25] Vielen hat sie sogar das gebracht, was Präsident Roosevelt am meisten wollte: Sie hat ihnen Freiheit von Furcht geschenkt – zumindest hat sie die Unsicherheit deutlich verringert.

Die Behauptung, der Staat sei notwendigerweise ineffizient, wird von den Fakten widerlegt. Wie bereits erwähnt, sind die Transaktionskosten für private Rentenversicherungen viel höher als für die gesetzliche Rentenversicherung. In Bürgerversammlungen und andernorts wurde wiederholt verlangt, die Regierung solle die Finger von Medicare und Social Security lassen.[26] Die Programme funktionieren so gut, dass es sich für jeden, der der Ideologie der Rechten erlegen ist, von selbst versteht, dass sie privatwirtschaftlich verwaltet werden *müssen.*

*Verbesserung der Bildungschancen*

Australien unterstützt Studierende mit einem Programm für die Studienkredite, bei dem der Rückzahlungsbetrag von dem Einkommen des Hochschulabsolventen abhängt. Der Staat (die Gesellschaft) trägt einen Teil des Risikos, das mit Bildungsinvestitionen verbunden ist. Anders als der private Sektor bietet er Risikoteilung an. Und es zeigt sich, dass dieses öffentliche Programm *viel* effizienter ist als das privatwirtschaftliche Kreditprogramm – auch wenn das Programm des privaten Sektors vielleicht einfacher wirkt. Bruce Chapman, emeritierter Ökonomieprofessor an der Australia National University und Vater des australischen einkommensabhängigen Kreditprogramms, scherzt über eine Unterhaltung mit einer Person aus einem anderen Land, die ihn fragte, wie viele Leute die Regierung beschäftige, um das Kreditprogramm des Landes zu verwalten, das an fast alle Studierenden Kredite vergibt. Als Chapman »siebzehn« antwortete, erwiderte sein Gegenüber beeindruckt: »Siebzehntausend ist wirklich effizient.« – »Nein«, entgegnete Chapman, »nur siebzehn. Punkt.« Entscheidend war, dass das Kreditprogramm auf das Einkommensteuersystem draufgesattelt wurde. Kreditnehmern, die offene Schulden aus ihren Studiendarlehen haben, werden die zusätzlichen Beträge, die fällig sind, automatisch »in Rechnung gestellt«, indem sie zu ihren zu zahlenden Steuern hinzuaddiert werden. Um das gesamte System zu verwalten, braucht es aufgrund moderner Technologien nur 17 zusätzliche Mitarbeiter.

## WEITERE ELEMENTE BEI DER GESTALTUNG DES GESELLSCHAFTSVERTRAGS

Viele Diskussionen über soziale Gerechtigkeit und die Ausgestaltung des Gesellschaftsvertrags haben sich auf die Verteilung konzentriert und dabei stillschweigend die Frage aufgeworfen, welches Steuerprogramm, von hinter dem Schleier des Nichtwissens betrachtet, sozial gerecht ist. John Rawls legte mit überzeugenden Gründen dar, dass eine progressive Besteuerung wünschenswert ist. Ich habe hier die Auffassung vertreten, dass man *jeden* Aspekt des Gesellschaftsvertrags und der gesellschaftlichen Organisation aus einer ähnlichen Perspektive, von hinter dem Schleier des Nichtwissens, betrachten sollte. In Kapitel 3 analysierte ich die Regeln und Vorschriften, die einer dicht vernetzten Gesellschaft helfen, Externalitäten zu adressieren. In Kapitel 4 befasste ich mich mit der Frage, was eine gerechte Gesellschaft, hinter dem Schleier des Nichtwissens, über öffentliche Ausgaben denken und wie sie Koordinierungsprobleme lösen würde. In diesem Kapitel erörterte ich, welche Arten von Privatverträgen *nicht* durchgesetzt werden sollten und, allgemeiner, was sonst noch in den Gesellschaftsvertrag aufgenommen werden sollte. Ich hob die Bedeutung sozialer Absicherung und von Investitionen in das Lebenszeitmanagement hervor – in die Bildung und in öffentliche Angebote für Kinderbetreuung und Altersvorsorge. In späteren Kapiteln werde ich weitere Aspekte unserer wirtschaftlichen, politischen und gesellschaftlichen Ordnung diskutieren.[27]

## ABSCHLIESSENDE BEMERKUNGEN: LEITLINIEN FÜR DIE AUSGESTALTUNG DES GESELLSCHAFTSVERTRAGS

Es ist deutlich geworden, dass ein sozial gerechter Gesellschaftsvertrag komplex ist. Er erfordert Vorschriften und andere Bestimmungen, die eng definierte Freiheiten beschneiden, aber dadurch Freiheiten in einem weiteren Sinne erweitern. Es ist ein anderer Gesellschaftsvertrag als derjenige, der der Rechten vorschwebt und sich auf die Durchsetzung von Privatverträgen und Eigentumsrechten beschränkt, soweit sie diese auch definieren. Tatsächlich habe ich die Auffassung vertreten, dass manche Verträge nicht durchsetzbar sein sollten – einige sind wirklich ausbeuterisch. Später werde ich darlegen, dass Eigentumsrechte Schranken haben, und dies aus gutem Grund. Hinter dem Schleier des Nichtwissens würde niemals ein Gesellschaftsvertrag zustande kommen, der die Durchsetzbarkeit sämtlicher Verträge verbürgte, und auch keiner mit uneingeschränkten Eigentumsrechten.

In den USA und anderen Ländern wenden sich Regierungen oft an Topmanager aus der Finanzindustrie und andere Unternehmensführer, um sich von ihnen bezüglich der Ausgestaltung des Regulierungsrahmens für Wirtschaft und Handel beraten zu lassen. Dies gilt besonders bei komplexen Materien wie der Finanzmarktregulierung oder dem internationalen Handel. Aber schon Adam Smith warnte davor, diese Führungspersönlichkeiten um Rat zu fragen:

> Das Interesse der Kaufleute aller Branchen in Handel und Gewerbe weicht aber in mancher Hinsicht stets vom öffentlichen ab, gelegentlich steht es ihm auch entgegen. (…) Jedem Vorschlag zu einem neuen Gesetz oder einer neuen Regelung über den Handel, der von ihnen kommt, sollte man immer mit großer Vorsicht begegnen. Man sollte ihn

> auch niemals übernehmen, ohne ihn vorher gründlich und sorgfältig, ja sogar misstrauisch und argwöhnisch geprüft zu haben, denn er stammt von einer Gruppe von Menschen (…), die in der Regel (…) daran interessiert sind, die Allgemeinheit zu täuschen, ja sogar zu missbrauchen.[28]

In diesem Zitat äußert Smith ein tiefes Misstrauen gegenüber den politischen Ratschlägen von Geschäftsleuten, weil sich ihre Interessen nicht mit den Interessen der Gesellschaft insgesamt deckten. (Ich wünschte nur, die US-Regierung hätte in den Jahren vor Ausbruch der Finanzkrise von 2008 Smiths klugen Worten mehr Beachtung geschenkt als den Empfehlungen der Wall-Street-Finanziers.)

Unsere Diskussion über Rawls hilft uns, besser zu verstehen, warum Smith recht hatte: Die Gesellschaft sollte sich vor den Ratschlägen von Geschäftsleuten und Finanziers in Acht nehmen, deren Stimmen, gerade in wirtschaftlichen Angelegenheiten, häufig tonangebend sind. Die meisten Geschäftsleute denken nicht darüber nach, was hinter dem Schleier des Nichtwissens gut für die Gesellschaft ist. Sie sind es gewohnt, einfach nur zu fragen: »Wie steigere ich meine Gewinne und die Gewinne meines Unternehmens?« Eine Antwort lautet: Man muss die Regierung dazu bringen, unternehmensfreundliche Regeln und Vorschriften zu erlassen und Gelder in einer Weise auszugeben, die ihr Unternehmen bereichert.

Hinzu kommt: Selbst wenn sie ausgezeichnete »Dealmaker« sind oder sich bestens in ihrer Branche auskennen, besitzen nur wenige profunde Kenntnisse darüber, wie das gesamte wirtschaftliche, politische und gesellschaftliche System funktioniert. Wissenschaftler, die sich ein Leben lang mit diesem Thema befassen, werden bescheiden, wenn sie die Größe der Aufgabe erkennen, aber zumindest stellen sie die richtigen Fragen. Sie wissen, dass sogar freiwillige Verträge unter Umständen nicht wünschenswert sind. Nur wenn man versteht, wie das System funktioniert, kann man diesen oder jenen Eingriff sachgerecht bewerten und beurteilen, welche Art von Gesellschaftsvertrag die Freiheit der meisten Menschen sinnvoll erweitert. Und nur dann kann man entscheiden, welche Art von Gesellschaftsvertrag hinter dem Schleier des Nichtwissens beschlossen würde.

Diese Betrachtungen helfen uns, die Frage zu beantworten, wie Schlüsselaspekte der Wirtschaft wie etwa Eigentumsrechte, umverteilende Besteuerung und Vorschriften über Wettbewerb und (Vermeidung von) Ausbeutung gestaltet werden sollten. Damit werde ich mich in den nächsten beiden Kapiteln befassen.

## KAPITEL 6

# FREIHEIT, EINE WETTBEWERBSÖKONOMIE UND SOZIALE GERECHTIGKEIT

Die Tatsache, dass Ressourcen begrenzt sind – knapp, wie die Ökonomen sagen –, schränkt das ein, was wir als Individuen und als Gesellschaft tun können. Diese Einschränkungen erleben wir normalerweise nicht als einen Verlust an Freiheit. Aber wenn der Staat eingreift und uns Steuern auferlegt, uns also etwas von unserem hart verdienten Geld wegnimmt, empfinden wir dies oft als einen Freiheitsverlust. Wir verstehen, wieso diese öffentlichen Eingriffe als Zwangsmaßnahmen *erscheinen* können, weil sie unsere Wahlmöglichkeiten einschränken, indem sie unser Einkommen verringern.

Insbesondere Libertäre machen aus der Tatsache, dass sie gezwungen sind, Steuern zu zahlen, eine große Sache. Sie fühlen sich dadurch um ihre Freiheit gebracht. Sie glauben, sie hätten das fundamentale Recht, ihr Geld so auszugeben, wie es ihnen beliebt, denn sie behaupten, ihr hohes Einkommen verdanke sich ehrlicher, harter Arbeit, schöpferischer Energie und klugen Investments (und, so könnte man hinzufügen, bei vielen auch ihrem Talent, sich die richtigen Eltern auszusuchen).

Ein vorrangiges Ziel dieses und des nächsten Kapitels besteht darin, diese Behauptungen mit dem Argument zu entkräften, dass Markteinkommen ganz überwiegend keine moralische Legitimität besitzen. Dies scheint auf der Hand zu liegen, wenn Einkommen auf Ausbeutung beruht – ob es die Sklaverei des 17. und

18. Jahrhunderts, der Kolonialismus und Opiumhandel des 19. Jahrhunderts oder Marktmacht und verführerische und irreführende Werbung im 20. Jahrhundert waren. Im nächsten Kapitel werde ich erörtern, ein wie großer Teil des Vermögens der Reichen zumindest teilweise aus der Ausbeutung der weniger Betuchten stammt.

In diesem Kapitel nehmen wir die Hypothese, dass auf den Märkten heute vollkommener Wettbewerb herrsche, weitgehend für bare Münze. Aber selbst dann ist es fraglich, ob die Einkommen, die auf scheinbar gut funktionierenden Wettbewerbsmärkten erzielt werden, moralisch legitim sind. Dafür gibt es mehrere Gründe. Es ist zum Teil darauf zurückzuführen, dass das Vermögen, das Menschen erben, teilweise beziehungsweise in vielen Fällen weitgehend aus Ausbeutung stammt, und zum Teil darauf, dass Löhne und Preise selbst in einem Wettbewerbsmarkt keine moralische Legitimität besitzen. Das liegt daran, dass diese Löhne und Preise bei einer anderen Vermögensverteilung anders wären. Moralisch illegitimer Reichtum führt zu Löhnen und Preisen, die ihrerseits moralisch illegitim sind. Diese Löhne und Preise wären auch dann anders, wenn es andere Regeln und Vorschriften in der Wirtschaft geben würde. Aber wenn diese von den Reichen und Mächtigen geschrieben werden, haben die Löhne und Preise keine moralische Legitimität.

Dies ist wichtig. Die Libertären behaupten, ihr Einkommen stehe ihnen zu, sie hätten in einem gewissen Sinne einen moralischen Anspruch darauf. Sie behaupten weiterhin, dass es folglich, ungeachtet sehr großer gesellschaftlicher Ungleichheiten und immenser öffentlicher Bedürfnisse, keine umverteilende Besteuerung geben sollte. Aber solche Behauptungen beruhen auf der Prämisse, dass marktbasierte Einkommen zumindest eine gewisse moralische Legitimität besitzen.

## MAN BEKOMMT, WAS MAN VERDIENT: DIE MORALISCHE RECHTFERTIGUNG VON EINKOMMEN UND VERMÖGEN IN EINER WETTBEWERBSÖKONOMIE

In der Vergangenheit behaupteten Ökonomen, die direkte Umverteilung attackierten – die Besteuerung der Reichen, um öffentliche Leistungen zu finanzieren und den Bedürftigen zu helfen –, dass Einkommen die »gerechte Belohnung« für die Anstrengungen von Menschen seien. Nassau William Senior (1790–1864), einer der bedeutenden Ökonomen des frühen 19. Jahrhunderts, behauptete, der Reichtum der Kapitalisten sei die gerechte Belohnung für die »Abstinenz«, die ihre Sparanstrengungen bedeuteten und so die Kapitalakkumulation erzeugten, die im Zentrum eines kapitalistischen Systems stehe.[1] Die neoklassische Ökonomik legte eine allgemeinere Rechtfertigung vor. Jede Person werde entsprechend ihrem *marginalen Beitrag* vom Markt belohnt, also dem, was sie zum ökonomischen Kuchen hinzufüge. Aber dieses Argument ignoriert die Präsenz von Externalitäten und anderen Arten von Marktversagen, die damals genauso weit verbreitet waren wie heute. Dies erlaubte es der neoklassischen Wirtschaftslehre, ein mythisches Universum zu erschaffen, in dem der marginale *private* Beitrag – das, was der Einzelne zur Ertragskraft eines Unternehmens beisteuerte – gleich dem marginalen sozialen Beitrag war – dem, was der Einzelne zum gesellschaftlichen Wohl beisteuerte.

Die klassische Ökonomik (und ihr Nachfahre im 20. und 21. Jahrhundert, die neoklassische Ökonomik) machte kurzen Prozess mit der Frage, warum verschiedene Personen unterschiedlich große Vermögen hatten, warum einige besser gebildet waren als andere und warum einige mehr Kapital besaßen als andere. Senior behauptete, dies sei einfach das Ergebnis größerer Sparsamkeit. Das war ein Faktor, aber es gab noch weitere. Während der

Zeit ihrer Versklavung wurden Afroamerikanern in den Südstaaten die Früchte ihrer Arbeit vorenthalten. Die Sklavenhalter eigneten sich diese an und gaben einen Teil des unrechtmäßig erworbenen (man könnte auch sagen »gestohlenen«) Vermögens an ihre Nachfahren weiter. Dies ist ein offenkundiges Beispiel dafür, wie moralisch illegitimes Vermögen entstehen kann. Wenn illegitim erworbenes Vermögen über Generationen hinweg weitergegeben wird, bleibt es auch noch Hunderte Jahre danach moralisch illegitim (auch wenn Gesellschaften sich manchmal große Mühe geben, Erinnerungen vergessen zu machen). Auch wenn derartiges Vermögen viele Male übertragen wird, fehlt der Vermögensungleichheit, die sich langfristig herausbildet, jegliche moralische Legitimität.

Das Pendant zu der Behauptung, dass großer Reichtum eine gewisse moralische Legitimität besitze, ist eine ähnliche Schlussfolgerung über Menschen, die in Armut leben. Sie »verdienten« ihr Unglück, weil sie nicht gespart hätten, oder aus einem anderen Grund. Aber diese Behauptung ist genauso falsch wie die andere. Es gibt viele Gründe für die Armut von so vielen Nachfahren der Versklavten, unter anderem die Tatsache, dass die Früchte der Sklavenarbeit gestohlen wurden; nach der Abschaffung der Sklaverei wurden ihnen angemessene Bildungschancen vorenthalten; das Versprechen »40 Morgen Land und ein Maulesel« wurde nicht eingelöst; und es gab weitverbreitete Diskriminierung.[2]

Schlechte Schulen, eine schlechte Gesundheitsversorgung, Lebensmittelwüsten (Regionen mit Unterversorgung an frischen Lebensmitteln), Redlining, die Unfähigkeit, sich gewerkschaftlich zu organisieren oder an Hypothekendarlehen zu kommen – dies sind lediglich einige der Ungleichheiten und Ungerechtigkeiten, mit denen viele Menschen, die in Armut leben, konfrontiert sind. Es ist nicht so, dass sie nicht hart arbeiten oder nicht sparen wollten; vielmehr schaffen sie es nicht einmal zur Startlinie.

## EIGENTUMSRECHTE UND FREIHEIT

Eine Diskussion über die moralische Legitimität von Reichtum muss mit einer Analyse der Eigentumsrechte beginnen. Betrachten wir eine Gesellschaft, in der es keinerlei Fesseln oder Einschränkungen gibt, wo die Starken die Schwachen bestehlen können und dies auch tun. Die Starken haben ihre Freiheit und tun, was sie wollen. Die Schwachen hingegen haben keine Freiheit; sie werden von den Starken unterdrückt. Niemand würde dies eine freie Gesellschaft nennen, weil die Schwachen die Früchte ihrer Arbeit nicht genießen können. Es wird wahrscheinlich auch keine produktive Gesellschaft sein, weil nur wenige investieren oder überhaupt arbeiten, da sie wissen, dass ihnen ihre Ersparnisse oder ihr Einkommen weggenommen werden könnte und wohl auch weggenommen würde. Wenn wir von einem freien Markt sprechen, dann meinen wir damit einen, in dem solche Diebstähle verboten sind und das Verbot durchgesetzt wird. Und wenn wir von der »moralischen Legitimität« des Vermögens einer Person sprechen, dann nehmen wir an, dass ihr Vermögen nicht von anderen gestohlen wurde.

Aber um Diebstahl zu definieren, muss man zunächst einmal Eigentum definieren. Was gehört wem? Und was kann jemand mit dem Eigentum, das ihm gehört, tun? In den USA halten wir unser System der Eigentumsrechte für selbstverständlich, aber andere Länder habe ganz andere Eigentumskonzeptionen. Wie ich betont habe, sind Eigentumsrechte etwas, was wir als Gesellschaft definieren. In der Vergangenheit wurden Eigentumsrechte von den Mächtigen mit dem Ziel definiert, ihre eigene Macht zu erhalten. Wenn diese Rechte in einer Weise definiert und zugewiesen (oder neu zugewiesen) werden, die keine moralische Legitimität hat, dann hat auch Einkommen aus dem Eigentum an einer Sache keine moralische Legitimität. Es gibt keinen Grund, auf diese Weise erwirtschaftetes Einkommen *nicht* wegzunehmen. Es ist vollkommen angemessen, sich das von einem Dieb gestohlene Vermögen zurückzuholen. Und es gibt keine moralische Rechtfertigung dafür, den Reichen ihr Einkommen aus unrechtmäßigen Gewinnen zu lassen, statt es Menschen mit niedrigen Einkommen zu geben, insbesondere wenn diese Einkommen womöglich höher wären, sofern Eigentumsrechte anders und vielleicht angemessener definiert und zugewiesen worden wären.

### *Eigentumsrechte als gesellschaftliche Konstruktionen: Viele verschiedene Definitionen*

Eigentumsrechte sind soziale Konstruktionen – das heißt, sie sind das, was sie sind, weil wir als Gesellschaft sie so definieren –, und daher sind selbstverständlich auch unsere Vorstellungen darüber, welche und welche Arten von Eigentumsrechten moralisch legitim sind, gesellschaftlich konstruiert. Und immer wenn es ausgeprägte Meinungsverschiedenheiten über Grenzen, Regeln und Rechte gibt, kann man davon ausgehen, dass mächtige Interessen dahinterstecken, die danach streben, mehr für sich selbst herauszuholen. Die Tatsache, dass die Reichen ihren Wohlstand womöglich rechtlich verbrämen, tut wenig, um dessen moralische Legitimität zu stärken.

Wir haben Leitlinien dafür aufgestellt, wie man hinter dem Schleier des Nichtwissens Eigentumsrechte in geeigneter Weise definieren kann. Sie sind nichts anderes als Vorschriften, die Auskunft darüber geben, was der »Eigentümer« tun darf beziehungsweise nicht tun darf und wie (oder ob) man Eigentümer eines bestimmten Vermögensgegenstandes werden kann. Selbstverständlich kann ein Unterschied bestehen zwischen der Art und Weise, wie Eigentumsrechte in der Praxis definiert werden und wie sie vielleicht in einem wohldurchdachten Gesellschaftsvertrag, der hinter dem Schleier des Nichtwissens aufgesetzt würde, definiert würden.

Und immer wenn diese Kluft groß ist, können sich Fragen über die moralische Legitimität von Reichtum und Eigentum stellen.

Ich schrieb weiter oben über den Wandel der Eigentumsrechte im 17. und 18. Jahrhundert, als Land, das Gemeindeeigentum gewesen war – die Allmenden –, privatisiert wurde, was die Grundherren bereicherte, aber die große Mehrheit der Bürger ärmer machte. Dies war nichts anderes als eine räuberische Enteignung, die anschließend von einigen Ökonomen als eine effiziente Lösung für das Problem verteidigt wurde, das die Tragik der Allmende darstellt. Aber wir sahen, dass diese Auffassung die Sache durch die Augen der Grundherren betrachtete und rechtliche Vorschriften (Regulierungen) ein fairerer, gerechterer und genauso effizienter Lösungsansatz gewesen wären. Das zusätzliche Vermögen, das die Grundherren erwarben, hatte keine moralische Legitimität, ebenso wenig wie das Erbe ihrer Nachkommen. Und dies trifft auch dann zu, wenn der Landraub von dem politischen und rechtlichen System gedeckt wurde – es war ein System, in dem die gemeinen Bürger kein Mitspracherecht hatten.

Konkurrierende Eigentumsauffassungen sind der Grund vieler Streitigkeiten zwischen den indigenen Bevölkerungen und Kolonialisten rund um die Welt. In vielen Fällen glaubten Europäer, sie hätten das Land »gekauft«, auf dem sie siedelten und das sie ausbeuteten. Zumindest vielen Berichten zufolge verstanden die Verkäufer die Natur der Transaktion aber nicht vollständig, weil sie Land nicht als etwas auffassten, was man kaufen oder verkaufen konnte. Es wäre ungefähr so, wie wenn jemand auf mich zukäme und mich fragte, ob er die Brooklyn Bridge kaufen könne. Im Allgemeinen kaufen oder verkaufen Menschen keine Brücken. Wenn das also die Frage wäre, die ich »gehört« hätte, müsste ich die Person missverstanden haben, oder sie wollte die Frage wahrscheinlich anders stellen. Tatsächlich wollte sie wohl fragen, ob sie das Recht erwerben könnte, diese Brücke nach Maßgabe gewisser Vorschriften und Normen vielleicht für eine gewisse Zeit zu *nutzen*. Für viele indigene Völker in Kanada, Australien, den Vereinigten Staaten und andernorts war Land so reichlich vorhanden, dass es geteilt werden konnte, sofern es ordnungsgemäß genutzt wurde (in einer Weise, an die sich die Siedler oft nicht hielten).[3] Der Gedanke, dass man Land »verkaufen« könnte, war nicht Teil der Vorstellungswelt der indigenen Bevölkerung. Eine moderne Interpretation der Abkommen und Vereinbarungen, die im 19. Jahrhundert und früher geschlossen wurden, muss diese Sichtweise berücksichtigen.

In ähnlicher Weise ist die Vorstellung von Menschen als Eigentum den meisten Bewohnern der westlichen Welt im 21. Jahrhundert fremd. Der Gedanke, dass Menschen gekauft und verkauft oder wie gewöhnliche Sachen verliehen werden könnten, ist unerträglich. Aber als der Zeitpunkt kam, die Sklaverei in den meisten Ländern zu beenden, wurden die Sklavenhalter für ihren Verlust an Eigentumsrechten entschädigt, nicht die früheren Sklaven. Dass jemand bereit war, Menschen zu entschädigen, die die Früchte der Arbeit anderer gestohlen hatten, ganz zu schweigen von ihrer Freiheit, bekräftigt die Schlussfolgerung, dass Eigentum eine gesellschaftliche Konstruktion ist.

Ein weiteres Beispiel: Die USA sind eines der wenigen Länder, in denen Bodenschätze, die unter der Erde liegen, Eigentum der Person sind, der das Land gehört, nicht des Staates. Diese Rechtsnorm trägt zu willkürlicher Ungleichheit bei, ohne die wirtschaftliche Effizienz deutlich zu steigern, und sie führt in vielen Fällen zu unnötig vertrackten Problemen. Wenn unter meinem Land Erdöl entdeckt wird, werde ich über Nacht zum Milliardär – nicht aufgrund eigener Anstrengungen, sondern einfach, weil ich Glück hatte. Aber das Erdöl, das ich aus meiner Quelle fördere, gehört vielleicht zu einem Vorkommen, das sich über die Grenzen meines Grundstücks hinaus erstreckt. Dies führt zu übermäßiger Bohrtätigkeit, da jeder Grundeigentümer versucht, so viel Erdöl wie möglich zu fördern, bevor es alle anderen tun. Aufgrund dieser Konkurrenz braucht es eine Vielzahl von Vorschriften, die nicht notwendig wären, wenn das Ölvorkommen (wie in den meisten Ländern) zu einem Vermögenswert erklärt würde, der gemeinsam allen Bürgern gehörte und staatlich bewirtschaftet würde. Dieses Beispiel widerlegt die Behauptung, wonach Systeme von Eigentumsrechten »auf natürliche Weise« definiert seien, um »wirtschaftliche Effizienz« zu erzeugen, wobei Effizienz bei der Produktion von Gütern und Dienstleistungen das mutmaßliche Ziel eines guten Systems der sozialen Organisation sein soll.

Ökonomen erforschen auch eine Vielzahl impliziter Eigentumsrechte, die in einem Wirtschaftssystem weitverbreitet sind. Die Bestellung von Professoren auf Lebenszeit ist letztlich ein Eigentumsrecht, auch wenn es Nichtökonomen für gewöhnlich nicht so beschreiben würden. Ich habe den Rechtsanspruch, Einkommen aus dem Unterrichten eines bestimmten Fachgebietes an der Universität zu beziehen, vorausgesetzt, ich verstoße nicht gegen bestimmte Vorschriften, und in der Regel unter der Bedingung, dass das Fach noch immer an der Universität gelehrt wird. Es ist ein eingeschränktes Eigentumsrecht. Ich kann die Stelle nicht an eine andere Person verkaufen, und ich muss die Bestimmungen des Festanstellungsvertrags einhalten.

In ähnlicher Weise hat jemand, der in einer Mietwohnung lebt, de facto ein Eigentumsrecht – das Recht, dort zum Beispiel für einen Mietzins zu wohnen, der deutlich unter dem Marktniveau liegen kann. Aber es ist eingeschränkt. Ich kann das Recht nicht an eine andere Person verkaufen und es normalerweise nicht einmal an meine Kinder übertragen.[4]

### *Eigentumsrechte und Freiheit: Ansprüche und Beschränkungen*

Die Diskussion über Eigentumsrechte verdeutlicht, wie komplex das Konzept ist.[5] Es ist nicht so, dass ich Eigentümer von etwas bin und dadurch das Recht habe, damit nach Belieben zu verfahren, etwa mein Eigentum zu einem von mir gewählten Preis auf jemand anderen zu übertragen. Eigentumsrechte sind immer eingeschränkt. Ich habe das Recht des Staates erwähnt, Land gegen eine angemessene Entschädigung zu enteignen, wenn ein großes öffentliches Interesse daran besteht. Es heißt oft, ein wesentliches Merkmal von Eigentum sei das Recht, dieses Eigentumsrecht anderen zu verkaufen oder zu schenken. In einigen Ländern gibt der Staat den Bürgern das Recht, ein bestimmtes Stück Land zu nutzen (sogenannte Nutzungsrechte), schränkt aber zugleich ihre Freiheit ein, es zu verkaufen. Und wenn sie es nicht nutzen, können sie es verlieren. Das Gleiche gilt für viele von Behörden erteilte Genehmigungen für die Gewinnung von Bodenschätzen.

Manchmal gibt es gute Gründe für diese Einschränkungen. Ein hinter dem Schleier des Nichtwissens ausgearbeiteter guter Gesellschaftsvertrag würde zwar *einige* Eigentumsrechte gewährleisten, diese aber einschränken. Die Frage ist: Wie?

Wenn ich Inhaber eines Patents für einen sehr wichtigen pharmazeutischen Wirkstoff bin, gibt mir dies dann das Recht – oder sollte es dies tun –, einen beliebig hohen Preis dafür zu verlangen? Die USA und Europa geben unterschiedliche Antworten darauf. Wenn ich in den Vereinigten Staaten meine Monopolstellung in rechtmäßiger Weise erworben habe, kann ich einen beliebigen Preis meiner Wahl verlangen. In Europa dagegen ist der Missbrauch von Monopolmacht verboten. Dies ist ein weiteres Beispiel dafür, dass Märkte durch die ihnen auferlegte Regulierung definiert werden. In diesem Fall ist es meines Erachtens klar, welches System besser ist, aber es ist auch klar, warum die USA sich für ihr System entschieden haben. Nicht, weil sie damit bessere

Ergebnisse erzielen würden, sondern weil die Mächtigen und insbesondere die mächtigen Pharmakonzerne größeren Einfluss auf die Festlegung der Regeln haben. Betrachtet man die Dinge aus der Sicht von jemandem, der europäische Normen gewöhnt ist, dann haben die gigantischen Gewinne, die amerikanische Pharmakonzerne durch Ausnutzung ihrer Monopolmacht erzielen, keine moralische Legitimität. Die Gesellschaft hat jedes Recht, diese Übergewinne abzuschöpfen. Das ist kein bloß hypothetischer Fall. Amerikanische Pharmaunternehmen verlangen für Insulin einen zehnmal so hohen Preis wie ihre europäischen Pendants, weil sie diese Monopolmacht ausnutzen, die Teil des US-amerikanischen Systems der Eigentumsrechte ist.[6]

Am wichtigsten für unser Thema ist jedoch die Tatsache, dass Eigentumsrechte Einschränkungen der Freiheit einiger nach sich ziehen, während sie die Freiheit von anderen in einer Weise erweitern, die wir oft für selbstverständlich halten; dies scheint ein natürlicher und unvermeidlicher Vorgang zu sein, ist es aber nicht. Wenn ich Eigentümer eines Grundstücks bin, kann ich Ihnen verbieten, es zu betreten. Aber das bedeutet, dass das Eigentumsrecht die Freiheit einer Person einschränkt, während es die Freiheit einer anderen erweitert (das Recht des Eigentümers, andere auszuschließen). »Freie« Märkte mit wohldefinierten Eigentumsrechten führen, anders als von manchen behauptet, nicht zu einem Höchstmaß an Freiheit; vielmehr geben sie manchen Freiheiten, während sie anderen Freiheiten wegnehmen. Mitunter werden bestimmte Zuweisungen von Eigentumsrechten mit Effizienzgründen gerechtfertigt, aber wie ich dargelegt habe, können bestimmte Arten der Zuweisung von Eigentumsrechten die Effizienz verringern. Es gibt bessere Alternativen wie zum Beispiel Kollektiveigentum (wie bei Grundwasser). Und welche Effizienzrechtfertigungen auch immer vorgebracht werden, gibt es Verteilungsfolgen. So fallen etwa in dem Beispiel, das ich in vorstehendem Absatz angeführt habe – das Recht amerikanischer Pharmaunternehmen, einen beliebigen Preis ihrer Wahl zu verlangen –, gewaltige soziale Kosten an. In Verbindung mit der unzureichenden öffentlichen Versorgung mit Arzneimitteln kommt es infolgedessen höchstwahrscheinlich zu unnötigen Todesfällen.

Die Sorge wegen dieser Verteilungsfolgen gab Anlass zu einigen der wichtigsten Einschränkungen von Eigentumsrechten. So haben zum Beispiel in den ländlichen Regionen Englands Wanderer ein definiertes Wegerecht zum Überqueren von Grundstücken. In ähnlicher Weise haben Bürger in vielen Ländern und US-Bundesstaaten (einschließlich Kalifornien) das Recht, alle Strände zu betreten und zu begehen. Colorado, Montana, Wyoming und New Mexico haben das Recht anerkannt, sich in Wasserläufen »treiben zu lassen«, auch wenn diese durch Privatgrund führen.

Diese Diskussion verdeutlicht die mitunter willkürliche Natur von Eigentumsrechten, wobei bestimmte Definitionen und Zuweisungen zu ungerechten Ergebnissen – wie etwa der missbräuchlichen Bepreisung von Insulin – und zu ineffizienten Ergebnissen führen, die höchstwahrscheinlich hinter dem Schleier des Nichtwissens niemals eintreten würden. Aber wenn Eigentumsrechte in einer Weise definiert werden, die ungerecht und unfair ist, dann sind wahrscheinlich auch die Vermögensverteilungen, die aus diesen Zuweisungen und Definitionen von Eigentumsrechten hervorgehen, unfair und ungerecht.

### *Die transgenerationale Weitergabe von Illegitimität und Privileg*

Wenn Einkommen und Vermögen zu einem bestimmten Zeitpunkt in einem gewissen Ausmaß moralisch illegitim sind und wenn es eine gewisse transgenerationale Übertragung von Vermögen (durch finanzielle Zuwendungen oder auch einfach nur durch Zugang zu besserer Bildung) gibt, dann sind auch Einkommen und Vermögen in nachfolgenden Generationen teilweise illegitim. Nehmen wir den nicht unrealistischen Fall, in dem einige wenige Personen einen Großteil des Vermögens eines Landes von Eltern erben, die dieses durch Landraub erworben haben. Der moralische Anspruch auf das Vermögen ist unter diesen Umständen offensichtlich schwach.

Nur wenige würden sagen, dass die staatliche Umverteilung dieses unrechtmäßig erworbenen Vermögens an Bürger mit niedrigem Einkommen – insbesondere dann, wenn das Land ihnen oder ihren Vorfahren gestohlen wurde – eine grundlegende Freiheitsverletzung ist, genauso wenig wie die Rückgabe von gestohlenem Eigentum im Allgemeinen als eine Verletzung der Rechte des Diebes angesehen wird.[7] Tatsächlich würden viele sagen, dass eine Politik der Restitution von gestohlenem Land moralisch gerechtfertigt wäre. Aber dies würde die Frage aufwerfen, welche moralischen Ansprüche auf das Land diejenigen haben, denen es weggenommen wurde. Vielleicht haben sie ihrerseits das Land anderen weggenommen.

Weitere tiefgreifende Probleme, auf die wir hier nicht eingehen, sind die moralischen Ansprüche auf Rückgabe, welche die Nachfahren derjenigen haben, denen das Land gestohlen wurde, und die Frage, wer die Kosten tragen sollte, wenn es keinen eindeutigen Zusammenhang zwischen dem heutigen Vermögen und früheren Rechtsverstößen bei bestimmten Personen gibt. Sollte der Grundeigentümer, der dachte, er habe das Land mit einem einwandfreien Eigentumstitel rechtmäßig erworben (und dem vielleicht damals von den Behörden gesagt wurde, dass er einen einwandfreien Eigentumstitel habe), dafür haften? Die wirtschaftlichen und sozialen Kosten einer solchen Politik wären offenkundig enorm.

Das sind nicht bloß theoretische Feinheiten. Nach dem Fall der Berliner Mauer und des Eisernen Vorhangs haben viele osteuropäische Länder, in denen Eigentum verstaatlicht worden war,

Restitutionsgesetze verabschiedet. In einigen Ländern gelangten bestimmte Gruppen zu der Überzeugung, die Eigentumsumverteilung, die unter einer Reihe von Regierungen mit unterschiedlicher politischer Ausrichtung erfolgte, sei ungerecht gewesen. Das System der Eigentumsrechte sei vor den kommunistischen Verstaatlichungen in vielen Fällen von rechts stehenden Regierungen beeinflusst worden, und dementsprechend sei es oft zu Enteignungen von Juden und anderen Minderheiten gekommen. Sollte die heutige Restituierungspolitik zu den Eigentumsverhältnissen zurückkehren, wie sie vor den kommunistischen Verstaatlichungen bestanden, oder sollte sie weiter zurückgehen?

Die Übertragung von Finanzvermögen über Generationen hinweg ist nur ein Weg, auf dem Vorteile weitergegeben werden. Selbst in den progressivsten Gesellschaften gibt es ein hohes Maß an transgenerationaler Weitergabe von Vor- und Nachteilen.[8] Dies geschieht auf viele verschiedene Weisen, etwa durch Bildung (Humankapital) und »Beziehungen«. Gestohlenes oder illegitimes Vermögen gibt den Nachfahren einer Familie auch ohne finanzielles Erbe einen Vorteil, sodass es mehr braucht als nur Restitution, um diesen Effekt rückgängig zu machen. Obgleich sich die USA selbst als das »Land der unbegrenzten Möglichkeiten« rühmen, sind die Lebenschancen einer jungen Amerikanerin in hohem Maße von dem Einkommen und dem Bildungsstand ihrer Eltern abhängig – mehr als bei ihren Altersgenossinnen in fast allen anderen fortgeschrittenen Ländern.[9] Ironischerweise verfestigt der Wechsel zu einem scheinbar faireren, leistungsbasierten System – in dem man seinen Status nicht »erbt«, sondern sich durch Leistung verdient – Ungleichheiten, weil Schüler, die im Unterricht sehr gute Leistungen bringen, gut ausgebildete Eltern haben, die die nötigen Mittel haben und sich so gut in dem System auskennen, dass sie ihren Kindern die besten Bildungschancen bieten können.[10]

Diese Diskussion über Eigentumsrechte und die Art und Weise, wie sie definiert werden, verdeutlicht, dass Regeln sowohl das Wirtschaftsgeschehen als auch die daraus hervorgehende Einkommensverteilung bestimmen. Wie schon mehrfach gesagt, gibt es viele verschiedene Regelwerke, sodass ein Wettbewerbsmarkt auch viele verschiedene Einkommensverteilungen hervorbringen kann. Keine davon wird durch das Naturrecht oder auch durch die natürlichen Gesetze der Ökonomik bestimmt, vielmehr sind sie das Ergebnis der Gesetze, die in unserem politischen System in einem politischen Prozess geschaffen werden, der von Personen mit politischer Macht geprägt wird. Und das ist der springende Punkt. Die gegenwärtige Einkommens- und Vermögensverteilung lässt sich nicht von der gegenwärtigen und historischen Machtverteilung trennen. Wer Macht besitzt, ist normalerweise, wenn auch nicht immer, bestrebt, seine Macht zu behalten. Während diese Personen sich vielleicht auf Fairness und Gerechtigkeit berufen, wenn sie die wirtschaftlichen und politischen Regeln festlegen, gestalten sie diese Regeln womöglich instinktiv, unabsichtlich oder aktiv so, dass sie ihren eigenen Interessen dienen. Daher ist nicht einmal das Einkommen, das in einem Wettbewerbsmarkt generiert wird, moralisch legitim.

Hier findet ein evolutionärer Prozess statt. Es kommt fortlaufend zu Veränderungen, aber die Anfangsbedingungen sind von Bedeutung. Man kann versuchen, die vielen langen, historisch weit zurückreichenden Fäden in diesem Knäuel aufzudröseln, aber das ist praktisch unmöglich. Dennoch gibt es in den meisten Gesellschaften bedeutende Brüche, wohldefinierte Punkte, wo die Geschichte eine ganz neue Wende nimmt, und praktischerweise kann man dort beginnen. In den USA war dieser Punkt die Revolution und die Verfassung. Aber wie mittlerweile weithin anerkannt ist, wurde die Verfassung nicht von Gott verkündet. Vielmehr war sie das Produkt ihrer Zeit (der Aufklärung) und der Menschen, die sie ausarbeiteten (überwiegend reiche weiße Männer, von denen viele Sklavenhalter waren), mit ihren je eigenen Interessen und Sichtweisen. Die Interessen und Sichtweisen des typischen Amerikaners der damaligen Zeit, insbesondere der Entrechteten, spiegelten sich darin so gut wie gar nicht wider.

Der Rest ist, wie es heißt, Geschichte. Das in der Verfassung verankerte Wahlsystem hat – in Verbindung mit den Regeln der Verfassung, die Veränderungen sehr schwer machen – zu den extremen politischen Ungleichheiten in den USA beigetragen, die ihrerseits zu den Ungleichheiten in den Markteinkommen beigetragen haben. Es ist ein Teufelskreis.[11]

Wie wir gesehen haben, hatte der Neoliberalismus auch ohne die starre parteipolitische Frontstellung, wie sie die USA auszeichnet, weltweit enormen Einfluss. Er brachte Marktökonomien hervor, die von tiefen Ungleichheiten gezeichnet sind, auch wenn diese nicht das extreme Ausmaß wie in den USA erreichen. Progressive Regierungen bemühen sich heute intensiv darum, diese Regeln zu ändern, um eine gerechtere Verteilung der Markteinkommen zu erreichen, statt die Markteinkommen, die aus den gegenwärtigen Regeln hervorgehen, lediglich umzuverteilen.[12]

## DEN VORRANG VON WETTBEWERBSPREISEN BEI FEHLENDEM MARKTVERSAGEN HINTERFRAGEN

Selbst wenn wir von effizienten Märkten und Gesetzen und Vorschriften ausgehen, in denen sich moralische und wirtschaftliche Erwägungen widerspiegeln, und selbst unter der Annahme, dass der Markt vollkommen kompetitiv ist, kann die moralische Legitimität der Arbeitseinkommen aus zwei Gründen angezweifelt werden.

Den ersten haben wir bereits diskutiert: Einkommen hängt von dem Vermögen ab – wie groß mein Vermögen, einschließlich meiner Erbschaften, ist und wie viel Humankapital ich besitze, was normalerweise davon abhängt, wie der Staat Bildungsressourcen verteilt. Und wir haben Zweifel an der moralischen Legitimität der Verteilung dieses Vermögens geäußert.

Zweitens ist es so, dass in einem Wettbewerbsmarkt Löhne und relative Preise die Präferenzen von Menschen mit Einkommen und Vermögen widerspiegeln. In Wettbewerbsmärkten werden Preise und Löhne durch das Gesetz von Angebot und Nachfrage bestimmt. Aber diese abstrakte Aussage übersieht einen entscheidenden Punkt: Was in einer Marktwirtschaft nachgefragt wird, hängt davon ab, wer Einkommen und Vermögen besitzt. In einer Welt ohne Ungleichheit gibt es vielleicht nur eine geringe Nachfrage nach Gucci-Handtaschen oder teuren Parfüms. Geld würde für wichtigere Dinge ausgegeben werden. Aber das ist nicht die Welt, in der wir leben. Wir leben in einer Welt, die durch hohe Ungleichheit gekennzeichnet ist und in der ein sehr hoher Anteil des Gesamteinkommens und des Gesamtvermögens auf das oberste eine Prozent entfällt. Dessen Wünsche beeinflussen die Nachfrage. Und entsprechend bestimmen seine Wünsche die Preise und das, was knapp ist oder nicht.

Ein einfaches Gedankenexperiment mag hier nützlich sein. Angenommen, wir verteilen heute Abend Einkommen und Vermögen eines Landes so um, dass jeder genau den gleichen Betrag besitzt. Dies hätte enorme Auswirkungen, auch auf Löhne und Preise. Die Löhne von Fahrern würden sinken; die Löhne von Erzieherinnen würden vielleicht steigen. Die Preise von Strandgrundstücken in den Hamptons und an der Riviera würden sinken; die Grundstückspreise in anderen Gebieten würden womöglich steigen.

Bernard Arnault und seine Angehörigen, die Eigentümer des Luxusgüterkonzerns LVMH (dem viele bekannte Marken wie Christian Dior und Moët Hennessy gehören) und eine der reichsten Familien der Welt, wären vielleicht nicht so reich, wenn es nicht so viel Ungleichheit gäbe. Sie profitieren glänzend von der Ungleichheit. Aber wenn die Verteilung der Dollars das Ergebnis heutiger oder vergangener Ausbeutung ist – wie es der Fall ist –, dann fehlt selbst den Preisen und Löhnen, die sich in einem Wettbewerbsmarkt herausbilden, die moralische Legitimität, auch wenn die heutigen Regeln in einer moralisch legitimen Weise festgelegt wurden.

Dies sollte deutlich machen, dass selbst in vollkommenen Wettbewerbsmärkten die Höhe der Belohnungen keine grundlegende moralische Rechtfertigung besitzt, auch wenn ein starkes moralisches oder wirtschaftliches Argument dafür spricht, dass Menschen, die mehr arbeiten oder sparen, für ihre harte Arbeit und ihre Sparbereitschaft belohnt werden sollten.

Das Argument ist sogar noch triftiger, wenn wir die vielfältigen Verzerrungen in der Wirtschaft verstehen. Keine Marktwirtschaft kommt dem Wettbewerbsideal vollkommenen Wettbewerbs, vollkommener Information und vollkommener Risiko- und Kapitalmärkte auch nur nahe. Jedes »Versagen« kann erhebliche Auswirkungen auf die Preise und dadurch auf die Wahlmöglichkeiten verschiedener Menschen haben. Und schon geringfügige Abweichungen von den Vollkommenheiten, die das Wettbewerbsideal verlangt, haben bedeutende Konsequenzen. Dies ist eine der wichtigsten Folgerungen aus der Informationsrevolution in der Ökonomik in den vergangenen 40 Jahren.

Dies bringt uns zurück zu der zentralen Frage dieses Kapitels. Betrachten wir eine Ökonomie mit großen Einkommens- und Vermögensungleichheiten. Sollte die Regierung zur Finanzierung öffentlicher Güter wie Investitionen in die Grundlagenforschung und in die Infrastruktur eine progressive Besteuerung einführen? Ich habe die Auffassung vertreten, dass hinter dem Schleier des Nichtwissens wahrscheinlich Konsens darüber bestehen würde, dass die Regierung dies tun sollte. Aber Libertäre erwidern, dass jeder einen gewissen berechtigten moralischen Anspruch auf sein Einkommen habe, das wegen seiner harten Arbeit, Intelligenz und Sparsamkeit wohlverdient sei. Dieses Kapitel nimmt diesem Argument den Wind aus den Segeln.

Die Argumente der Libertären sind sogar noch schwächer, wenn wir uns vor Augen führen, wie hoch ihr Einkommen gewesen wäre, wenn sie in einem armen Land, ohne die Rechtsstaatlichkeit oder die Institutionen, die Infrastruktur und das Humankapital, welche die Ökonomien fortgeschrittener Länder so gut funktionieren lassen, geboren worden wären. Es reicht nicht aus, Ressourcen wie etwa unternehmerisches Talent zu besitzen. Wenn Sie in die falsche Umgebung hineingeboren werden, sind diese Fähigkeiten wertlos. Nur wegen des sozioökonomischen Umfeldes, in dem wir leben, werfen sie so hohe Renditen ab.[13] Und wenn dies der Fall ist, dann verdanken wir unser Einkommen und das Vermögen, das daraus hervorgeht, ebenso sehr diesem Umfeld wie unseren eigenen Kompetenzen und Anstrengungen. Daher ist es voll und ganz gerechtfertigt, selbst in einer vollkommenen Wettbewerbsökonomie, in der Vermögen auf Weisen erworben wird, die moralisch völlig legitim sind, hohe Einkommen hoch zu besteuern.

Ebenso ist das moralische Argument gegen progressive Besteuerung schwach, wenn sich hohe Einkommen Glück oder

Erbschaften verdanken – und erst recht, wenn sie durch Ausbeutung ermöglicht werden oder weil Zugang zu politischer Macht die Ausgestaltung der Regeln, die solche Einkommen erzeugen oder erlauben, maßgeblich beeinflusst hat.[14] Es kann nicht davon ausgegangen werden, dass selbst in einer Wettbewerbsökonomie die Gesetze und Vorschriften in einer fairen Weise festgelegt werden. Ganz im Gegenteil, da politische Macht mit wirtschaftlicher Macht verbunden ist und wirtschaftliche Macht mit den wirtschaftlichen Regeln, die in unseren politischen Prozessen festgelegt werden.

### *Trade-offs zwischen Freiheiten*

In einer Gesellschaft mit einer festen Menge an Ressourcen bedeutet, die Budgetbeschränkung einer Person zu lockern – ihre Freiheit, Geld auszugeben, zu vergrößern –, notwendigerweise die Restriktionen anderer zu verschärfen. Genau das tut eine umverteilende Besteuerung. Libertäre konzentrieren sich auf die Einschränkungen, die Steuern den Reichen auferlegen, statt auf die Lockerung der Einschränkungen bei Menschen, die in Armut leben und jetzt wegen der Einkommenstransfers mehr ausgeben können oder wegen der Bildungs- und Gesundheitsleistungen, die sie nun erhalten, besser in der Lage sein werden, ihr Potenzial auszuschöpfen.

Die Welt ist natürlich komplizierter; sie ist kein »Nullsummenspiel«. Die tatsächlich erhobenen Steuern können die Arbeitsleistung oder Ersparnisbildung und folglich das Bruttoinlandsprodukt verringern, weil sie die Rendite von Arbeit und Sparen verringern.[15] Bessere Bildungs- und Gesundheitsleistungen können das Bruttoinlandsprodukt erheblich steigern. Wie groß die Effekte sind, ist in jedem einzelnen Fall umstritten; die Größenordnung beeinflusst eindeutig die Beurteilung von Trade-offs.[16]

### *Die Beurteilung wirtschaftlicher Trade-offs*

Die Größenordnung und Art von Trade-offs lässt sich nur schwer abschätzen, und viele Ökonomen beschäftigen sich eingehend mit diesen Fragen. Ich bin der Auffassung, dass Konservative in der Regel die negativen Auswirkungen einer progressiven Besteuerung überzeichnen.

Ein Teil des Vermögens der Superreichen verdankt sich reinem Glück. Soweit es Glück ist, können Umverteilung und die Finanzierung einer besseren sozialen Absicherung die gesamtwirtschaftliche Produktion erhöhen. Die Zufälligkeit der Ergebnisse hemmt Arbeitsbereitschaft und Investitionstätigkeit. Ein gutes soziales Sicherungssystem kann Menschen zu hochriskanten, hochrentierlichen Aktivitäten ermuntern. Die Besteuerung von Unternehmensgewinnen mit Verlustausgleichen wurde lange Zeit als eine Form der Risikoteilung angesehen, mit dem Staat als »stillem Gesellschafter«,[17] und sie erhöht erwiesenermaßen Risiko- und Investitionsbereitschaft.[18] Ein Teil der hohen Gewinne verdankt sich Tüchtigkeit, aber oft der Tüchtigkeit beim Ausbeuten anderer und bei der Schaffung von Marktmacht. Soweit leistungslose Selbstbereicherung (Rent-Seeking) angestrebt wird, wollen wir dies verhindern, weil es das BIP verringert und die Ungleichheit erhöht. Steuern auf Monopolgewinne mindern Anreize, Marktmacht aufzubauen, und lenken – zusammen mit Regeln gegen Ausbeutung – Anstrengungen auf produktivere Aktivitäten um. Aber selbst wenn diejenigen, die *ganz an der Spitze* (der Vermögensverteilung) stehen, sich auf gesellschaftlich erwünschtes Unternehmertum konzentrieren würden, ist es schwer zu glauben, dass höhere Steuern, insbesondere auf exorbitante Unternehmensgewinne, viel ausmachen würden. Glauben wir wirklich, dass Jeff Bezos, Bill Gates und Elon Musk nicht das vollbracht hätten, was sie vollbracht haben, wenn sie damit nur 30 Milliarden Dollar verdient hätten, statt der noch gigantischeren Summen, die sie tatsächlich angehäuft haben? Die Aussicht auf Reichtum mag *eine* der Triebfedern dieser Unternehmer gewesen sein – aber es ging ihnen noch um viel mehr.[19]

### *Jenseits des Nullsummenspiels*

Wir leben wie gesagt nicht in einer Nullsummenwelt. Die Spielregeln beeinflussen in vielfältiger Weise die Größe des Kuchens. Heute besteht weitgehendes Einvernehmen darüber, dass zumindest ein gewisses Maß an Umverteilung wünschenswert ist, wenn die Ungleichheit selbst eine Externalität erzeugt, die sich negativ auf die Wirtschaftsleistung auswirkt oder soziale und politische Folgen hat. Ich habe meinem 2012 veröffentlichten Buch *Der Preis der Ungleichheit* deshalb diesen Titel gegeben, weil ich hervorheben wollte, dass wir selbst im Hinblick auf das BIP, ein eng definiertes Maß des Wirtschaftswachstums, einen hohen Preis für die Ungleichheit bezahlen. Länder mit höherer Ungleichheit stehen wirtschaftlich schlechter da. Seither ist eine Vielzahl von Studien erschienen, die dies bestätigen.[20]

Die nachteiligen wirtschaftlichen, sozialen und politischen Folgen von Ungleichheit entstehen auf vielfältige Weise. So können zum Beispiel diejenigen, die nicht aus reichen Familien stammen, womöglich ihr Potenzial nicht ausschöpfen, weil sie sich keine gute Ausbildung oder keine angemessene Gesundheitsversorgung leisten können. Außerdem sind einige, vielleicht viele der heutigen Ungleichheiten die Folge gegenwärtiger oder vergangener Ausbeutung, welche die Leistungsfähigkeit der Wirtschaft untergräbt, weil sie gesellschaftliche Ungleichheiten verschärft.

Verschlimmert wird das Ganze noch dadurch, dass die Kinder der Reichen möglicherweise mit einer Anspruchshaltung aufwachsen; sie denken, die Welt schulde ihnen etwas und sie hätten das Recht, sämtliche von der Gesellschaft aufgestellte Regeln zu missachten.[21] Ein Paradebeispiel: Donald Trump. Er ist stolz darauf, keine

Steuern gezahlt zu haben. Neue Publikation aus der Verhaltensökonomik bestätigen das, was viele schon lange vermuteten: Trump mag mit seinen Regelverstößen zwar schlimmer protzen als die meisten anderen, aber zugleich spiegelt sich in ihm ein breiteres gesellschaftliches Phänomen wider.[22] Am anderen Ende des ökonomischen Extrems leben Menschen mit niedrigem oder gar keinem Einkommen in fortgesetzter Verzweiflung, weil sie glauben, das System habe sich gegen sie verschworen. Dies untergräbt ihre Motivation und Leistungsbereitschaft. Sowohl Anspruchsdenken als auch Verzweiflung beeinträchtigen die wirtschaftliche Entwicklung eines Landes.

### *Moralische Ansprüche und Umverteilung*

Bei der Beurteilung von Trade-offs sind wir letzten Endes jedoch unweigerlich mit dem Problem gesellschaftlicher Wertvorstellungen konfrontiert – etwa der Frage, ob die Verbesserung der Fähigkeit einer armen Person, ihr Potenzial auszuschöpfen und ihre Handlungsfreiheit zu erweitern, höher oder niedriger zu bewerten ist als die damit verbundene Einschränkung der Freiheit einer reichen Person, sich noch eine Rolex-Uhr, eine längere Jacht oder eine größere Villa zu kaufen. Ich weiß, wie ich und, wie ich glaube, die meisten anderen solche Abwägungen vornehmen würden, wenn sie diese Beurteilungen hinter dem Schleier des Nichtwissens vornehmen müssten. Umverteilung, die Finanzierung hochrentierlicher öffentlicher Investitionen durch progressive Besteuerung und die arbeitnehmerfreundliche Ausgestaltung der ökonomischen Spielregeln durch »Prädistribution« (Vorverteilung) – das heißt, man ändert die Marktverteilung des Einkommens, um sie gerechter zu machen – sind wünschenswerte politische Maßnahmen.[23] Sie würden sich als Teil des Gesellschaftsvertrags, der hinter dem Schleier des Nichtwissens aufgesetzt würde, auf natürliche Weise ergeben.

## ABSCHLIESSENDE BEMERKUNGEN

Die Gründungsväter der USA vertraten, anders als die Libertären der Gegenwart, nicht die Auffassung, dass die Erhebung von Steuern immer eine Freiheitsverletzung darstelle. Ihr Kampfruf lautete: »Besteuerung ohne Vertretung ist Tyrannei.« Das heißt, unsere Freiheit wird eingeschränkt, wenn wir kein Mitspracherecht bei dem politischen Entscheidungsprozess über Steuererhebung haben. Ironischerweise scheinen sie damals die Belastung der vielen entrechteten US-Amerikaner mit Steuern nicht als Tyrannei angesehen zu haben – und ihre heutigen Nachfolger tun dies ebenfalls nicht.[24]

Sobald wir anerkennen, dass es keinen *grundsätzlichen* Grund dafür gibt, die Reichen im Interesse des Gemeinwohls oder zur Besserstellung der weniger Wohlhabenden *nicht* zu besteuern, sind wir zurück in der Welt der Trade-offs. Dieses Kapitel und die früheren haben gezeigt, dass wir selbst in vollkommenen Wettbewerbsökonomien ohne Externalitäten Freiheitsrechte und Freiheit als solche aus der Perspektive von Trade-offs betrachten müssen. Der Verringerung der Freiheit einer Person (durch Besteuerung) wird die Erweiterung der Freiheit einer anderen (durch verbesserte öffentliche Leistungen, die mit diesen Steuern finanziert werden können) gegenübergestellt. Während ich Zweifel an der Behauptung äußerte, das Einkommen, das jemand in einer solchen Ökonomie erziele, sei moralisch gerechtfertigt, sprechen sogar noch bessere Gründe für eine umverteilende Besteuerung, wenn sich erhebliche Teile des Einkommens und Vermögens der reichsten Bürger Ausbeutung verdanken. Dies werde ich im nächsten Kapitel erörtern.

## KAPITEL 7

# DIE FREIHEIT ZUR AUSBEUTUNG

Rose und Milton Friedman betitelten ihren Lobgesang auf freie Märkte *Free to Choose*. Sie stellten es als etwas sehr Positives heraus, dass eine reiche Person frei wählen könne, was sie konsumieren wolle, und sie plädierten für politische Reformen, wie etwa Studiengutschriften, die die Wahlfreiheit im Bildungswesen erweitern sollten. Sie behaupteten, diese Wahlfreiheit trage maßgeblich zur Effizienz einer Marktwirtschaft bei und sei eine notwendige Voraussetzung einer freien Gesellschaft.

Der Kapitalismus des 21. Jahrhunderts ist weit entfernt von der Wirtschaftsordnung, die von den Friedmans verklärt wurde. Er zeichnet sich durch ein hohes Maß an Marktmacht aus, die es Unternehmen erlaubt, Informationsdefizite und weitere Schwächen von anderen auszunutzen. Keine real existierende moderne Volkswirtschaft kommt der idealisierten, reinen, kompetitiven Marktwirtschaft auch nur nahe. Neuere Forschungsarbeiten haben gezeigt, wie außerordentlich hoch Marktmacht in einer breiten Palette von Branchen in den USA konzentriert ist.[1] Und die Konzentration nimmt weiter zu, wie man daran ersehen kann, dass ein wachsender Teil des Volkseinkommens auf Unternehmensgewinne entfällt, dass die Reallöhne (inflationsbereinigt) und die Einkommen der Durchschnittsamerikaner stagnieren und die Margen (Verhältnis von Preisen zu Kosten) steigen. Schon vor der Covid-19-Pandemie war die Lage schlecht, aber in der Pandemie und im Anschluss daran wurde sie noch viel schlechter, wobei die Sektoren und die

Unternehmen mit größerer Marktmacht höhere Margen durchsetzten.[2] Dies bedeutete, dass Unternehmensgewinne deutlich zulegten, als Unternehmen ihre gewachsene Marktmacht infolge pandemiebedingter Lieferkettenunterbrechungen ausnutzten.

Diese Art von Ausbeutung schadet der ökonomischen Effizienz und der Gesundheit der Wirtschaft. Unternehmensgewinne stiegen weit über das Niveau, das für eine normale (risikogerechte) Kapitalrendite notwendig gewesen wäre. Wenn eine Person eine andere ausbeutet, mag ihr Einkommen steigen und ihre Freiheit zunehmen, aber die andere Person verliert, und ihre Wahlfreiheit schrumpft.

Ausbeutung stößt uns instinktiv ab, und die meisten Demokratien erlassen Gesetze, um die Freiheit zur Ausbeutung einzuschränken. Sie machen sie illegal, verhängen Geld- und/oder Haftstrafen. Es ist nicht immer leicht, genau zu definieren, was Ausbeutung ist. Vermutlich ist es nicht einmal so, dass »man es weiß, wenn man es sieht«. In diesem Kapitel geht es nicht um die Feinjustierung von Maßnahmen gegen Ausbeutung, sondern um die Fortsetzung unserer Diskussion über Freiheit, um zu verstehen, warum es richtig und angemessen ist, dass der Staat derartigen Aktivitäten entgegentritt und Einkommen von den Ausbeutern an die übrige Gesellschaft umverteilt.

Bei vielen, die auf den obersten Sprossen der ökonomischen Leiter stehen, entstammt ein Teil oder auch ein Großteil ihres Einkommens aus der einen oder anderen Form von Ausbeutung. Ein Beispiel sind gewinnorientierte Hochschulen. Donald Trump hatte über seine Trump University den Aufstiegswunsch junger Menschen ausgenutzt. Auch wenn dieses Unterfangen besonders unverfroren war, entspricht es doch einem allgemeinen Muster.[3] Ein Großteil der gewinnorientierten Hochschulen nutzt diejenigen aus, die am schlechtesten informiert sind, weil die Institute wissen, dass diese Menschen nicht einschätzen können, wie gut die

Lehre dort ist und ob ihnen ein Studium wirklich etwas bringt. Schlimmer noch: Diese Hochschulen haben sich staatlichen Bemühungen widersetzt, ihre schlechten Erfolgsbilanzen bei Abschlüssen und Stellenvermittlung offenzulegen.

Die Finanzkrise von 2008 enthüllte, wie es so viele Banker zu Reichtum gebracht hatten: nicht nur durch übermäßige Risikoneigung – mit der Folge, dass die Regierung die Banken retten musste –, sondern auch durch Täuschung, Betrug und missbräuchliche Kreditvergabe.[4] Auch viele Unternehmensführer verdanken einen Gutteil ihres Reichtums der Ausnutzung von Marktmacht. Bill Gates' Unternehmen Microsoft wurde von Gerichten auf drei Kontinenten wegen wettbewerbswidrigen Verhaltens verurteilt. Auch Google, Facebook (Meta) und Amazon wurden (meines Erachtens zu Recht) wegen wettbewerbseinschränkender Praktiken verklagt. Das ausbeuterische Verhalten von Walmart gegenüber seinen Beschäftigten ist ebenfalls gut dokumentiert.[5] Hinter diesen Unternehmensfassaden verbergen sich einige der größten Vermögen der Welt.

Während wir die heutigen Erfolgsgeschichten kennen, scheinen viele Vermögen in der Vergangenheit auf noch schlimmere Weise aufgebaut worden zu sein. So machten viele ein Vermögen mit dem Sklavenhandel und den Produkten, welche die Versklavten herstellten, nämlich Baumwolle und Zucker. Die Gebrüder Lehman stehen auf dieser langen Liste. Die Unternehmen hinter John D. Rockefeller, dem reichsten Menschen seiner Generation, und James Buchanan Duke, einem weiteren der Plutokraten des frühen 20. Jahrhunderts, wurden wegen wettbewerbswidrigen Verhaltens verurteilt. Viele Männer, die im 19. und frühen 20. Jahrhundert Vermögen anhäuften, taten dies über den Opiumhandel mit China – ein Tiefpunkt in der Geschichte des Westens, da die europäischen Mächte mit Unterstützung der USA einen Krieg führten, um sicherzustellen, dass China für den Opiumhandel offen blieb. Das Recht auf den freien Handel – auch für ein gefährliches Rauschgift wie Opium – galt als höherrangig als das Recht, die Bevölkerung vor Abhängigkeit zu schützen.[6] In der Kriegsrhetorik mochte es um abstrakt definierte »Rechte« gehen; die Wirklichkeit war weitaus weniger nobel. Es ging um die Fähigkeit des Westens, sich auf Kosten der Chinesen zu bereichern.[7] Geld und Macht, schlicht und einfach.

Die Tatsache, dass sich die Einkommen so vieler Reicher zumindest teilweise Ausbeutung verdanken, bestätigt die frühere Schlussfolgerung, dass wir der Einkommensverteilung, die von einer Marktwirtschaft erzeugt wird, keinen Vorrang einräumen sollten. Das hat *nichts* mit »gerechter Entlohnung« zu tun. Es gibt keine moralische Rechtfertigung für solche Einkommen, aber es gibt ein moralisches Argument *für* Umverteilung, dafür, Einkommen, das durch Ausbeutung erzielt wurde, abzuschöpfen. Wir können uns sogar auf das berufen, was Ökonomen am meisten interessiert: Effizienz und Anreize. Eine umverteilende Besteuerung verringert die Anreize zur Ausbeutung – insbesondere wenn sie sich direkt gegen Ausbeutung und unrechtmäßige Gewinne richtet.

Ausbeutung kann viele Formen annehmen. In diesem Kapitel werden wir zwei davon näher betrachten: Ausbeutung durch Marktmacht sowie durch Ausnutzung der Schwächen und der Unkenntnis von Menschen. In einem späteren Kapitel werden wir uns mit Fehlverhalten bei der Unternehmensführung befassen.

## MARKTMACHT

Die Volkswirtschaften des 21. Jahrhunderts werden von Großunternehmen beherrscht, die über erhebliche Marktmacht verfügen – unter anderem die Macht, Preise zu erhöhen, Kunden schäbig zu behandeln und zu verlangen, dass jeder Streitfall durch ein Schiedsgericht entschieden wird, das von dem Unternehmen kontrolliert wird, statt durch ein staatliches Gericht. Unternehmen haben auch enorme Macht über ihre Mitarbeiter (die sogenannte *Monopsonmacht*), was Unternehmen die Möglichkeit gibt, Löhne zu drücken. Die Gewerkschaften sind geschwächt, und Arbeitsgesetze haben die Verhandlungsposition von Arbeitnehmern weiter verschlechtert. Globalisierung bedeutet auch, dass Unternehmen mit der Verlagerung ihrer Werke ins Ausland drohen, wenn sich die Arbeitnehmer nicht mit niedrigen Löhnen und schlechten Arbeitsbedingungen abfinden. Dies hatte schwerwiegende Folgen: Der Stundenlohn von Arbeitern in der US-Automobilindustrie ist zwischen Januar 1990 und Dezember 2018 um 17,1 Prozent gesunken; im gleichen Zeitraum verdoppelten sich die Preise, was bedeutet, dass die Reallöhne um zwei Drittel zurückgingen.[8] Gut bezahlte Stellen wurden in schlecht bezahlte umgewandelt. Insoweit Löhne niedriger sind, als sie es in einer Welt mit vollständigem Wettbewerb wären, beziehungsweise die Lebensmittelpreise höher, als sie es bei funktionierendem Wettbewerb wären (aufgrund der Ausübung von Marktmacht), werden Mitarbeiter in gewisser Weise dazu gezwungen, mehr zu arbeiten. Besteht ein großer Unterschied zwischen der gegenwärtigen Situation und dem, was in Südafrika geschah, wo Menschen unter Druck gesetzt wurden, in den Bergwerken zu arbeiten, weil es ihnen verboten war, Landwirtschaft zu betreiben?[9]

In vielen Fällen wird eine Form von Ausbeutung auf eine andere draufgesattelt. In Südafrika wurden die Löhne der Bergarbeiter infolge der Monopsonmacht der Bergwerke vielleicht noch stärker gedrückt – wurde noch mehr Zwang ausgeübt. Schlimmer noch: Die Bergwerksgesellschaften sprachen sich womöglich insgeheim ab. Und die rechtlichen Rahmenbedingungen machten alles noch schlimmer. Vor 1982 war es Schwarzen südafrikanischen Bergarbeitern verboten, sich gewerkschaftlich zu organisieren, was ihre Verhandlungsmacht schwächte.[10]

Viele Libertäre wären vielleicht mit staatlichen Eingriffen einverstanden, die Abweichungen vom Wettbewerbsgleichgewicht begrenzen sollen. So wirkt sich zum Beispiel das »Recht« eines Monopolisten, diese Macht auszuüben und seinen Preis nach Belieben anzuheben, offensichtlich auf meine Budgetbeschränkungen aus; es verringert meine Konsumfreiheit. Wenn ich eine gewisse Menge seines Gutes kaufe, bin ich gezwungen, weniger von anderen Gütern zu konsumieren. Ein drastischeres Beispiel: Wenn der Monopolist die totale Kontrolle über ein Medikament hat, das für mich lebenswichtig ist, besitzt er echte Zwangsgewalt. Er könnte mich dazu zwingen, alles aufzugeben, um zu überleben. Inwieweit unterscheidet sich dies von einer Situation, in der man mich mit vorgehaltener Pistole bedroht?

### *Preistreiberei - extremer Missbrauch von Marktmacht*

Wenn man einmal von einigen Ökonomen absieht, besteht allgemeines Einvernehmen darüber, dass Preistreiberei verhindert beziehungsweise schlichtweg verboten werden sollte, insbesondere bei Grundbedarfsgütern wie lebensrettenden Medikamenten, Heiz- oder Brennstoffen. Ein Möglichkeit, davon abzuschrecken, besteht darin, die Preistreiber dazu zu zwingen, ihre Gewinne abzugeben, das heißt, sie mit dem Rest der Gesellschaft zu teilen.

Gesellschaften haben zu verschiedenen Zeitpunkten und in verschiedenen Kontexten das Fordern von Preisen, die deutlich über den Kosten liegen, unterschiedlich beurteilt.

Weiter oben erwähnte ich in diesem Zusammenhang einen wesentlichen Unterschied zwischen den Vereinigten Staaten und Europa. Wenn ein Unternehmen in den USA seine Monopolmacht rechtmäßig erwirbt, kann es damit tun, was es will – der Krebspatientin, die auf das Medikament angewiesen ist, oder ihrer Versicherungsgesellschaft so viel Geld abpressen wie nur möglich. In Europa ist dies nicht erlaubt. Man könnte fragen, warum verschiedene Länder unterschiedliche rechtliche Regelungen bezüglich der Höchstpreise haben, die ein Unternehmen verlangen kann. Gibt es keine effiziente Lösung? Die Wirtschaftstheorie liefert eine Antwort. Monopole sind wettbewerbsverzerrend – unabhängig davon, ob die Monopolmacht rechtmäßig erworben wurde oder nicht. Das Unternehmen verlangt einen Preis, der über seinen (Grenz-)Kosten liegt (den Kosten, die anfielen, wenn es eine weitere Einheit produzieren würde), was dazu führt, dass Produktion und Konsum unter das Effizienzniveau gedrückt werden. (Auf dem Effizienzniveau ist der Preis, in dem sich der Wert des Gutes für den Verbraucher widerspiegelt, gleich den Grenzkosten; dies ist auch das Niveau, das in einem Wettbewerbsgleichgewicht realisiert würde). Der US-amerikanische Standpunkt, dass die Ausübung rechtmäßig erworbener Marktmacht keinen Beschränkungen unterliegen sollte, bedeutet, dass in diesen Situationen die Preise zu hoch und die konsumierten Mengen zu niedrig sind. Der hohe Preis führt zu einer Übertragung von Einkommen von Durchschnittsbürgern auf den Monopolisten, wodurch die Ungleichheit weiter zunimmt.

Die Antwort auf die Frage, warum die USA und Europa unterschiedliche rechtliche Regelungen haben, lautet *nicht*, dass die Gesetze der Wirtschaft diesseits und jenseits des Atlantiks anders funktionierten oder dass es unterschiedliche Umstände gebe, aus denen sich andere Trade-offs oder unterschiedliche Bewertungen von Trade-offs ergäben. Sowohl in Europa als auch in den USA ist die uneingeschränkte Ausübung von Monopolmacht aus allen vernünftigen wirtschaftlichen Gründen schlecht.[11] Die unterschiedlichen rechtlichen Regelungen sind vielmehr auf das unterschiedliche politische Gewicht bestimmter Interessen zurückzuführen. Hier spielt die Macht der Pharmakonzerne eine besonders große Rolle, und diese ist offenbar in den USA viel größer als in Europa.

Besonders verwerflich ist Preistreiberei in Kriegszeiten. Die allgemeine Einstellung zu derartigen Fällen spiegelt sich in Kriegsgesetzen wider, die Preistreiberei verbieten und bei Entdeckung die nachträgliche Herabsetzung und Rückforderung vertraglicher Zahlungen erlauben. Aus gutem Grund: Preistreiberei untergräbt die nationale Solidarität, die es für den Erfolg im Krieg braucht. Während junge Menschen zumindest vorübergehend ihre Karrieren aufgeben und sogar ihr Leben opfern, machen andere Profit.

Zu Beginn des russisch-ukrainischen Krieges, als Ukrainer ihr Leben hingaben, um dem russischen Aggressor die Stirn zu bieten, verdienten sich multinationale Öl- und Gaskonzerne und viele Energiehändler eine goldene Nase; sie strichen zig Milliarden Dollar an zusätzlichen Gewinnen ein, für die sie keine Leistung erbracht hatten. Bemerkenswerterweise haben sie dieses Geld nicht investiert, um die Produktion rasch auszuweiten und so die schmerzlichen Entbehrungen zu lindern, vielmehr verteilten sie diese Gewinne an ihre wohlhabenden Aktionäre, entweder in Form von Dividenden oder durch Aktienrückkäufe. Auch wenn es keine Belege für ausdrückliche Absprachen gibt, scheint es doch stillschweigende Absprachen gegeben zu haben. Offenbar haben alle Unternehmen erkannt, dass die Preise bei einer raschen Produktionsausweitung fallen würden, sodass das Preissignal (in Marktwirtschaften sollen höhere Preise Unternehmen signalisieren, mehr zu produzieren), welches lautstark forderte, die Produktion zu steigern, ignoriert wurde. Sogar die Förderung von Frackinggas, das schnell auf den Markt hätte gebracht werden können, wurde nicht in dem Maße erhöht, wie man es hätte erwarten können.[12]

Viele Ökonomen sind gegen Versuche, das Preissystem zu umgehen. Hohe Preise stellen demnach sicher, dass das Öl zu Käufern kommt, die es am höchsten schätzen (oder, genauer gesagt, die das meiste Geld haben, um es zu bezahlen), und sie lösen angeblich wünschenswerte Nachfrage- und Angebotsreaktionen aus.

Aber das, was im Ukrainekrieg geschah, widerspricht größtenteils dieser Theorie. Es gab einige Angebots- und Nachfragereaktionen, aber sie waren begrenzt. So mussten zum Beispiel Menschen, die es sich nicht leisten konnten, hohe Heizungsrechnungen zu bezahlen, ihr Thermostat herunterdrehen. Warum waren die Reaktionen begrenzt? Man erwartete, dass der Krieg von kurzer Dauer wäre, und daher machte es keinen Sinn, die erforderlichen Investitionen zu tätigen. Auf der Nachfrageseite wirkte sich ein kurzfristiger Anstieg des Energiepreises kaum auf die Frage aus, ob es für einen Haushalt sinnvoll wäre, die Isolierung zu erneuern oder einen effizienteren Heizkessel zu kaufen.

Auch auf der Angebotsseite gibt es keine großen Anreize dafür, zu reagieren, wenn der Preisanstieg als vorübergehend angesehen wird; außerdem freuten sich die Öl- und Gasunternehmen über ihre Gewinne.[13]

Der Staat hätte stärker eingreifen sollen, um die Energieproduktion zu erhöhen und die Lasten des Krieges und der postpandemischen Anpassungen gerechter zu verteilen.[14] Eine Sondergewinnsteuer – eine Steuer auf die Übergewinne infolge der kriegsbedingten Preisanstiege – wäre eine Umverteilung von den Unternehmen, die von dem Krieg profitieren, zu denjenigen, die Opfer für ihn bringen. Dies wäre auch dann angebracht, wenn Unternehmen sich nicht an Preistreiberei beteiligten, sondern lediglich auf wettbewerbliche Marktkräfte reagierten. Weil sowohl beschäftigungsbezogene als auch Kapitalkosten bei der Berechnung des steuerpflichtigen Gewinns abgezogen werden können, ist eine sachgerecht ausgestaltete Sondergewinnsteuer nicht verzerrend. Sie wirkt sich weder positiv noch negativ auf Investitionen und Beschäftigung aus; sie nimmt lediglich eine Umverteilung von Geldern von den Kriegsgewinnlern zu allen anderen vor.[15] Bemerkenswerterweise war die Rechte gegen eine Sondergewinnsteuer. Sie unterstützte die hohen Preise, welche die Öl- und

Gasunternehmen verlangten, die sich einfach nur an Putins Niedertracht bereichern wollten. In den Vereinigten Staaten hatten sie Erfolg – in vielen europäischen Ländern nicht.

### *Wie sich die Existenz und Beständigkeit von Marktmacht erklären lassen*

Es gibt viele Gründe dafür, dass Marktmacht von Dauer ist und sogar zunimmt. Erstens ist es so, dass wir heutzutage in einer Wirtschaft leben, in welcher »der Gewinner alles abräumt« und der Markt tendenziell von einem oder zwei Unternehmen beherrscht wird – Google, das den Suchmaschinenmarkt dominiert, Facebook und TikTok, die die sozialen Medien dominieren, und Microsoft mit seiner beherrschenden Stellung bei PC-Betriebssystemen.[16] Mit dem Aufstieg der Digitalwirtschaft, wo die Grenzkosten der Produktion (die zusätzlichen Kosten der Produktion einer weiteren Einheit) niedrig sind, kommt den »Gemeinkosten« (Fixkosten) eine größere Bedeutung zu. Zu den Gemeinkosten gehören zum Beispiel die F&E-Aufwendungen für die Produktgestaltung, die Kosten für den Bau von Fabriken oder für die Entwicklung der Software für eine Plattform. Wenn die Gemeinkosten der größte Kostenfaktor eines Unternehmens sind, zeichnen sich Märkte in der Regel durch eine begrenzte Zahl von Unternehmen aus.[17] In dem Maße, wie unsere Wirtschaftsstruktur immer mehr von Dienstleistungen geprägt wird, haben zudem lokale Märkte, auf denen ein Unternehmen oder einige wenige dominieren, an Bedeutung gewonnen.

Es gibt noch weitere Gründe für die Zunahme von Marktmacht. Digitale Plattformen sammeln und verarbeiten Informationen, die ihnen einen Wettbewerbsvorteil gegenüber anderen Unternehmen verschaffen, und die größeren Plattformen können mehr Informationen sammeln als die kleineren. Um Gewinne zu erwirtschaften, muss man nicht mehr produktiver sein oder Produkte mit höherem Nutzwert verkaufen, sondern Verbraucher durch ausgetüftelte

Methoden der Preisdifferenzierung besser ausbeuten. So bemühen sich etwa Plattformen darum herauszufinden, welche Verbraucher mehr zu zahlen bereit sind, und verlangen von ihnen für das gleiche Produkt einen höheren Preis. Dies untergräbt die Prinzipien, die der Effizienz der Marktwirtschaft zugrunde liegen, in der alle Individuen und Unternehmen mit den gleichen Preisen konfrontiert sein sollten.

Außerdem haben Unternehmen raffinierte Wege gefunden, um Marktmacht auszuüben, zum Beispiel durch clever ausgestaltete Verträge, mit denen sie Wettbewerber ausschließen oder ihnen zumindest den Eintritt in einen bestimmten Markt erschweren. Dies erklärt teilweise, wie Microsoft seine marktbeherrschende Stellung errang. Und es geschieht auch in anderen Bereichen der Wirtschaft, auch wenn wir es größtenteils nicht bemerken. Einer der Gründe für die hohen Flugpreise ist die Ausübung von Marktmacht durch eine Handvoll Betreiber von Flugreservierungssystemen, die ihre Position durch Verträge und Schikane langfristig absichern und Neueinsteiger in das Flugreservierungsgeschäft und Fluggesellschaften, die vielleicht deren Dienste einmal ausprobieren würden, einschüchtern.[18]

Früher einmal hofften konservative, marktliberale Ökonomen, dass selbst bei hohen Fixkosten, durch die Märkte von einem einzelnen oder einigen wenigen Unternehmen beherrscht wurden, *potenzieller* Wettbewerb – die Drohung mit Markteintritt – den Markt disziplinieren und Preise drücken würde, sodass die Gewinne gleich null wären. Selbst wenn es ein natürliches Monopol gab, bei dem ein einzelnes Unternehmen die gesamte Nachfrage effizient befriedigte, behaupteten Verfechter ungezügelter Märkte, der Wettbewerb *um* den Markt – der Wettstreit darum, dieses eine Unternehmen zu sein – trete an die Stelle des Wettbewerbs *im* Markt, und das daraus hervorgehende Gleichgewicht sei effizient. Aus dieser Perspektive betrachtet, würden Monopole, die überhöhte Preise verlangen, immer nur vorübergehend bestehen; sie könnten sich nicht auf Dauer halten.[19] Eine simplifizierende Wirtschaftskonzeption behauptete, derart hohe Gewinne würden neue Wettbewerber anlocken, die ihrerseits Preise und Gewinne drücken würden.

Die moderne Ökonomik hat gezeigt, dass diese Überzeugungen nicht richtig sind. Insbesondere bei versunkenen Kosten (Aufwendungen für Marketing und Forschung zum Beispiel, die nicht wieder hereinzuholen sind, wenn man in einen Markt eintritt und ihn dann wieder verlässt) können hohe Gewinne oft langfristig aufrechterhalten werden.

Der Grund dafür, dass potenzieller Wettbewerb tatsächlichen Wettbewerb nicht ersetzen kann, ist einfach. Potenzielle Neueinsteiger wissen, dass ihre Profitabilität nicht vom *gegenwärtigen* Preis, sondern von dem Preis *nach* ihrem Markteintritt abhängt, weil ihre Präsenz im Markt zu einem Preisrückgang führen wird. Sie wissen, dass die Preise möglicherweise so stark sinken, dass sie Verluste einfahren. Potenzielle Neueinsteiger werden also gar nicht erst in den Markt eintreten. Außerdem haben die etablierten Unternehmen gelernt, wie man vom Markteintritt *abschreckt*. Sie versuchen, potenziellen Wettbewerbern einzureden, dass die Preise im Falle ihres Markteintritts sogar noch stärker fallen werden, als sie es erwarten, indem sie ihnen für diesen Fall mit einem Preiskrieg drohen.[20] Und selbst wenn *langfristig* Wettbewerb aufkommen sollte, kann der Schaden für Verbraucher durch hohe Preise und, zumindest in einigen Fällen, andere Formen von Ausbeutung immens sein.

Vielleicht am wichtigsten ist, dass der private Sektor mehr Entschlossenheit zeigte, Marktmacht zu schaffen und aufrechtzuerhalten, als die Regierung, einen Markt mit funktionierendem Wettbewerb sicherzustellen. Und das ist weder ein Zufall noch eine Überraschung. Wir haben darüber gesprochen, dass Märkte nicht in einem Vakuum existieren, dass sie durch Regeln und Vorschriften strukturiert werden müssen. Ein wichtiger Bereich dieser Regulierung betrifft den Wettbewerb. Aber viele Personen und Unternehmen mit Macht – einschließlich Marktmacht – betrachten wettbewerbsrechtliche Regelungen nicht gerade wohlwollend; sie tun, was sie können, um die Einführung und Durchsetzung jener Art von Wettbewerbsgesetzen, die für eine gut funktionierende Volkswirtschaft des 21. Jahrhunderts erforderlich sind, zu begrenzen. Google, Facebook (Meta) und Amazon stemmen sich mit ganzer Kraft gegen Gesetze, die den Wettbewerb auf dem digitalen Marktplatz erhöhen würden. Wie so oft ist die Europäische Union mit ihrem Gesetz über digitale Märkte, das 2022 in Kraft trat, weiter gegangen als die USA, um den Wettbewerb auf diesem Gebiet sicherzustellen. In den USA hat ein konservativer, wirtschaftsfreundlicher Oberster Gerichtshof geltende Gesetze in einer Weise ausgelegt, die es erschwert, einen funktionierenden Wettbewerb aufrechtzuerhalten. Ganz allgemein haben die Gerichte getan, was sie konnten, um die Freiheit großer Unternehmen, Verbraucher auszubeuten, zu erweitern. Dadurch haben sie die tatsächliche Freiheit (wie ich sie definiert habe) aller anderen Mitglieder der Gesellschaft beschnitten, und bislang hat der Kongress nichts unternommen, um diese Marktmacht einzuschränken.

Es gibt noch einen weiteren Grund für die unverhältnismäßig große Macht der Großunternehmen in der Gegenwart: die Schwächung von Gegenkräften, insbesondere Arbeitnehmern. In seinem 1952 erschienenen Buch *American Capitalism* beschreibt John Kenneth Galbraith ein System *aufeinander bezogener, sich ausgleichender Gegenmächte*, das heißt eine Art System der Gewaltenteilung innerhalb unseres Wirtschaftssystems.[21] Er erkannte zutreffend, dass die US-Wirtschaft mit vollkommenem Wettbewerb nicht gut beschrieben war; in diesem Punkt war er anderer Meinung als Friedman und weitere klassische und neoklassische

Ökonomen. Was laut Galbraith für einen Anschein von Gleichgewicht in der Wirtschaft sorgte, waren ausgleichende Gegenmächte. Die vielleicht bedeutendste gegen Unternehmen gerichtete Kraft sind Gewerkschaften, die Arbeitnehmer nicht nur am Verhandlungstisch, sondern auch im politischen Prozess repräsentieren, indem sie Kandidaten und Gesetzesvorhaben unterstützen, die ein Gegengewicht zu Unternehmensinteressen bilden. Aber Gesetzesänderungen, richterliche Entscheidungen und Veränderungen der Wirtschaftsstruktur haben die Gewerkschaften entkernt und ihre Fähigkeit geschwächt, als eine Gegenmacht zu fungieren. Im Jahr 2022 waren in den USA weniger als 6 Prozent der Arbeitnehmer im privaten Sektor gewerkschaftlich organisiert, im Gegensatz zu fast 25 Prozent im Jahr 1973 und einem Höchststand von über 35 Prozent in den 1950er-Jahren, als Galbraith *American Capitalism* schrieb.

Es ist ein weiterer Beleg für die Wahrheit des Satzes: »Macht gebiert Macht« – und die Verhältnisse gleichen heute mehr dem Gesetz des Dschungels als der harmonischen Beziehung, die sich die klassische Ökonomik vorstellte. Die Macht der Konzerne wuchs in dem Maße, wie die Macht der Arbeiter schwand.

### *Vielfältige Möglichkeiten, Macht zu missbrauchen*

Dies zeigt sich vielleicht nirgendwo deutlicher als in dem Streitbeilegungsverfahren zwischen Unternehmen und Personen, ob es nun Verbraucher oder Mitarbeiter sind. Ein gerechtes System, wie es hinter dem Schleier des Nichtwissens beschlossen würde, erforderte unparteiische und unvoreingenommene Richter, die im Rahmen eines fairen, offenen und transparenten Verfahrens zu einer Entscheidung gelangten. Aber immer mehr Unternehmen verlangen, dass ihre Mitarbeiter und Kunden Schiedsgerichtsklauseln unterzeichnen, die die Beilegung von Streitfällen von staatlichen Gerichten auf private Schiedsrichter übertragen, die als gut bezahlte Anwälte den Unternehmen verpflichtet sind, die sie engagieren. Kein Anliegen ist dem Durchschnittsbürger wichtiger als Gerechtigkeit, und wir wenden uns an den Staat, um Gerechtigkeit zu erlangen. Aber Privatunternehmen nutzen ihre Macht, um den Staat zu umgehen, sodass jeder, der eine Beschwerde hat, einem System ausgeliefert ist, in dem er von vornherein benachteiligt ist. Unternehmen verteidigen diese Praxis mit dem Hinweis, sie sei von der Vertragsfreiheit gedeckt. Sie kritisieren jeden Versuch, verpflichtende Schiedsverfahren einzuschränken, als eine Verletzung ihrer Freiheit. Dabei wissen sie ganz genau: Menschen dazu zu zwingen, diese Verträge zu unterzeichnen, ist Ausübung von Macht und ein fester Bestandteil der Macht von Unternehmen und ihrer Freiheit, andere auszubeuten. Ein Arbeitnehmer wird im betrieblichen Einstellungsprozess keinen Rechtsanwalt damit beauftragen, die Bedingungen seines Vertrags auszuhandeln – denn er weiß ganz genau, dass die Firma Ärger wittern und ihm die Stelle nicht geben würde, wenn er einen Anwalt einschaltete. Die meisten Gemeinden werden von nur einer Telefongesellschaft bedient, höchstens zweien, die beide auf Schiedsklauseln bestehen. Wenn Sie einen Telefonanschluss haben wollen, bleibt Ihnen nichts anderes übrig, als die Schiedsklausel zu akzeptieren.

Der Oberste Gerichtshof der USA hat alles noch schlimmer gemacht. Wenn ein Arbeitgeber einen Arbeitnehmer ausbeutet, selbst durch etwas so Empörendes wie Lohndiebstahl (er zahlt ihm nicht den geschuldeten Lohn), ist der Arbeitnehmer benachteiligt, weil die Kosten eines Gerichtsverfahrens oder auch eines Schiedsverfahrens hoch sind. Einen Kampf gegen einen Riesenkonzern mit seiner großen Rechtsabteilung zu führen, hat etwas von einem Duell David gegen Goliath – bei dem allerdings Goliath fast immer gewinnt. Wenn jedoch all diejenigen, die betrogen und ausgebeutet wurden, sich zusammentun könnten, wäre es ein ausgeglichenerer Kampf, und auf den meisten Gebieten erlaubt das US-Rechtssystem dies (unter recht eingeschränkten Bedingungen), und zwar in Gestalt von Sammelklagen. Aber der Oberste Gerichtshof hat solche Sammelklagen im Rahmen von Schiedsverfahren erschwert, wenn nicht unmöglich gemacht.[22] Er hat sich auf die Seite Goliaths geschlagen.[23]

### *Schwächen und Informationsdefizite*

Es gibt viele andere Bereiche, in denen Unternehmen ihre Mitarbeiter oder Kunden ausbeuten können und dies auch tun. Unvollkommene Information und unvollkommener Wettbewerb erlauben es Unternehmen, ihre Kunden zu übervorteilen, indem sie deren Schwächen und Informationsasymmetrien ausnutzen (dabei weiß das Unternehmen etwas, was der Arbeitnehmer beziehungsweise der Kunde nicht weiß, und es weiß auch um seinen Informationsvorsprung). Wenn man Unternehmen diese Freiheit, andere auszubeuten, gewährt, kann sich der Ausbeutende auf Kosten des Ausgebeuteten bereichern. In diesem Fall sprechen noch überzeugendere Argumente für zwingende Vorschriften, die den Spielraum für diese Form der Ausbeutung einschränken.

Konservative Ökonomen haben behauptet, Marktmacht müsse einen nicht weiter bekümmern, weil Märkte sich von selbst korrigierten. Ähnlich argumentieren sie hier. Unternehmen, die ihre Mitarbeiter oder Kunden ausbeuten, würden Kunden verlieren oder wären gezwungen, höhere Löhne zu zahlen. Aber die Ökonomen, die sagen, wir sollten uns wegen dieser Ausbeutung keine Sorgen machen, gehen noch weiter, indem sie feierlich verkünden, dass ein Wirtschaftssystem, welches auf dem Grundsatz des »caveat emptor« (das Mängelrisiko trägt der Käufer) beruhe, effizienter sei. Dies ist nur ein weiteres Beispiel für die Spitzfindigkeit, die diese Sichtweisen prägt. (Bekanntlich meinte Lloyd Blankfein, der ehemalige CEO von Goldman Sachs, als er gefragt wurde, wieso sein Unternehmen Wertpapiere verkauft habe, die gezielt so gestaltet wurden, dass sie ausfallen mussten – und auf deren Ausfall es wettete, ohne diese Information gegenüber Investoren offenzulegen –, sein Unternehmen habe nichts Unrechtes getan: Die Käufer dieser Wertpapiere seien allesamt Erwachsene gewesen, die sich der Risiken hätten bewusst sein sollen.)[24]

Ich habe weiter oben erklärt, warum es wünschenswert ist, Umweltverschmutzer davon abzuhalten, Schadstoffe in die Luft, in Böden und Gewässer freizusetzen. Unternehmen, die schlechte Produkte verkaufen, tun im Grunde nichts anderes, als den Markt zu »verschmutzen«. Wenn Unternehmen hinter ihren Produkten stehen, dann tragen Verbraucher eine geringere Informations(beschaffungs)bürde, und Märkte funktionieren besser. Es ist sinnvoll, dem Verkäufer die Pflicht aufzuerlegen, dafür zu sorgen, dass das Produkt mängelfrei und so gut ist, wie er es behauptet.[25] Aus diesem Grund gibt es in den meisten Ländern Gesetze gegen unlautere Werbung.

## MONOPOLMACHT BESCHNEIDEN UND INNOVATION FÖRDERN

Eine wichtige Quelle von Monopolmacht sind Patente, die einer Person oder einem Unternehmen für eine begrenzte Zeit (im globalen Durchschnitt rund 20 Jahre) exklusive Nutzungsrechte an einer Entdeckung gewähren. Die US-Verfassung überträgt der Regierung die Befugnis, Patente zu erteilen, und der Grund, der selbst in jener Frühzeit der Wissenschaft augenfällig war, ist klar: die Förderung von Innovationen, die den größten Anteil an der Steigerung unseres Lebensstandards in den letzten 250 Jahren hatten.

Die Grenzen des Wissens sind weniger eindeutig als die Grenzen eines Grundstücks, und wie weitreichend Patente sein sollten, wird sehr kontrovers diskutiert. Sollte sich ein Patent auf alle vierrädrigen, angetriebenen Fahrzeuge erstrecken (wie es das ursprüngliche Patent auf Kraftfahrzeuge tat) oder nur auf einen spezifischen Konstruktionstyp wie zum Beispiel ein Fahrzeug mit Verbrennungsmotor? Eine weitere Debatte dreht sich um die Frage, was patentiert werden kann. Die mathematischen Theoreme, auf denen Computer basieren, die im Zentrum der heutigen Wirtschaft stehen, konnten nicht patentiert werden, obwohl diese Ideen enorm wertvoll sind.

Sowohl die USA als auch die EU schränken die aus geistigem Eigentum hervorgehende Monopolmacht ein. Betrachten wir zum Beispiel ein Patent auf ein lebensrettendes Medikament. Angenommen, das Unternehmen kann dieses nicht in ausreichender Menge produzieren. In diesem Fall kann die Regierung eine Zwangslizenz erteilen, die anderen das Recht gibt, das Gut herzustellen (wobei das Unternehmen, welches das geistige Eigentum nutzt, dem Patentinhaber eine »angemessene« Gebühr zahlt, die jedoch weit geringer ist als die Monopolgewinne, die das Unternehmen andernfalls erzielt hätte). Selbstverständlich wird die Produktionssteigerung den Preis senken und folglich den Gewinn des Patentinhabers.

Dieses Beispiel veranschaulicht ein weiteres, bereits erörtertes Thema: die Tatsache, dass Eigentum eine soziale Konstruktion ist, die so konzipiert ist, dass sie – wie wir hoffen – das gesellschaftliche Wohlergehen fördert. Es ist keine natürliche oder naturrechtliche Gegebenheit, sondern das Ergebnis von Gesetzen, die *wir* schaffen. Dies ist bei geistigem Eigentum besonders augenfällig, denn hier werden die Grenzen (dessen, was ein Patent umfasst und was nicht) ständig angefochten, und dies aus gutem Grund. In einer Volkswirtschaft des 21. Jahrhunderts hat die Art und Weise, wie geistiges Eigentum definiert wird, erhebliche Auswirkungen auf die Einkommens- und Vermögensverteilung, das Wohlergehen der Bürger und das Tempo und Muster der Innovation. Der technologische und wirtschaftliche Wandel machen es nötig, hin und wieder das Regelwerk des geistigen Eigentums neu zu definieren – und dies ist in den letzten Jahrzehnten häufig geschehen.

In Kapitel 3 habe ich die Einhegung der Allmenden erörtert, die angeblich erfolgte, um die wirtschaftliche Effizienz zu steigern und ihre Übernutzung zu verhindern. Ein erheblicher Teil des geistigen Eigentums ist nun vergleichbar mit der Einhegung der intellektuellen Allmenden, wie es James Boyle, ein Experte für die Rechte des geistigen Eigentums an der Duke University, unterstrichen hat. Ein Teil dieses Wissens war möglicherweise zuvor sogar gemeinfrei.[26] Diese moderne Einhegungsbewegung ist schlimmer als die ältere, weil sie die wirtschaftliche Effizienz verringert, indem sie die Weitergabe, die Nutzung und sogar die Produktion von Wissen beeinträchtigt. Der wichtigste Input bei der Produktion von Wissen ist Wissen selbst. Wenn man mithilfe eines Patents einen Schutzwall darum errichtet, beeinträchtigt dies die Freiheit anderer, das Wissen zu nutzen.

Es gibt immer mehr Anhaltspunkte dafür, dass geistiges Eigentum, so wie es gegenwärtig rechtlich ausgestaltet ist, das Innovationstempo verlangsamt und zu höheren Preisen führt. Ein natürliches Experiment wurde durchgeführt, als der Oberste Gerichtshof der USA einstimmig entschied, dass natürlich vorkommende Gene nicht patentierbar sind. Myriad Genetics, ein in Salt Lake City ansässiges Unternehmen, hatte das Patent auf zwei entscheidende Gene, die mit Brustkrebs assoziiert sind, gehalten und seine Marktmacht genutzt, um Testangebote anderer Firmen einzuschränken. Die Myriad-Tests waren allerdings nicht so verlässlich wie die von anderen Firmen entwickelten Verfahren, und ihre Preise waren exorbitant hoch. Die natürliche Folge: Frauen starben unnötigerweise. Auch hier ging es um einen Trade-off: zwischen der Freiheit von Myriad, andere auszuschließen – das Recht anderer Firmen, eigene Tests auf die Gene zu erschwinglichen

Preisen anzubieten, zu bestreiten –, und dem Recht auf Leben dieser Frauen. Nachdem das Patent widerrufen worden war, produzierte der Markt bessere Tests zu niedrigeren Preisen, und die Innovation schritt rasch voran.[27]

Während der AIDS-Epidemie waren die einschränkenden Wirkungen geistigen Eigentums deutlich sichtbar. Pharmaunternehmen verlangten Preise, die um ein Mehrfaches über den Kosten für die lebensrettenden Therapien lagen. Die Preise waren so hoch, dass viele Patienten sich die Medikamente nicht leisten konnten. Es gab Unternehmen und Länder, die willens und in der Lage gewesen wären, medikamentöse Therapien zu erschwinglichen Preisen zu produzieren und zu verkaufen, aber die Patentinhaber sagten de facto, ihre Gewinne seien wichtiger als Menschenleben. Die unweigerliche Folge war, dass Tausende unnötigerweise starben.

Auf diesem Gebiet wie auch bei anderen Aspekten von Eigentumsrechten kann man sich nicht auf vermeintliche Naturrechte berufen. Menschen haben keine ihnen innewohnenden Rechte auf das Einkommen, das ein bestimmtes Patent generiert. Unter anderen Patentregimen hätten sie offensichtlich ein anderes Einkommen erzielt. (Ein Patentregime ist definiert durch die Gültigkeitsdauer und den Umfang des Patents, die Stringenz der Bedingungen für die Erteilung von Zwangslizenzen, Einschränkungen für Preistreiberei, die Strenge der Offenlegungspflichten und so weiter.) Wie bei anderen Gesetzen und Vorschriften können wir die Folgen alternativer Regime hinter einem Schleier des Nichtwissens beurteilen – jedes davon schränkt die Freiheiten einiger (der Innovatoren) ein, während es die Freiheiten anderer erweitert (derjenigen, die das geistige Eigentum vielleicht gern nutzen und von der größeren Verbreitung des Wissens profitieren würden). Eine längere Patentlaufzeit für ein Medikament zum Beispiel bringt dem Pharmaunternehmen höhere Gewinne ein, allerdings um den Preis, dass diejenigen, die das Medikament benötigen, längere Zeit den höheren Monopolpreis zahlen müssen – mit der Möglichkeit, dass Patienten, für die das Medikament unerschwinglich wäre, sterben. Wenn wir uns die gegenwärtigen Regime des geistigen Eigentums in den USA und weltweit ansehen, können wir fragen: Inwieweit entsprechen sie dem, was wahrscheinlich hinter dem Schleier des Nichtwissens beschlossen würde? Und inwieweit sind sie einfach das Ergebnis machtpolitischer Prozesse?

Insgesamt ist klar, dass machtpolitische Aspekte ausschlaggebend sind. Dies zeigte sich nirgendwo deutlicher als während der Covid-19-Pandemie. Schon zu einem frühen Zeitpunkt baten Indien und Südafrika darum, den Schutz geistigen Eigentums in dieser Situation auszusetzen, was anderen erlaubt hätte, Covid-19-relevantes geistiges Eigentum zu benutzen. Aber die Welthandelsorganisation WTO (die auch über die Einhaltung der Schutzrechte für geistiges Eigentum wacht) lehnte es ab, den Schutz auszusetzen, obwohl Covid weltweit immer mehr Todesopfer forderte. Das führte zu einer Impfstoff-Apartheid, bei der reiche Länder Zugang zu Impfstoffen hatten, während arme außen vor blieben. Viele Tausend Menschen in diesen Ländern sind erkrankt, wurden hospitalisiert und starben unnötigerweise. Höchstwahrscheinlich dauerte die Pandemie länger und mutierte das Corona-Virus häufiger, weil es die WTO ablehnte, den Schutz des geistigen Eigentums auszusetzen, mit potenziell schädlichen Folgen auch für Menschen in fortgeschrittenen Ländern. Die WTO traf eine Entscheidung über die Trade-offs, die dabei eine Rolle spielten. Die Gewinne von Pharmakonzernen wurden höher gewichtet als das Wohlergehen von Milliarden Menschen. Die Freiheit, andere auszubeuten, schlug das Recht auf Leben.

Unternehmensinteressen ist es gelungen, unsere Sprache zu infiltrieren. Wir nennen diese Eigentumsansprüche aus Patenten und Urheberrechten *Rechte* an geistigem Eigentum, wodurch wir dieser Form von Eigentum den Rang eines Rechts verleihen. Es ist so, als würden diese Unternehmen behaupten, dass Einschränkungen des geistigen Eigentums eine Freiheitsentziehung sind, vergleichbar der Beschneidung der anderen Rechte, die uns lieb und teuer sind. Aber die Grenzen des geistigen Eigentums waren schon immer eng gezogen und uneindeutig, und es obliegt der Gesellschaft, darüber nachzudenken, wo genau diese Grenzen verlaufen sollten. Ich gehörte dem Wirtschaftsbeirat des US-Präsidenten an, als im Rahmen des TRIPS-Abkommens (Übereinkommen über handelsbezogene Aspekte der Rechte des geistigen Eigentums), aus dem die WTO hervorgehen sollte, Bestimmungen zum Schutz des geistigen Eigentums diskutiert wurden. Mir war klar, dass die Bestimmungen nicht hinter einem Schleier des Nichtwissens ausgewählt worden waren, um das Gemeinwohl zu maximieren, nicht einmal, um die Innovationsgeschwindigkeit in den USA oder in der Welt zu maximieren, sondern schlichtweg zu dem Zweck, die Gewinne einiger weniger Unternehmen zu maximieren, vor allem in der Pharma- und in der Unterhaltungsindustrie (mit vielleicht einigen wenigen Beschränkungen, um nicht allzu unanständig zu erscheinen). Das Urheberrechtsgesetz enthielt eine Bestimmung, die höhnisch »Gesetz zum Schutz von Mickey Mouse« genannt wurde und anscheinend nur zu dem Zweck in das Gesetz aufgenommen worden war, Disney zu helfen, indem die Schutzfrist für die Marke Mickey Mouse etliche Jahre über den Tod ihres Urhebers hinaus verlängert wurde, zum großen Nachteil für Wissenschaftler, die sich Zugang zu den Nachlassunterlagen bedeutender Literaten wünschen. Disney konnte sich auf Kosten der Allgemeinheit über die Zusatzeinnahmen freuen. Am 1. Januar 2024 endete schließlich die Schutzfrist früherer Versionen von Mickey Mouse.[28]

Die meisten Ökonomen würden behaupten, dass die Verlängerung der Schutzdauer eines Patents oder eines Urheberrechts über einen gewissen Punkt hinaus kaum Vorteile an gezielten Anreizen bringt, aber im Lauf der Zeit infolge der verlängerten Monopolmacht erhebliche gesellschaftliche Kosten verursachen kann. Die meisten würden zustimmen, dass der urheberrechtliche Schutz mit der Mickey-Mouse-Bestimmung weit über den Punkt hinausgegangen war, wo zusätzliche Monopolkosten gerechtfertigt sein könnten.[29]

## ABSCHLIESSENDE BEMERKUNGEN

In diesem Buch habe ich immer wieder darauf hingewiesen, dass man in unserer vernetzten Gesellschaft die Freiheit einer Person nicht isoliert betrachten kann. Erweitert man die Freiheit einer Person, beschneidet man die Freiheit anderer. In der Regel müssen wir beurteilen, welche Freiheiten wichtiger sind. Manchmal fällt es uns leicht, diese Entscheidungen zu treffen – manchmal schwer. Dieses Kapitel hat sich auf etwas konzentriert, was normalerweise ein leichter Fall ist: Ausbeutung. Das Gebiet, das eine etwas differenziertere Betrachtung erfordert, ist geistiges Eigentum, wo die durch Monopolgewinne herbeigeführten Innovationen gesamtgesellschaftlich vorteilhaft sein können. Dann müssen wir zwei Fragen stellen. Die erste betrifft das Abwägen von Freiheiten, wobei mehr Monopolrechte (mehr Rechte, andere auszubeuten) durch den gesamtgesellschaftlichen Nutzen von Innovationen aufgewogen werden können. Hier habe ich dargelegt, dass der Vergleich der gegenwärtigen Regelungen mit dem, was hinter dem Schleier des Nichtwissens beschlossen würde, ganz klar ergibt, dass diese das Ergebnis der Ausübung nackter politischer Gewalt sind. Die zweite Frage geht weiter: Lässt sich unser Innovationssystem besser organisieren – sodass es mehr Wissen erzeugt und die Früchte dieses Wissens zugänglicher macht? Das heißt: Gibt es andere ökonomische Regelungen, bei denen wir vielleicht nicht zu einer so intensiven Abwägung von Freiheiten gezwungen sind? Ja, die gibt es, insbesondere in Teilbereichen des Gesundheitswesens (aber nicht durchgängig). Der Staat kann die Forscher selbst finanzieren und/oder dem Innovator eine Prämie bezahlen. Natürlich kann man das »Recht, andere auszubeuten« – das dem Innovator gewährte Monopolrecht – als eine Art Prämie auffassen, aber es ist eine stark verzerrende und ineffiziente. Eine Geldprämie wäre effizienter und (pro ausgegebenem Dollar) effektiver.[30] Die Ironie besteht darin, dass wir mit den gegenwärtigen Regelungen die schlechtestmögliche Lösung realisiert haben. Der Staat finanziert einen Großteil der Forschung – die mRNA-Plattform, auf der die Covid-19-Impfstoffe von Pfizer und Moderna basierten, wurde weitgehend öffentlich finanziert, ebenso wie die vielen unmittelbareren Ausgaben für die Impfstoffentwicklung. Aber die Pharmaunternehmen erhielten die uneingeschränkte Erlaubnis zur Ausbeutung. Die Allgemeinheit trug den größten Teil der Ausgaben und Risiken, und die Pharmaunternehmen sackten die Gewinne ein, wobei ein Großteil der Kosten für ihre hohen Preise von der öffentlichen Hand getragen wurde. Die Regierung zahlte Pfizer und Moderna hohe Preise für ihre Impfstoffe, obwohl sie bereits die meisten Forschungs- und Entwicklungskosten bezahlt hatte.

Im Allgemeinen ist es offensichtlich, dass es im gesamtgesellschaftlichen Interesse ist, bei Unternehmen die Freiheit zur Ausbeutung zu beschneiden. Viele Rechtskonservative leben in einer Fantasiewelt, in der niemand Markt- oder politische Macht besitzt und jeder vollständig informiert ist. Niemand kann einen anderen ausnutzen. Werden Firmen, die wettbewerbswidrige Ausbeutung betreiben, wegen Verstoßes gegen wettbewerbsrechtliche Regeln verklagt, werden sie von großzügig vergüteten Wirtschaftswissenschaftlern verteidigt. Diese schauen sich Verhaltensweisen an, die auf den ersten Blick ausbeuterisch erscheinen und zum Beispiel darauf abzielen, Marktmacht zu erweitern und zu stärken, und behaupten dann, dies sei nicht der Fall. Aus irgendeinem obskuren Grund versichern sie, dass ein offensichtlich wettbewerbswidriges Verhalten in Wirklichkeit die ökonomische Effizienz steigere. Teams aus Juristen und Ökonomen werden jedes Jahr Hunderte Millionen Dollar dafür gezahlt, Gerichte zu überzeugen, dass die eindeutige Ausnutzung von Marktmacht nichts anderes sei als eine Manifestation der Wunder, welche eine Marktwirtschaft vollbringe.

Vor über 100 Jahren verabschiedeten die USA Gesetze, die die Fähigkeit von Megakonzernen, Durchschnittsbürger auszubeuten, einschränken sollten. Aber in der Zwischenzeit haben wirtschaftsfreundliche Gerichte die Gesetze neu ausgelegt, das Recht auf Ausbeutung erweitert und es immer weiter erschwert zu beweisen, dass eine bestimmte Handlung ausbeuterisch ist. Mittlerweile sollte klar sein, dass die gegenwärtigen Regelungen die Freiheiten nicht in angemessener Weise gegeneinander abgewogen haben. Dies wirft die Frage auf: Gibt es bessere Alternativen? Die Antwort, die ich in Teil III gebe, ist ein unmissverständliches Ja. Aber zunächst müssen wir auf Fragen eingehen, die Ökonomen in den letzten 100 Jahren weitgehend ignoriert haben. Wie prägt unser Wirtschaftssystem Menschen? Wie beeinflusst es das Ausmaß, in dem Regulierungsmaßnahmen überhaupt notwendig sind, oder auch den Zwang, den wir empfinden, wenn Regierungen uns den Regelrahmen auferlegen, den es für eine gut funktionierende Gesellschaft braucht?

# TEIL II
# FREIHEIT, ÜBERZEUGUNGEN, PRÄFERENZEN UND DER AUFBAU DER GUTEN GESELLSCHAFT

In Teil I dieses Buches analysierten wir Freiheit mit dem begrifflichen Standardrepertoire des Ökonomen – Trade-offs, Externalitäten, öffentliche Güter und Koordinierungsprobleme. Wir erklärten, wieso jede Gesellschaft Beschränkungen auferlegen muss und wieso in bestimmten Fällen begrenzter Zwang alle besserstellen kann, während in anderen Fällen Trade-offs auftreten – eine Person gewinnt, die andere verliert, wobei die Freiheit der einen die Unfreiheit der anderen ist. Es bedarf sorgfältiger Analyse und gründlicher Überlegung, um die Vorschriften, Steuern und Ausgaben so zu gestalten, dass sie insgesamt einen Zugewinn an Freiheit mit sich bringen, auch wenn dies bedeutet, dass man Freiheit in der einen oder anderen Dimension einschränkt. Es erfordert, Theorie und Praxis zusammenzuführen und sich nicht mit einem bequemen ideologischen Bekenntnis zu einem vagen, unausgegorenen Freiheitsbegriff zu begnügen. Uns interessieren negative Freiheiten – Freiheit von Not und Freiheit von Furcht – genauso wie positive Freiheiten – die Freiheit, sein Potenzial auszuschöpfen, und die Freiheit, ein sinnerfülltes Leben zu führen. An wirtschaftlichen Freiheiten liegt uns genauso wie an politischen. Freiheit ist ein wichtiger Baustein bei der Schaffung einer gerechten Gesellschaft.

Aber das ist noch nicht alles. Als Eltern ist es uns sehr wichtig, unsere Kinder zu guten, ehrlichen, tüchtigen, empathischen Menschen zu erziehen. Als wir selbst Kinder waren, können uns die entsprechenden Bemühungen unserer Eltern kaum entgangen sein. Auch wenn diese Bemühungen nicht hundertprozentig erfolgreich sein sollten, haben sie Konsequenzen. Daher ist das wirtschaftliche Standardmodell, das annimmt, dass wir mit vollständig definierten Präferenzen und Überzeugungen zur Welt kommen, falsch. Dies wiederum hat wichtige Konsequenzen für die Gesellschaft und unsere Gesellschaftskonzeption, auch für die vorliegende Frage: Welche Vorstellungen haben wir von Freiheit? Verschiedene Zuweisungen von Freiheit an einige Personen und Freiheitsbeschränkungen an andere führen zum Beispiel dazu, dass sich jeweils unterschiedliche Menschen- und im Lauf der Zeit unterschiedliche Gesellschaftstypen herausbilden. Bei der kritischen Betrachtung dieser verschiedenen Ordnungen sollten wir die langfristigen Folgen für die Gesellschaft bedenken.

Die Erkenntnis, dass Menschen formbar sind, also *endogene Präferenzen und Überzeugungen* besitzen, wie die Ökonomen sagen,[1] ist einer der bedeutenden Fortschritte in den Wirtschaftswissenschaften des 21. Jahrhunderts.[2] Die Art und Weise, wie Menschen die Welt sehen – das, was man ihre kognitive »Brille« nennen könnte –, wird durch ihre Erfahrungen, Gleichaltrige, Eltern, Führungspersönlichkeiten und viele andere, darunter Lehrer und die Medien, geprägt. Im ökonomischen Fachjargon ausgedrückt: Es gibt *soziale Externalitäten.*

Zweihundert Jahre lang tat die herrschende Wirtschaftslehre so, als wären Individuen nicht nur »vorgeprägt«, sondern auch unendlich rational und gut informiert (sogar rational in Bezug darauf, wie gut sie informiert sein sollten). Das Standardmodell beschrieb Menschen als herzlose Kalkulatoren, die Kosten und Nutzen (in der Regel materiell verstanden) jeder Handlung gegeneinander abwägten. Die Ökonomen selbst schienen eine seltsame – leicht schizophrene – Spezies zu sein, da sie wussten, dass diejenigen, mit denen sie Umgang pflegten, und die Probanden, deren Verhalten sie erforschen sollten, grundverschieden von den Menschen waren, die sie in ihren Modellen beschrieben. Die Menschen, von denen sie in ihren Modell*annahmen* ausgingen, waren erwiesenermaßen egoistischer als die *meisten* Menschen. Interessanterweise deuteten einige Studien darauf hin, dass selbst Ökonomen im Großen und Ganzen zwar nicht völlig egoistisch sind (wie es ihre Modelle unterstellten), aber doch große Ähnlichkeit mit den Individuen aufweisen, die sie in ihren Theorien als gegeben voraussetzen; so sind sie insbesondere egoistischer als Nichtökonomen. Außerdem fand man heraus, dass sich die Studierenden, je länger sie Wirtschaftswissenschaften studierten, dieser idealisierten Person immer weiter anglichen. Sie nahmen mehr und mehr die Identität des vollkommen egoistischen Individuums an, das den Eckpfeiler der modernen Wirtschaftswissenschaften bildet.[3]

Ökonomen nahmen auch an, dass alle Menschen vollkommen rational und bei den Entscheidungen, die sie treffen, vollkommen konsistent sind. In der zweiten Hälfte des 20. Jahrhunderts begannen Wirtschaftswissenschaftler dann, angeregt von den Arbeiten des kognitiven und mathematischen Psychologen Amos Tversky und des Psychologen und Verhaltensökonomen Daniel Kahneman, systematische Muster irrationalen Verhaltens zu untersuchen.[4] Aber in diesen Veröffentlichungen standen Fehleranfälligkeiten kognitiver Prozesse im Mittelpunkt. Wie es Kahneman in seinem Bestseller *Schnelles Denken, langsames Denken* erläuterte, denken wir oft schnell, weil wir nicht die Zeit haben, Probleme gründlich zu durchdenken.[5] Wir greifen auf einfache Faustregeln (sogenannte Heuristiken) zurück, und diese können zu konsistenten, messbaren »Verzerrungen« in unseren Entscheidungen und Urteilen führen. Die Erforschung der Abweichungen von der vermeintlich vollständigen Rationalität von Individuen wurde *Verhaltensökonomik* genannt. Aber selbstverständlich sollte es in den Wirtschaftswissenschaften immer um Verhalten gehen; sie sollten beschreiben, wie sich Menschen tatsächlich verhalten. Es zeigte sich, dass das Standardmodell der Ökonomen mit unendlich rationalen und vollkommen egoistischen Individuen das Verhalten von Menschen oft nicht gut beschrieb.[6]

Die Verhaltensökonomik des 21. Jahrhunderts behauptete,[7] die wichtigsten Abweichungen von den Standardhypothesen der Ökonomen hätten nicht *nur* darin bestanden, dass menschliche Denkabläufe fehleranfällig sind und wir uns manchmal allzu schnell entscheiden müssen, sondern auch darin, dass wir unserer eigenen Wünsche nicht ganz sicher sind und das, was wir wollen, veränderlich ist. Die Unrichtigkeit der Annahme in der ökonomischen Standardtheorie, dass Menschen unveränderbare Präferenzen haben, ist, wie bereits dargelegt, fast genauso offensichtlich wie die Tatsache, dass Menschen nicht unendlich rational sind.

In diesem Teil des Buches greife ich Erkenntnisse der modernen Verhaltensökonomik auf, insoweit sie für unser Verständnis von Freiheit und für die besten Methoden, Freiheit in einer sinnvollen Weise zu fördern, relevant sind.

KAPITEL 8

# SOZIALER ZWANG UND SOZIALER ZUSAMMENHALT

Wir alle sind Gemeinschaftswesen, die empfindlich auf das reagieren, was andere von uns denken. Die Gesellschaft, in der wir leben, hat einen prägenden Einfluss auf das, was wir als »akzeptabel« ansehen. In manchen Gesellschaften gilt es als akzeptabel, Abfälle einfach wegzuwerfen, während einer Pandemie keine Maske zu tragen, in der Öffentlichkeit auszuspucken oder als Frau Hosen zu tragen; in anderen Gesellschaften gelten diese Verhaltensweisen als unangemessen. Man könnte sagen, dass in all diesen Fällen die Normen, die das Verhalten von Menschen regeln, nicht weniger freiheitsbeschränkend sind als eine staatliche Geldstrafe und in manchen Fällen sogar noch weitaus restriktiver. In diesem Sinne könnte man Normen als verhaltenserzwingend *(coercive)* auffassen.

In diesem Kapitel befassen wir uns eingehend mit der Frage, wie Überzeugungen entstehen, und mit den Dilemmata – und Gefahren –, die mit sozialem Zwang verbunden sind. Im Rahmen der Diskussion einiger schwer zu lösender Fragen wird deutlich werden, dass die gegenwärtige Form des Kapitalismus – der neoliberale, ungezügelte Kapitalismus – Menschen in einer Weise prägt, die nicht nur das Gegenteil einer guten Gesellschaft ist, sondern den Kapitalismus tatsächlich untergräbt.

## DIE GESELLSCHAFTLICHE FORMUNG VON ÜBERZEUGUNGEN UND PRÄFERENZEN

Die Verhaltensökonomik des 21. Jahrhunderts hat gezeigt, dass Präferenzen endogen sind – sich also mit unseren Erfahrungen verändern können – und weitgehend *gesellschaftlich* geprägt. Es sind die Menschen in unserem Umfeld, vor allem (wenn auch nicht ausschließlich) Eltern und Lehrer, die uns zu denjenigen machen, die wir sind.

Sie vermitteln nicht nur Werte über die Generationen hinweg, sondern sozialisieren auch Jugendliche, indem sie ihnen bewusst machen, wie ihr eigenes Tun andere beeinflusst. Kindern werden Regeln vermittelt wie »Behandle andere so, wie du selbst behandelt werden möchtest«, »Ehrlichkeit lohnt sich« und »Nichts Böses zu tun ist gut, besser noch ist es, nichts Böses im Sinn zu haben«. Ihnen wird beigebracht, dass sich ein guter Mensch an diese Gebote hält. Wenn Eltern und Lehrer erfolgreich sind, wird derartiges rücksichtsvolles Verhalten zu einem festen Bestandteil der Identität einer Person. Selbstverständlich gelingt diese Sozialisation nie zu 100 Prozent.

Die verbreitete Unterstützung für das öffentliche Schulwesen im 19. Jahrhundert zielte in einem nicht geringen Maß darauf ab, passende Arbeitskräfte für die aufstrebende Industrieökonomie bereitzustellen. Dazu war es erforderlich, dass Menschen hinreichend sozialisiert waren, sodass sie sich am Arbeitsplatz angemessen verhielten (und die gewünschte Leistung erbrachten).[1] Zu diesen Verhaltensweisen gehörten so alltägliche Dinge wie das regelmäßige und pünktliche Erscheinen am Arbeitsplatz, aber auch Wichtigeres, wie das Annehmen oder gar Begrüßen von Anweisungen anderer und auch die Bereitschaft, sich in eine hierarchische Organisation einzufügen und seine Position darin zu akzeptieren. Dieser Prozess wird gelegentlich auch »Sozialisation« des Individuums genannt.

Schulen tun also mehr, als lediglich Kompetenzen zu vermitteln und Humankapital zu erzeugen.[2] Sie versuchen, Normen einzuschärfen, einschließlich derjenigen, die notwendig sind, damit die Wirtschaft funktioniert, ebenso Wertvorstellungen einschließlich nationaler und, in einigen Fällen, religiöser Identitäten. Das Fach Geschichte wird nicht selten in einer Weise unterrichtet, welche die Vergangenheit verklärt und die Gräueltaten, die ein Land vielleicht begangen hat, unter den Teppich kehrt. All dies ist ein Versuch, Menschen zu formen und ihr zukünftiges Verhalten zu beeinflussen, insbesondere in bestimmten Situationen und zu bestimmten Zeiten – zum Beispiel wenn das Land von einem äußeren Feind bedroht wird. Wir Ökonomieprofessoren prägen unsere Studierenden nach dem Menschenbild, von dem wir in unseren Modellen ausgehen – und scheren uns nicht darum, wie die *meisten* Menschen im wirklichen Leben sind. Aber wenn es Ökonomen zum Beispiel gelänge, sämtliche Schulen dazu zu überreden, jedes Jahr einen Pflichtkurs in Wirtschaftslehre anzubieten, der auf der Annahme basierte, dass alle Menschen vollkommen egoistisch sind, würden wir höchstwahrscheinlich über kurz oder lang eine egoistischere Gesellschaft bekommen.[3]

Bildung spielt ebenfalls eine Rolle. Sie bringt »soziale Gemeingüter« hervor – gemeinsame Sichtweisen der Welt einschließlich einer gemeinsamen Sprache, in der man sich darüber verständigt.[4] Wir sind soziale Wesen und wollen und müssen uns mit anderen austauschen. Während alle Bildungssysteme helfen, diese gemeinsame Verständnisgrundlage zu schaffen, sorgen gute Bildungssysteme für eine breitere gemeinsame Verständnisbasis mit mehr Nuancen, die differenzierte Bedeutungen ermöglichen. Es geht nicht nur um ein gemeinsames Verständnis dessen, was ausdrücklich gesagt wird; es geht, wie erwähnt, auch um die Erstellung von Normen einschließlich solcher darüber, was ungesagt bleiben sollte.

Gruppendruck und soziale Normen beeinflussen unser Verhalten ganz erheblich. Wenn sich Menschen anders verhalten, als es die Normen diktieren, werden sie womöglich gemieden und aus Gruppen, denen sie angehören, ausgeschlossen, was schmerzlich ist. Der Einfluss von Gruppendruck ist vielleicht bei Teenagern, die noch um die eigene Identität ringen, am offensichtlichsten; auf subtilere Weise wirkt er während unseres gesamten Lebens. Gruppendruck kann eine sehr starke Kraft sein und sogar dazu führen, dass selbst Unbeteiligte ausgegrenzt werden, wenn sie sich nicht an der Ausschließung einer bestimmten Person durch die Gruppe beteiligen.

## EXTERNALITÄTEN INTERNALISIEREN UND SOZIALEN ZUSAMMENHALT ERZEUGEN

In einigen Fällen profitiert eine Gesellschaft ganz klar in erheblichem Umfang von der sozialen Formung von Überzeugungen und Präferenzen mithilfe der von mir beschriebenen Mechanismen. Manchmal können Normen helfen, einen externen Effekt zu adressieren. Rücksichtvolles Verhalten gegenüber anderen – ob als Folge unserer eigenen Identität oder von Gruppendruck und sozialen Normen – kann zu weniger illegaler Müllentsorgung, weniger Alkoholkonsum und sichererem Fahrverhalten führen. Auch bei der Schaffung und Aufrechterhaltung anderer Elemente einer guten Gesellschaft, wie etwa Prävention von Gewalt gegen Frauen oder Förderung von Toleranz, können Normen eine wichtige Rolle spielen. Heute haben aufkommende Normen gegen die unnötige Emission von Treibhausgasen – fleischlose Ernährung, weniger Flugreisen, Absenken der Raumtemperatur – eine Schlüsselrolle bei der Rettung des Planeten inne.

Soweit es diesen Normen gelingt, einen externen Effekt zu *internalisieren*, indem sie uns dazu bringen, zu berücksichtigen, wie sich unsere Handlungen auf andere auswirken, besteht keine Notwendigkeit, die Externalität durch öffentliche Eingriffe, die vielleicht als Zwangsmaßnahmen empfunden würden, zu beheben.

Die Berücksichtigung der Auswirkungen des eigenen Handelns auf andere – ob aufgrund von Gruppendruck, sich gut zu verhalten, oder von Empathie – kann als Teil des sozialen Zusammenhalts oder der sozialen Solidarität angesehen werden. Solche prosozialen Verhaltensweisen definieren uns. Wir halten uns selbst für gute Bürger, für Mitglieder einer Gemeinschaft, die ihre Schuldigkeit tun. Wir werden nicht dazu gezwungen, uns gut zu verhalten; vielmehr verlangt eine innere Instanz von uns, anderen Wertschätzung entgegenzubringen, indem wir zum Beispiel bei einer Naturkatastrophe unseren Nachbarn beistehen oder Blut spenden.

In dem Maße, wie sozialer Zusammenhalt vorhanden ist, ist die Pflicht, zum Wohl der Gesellschaft zu handeln, kein Zwang – eine Regel, die von uns verlangt, einem älteren oder behinderten Menschen in einem Bus einen Sitz anzubieten, übt keinen Zwang auf uns aus. Auch die Pflicht, Menschen, denen es nicht so gut geht, zu unterstützen – anders gesagt: Steuern zu zahlen, um Umverteilung zu ermöglichen –, ist kein Zwang, der uns auferlegt wird. Vielleicht tun wir es aus eigenem Antrieb, aber die Gesellschaft als Ganze profitiert, wenn wir das alle gemeinsam tun, damit sich niemand als Trittbrettfahrer zurücklehnen kann, wenn der geteilte Wohlstand aufgebaut wird, der für eine gute Gesellschaft grundlegend ist.

Tatsächlich ist es so: Wenn Individuen Normen *vollständig* als ihre eigenen Werte annehmen, bedarf es keiner Vorschrift, die diese Verhaltensweisen erzwingt. Die Menschen werden nicht gegen die Norm verstoßen wollen, etwa indem sie wahllos Müll entsorgen oder für eine ältere Person ihren Sitz im Bus nicht frei machen; und eine nicht bindende Einschränkung ist im Grunde keine Einschränkung. In gut funktionierenden Gesellschaften ist ein Großteil der Sozialisierungsbemühungen (ein zentraler Aspekt der sozialen Formung von Präferenzen) darauf gerichtet, Menschen dazu zu bewegen, Externalitäten zu internalisieren.

Aber die Weitergabe von Normen zwischen Individuen funktioniert nicht perfekt. Manche übernehmen eine Norm nicht vollumfänglich, und dann wirkt die Einschränkung, die durch Gruppendruck und sozialen Zwang ausgeübt wird, tatsächlich wie eine Beschneidung der persönlichen Handlungsfreiheit der Betreffenden. So betrachtet, ist der Freiheitsverlust durch ein Verbot wilder Müllentsorgung ironischerweise nur mit der unvollkommenen Weitergabe gesellschaftlicher Präferenzen verbunden. Nur Menschen, die das Verbot wilder Müllentsorgung nicht verinnerlicht haben, empfinden eine Norm, die wilde Müllentsorgung verbietet, als Freiheitsverlust.

Donald Trump zeigt uns, was geschieht, wenn Eltern und Lehrer versagen und ein Mensch nicht sozialisiert wird. Wenn Normen, Gruppendruck und Tradition reibungslos funktionieren würden, bräuchten wir keine strengen Gesetze, die definieren, wo bei einem Präsidenten die Grenzen ethischen Verhaltens verlaufen. So gut wie jeder Präsident handelte innerhalb dieser Grenzen. Aber Trump in seiner Schamlosigkeit wird uns vielleicht zwingen, die Grenzen der Handlungsvollmachten des Präsidenten genauer zu definieren, indem wir sie in Gesetzen und anderen Rechtsnormen niederlegen.

### *Sozialer Zusammenhalt jenseits der Internalisierung von Externalitäten*

Sozialer Zusammenhalt verbessert das gesellschaftliche Zusammenleben in einer Weise, die über die Internalisierung von Externalitäten hinausgeht. In Kapitel 4 sprach ich über den Nutzen öffentlicher Güter und sozialer Kooperation; hoher sozialer Zusammenhalt stärkt die Unterstützung für öffentliche Güter und fördert Kooperation. Er lässt sogar die Reichen ein gewisses Maß an Umverteilung im Interesse des Gemeinwohls hinnehmen und kann Philanthropie fördern. Sozialer Zusammenhalt und das geringere Maß an Ungleichheit, das er womöglich hervorbringt, erleichtern ihrerseits die unvermeidlichen politischen Kompromisse, die das Kennzeichen einer gut funktionierenden Gesellschaft sind.

### *Die andere unsichtbare Hand*

Dadurch, dass Normen externe Effekte internalisieren und den sozialen Zusammenhalt fördern, tragen sie zum guten Funktionieren von Gesellschaften bei. Das Phänomen, dass Massen von Individuen zusammenarbeiten, um die komplexen Produkte herzustellen, die unseren Lebensstandard stützen und weiter steigern, ist ein Thema, das schon seit Langem von Interesse ist, insbesondere für Ökonomen. Wie wir gesehen haben, legte Adam Smith eine Antwort auf die Frage vor, wie dieses komplexe System all die Güter und Dienstleistungen produziert, die wir brauchen und uns wünschen. Irgendwie, so sagte er, führe das Verfolgen des Eigeninteresses zum Wohlergehen der gesamten Gesellschaft.[5] Moderne Ökonomen haben die Details hinzugefügt. Es ist der Preismechanismus, der Informationen übermittelt, sodass das individuelle Eigeninteresse deckungsgleich mit den Interessen der Gesellschaft ist.

Normen und die gemeinsame »Brille«, durch die Menschen die Welt betrachten, bilden eine andere unsichtbare Hand, wie in einem in Kürze erscheinenden Buch von Allison Demeritt, Karla Hoff und mir dargelegt werden wird.[6] Wie schon gesagt: Wenn wir alle die Norm, Müll nicht achtlos wegzuwerfen, verinnerlicht haben, brauchen wir keine Vorschriften oder auch Preisanreize, die uns dazu anhalten, Müll nicht achtlos zu entsorgen. Wir verhalten uns in einer Weise, die unsere Städte sauber hält. Diese Normen und gemeinsamen Betrachtungsweisen (»Brillen«) sind in einem doppelten Sinne unsichtbar: Sie entstehen, ohne dass wir es bemerken, und sie werden zu einem Teil von uns, ohne dass wir uns dessen überhaupt bewusst sind. Zudem funktionieren sie automatisch, sind so sehr ein Teil von uns, dass wir ihnen in der Regel gehorchen, ohne auch nur darüber nachzudenken.

### *Freiheit und Verantwortung*

Die Diskussion in Kapitel 1 griff die traditionsreiche Vorstellung auf, dass Freiheit Verantwortung mit sich bringt. Eltern sagen zu ihren Kindern: »*Wenn du dich verantwortlich verhältst,* bekommst du mehr Freiheiten.« Das bedeutet natürlich, dass Kinder keine uneingeschränkte Freiheit haben. Es gibt Regeln und Gebote, die zwischen Eltern und Kindern stillschweigend vereinbart werden. Das Gleiche gilt in gewisser Weise in unserer größeren »Familie«, unserer Gemeinschaft. So wie Eltern versuchen, ihre Kinder dazu zu bewegen, sich entsprechend den Regeln der Familie zu verhalten, bemüht sich die Gesellschaft – oft auch über die Eltern – darum, alle Bürger dazu zu bringen, verantwortlich zu handeln, indem sie zum Beispiel die externen Effekte berücksichtigen, die sie auf andere ausüben.

Es gibt in den Rechts- und Wirtschaftswissenschaften eine breite Diskussion über die Vorteile von Gesetzen und anderen Rechtsvorschriften im Vergleich zu Normen und anderen Methoden, prosoziales (rücksichtsvolles) Verhalten herbeizuführen. Selbstverständlich lässt sich unmöglich definieren, was in jedem möglichen Einzelfall angemessen ist. Normen können uneindeutiger als Gesetze und andere Rechtsvorschriften sein, und diese Uneindeutigkeit wiederum kann *unter normalen Umständen* hilfreich sein, um Verhalten zu kontrollieren. Wenn es eine klare Grenze gibt, die von einem Gesetz oder einer sonstigen Rechtsnorm definiert wird, dann entsteht eine Neigung, sich dagegen aufzulehnen. Milton Friedman zeigt, was geschieht, wenn diese Sichtweise auf die Spitze getrieben wird. Solange der Staat die Behandlung der Arbeitnehmer oder Umweltverschmutzung nicht regele, so Friedman, solle ein Unternehmen die ihm staatlicherseits eingeräumten Freiheiten vollumfänglich nutzen, um seinen Gewinn zu maximieren. Es sei moralisch nicht dazu verpflichtet, seine Mitarbeiter anständig zu behandeln oder die Umwelt zu schützen. Friedman stellte die Moral auf den Kopf, als er behauptete, es sei unrecht von einem Manager, irgendetwas anderes zu tun. Wie er sagte: »Es gibt eine und nur eine gesellschaftliche Verantwortung von Unternehmen: ihre Ressourcen zu nutzen und geschäftlichen Aktivitäten nachzugehen, die ihren Gewinn steigern.«[7]

In manchen Situationen kann es leichter sein, Menschen durch eine soziale Norm statt durch Rechtsvorschriften oder Marktanreize zu kooperativem Verhalten zu bewegen. Ein berühmtes Experiment in einer israelischen Kindertagesstätte, das von den Wirtschaftswissenschaftlern Uri Gneezy und Aldo Rustichini diskutiert wird, verdeutlicht dies.[8] Weil die Mitarbeiter so lange bleiben mussten, bis alle Kinder abgeholt worden waren, war es wichtig, dass die Eltern abends rechtzeitig vorbeikamen. Um diese dazu zu bewegen, regelmäßiger pünktlich zu sein, verlangte die Kindertagesstätte eine Gebühr für verspätetes Abholen – aber die Reaktion darauf war scheinbar paradox, da die Fälle verspäteten Abholens *zunahmen*. Die Erklärung war einfach. Zuvor hatte es eine Norm gegeben. Jetzt wurde eine soziale Verpflichtung in eine ökonomische Beziehung umgewandelt; Eltern beurteilten, ob die zusätzlichen Gebühren, die als Kosten eines verspäteten Abholens anfielen, größer oder geringer waren als dessen Nutzen für sie, und in vielen Fällen gelangten sie zu dem Schluss, dass die Kosten geringer seien als der Nutzen.

Damit hängt eine weitere Sorge zusammen: dass Regeln und Vorschriften moralisches und andere Formen von prosozialem Verhalten *verdrängen*. Wir fühlen uns vielleicht besser, wenn wir Müll nicht wild entsorgen, weil uns etwas an anderen liegt, und nicht deshalb, weil wir wissen, dass uns eine Geldstrafe droht, wenn wir erwischt werden.

### *Überzeugungen, Präferenzen und soziale Externalitäten*

Die Tatsache, dass unsere Präferenzen und Überzeugungen in Bezug auf andere geformt werden, erzeugt eine grundlegende soziale Externalität: Wenn wir unehrlich sind, hat dieses Verhalten nicht nur direkte Konsequenzen (die selbst eine Externalität sind), sondern auch einen indirekten Effekt. Das Vertrauen in der Gesellschaft sinkt nämlich, und die Wahrscheinlichkeit steigt, dass sich andere ihrerseits unehrlich verhalten, wodurch sich das gesellschaftliche Zusammenleben insgesamt verschlechtert. Auch positives Verhalten löst wahrscheinlich einen Dominoeffekt aus, wie zahlreiche Experimente gezeigt haben.[9] Eine selbstlose gute Tat wird wahrscheinlich andere dazu anregen, ihrerseits selbstlose gute Taten zu vollbringen. Ehrlichkeit erzeugt Ehrlichkeit und fördert das Vertrauen in der Gesellschaft.

Wie bei anderen Externalitäten sprechen überragende Gründe dafür, dass der Staat positive soziale Externalitäten fördern und negative unterbinden sollte. Er tut dies mithilfe marktbasierter und nicht marktbasierter Mechanismen. Der Staat bestraft sittenwidriges Verhalten (Unehrlichkeit unter gewissen Umständen, wie etwa bei Betrug und wahrheitswidriger Werbung), und er subventioniert Spenden für karitative Zwecke durch das Steuersystem. Und politische Führungspersonen nutzen ihre herausgehobene öffentliche Position, um zu – aus ihrer Sicht – prosozialem Verhalten aufzurufen.

In Teil III werde ich erörtern, wie sich die Ausgestaltung des Wirtschafts- und Gesellschaftssystems auf das Ausmaß dieser Externalitäten auswirkt, und erläutern, wie der neoliberale Kapitalismus negative Externalitäten gefördert und eine egoistische und weniger ehrliche Gesellschaft hervorgebracht hat.

## SOZIALE KONTROLLE, SOZIALKREDIT, WERBUNG UND INDIVIDUELLE FREIHEIT

Vielleicht begrüßen wir die Sozialisierung von Menschen, wenn es sie zu besseren Bürgern macht oder sie besser an die Anforderungen der Arbeitswelt anpasst, aber Sozialisierung kann auch problematische Elemente umfassen. Erstens ist Gruppendruck nicht darauf gerichtet, externalitätserzeugende Aktivitäten einzudämmen oder prosoziales Verhalten zu fördern. Mitunter kann er sogar schädliche soziale Folgen haben – zum Beispiel wenn er ausschließendes Verhalten bewirkt. Gruppendruck kann auch andere problematische Verhaltensweisen fördern, wie etwa Essstörungen und Mobbing unter jungen Leuten. In den USA hat Gruppendruck zweifellos das rassistische und ausgrenzende Jim-Crow-System* unterstützt.

Neoliberale Ökonomen behaupteten, diese Art von Diskriminierung könne nicht von Dauer sein. In seinem berüchtigten Buch *The Economics of Discrimination* behauptete der mit dem Nobelpreis ausgezeichnete Ökonom Gary S. Becker, dass Diskriminierung in einer Wettbewerbsökonomie nur schwer bzw. gar nicht auftreten könne.[10] Diejenigen, die diskriminiert würden, hätten niedrigere Löhne, sodass die von ihnen produzierten Güter entsprechend billiger seien. Solange es genügend vorurteilsfreie Menschen gebe, so Becker, würden sie ihre Nachfrage auf diese Arbeiter und die von ihnen hergestellten Güter verlagern. Und – schwupps! – ist die Diskriminierung verschwunden. Jemandem,

* Die wohl in den 1830er-Jahren geschaffene Bühnenfigur Jim Crow (»Jim, die Krähe«), ein, wie auch dem Vogel nachgesagt wird, diebischer und intelligenter Schwarzer Sklave, der sich singend und tanzend durchs Leben schlägt, gab dem System der Rassendiskriminierung seinen Namen, das in den USA, vor allem den Südstaaten, trotz des Endes der Sklaverei in den 1860ern noch bis in die 1960er Bestand hatte. (A. d. Ü.)

der an der Universität Chicago lehrte, einer im Kern weißen Enklave inmitten einer einkommensschwachen afroamerikanischen Umgebung, mochte es schwerfallen, derartige Überlegungen mit der massiven Diskriminierung, die direkt vor seinen Augen stattfand, in Einklang zu bringen. Aber Becker hatte eine Antwort darauf: Wenn es *den Anschein hat*, als gäbe es Diskriminierung, weil afroamerikanische Arbeiter schlechter bezahlt werden, dann muss dies daran liegen, dass sie keine qualitativ gleichwertigen Arbeitsleistungen erbringen.

Wir wollen für den Moment einmal ausklammern, dass es Diskriminierung im Bildungswesen gab. Becker lebte in der mythischen Welt *vollkommenen* Wettbewerbs und sozialer Durchlässigkeit. Aber noch während er an dem Buch schrieb, untersuchten Ökonomen, wieso geringfügige Abweichungen von dieser Welt weitreichende Folgen hatten und auf welche Weise wirtschaftliche Sanktionen diskriminierende Regelungen durchsetzen können. Sie gelangten zu Schlussfolgerungen, die das genaue Gegenteil derjenigen Beckers waren und mehr dem entsprachen, was offen zutage lag. Personen, die die rassistischen Jim-Crow-Gesetze ablehnten und nicht diskriminieren wollten, konnten ihrerseits bestraft werden, womöglich durch Diskriminierung. Und jeder, der seinerseits Nichtdiskriminierende nicht bestrafte, würde selbst bestraft werden. Auf diese Weise ließ sich ein Diskriminierungsgleichgewicht auf Dauer aufrechterhalten, obwohl viele Menschen selbst vorurteilsfrei waren; sie befürchteten einfach, für den Verstoß gegen die diskriminierenden sozialen Normen bestraft zu werden. Soziale Sanktionen, die sich in Gruppendruck widerspiegeln, können genauso wirkungsvoll sein wie ökonomische Strafen, oder sogar noch wirksamer, insbesondere wenn ökonomische Strafen sich auf Boykotte beschränken (und keine verstümmelnden Knieschüsse, Lynchmorde und Brandstiftungen umfassen). Die Jim-Crow-Rassensegregation bestand nur leicht abgeschwächt weiter, auch nachdem die Südstaatengesetze, die sie durchgesetzt hatten, aufgehoben worden waren.

Das Argument hier ist identisch mit dem Argument über soziales Kapital, das oft als ein wesentliches Merkmal einer gut funktionierenden Gesellschaft angesehen wird. Zum sozialen Kapital gehört das Vertrauen, das Menschen einander entgegenbringen; es kann auch die sozialen Normen und die sozialen Gemeingüter umfassen, die sie in die Lage versetzen, gut miteinander klarzukommen. Einige Normen können positiv, andere ausgrenzend sein, wenn Gruppen mit starkem Zusammenhalt Gruppenfremde ausschließen (diskriminieren).[11] Normen können mithin helfen, eine besser funktionierende Gesellschaft zu schaffen, in der sich mehr Menschen freier fühlen, aber das ist nicht immer der Fall. Normen und der Gruppendruck, den sie erzeugen, können lähmend und einschränkend sein[12] und in einigen Fällen das Gegenteil einer guten Gesellschaft hervorbringen.[13]

### *Lässt Orwell grüßen?*

Es gibt begründete Ängste vor Orwell'schen Versuchen, Menschen zu sozial hoch angepassten Wesen zu formen und so eine Dystopie zu verwirklichen. Seit Langem besteht die Sorge, dass Unternehmen sich Erkenntnisse der modernen Verhaltensökonomik und Sozialpsychologie zunutze machen könnten, um Menschen dazu zu bringen, sich in einer Weise zu verhalten, die im Interesse der Unternehmen ist. Dies geht weit über die früher diskutierte Sozialisierung hinaus – die Menschen zum Beispiel beibringt, regelmäßig pünktlich zu erscheinen.[14]

Heute ist das keine Spekulation mehr, sondern Realität. Es ist zwar noch keine vollständige Kontrolle, aber es geht immerhin darum, zumindest Teile der Gesellschaft in eine gewisse Richtung zu lenken. China hat ein Sozialkreditsystem, in dem Bürger ein »soziales« Konto haben. Darauf werden ihnen Punkte gutgeschrieben, wenn sie sich entsprechend den Wünschen des Staates verhalten, während ihnen Punkte abgezogen werden, wenn sie dies nicht tun. Dieses System, das durch Massenüberwachung unterstützt wird, soll Menschen Anreize geben, sich so zu verhalten, wie es die chinesische Staatsführung will. Aber die eigentliche Absicht besteht darin, internalisierte soziale Normen zu schaffen. China möchte ein System entwickeln, das besser als dasjenige Sowjetrusslands oder Nazideutschlands in der Lage ist, seine Bürger dazu zu motivieren, staatlich vorgegebene Ziele anzustreben – mit weniger unverhohlenem Zwang und größerem Erfolg bei freiwilliger »Kooperation«, sodass es weniger Abweichler und Gegner gibt.

Diese Version von Orwells *1984* stößt Westler ab, obwohl sie privatwirtschaftlichen Unternehmen erlauben, wenn auch auf subtilere Weise, ähnliche Ergebnisse zu erzielen. Unternehmen entwickeln Werbekampagnen, die Verbraucher dazu bewegen sollen, in einer Weise zu handeln, wie sie es mit kühlerem Kopf niemals tun würden, nur um ihren Gewinn zu steigern. Hat die zwanghafte Glücksspielerin, die dazu verlockt wird, ihr Vermögen zu verzocken, durch diese scheinbar nicht auf Zwang basierende Methode in gewisser Weise ihre Handlungsfreiheit verloren? In gewisser Hinsicht war sie »frei«, die Verlockung zu ignorieren. Aber andererseits wussten diejenigen, die sie verlockten, dass sie wahrscheinlich nicht widerstehen könnte. Diese Art der Verleitung zu einem bestimmten Tun ist mit erheblichen negativen sozialen Folgen verbunden. Denken wir nur an Nahrungsmittelkonzerne, die Kinder und Erwachsene dazu verleiten, hoch verarbeitete Lebensmittel zu essen, was in den USA zu der Typ-1- und Typ-2-Diabetes-Epidemie beigetragen hat, oder an die Pharmaunternehmen der Familie Sackler, die zur Opioidkrise beitrugen, oder an die Zigarettenhersteller, die das Suchtpotenzial ihrer Produkte noch erhöhten, ohne dass die Verbraucher dies überhaupt wussten. Jedes dieser Beispiele kann als eine nicht auf Zwang basierende Bedrohung der individuellen Freiheit angesehen werden.

Instagram fördert die verlockende Vision eines glücklichen und erfolgreichen Teenagerlebens. Junge Menschen wollen selbstverständlich Teil davon sein, sodass sie Fotos von sich posten, auf denen sie einen glücklichen und erfolgreichen Eindruck machen. Wenn dies hinreichend viele tun, erzeugt es eine Norm. Obwohl alle wissen, dass die meisten der Bilder gestellt sind, deprimiert es einige der Heranwachsenden, weil sie wissen, dass sie selbst kein derartiges Leben führen. Mittlerweile ist gut dokumentiert, dass soziale Medien bei Teenagern Angststörungen und Depressionen auslösen können. Das Design der Social-Media-Plattformen, das es Nutzern erlaubt, gelikte Bilder untereinander zu tauschen, verstärkt diese Wirkungen.

Ich glaube, dass staatliche Eingriffe in den freien Markt gefordert werden, um antisoziale Aktivitäten zu begrenzen, und während sie zum Beispiel die Freiheit der Sackler-Unternehmen einschränken, erweitern sie die Freiheit anderer in einer Weise, die das Wohlergehen der Gesellschaft fördert. Manchmal ist es leicht, zwischen Freiheiten abzuwägen. Nur wenige würden die Freiheit der Sacklers verteidigen, massenhafte Rauschgiftsucht zu erzeugen. In anderen Fällen ist es schwieriger. So müssen wir zum Beispiel bei sozialen Medien und Werbung die Folgen für die Meinungsfreiheit bedenken. Später in diesem Buch werde ich erörtern, wie das Rawls'sche Rahmenmodell, das uns erlaubt, über diese Probleme hinter dem Schleier des Nichtwissens nachzudenken, oder auch Adam Smiths Idee des unparteiischen Zuschauers uns dabei helfen können, bei diesen schwer zu beurteilenden Fällen pragmatische Lösungen zu finden.

## INDIVIDUELLE SELBSTBESTIMMUNG UND GRUPPENDRUCK: EINE PHILOSOPHISCHE DEBATTE

Die Frage, wie Gruppendruck und konformistische soziale Normen zu beurteilen sind, wird kontrovers diskutiert. Bedeuten sie einen Verlust an Freiheit, nicht weniger, als eine staatliche Vorschrift einen Verlust an Freiheit auferlegt? Sind sie eine Form von Zwang, vielleicht noch schlimmer als gesetzliche Vorschriften, weil sie sich schwerer verändern lassen und ihre Wirkung oftmals unbewusst entfalten?

Es gibt einige Philosophen, die behaupten, dass wir konformistische soziale Normen *nicht* mit gesetzlichen Vorschriften gleichsetzen sollten. Wir sind fühlende Wesen, die, zumindest bis zu einem gewissen Grad, in der Lage sind zu beurteilen, ob und in welchem Ausmaß wir von anderen beeinflusst sind.[15] Es gibt immer Individuen, die sich der Herde widersetzen, die ihre eigenen Präferenzen oder Verhaltensweisen und die Präferenzen von anderen »rational« beurteilen, um festzustellen, ob bestimmte Präferenzen und Überzeugungen auf die eine oder andere Weise unerwünscht sind. Die Fähigkeit zu rationaler Urteilsbildung ist ein wesentliches Element der Handlungsfähigkeit einer Person.[16] Wir besitzen die Fähigkeit zu beurteilen, ob wir der Herde folgen *sollten* – entweder in unserem eigenen langfristigen Interesse (besonders wichtig im Fall von Gruppendruck auf einen Teenager) oder für das gesamtgesellschaftliche Wohlergehen (was moralische Urteilsbildung erfordert). Wie es der an der Columbia University lehrende Philosoph Akeel Bilgrami formuliert hat:

> »Die Übernahme der vorherrschenden sozialen Normen ist etwas, mit dem man sich selbst, nach vernünftiger Erwägung, erlaubt, sich von diesen Normen formen bzw. akkulturieren zu lassen. Aus diesem Grund gibt es keine intrinsische oder wesensmäßige Verbindung zwischen individueller Selbstbe-

stimmung und der Selbstbezogenheit, die im wirtschaftlichen Standardmodell eine so zentrale Rolle spielt.«[17]

Aber vielleicht geht Bilgrami mit diesem Argument zu weit: Wir wählen die »Brille«, durch die wir die Welt betrachten, nicht frei. Sie wird größtenteils, wenn auch nicht vollständig, von unserem Umfeld bestimmt, und insbesondere in den Jahren, in denen unsere Persönlichkeit am nachhaltigsten geprägt wird, sind es in erster Linie unsere Eltern oder andere Erziehungspersonen, die diesem Umfeld ihren Stempel aufdrücken. Die Formung unserer Sichtweisen und Überzeugungen geschieht weitgehend unbewusst.[18] Selbst wenn man sich bewusst »erlaubt« hat, in vorherrschende soziale Normen eingeübt oder akkulturiert zu werden, mögen sich verschiedene Menschen in unterschiedlicher Weise eingeschränkt fühlen, wenn es darum geht, die potenziellen Kosten der Ablehnung von Normen zu tragen. Die eigene Vorgeschichte, die soziale Stellung und die Macht, die man hat, bestimmen maßgeblich das »Budget«, über das man verfügt, um von Normen abzuweichen, insbesondere wenn viel auf dem Spiel steht. Auch wenn wir alle gleichermaßen befähigt sind, die vorherrschenden Normen zu hinterfragen, ist unsere Freiheit, daraufhin entsprechend zu handeln, keineswegs gleich verteilt.

Hinzu kommt: Wenn unsere Sichtweise von unsichtbaren Kräften geprägt wird, haben Menschen dann wirklich die *Fähigkeit*, eine andere »Brille« zu wählen? Die Tatsache, dass *einige* Menschen, womöglich infolge einer liberalen Erziehung, die besondere »Brille«, durch die sie die Welt betrachten, erkennen konnten und sogar verstanden haben, wie es dazu kam, dass sie die Welt so sehen, bedeutet nicht, dass jeder dazu in der Lage ist, insbesondere wenn ihm nicht beigebracht wurde, wie die »Brille entsteht«.[19] Und selbst wenn Menschen diesen Prozess verstehen, fühlen sich viele womöglich nicht in der Lage, sich gegen die Herde aufzulehnen.[20] Für sie ist sozialer Zwang gleichbedeutend mit einem Verlust von Freiheit.

## DIE PRÄGUNG VON ÜBERZEUGUNGEN UND DIE ZUKUNFTSFÄHIGKEIT DES NEOLIBERALEN KAPITALISMUS

Bislang habe ich viele Beispiele dafür vorgestellt, wie die Gesellschaft Individuen formt. Es gibt noch etliche weitere prägende Kräfte, die subtiler wirken, aber genauso weit verbreitet sind. Im Kapitalismus neigen wir dazu, Menschen zu bewundern, die es zu Reichtum gebracht haben, ohne dass wir der Frage, *wie* sie dies schafften, viel Beachtung schenkten. Aber wenn man etwas tiefer gräbt, sieht man, dass viele der reichsten Familien der USA ihr Vermögen mit mehr als einem Hauch von Ausbeutung und unmoralischem Verhalten erwarben – dem Missbrauch von Marktmacht (Rockefeller), der aggressiven Vermarktung von Opioiden (die Sacklers) oder durch den Opium- und Sklavenhandel. Selbstverständlich gibt es Grenzen. Die Familie Sackler ist mittlerweile in Ungnade gefallen, ihr Name wurde aus den Kunstgalerien entfernt, die Empfänger ihres unrechtmäßig erworbenen Vermögens waren. Das Gleiche gilt für einige Personen, die ein Vermögen mit den Versklavten machten. Aber die Namen vieler anderer, die mit dem Sklaven- und Opiumhandel reich wurden, schmücken weiterhin bekannte Gebäude unserer führenden Universitäten, während die Ursprünge ihres Reichtums im Nebel der Geschichte verschwinden.

### *Märkte formen uns*

Die moderne Verhaltensökonomik hat ausführlich beschrieben, wie wir von unserem ökonomischen Umfeld geprägt werden. Man bette Menschen in ein Umfeld ein, das von rücksichtsloser Konkurrenz bestimmt ist, und ihre Konkurrenzorientierung nimmt zu; man bette sie in ein Umfeld ein, in dem Kooperation und Teamgeist verlangt und belohnt werden, und sie werden kooperativer und teamfähiger. Verhalten, das in einem wichtigen Kontext belohnt wird, wird zumindest teilweise fest in einem Menschen verankert und auf andere Kontexte übertragen. Es schlägt sich dann im organisationalen und institutionellen Design und Verhalten nieder, mit weitreichenderen Folgen.

Viele der kleineren Banken in den USA sind Genossenschaften, die rechtlich Eigentum ihrer Kunden sind, welche Gelder bei ihnen einzahlen oder Kredite bei ihnen aufnehmen. Diese Genossenschaftsbanken nehmen die Einlagen und verleihen sie an ihre Mitglieder. Die Finanzkrise von 2008 zeigte, dass sich die Genossenschaftsbanken vielfach anders verhielten als die durchschnittliche gewinnorientierte Bank. Im Großen und Ganzen haben sich Genossenschaftsbanken nicht an missbräuchlichen, betrügerischen und diskriminierenden Praktiken beteiligt, in die so viele der gewinnorientierten Privatbanken verwickelt waren, selbst diejenigen mit einem so hervorragenden Ruf wie Wells Fargo und Goldman Sachs.[21] In der Folge kamen die Genossenschaftsbanken viel besser durch die Finanzkrise, und nach der Krise behandelten sie ihre Kunden viel besser. So vergaben sie zum Beispiel weiterhin Kredite an Kleinbetriebe, während die größeren Banken die Kreditvergabe drastisch einschränkten.[22]

Das »Zurechtbiegen der Wahrheit« oder auch unverhohlenes Lügen, um ein bisschen was dazuzuverdienen, die beide gelegentlich den Finanzsektor kennzeichneten, sind mittlerweile in unserer Gesellschaft allgegenwärtig. Sie stehen im Mittelpunkt der Falsch- und Desinformationskampagnen, die in unserer Wirtschaft eine so zentrale Rolle spielen und die ich im nächsten Kapitel erörtere. Diese ansteckende Wirkung von Unehrlichkeit, die sich von einem Bereich zum nächsten ausbreitet, war absehbar.

Verhaltensökonomen haben auch dokumentiert, wie Monetarisierung unser Verhalten beeinflusst. Denken wir nur an die israelische Kindertagesstätte, die für verspätetes Abholen eine Gebühr berechnete – ohne Erfolg. Aber wenn diese Art von

Monetarisierung immer weiter um sich greift, wirkt sich das auf die Lebenseinstellung von Menschen aus, und auch auf die Art und Weise, wie wir als Gesellschaft gesellschaftliche Probleme betrachten.

Entsprechend hatte ein neoliberaler Ökonom eine leichte Lösung etwa für den Fall, dass Schüler schlechte Leistungen in der Schule erbringen: Man sollte den Lehrern Anreize geben, härter zu arbeiten, indem man sie mit einem höheren Gehalt belohnte, wenn ihre Schüler bessere Leistungen zeigten. Aber das funktionierte nicht, was nicht verwunderlich ist.[23] Die Gehaltsaufbesserung erinnerte Lehrer vielleicht einfach daran, wie schlecht sie sowieso schon bezahlt werden. Viele entschieden sich für den Beruf des Lehrers, weil sie sozial motiviert waren und Kindern aus armen Gemeinschaften helfen wollten. Der mickrige Gehaltsanreiz verwandelte diese soziale Beziehung in eine monetäre und wirkte vielleicht sogar demotivierend auf die Lehrkräfte. Erfolgversprechender könnten andere Eingriffe sein: Lehrern mit Respekt begegnen, sie als Fachkräfte anerkennen, die eine würdevolle Behandlung verdient haben, und ihre Rechte verbessern, durch Gewerkschaften kollektiv zu handeln. Als Fachkräfte haben sie sich auf diese Rechte berufen, um bessere Unterrichtsbedingungen und eine bessere Ausstattung zu verlangen. Es ist keine Überraschung, dass einige der US-Bundesstaaten mit dem höchsten Anteil gewerkschaftlich organisierter Lehrer zugleich einige der leistungsstärksten Bildungssysteme besitzen.[24]

### Die Bedeutung von Vertrauen und Ehrlichkeit für einen gut funktionierenden Markt

Eine Marktwirtschaft basiert in hohem Maße auf Vertrauen – darauf, dass das Produkt so beschaffen ist, wie es der Verkäufer behauptet, dass der Arbeitnehmer so arbeiten wird, wie er es behauptet, dass die Arbeitsbedingungen in dem Unternehmen so sind wie versprochen, dass der Kreditnehmer das Darlehen zurückzahlt und dass das Management des Unternehmens nicht dessen Gelder stiehlt.[25] Eine Person hat unendlich viele Möglichkeiten, sich selbst auf Kosten anderer zu begünstigen. Zwar haben wir Gesetze und andere Rechtsnormen, die Vertrauensmissbrauch verhindern sollen, aber es ist leider so, dass unsere Gesellschaft gelähmt wäre, wenn wir jedes Mal prozessieren müssten, um das zu bekommen, was uns zusteht. Zum Glück sind die meisten Menschen erzogen worden, sich gut zu benehmen und grundsätzlich ehrlich, vertrauenswürdig und fleißig zu sein.[26]

### *Wird sich der Kapitalismus selbst zerstören?*

Die Frage – und Sorge – lautet, ob der ungezügelte Kapitalismus Menschen in einer Weise prägt, die tatsächlich die Funktionstüchtigkeit des Kapitalismus untergräbt. Ist der Kapitalismus, wie wir ihn kennen, auf Dauer lebensfähig? Sosehr sich Eltern und Schulen auch bemühen, ehrliche, fürsorgliche und intellektuell neugierige Bürger heranzuziehen, stellt sich die Frage, ob es in unserem kapitalistischen System Gegenkräfte gibt, die diese Bemühungen hintertreiben und Menschen in einer Weise formen, die Sand ins Räderwerk des kapitalistischen Systems streut.

Der Kapitalismus fördert Egoismus und Materialismus; rücksichtslose Selbstsucht führt oft zu Unehrlichkeit, Unehrlichkeit untergräbt Vertrauen, und ein Vertrauensverlust untergräbt die Funktionstüchtigkeit des Wirtschaftssystems. Wir haben gesehen, wie dies in der Finanzkrise von 2008 geschah. Der Finanzsektor implodierte und hätte die gesamte Wirtschaft zu Fall gebracht, wenn die Regierung nicht massiv interveniert hätte und dabei Methoden anwandte, die im Widerspruch zum ungezügelten Kapitalismus standen.

Es ist nicht nur so, dass das Wirtschaftssystem nicht so effizient ist, wie es die Verfechter eines ungezügelten Kapitalismus behaupten;

es ist auch weder nachhaltig noch stabil. Erneut verdeutlicht das Finanzsystem, dass ohne strenge staatliche Regulierung (strenger vermutlich, als es gegenwärtig der Fall ist) profitable Privatbanken zu einem instabilen Finanzsystem führen, weil ihre Kreditvergabepraktiken tendenziell übermäßig risikogeneigt und manchmal sogar betrügerisch sind.[27]

Der ungezügelte globale Materialismus führt zu einer Weltwirtschaft, die die Begrenztheit der irdischen Ressourcen ignoriert, und trotzdem sind wir nicht in der Lage, jenen sozialen und politischen Zusammenhalt zu erreichen, der den Materialismus so weit bändigte, dass wir dieser Begrenztheit wieder Rechnung tragen würden.

Es wird schlimmer. Das gegenwärtige instabile neoliberale kapitalistische System führt automatisch zu übermäßiger Ungleichheit und weitverbreiteter Ausbeutung. Letztere untergräbt die moralische Legitimität unseres Systems, und Erstere führt zu politischen Spaltungen und Instabilitäten, die ihrerseits die wirtschaftliche Leistungsfähigkeit des Systems beeinträchtigen.

Es gibt noch einen weiteren Aspekt des Kapitalismus, der eng mit dem Thema dieses Buches zusammenhängt: Der Kapitalismus und die Art und Weise, wie er Menschen prägt, nimmt ihnen, so könnte man behaupten, einen Großteil ihrer Handlungsfreiheit. Was unter dem Kapitalismus geschieht, ist vergleichbar mit dem, was in einigen traditionellen Gesellschaften geschieht, wo jeder die Rolle in der Gesellschaft kennt, die er spielen sollte und spielen muss. Bei Abweichungen von dieser Rolle drohen drakonische Sanktionen, sodass es nur selten zu Abweichungen kommt. Selbstverständlich haben die Menschen innerhalb ihrer wohldefinierten Rolle gewisse Freiheiten. Eine Frau kann vielleicht die Speisenfolge für das Abendessen frei zusammenstellen, aber sie kann nicht frei darüber entscheiden, ob sie dieses Abendessen kocht oder nicht.

In ähnlicher Weise kann auch die reiche Kapitalistin in einem kapitalistischen System weniger Freiheiten haben, als manchmal angenommen wird. Wenn sie beschließt, nicht mehr wie eine Kapitalistin zu handeln, würde sie ihre Identität verlieren und ihre Vergangenheit verleugnen. Um in unserem darwinistischen System zu überleben, muss sie skrupellos sein und sich sagen, dass ihr nichts anderes übrig blieb, als ihren Beschäftigten nicht mehr zu zahlen als das Minimum, für das sie zu arbeiten bereit sind. Wenn sie großzügiger wäre, würde sie dies um die Gewinne bringen, die sie braucht, um zu überleben und zu expandieren. Vielleicht tröstet sie sich damit, dass sie sich selbst sagt, ohne sie wären ihre Beschäftigten noch schlechter dran, weil sie arbeitslos wären, und sie hätten die Stelle nicht angenommen, wenn sie ein besseres Angebot bekommen hätten. Wenn alle Kapitalisten so handeln, hat dies natürlich systemische Folgen. Überall sind die Löhne niedrig, und entsprechend trifft es in einem gewissen Sinne zu, dass den Kapitalisten nichts anderes übrig bleibt, als Löhne zu zahlen, die nicht existenzsichernd sind. Unsere wohlhabende Kapitalistin hat selbstverständlich in Wirklichkeit erhebliche Entscheidungsspielräume – viel mehr Handlungsfreiheit als ihre armen Beschäftigten. Sie könnte weniger Geld für sich beanspruchen und ihren Beschäftigten mehr geben, sodass der gleiche Betrag für die Expansion ihres Unternehmen zur Verfügung stünde. Aber in ein kleineres Haus in einer weniger wohlhabenden Gegend umzuziehen, würde ihre Identität als erfolgreiche Kapitalistin untergraben und vielleicht sogar ihre Glaubwürdigkeit bei anderen Kapitalisten und damit ihren geschäftlichen Erfolg. In diesem Sinne hat sie das Gefühl, nur über begrenzte Optionen zu verfügen, und in einem gewissen Sinne trifft dies zu.[28]

## ABSCHLIESSENDE BEMERKUNGEN

Im Mittelpunkt dieses Kapitels stand die *implizite* Prägung von Menschen, die jedes Mitglied der Gesellschaft unweigerlich durchläuft; dabei sind es unsere persönliche Geschichte und unser Umfeld, die unsere Ansichten formen. Das nächste Kapitel betrachtet explizitere Bemühungen, Individuen zu beeinflussen, insbesondere durch die Medien. Ich werde auch darlegen, wie technologische Innovationen – die Entwicklung von KI und die Plattformen selbst – die Grundlagen der Effizienz der Marktwirtschaft untergraben, eines Systems, das durch Preise Informationen über Knappheit vermittelt und in dem die Preise für alle gleich sind.

Wenn diese Analyse auch nur ein Körnchen Wahrheit enthält, dann untermauert sie in schlüssiger Weise die These, dass der Kapitalismus, zumindest die neoliberale Spielart, die in den letzten 50 Jahren bestimmend war, keine bestandsfähige wirtschaftliche und politische Institution ist. Es wird Veränderungen geben. Ob der natürliche Entwicklungsprozess zu einem besseren oder schlechteren Ergebnis führen wird, ist allerdings eine offene Frage.

Dieses Kapitel lehrt uns vor allem eines: Wenn wir darüber nachdenken, wie wir ökonomische und andere institutionelle Ordnungsstrukturen gestalten sollten, müssen wir sorgfältig prüfen, wie diese uns als Individuen und unser gemeinsames Handeln beeinflussen. Wir Menschen sind formbar. Der neoliberale Kapitalismus hat uns in einer Weise geprägt, die wir, in unseren besseren Momenten, vermutlich nicht als positiv ansehen. Aber wir können auch zu »besseren« Menschen geformt werden. Dazu bedarf es allerdings eines anderen Wirtschaftssystems.

## KAPITEL 9

# WIE UNS SOZIALE MEDIEN UND BIG-TECH PRÄGEN

Das vorangehende Kapitel erläuterte, wie uns die Gesellschaft, in der wir leben, prägt, oftmals ohne dass wir uns dessen bewusst sind. In ihrem Bestreben, mit uns Geld zu verdienen, werden wir auch – in unverhohlenerer Weise – von der Privatwirtschaft geprägt. In diesem Kapitel gehe ich der Frage nach, wie diese Bemühungen, uns gezielt zu beeinflussen, unsere Freiheit in einem bedeutungsvollen Ausmaß einschränken können und wie sie, allgemein, oftmals den Aufbau einer guten und gerechten Gesellschaft beeinträchtigen.

Die Diskussion hier berührt sowohl ökonomische als auch politische Freiheiten. Wer hat zum Beispiel das Recht, die maßgeblichen Kanäle, über die Informationen (Information hier im weitesten Sinne verstanden, einschließlich Falsch- und Desinformationen) verbreitet werden, zu kontrollieren?

Die Big-Tech-Konzerne und Social-Media-Plattformen zum Beispiel stellen demokratische Gesellschaften weltweit vor eine Herausforderung, die noch nicht vollständig gelöst ist. Unter den geltenden Rahmenbedingungen haben diese Plattformen eine immense Macht, das Metanarrativ festzulegen, also unser grundlegendes Verständnis der Funktionsweise von Gesellschaft und Wirtschaft. In dem von Fox News und anderen rechten Plattformen und Medien propagierten Narrativ sollte es keine oder höchstens sehr begrenzte staatliche Vorschriften, Restriktionen und Rechenschaftspflichten geben.[1] Aber ohne diese Kontrollmechanismen nehmen ihre Marktmacht und ihre Macht, das Metanarrativ festzulegen, noch weiter zu. Ihr Geschäftsmodell und die mangelnde Rechenschaftspflicht führen zu einer Vielzahl gesellschaftlicher Missstände und untergraben die Effizienz der Marktwirtschaft insgesamt. Eine neue Freiheit zur Ausbeutung wurde »entfesselt«, und diese schränkt die Freiheiten der übrigen Mitglieder der Gesellschaft ein.

Der hohe Stellenwert der Meinungsfreiheit in den USA ist im Ersten Zusatzartikel zur US-Verfassung niedergelegt; sie zählt zu den grundlegenden Freiheiten des Gemeinwesens. Aber jeder Staat – auch die Vereinigten Staaten, die in diesen Fragen regelmäßig den extremsten Standpunkt einnehmen – schränkt die Meinungsfreiheit ein. Man darf in einem vollen Theater oder Kino nicht grundlos »Feuer!« rufen. Man darf keine Kinderpornografie verbreiten. Wir haben Gesetze gegen irreführende beziehungsweise unlautere Werbung. Wie andere in diesem Buch diskutierte Freiheiten gilt auch die Meinungsfreiheit nicht unumschränkt. Sie ist eine soziale Konstruktion mit genau definierten Grenzen, die dem Gemeinwohl dienen soll, und die Beantwortung der Frage, wo genau diese Grenzen gezogen werden sollten, wirft einige sehr schwierige Probleme auf. Es geht dabei nicht nur darum, was man sagen darf und wann man es sagen darf. Mit dem Aufkommen der sozialen Medien entstand ein neues Problem, an das die Gründerväter nicht gedacht hatten – das der Viralität. Regierungen können Bedingungen auferlegen, die sich auf die Geschwindigkeit auswirken, mit der sich Informationen (oder Desinformationen) verbreiten, und sie haben dies auch getan. Aber soweit ich weiß, sind Beschränkungen der Viralität in keinem Land verfassungsrechtlich verankert.

In dem Maße, wie sich die Gesellschaft weiterentwickelt, kann es nötig und wünschenswert sein, die Regeln für zulässige beziehungsweise geschützte Meinungsäußerungen und Viralität zu ändern. Dies ist meines Erachtens heute der Fall. Gegenwärtige Technologien haben in Verbindung mit neuen Erkenntnissen darüber, wie sich Individuen und Gesellschaften beeinflussen lassen, zu einer gefährlichen Verbreitung von Falsch- und Desinformationen geführt. Die alten Regeln sind überholt. Während sich unter den alten Regeln positive und negative soziale Folgen die Waage hielten, neigt diese sich heute allzu oft in Richtung der schädlichen Auswirkungen.

In diesem Kapitel erläutere ich zunächst, was an der Auffassung, dass es für eine gesunde Demokratie lediglich eines freien Marktplatzes der Ideen bedürfe, die sich bei der Rechten großer Beliebtheit erfreut, falsch ist. Anschließend gehe ich auf die Marktmacht der Medien ein, insbesondere der sozialen Medien, und erkläre, warum die mit dieser Marktmacht verbundenen gesellschaftlichen Übel viel gravierender sind als bei herkömmlichen Gütern und Dienstleistungen. Ein Grund dafür ist, dass die Demokratie untergraben wird. Dabei werden wir uns auch mit der Frage beschäftigen, wie sich die großen Social-Media-Plattformen regulieren lassen, sowohl um ihre Marktmacht zu beschneiden als auch um ihre negativen sozialen Folgen wirksam zu begrenzen.

## DER FREIE MARKTPLATZ DER IDEEN

Die Vorstellung ist weitverbreitet, dass sich auf einem freien Marktplatz der Ideen nur die besten durchsetzen. Entsprechend gibt es einige Menschen, die sagen: So wie auf Wettbewerbsmärkten nur die besten, effizientesten Produzenten überleben, überleben auf dem Marktplatz der Ideen nur die besten Ideen. Man solle Ideen einfach in die Welt entlassen, so sagen sie, und die besten, diejenigen, die sich am meisten mit den empirischen Befunden deckten und die theoretisch am schlüssigsten seien, würden sich durchsetzen. Man bringe 100 Blumen zum Blühen, und die schönste Blume werde ausgewählt.[2]

Diese Behauptung beruht auf unzutreffenden Metaphern und einer verfehlten Analyse. Die Metapher besagt, der Marktplatz für Ideen (Überzeugungen, Weltsichten) entspreche dem Marktplatz für Stahl, Stühle, Lebensmittel und so weiter. Anhänger dieser Auffassung glauben auch, der Marktplatz für Stühle und andere Güter sei effizient – eine Sichtweise, die erwiesenermaßen falsch ist. Gelinde gesagt, ist es eigenartig, sich auf die Effizienz von Märkten zu berufen, um die Effizienz des Marktplatzes der Ideen zu verteidigen, wo uns die Wirtschaftswissenschaften doch bereits gelehrt haben, dass der private Marktplatz für Güter *immer* ineffizient ist.

Dieser Glaube an die Effizienz des Marktplatzes der Ideen, die dafür Sorge tragen soll, dass sich die besten Ideen durchsetzen, geht von der Annahme aus, dass vollständig rationale und gut informierte Individuen zwischen guten (vernünftigen) Ideen und Unsinn unterscheiden können, so wie sie auf dem Marktplatz der Güter zwischen guten und schlechten Produkten unterscheiden können. Der Rechtsgrundsatz des »caveat emptor« (der Käufer sei auf der Hut) bürdet dem Verbraucher das Risiko auf, und dies eröffnet ein weites Feld von Möglichkeiten der Ausbeutung durch Falsch- und Desinformation und Ausnutzung der Schwächen von Konsumenten. Bei Gütern wünschen sich Verbraucher Produkte, die das halten, was die Werbung verspricht. Dagegen wollen Menschen, was ihre Überzeugungen betrifft, vielleicht etwas Falsches glauben, weil es zumindest vorübergehend ihr Selbstwertgefühl oder ihre Identität stärkt. Oder sie werden schlichtweg irregeführt.

Selbst wenn der Marktplatz für Güter effizient wäre, gäbe es grundlegende Unterschiede zwischen Gütern und Information und Wissen – Unterschiede, die die Grundlage für die Entwicklung der Informationsökonomik in den letzten 100 Jahren bildeten.[3]

Eine der Schlüsselerkenntnisse dieser Disziplin lautet: Bei unvollkommener Information ist es *besonders unwahrscheinlich*, dass Märkte effizient sind – schon eine ganz geringe Informationsunvollkommenheit macht einen sehr großen Unterschied. Und der Marktplatz für Ideen ist notwendigerweise einer, auf dem es von vornherein keine vollkommene Information geben kann. Wenn alle alles wüssten, gäbe es nichts, was man auf dem Marktplatz der Ideen handeln könnte. Außerdem sind die Unternehmen, die sich schließlich am Markt durchsetzen, möglicherweise nicht die effizientesten oder beliebtesten, sondern lediglich besser darin, ihren Informationsvorsprung auszunutzen. Der Marktplatz der Ideen scheint besonders viele Möglichkeiten zur Ausbeutung zu bieten.

Der Vergleich mit dem *Wettbewerbs*markt von Gütern ist noch in anderer Hinsicht verfehlt.

### *Transparenz- und Offenlegungsgesetze: Wie die Freiheit zu täuschen die Freiheit anderer einschränkt*

Das erste Prinzip eines freien Wettbewerbsmarktes ist Transparenz.[4] So sind zum Beispiel Unternehmen, die öffentliche Wertpapiere begeben, aufgrund der von der US-Börsenaufsichtsbehörde (SEC) erlassenen Vorschrift über nicht diskriminierende Offenlegung und andere Offenlegungserfordernisse dazu verpflichtet, gleichberechtigten Zugang zu Informationen zu gewährleisten.[5] US-Rechtsvorschriften verpflichten in der Regel Unternehmen dazu, sämtliche sachlich relevanten Informationen über die von ihnen ausgegebenen Wertpapiere wahrheitsgemäß offenzulegen. Dies geht über die Forderung hinaus, »die Wahrheit, nichts als die Wahrheit, aber nicht unbedingt die *ganze* Wahrheit« zu sagen. Die Aufsichtsbehörden vertreten unausgesprochen die Auffassung, dass es im Grunde eine Lüge ist, wenn man weiß, dass eine Kapitalanlage mit einem erheblichen Verlustrisiko behaftet ist, aber darüber nicht informiert. Damit lehnen sie den Grundsatz des »caveat emptor« ab, der im Wesentlichen dem Käufer sämtliche Informationspflichten auferlegt. Wenn der Verkäufer etwas weiß, von dem er nach vernünftigem Ermessen annehmen müsste, dass es für den Käufer von Belang ist, muss er dies offenlegen.

Banken zum Beispiel legen manchmal Informationen offen, aber auf eine irreführende oder nicht hilfreiche und von den Kreditnehmern nicht gänzlich verstandene Art und Weise. Kreditgeber haben in der Vergangenheit immer wieder Zinssätze in einer Weise angegeben, welche die wahren Kosten verschleierte, um wehrlose Kunden auszubeuten. Heute sind Kreditgeber gesetzlich verpflichtet, den wahren Effektivzins zu nennen.[6]

Es gibt mehrere Gründe für Offenlegungspflichten und dafür, wieso diese Pflichten immer wieder verschärft worden sind. Die Wirtschaftstheorie hat erklärt, warum verlässliche Informationen (Transparenz) notwendig sind, damit Märkte gut funktionieren – damit sie die von ihren Befürwortern behaupteten sozial effizienten Ergebnisse liefern. Und sie hat auch erklärt, warum Unternehmen kritische Informationen eventuell nicht freiwillig offenlegen. Die bereits genannten Beispiele zeigen, dass Unternehmen oft die Wahrheit zu verschleiern trachten, insbesondere dann, wenn das, was sie über ihre Produkte behaupten, nicht mit den Tatsachen übereinstimmt. Der deutsche Autohersteller Volkswagen wollte selbstverständlich nicht offenlegen, was er getan hatte, um bessere Schadstoffwerte ausweisen zu können, als sachlich gerechtfertigt war, was schließlich zum berüchtigten Dieselskandal führte.[7] Unternehmen haben immer besser gelernt, die Irrationalitäten und Schwächen von Konsumenten auszunutzen. Das ist noch leichter, wenn Unternehmen die Freiheit haben zu lügen. Sie haben gelernt, Verbraucher erfolgreicher hinters Licht zu führen, sie dazu zu bewegen, ihre Güter und Dienstleistungen, oft zu überhöhten Preisen, zu kaufen, was die Käufer nicht getan hätten, wenn sie alle Informationen gehabt hätten. Intelligente, skrupellose Firmen haben sich Erkenntnisse der modernen Psychologie und Verhaltensökonomik zunutze gemacht, die systematische Irrationalitäten aufdeckten, welche zu »suboptimalen« Entscheidungen in Bereichen wie Gesundheit, Kreditaufnahme, Ersparnisbildung und Kapitalanlage führen.[8] Die Bereitstellung standardisierter Offenlegungserklärungen ermöglicht bessere und weniger kostspielige Beurteilungen der relativen Vorzüge verschiedener Produkte oder Anlagemöglichkeiten.

Außerdem erlegt es anderen Marktteilnehmern Kosten auf, wenn nur unvollständige Informationen bereitgestellt werden. Diese Unternehmen sind im wahrsten Sinne des Wortes Umweltverschmutzer – in diesem Fall verschmutzen sie das Informationsökosystem. Die Verschmutzung unseres Informationsumfeldes erlegt, wie andere Formen der Umweltverschmutzung, der Gesellschaft Kosten auf, die der Verschmutzer nicht berücksichtigt. Wir wenden Zeit, Mühe und manchmal Geld auf, um diese Effekte zu neutralisieren, um aus den Falsch- und Desinformationen die Wahrheit herauszufiltern, und denjenigen, die wahrheitsgemäß informieren, fällt es schwerer, dies glaubhaft zu machen.[9] Die Tatsache, dass das Herausfiltern von Unwahrheiten kostspielig ist, bedeutet, dass das Filtern nur in begrenztem Umfang stattfindet; der Markt nimmt sich des Problems von sich aus nicht an. Dieses Versagen ist offensichtlich. Wir müssen uns nur ansehen, wie sehr wir mit ungenauen oder falschen Informationen überschwemmt werden. Dabei handelt es sich um ein öffentliches »Übel«, weil dadurch alle geschädigt werden. Entsprechend ist es ein öffentliches »Gut«, irreführende Informationen aufzudecken und zu diskreditieren. Es mag sich für niemanden *individuell* auszahlen, die Produktion und Verbreitung von Lügen und Unwahrheiten zu unterlassen oder sich zu bemühen, diese zu untergraben. Ohne öffentliche Maßnahmen wird nicht genügend unternommen werden, um irreführenden und falschen Informationen entgegenzutreten.[10]

Vieles spricht dafür, Fehl- und Desinformation sowie Betrug gesetzlich zu regulieren, weil sie zu einem Freiheitsverlust führen, der genauso real ist wie die Schäden, die mit den anderen Externalitäten, die ich erwähnt habe, verbunden sind. Dazu würden auch Vorschriften gehören, die Firmen zur Offenlegung sachdienlicher Informationen verpflichteten, auch wenn solche Gesetze als eine Verletzung der in einem absolutistischen Sinne interpretierten Meinungsfreiheit aufgefasst werden könnten.

### *Vertragsfreiheit, Ausbeutungsfreiheit und die Bedeutung von »Wahrheitsinstitutionen«*

Aber wenn es gesetzliche und anderweitige Rechtsvorschriften gegen Falsch- und Desinformation gibt, muss es auch Möglichkeiten geben, um nachzuprüfen, was – zumindest mit hoher Wahrscheinlichkeit – wahr ist. Daran führt kein Weg vorbei. Eine Gesellschaft kann ohne gesellschaftlich vereinbarte Verfahren der Wahrheitsfindung und -feststellung *nicht* richtig funktionieren. Wir können es nicht einfach hinnehmen, dass Menschen in bestimmten Schlüsselbereichen, die zum Beispiel Verträge, Eigentum, kriminelles Verhalten und öffentliche Gesundheit betreffen, unterschiedliche Ansichten darüber haben, was wahr ist.[11]

In Kapitel 5 habe ich erläutert, wie wichtig Verträge und die Durchsetzung von Verträgen für das reibungslose Funktionieren einer Marktwirtschaft sind – tatsächlich gehört die Vertragsdurchsetzung zu den wenigen Aufgaben, die der Staat nach Ansicht der politischen Rechten übernehmen sollte. Aber Verträge wären sinnlos, wenn eine Partei einfach behaupten könnte, die Vertragsbestimmungen eingehalten zu haben oder dass die andere Partei dies nicht getan habe. Es kommt häufig zu Vertragsstreitigkeiten, auch zwischen relativ ehrlichen Parteien. Es muss eine Möglichkeit geben, die Wahrheit festzustellen, herauszufinden, welche der Behauptungen der Parteien richtig sind, und genau darum bemüht sich unser Rechtssystem.[12]

In den Jahrhunderten seit der Aufklärung haben wir Institutionen geschaffen, die recht gut darin sind, die Wahrheit zu ermitteln – unabhängige Gerichte, Forschungs- und Bildungseinrichtungen und Fachverbände. Diese Institutionen wurden von einem breiten Konsens getragen, bis die Schwarzmaler in der modernen Republikanischen Partei und ihre Gesinnungsgenossen überall auf der Welt die Bühne betraten.[13] Wenn wir das Vertrauen in unsere der Wahrheitsfeststellung und -überprüfung dienenden Institutionen nicht wiederherstellen, stehen die Chancen für eine nachhaltige, gut funktionierende Gesellschaft oder eine produktive Wirtschaft schlecht.

In den letzten rund 200 Jahren konnten wir uns darauf verlassen, dass im Fall eines Rechtsstreits öffentliche, unabhängige Gerichte die Wahrheit ermitteln. Niemand will, dass ein Streit von jemandem mit einem Interessenkonflikt entschieden wird, dessen eigenes Wohlergehen womöglich davon abhängt, wie er urteilt. Das sollte offensichtlich sein. Aus diesem Grund sprechen wir von einem unabhängigen öffentlichen Gerichtswesen. Die Rechtsprechung ist eine zentrale öffentliche Funktion. Allerdings wollen einige Mitglieder des Unternehmenssektors die Gerichte umgehen und, wie schon ausgeführt, auf *außergerichtliche* Schiedsverfahren zur Beilegung von Streitigkeiten zurückgreifen.

So bestehen zum Beispiel mächtige Konzerne darauf, dass Verbraucher sich bei einem Streit über ein Produkt, das sie von ihnen gekauft haben, an eine Schiedsstelle statt an ein öffentliches Gericht wenden. Warum? Weil Unternehmen in diesen Instanzen über einen unverhältnismäßig hohen Einfluss gebieten, sodass sie die Macht der Unternehmen zur Ausbeutung von Verbrauchern weiter stärken. Garantien sind eine verbreitete Methode, mit der Unternehmen Qualitätszusicherungen geben. Wenn das Produkt nicht die zugesicherte Qualität hat, können Verbraucher ihr Geld zurückbekommen. Allerdings werden Käufer in der Regel nicht von einem Juristen begleitet, der sich das Kleingedruckte durchliest und nach einer versteckten Schiedsgerichtsklausel sucht. Aber je mehr Unternehmen solche Klauseln in ihre Verträge aufnehmen, umso weniger ist die Garantie eines Unternehmens wert; die Verbraucher können sich nicht mehr sicher sein, was die Garantie wirklich wert ist. Garantien werden dann zu einer ineffektiven Methode der Gewährleistung von Qualität. Das Kleingedruckte über Schiedsverfahren stellt eine Art Verschmutzung der wirtschaftlichen Umwelt dar.[14]

Die Konzerne behaupten, dies alles gehöre zu einer Grundfreiheit, der Vertragsfreiheit. Sie sagen, sie hätten das Recht, was immer sie wollen, in den Vertrag aufzunehmen, und die andere Partei habe das Recht, den Vertrag anzunehmen oder abzulehnen. Ich drücke es anders aus: All dies wäre von ihrer Ausbeutungsfreiheit gedeckt. Eine gerechte und gute Gesellschaft verbietet Ausbeutung, und das bedeutet, dass sie die Vertragsfreiheit einschränken muss, wenn Unternehmen diese »Freiheit« missbrauchen und ihre Kunden ausbeuten, wodurch es zu einer Einbuße an Freiheit bei ihren Kunden kommt. Dies ist ein weiteres Beispiel für eine zentrale Aussage in Kapitel 5: dass die Vertragsfreiheit in jeder Gesellschaft eingeschränkt ist. Eine gute Gesellschaft stellt sicher, dass ein ausgewogenes Verhältnis zwischen den Freiheiten besteht, mit einem besonderen Augenmerk darauf, wie Missbräuche der Vertragsfreiheit womöglich die Ausbeutungsfreiheit erweitern. Aber in diesem Fall untergräbt die Vertragsbestimmung die Glaubwürdigkeit der gesellschaftlichen »Wahrheitsfeststellung«, weil die Übertragung dieser Aufgabe an ein Schiedsverfahren auf Betreiben von Unternehmen zu unausgewogenen Ergebnissen führt, die Unternehmen begünstigen.

Dies ist nicht der einzige Missbrauch der »Vertragsfreiheit«, der von den digitalen Giganten begangen wird. Sofern es nicht staatlich verboten ist, geben ihnen die Nutzungsbedingungen möglicherweise das uneingeschränkte Recht, die Informationen, die sie bei der Nutzung ihrer Plattformen durch uns sammeln, auszuwerten und zu verkaufen. Wir glauben, sie würden uns ihre Dienste kostenlos zur Verfügung stellen, dabei wissen sie, dass sie die Gewinner sind, weil sie *unsere* Informationen gratis erhalten. Und wenn es zu einer Streitigkeit darüber kommt, ob ein Verstoß gegen die Nutzungsbedingungen vorliegt, wird diese an die Schiedsstelle, die das Unternehmen eingerichtet hat, und nicht an ein öffentliches Gericht weitergeleitet.

### *Gewalt und Einschüchterung*

Es gibt zumindest noch eine weitere Voraussetzung, die erfüllt sein muss, damit Märkte gut funktionieren: keine Gewaltanwendung und keine Einschüchterung. Bedauerlicherweise sind Einschüchterung und Gewaltausübung – unreguliertes Trollen auf sozialen Medien zum Beispiel – alltäglich geworden.

In dem Beitrag »Facebook Does Not Understand the Marketplace of Ideas«, den Anya Schiffrin und ich im Jahr 2020 in der *Financial Times* veröffentlichten, schlossen wir unsere Diskussion der Idee eines freien Marktplatzes der Ideen folgendermaßen:

> Kurzum, ohne vollständige Transparenz, ohne einen Mechanismus, um Teilnehmer zur Rechenschaft zu ziehen, ohne die gleiche Fähigkeit, Informationen zu übermitteln und zu empfangen, und mit unablässiger Einschüchterung gibt es keinen freien Marktplatz der Ideen. Es ist eine der bedeutendsten Erkenntnisse der modernen Volkswirtschaftslehre, dass private und gesellschaftliche Anreize oft nicht gut übereinstimmen. Wenn diejenigen, die Falschinformationen verbreiten wollen, bereit sind, mehr zu zahlen als diejenigen, die diesen Falschinformationen entgegentreten wollen, und wenn Intransparenz

profitabler ist als Transparenz, dann werden wir [wenn wir einfach sagen] »dann soll es halt so sein«, keinen gut funktionierenden Marktplatz der Ideen erhalten.[15]

## DIE MARKTMACHT DER SOZIALEN MEDIEN

Die gigantischen Gewinne der Social-Media-Unternehmen sind ein starkes Anzeichen für mangelnden Wettbewerb. Normalerweise würden derartig hohe Gewinne neue Anbieter auf den Markt locken, was zur Streuung der Gewinne führte. Das ist nicht geschehen.

Nachdem Elon Musk Twitter gekauft hatte und damit drohte, Content-Moderation einzustellen, setzten sich Werbekunden ab, weil sie nicht riskieren wollten, dass ihre Anzeigen neben einem beleidigenden oder nicht zu ihrer Marke passenden Tweet erschienen. Nutzer beschwerten sich lautstark und diskutierten darüber, ob sie zu einer anderen Plattform wechseln sollten. Aber zum gegenwärtigen Zeitpunkt ist Twitter (das in »X« umbenannt wurde) ungeachtet all seiner Schwächen und Mängel nach wie vor ein dominantes Medium, über das Regierungen, Politiker, Manager und Personen des öffentlichen Lebens kommunizieren. Und auch der von Meta mit enormem Kapitaleinsatz unternommene Versuch, Twitter durch seine Threads-App abzulösen, hatte trotz der massiven Unzufriedenheit mit Twitter nur begrenzten Erfolg.

Ein wesentlicher Grund dafür ist einfach: Netzwerk-Externalitäten und Rahmenbedingungen, die dafür sorgen, dass alles an den Sieger geht. Der Nutzen, auf einer Plattform wie Facebook zu sein, hängt davon ab, dass andere ebenfalls auf der Plattform sind. Zunächst fühlen sich vielleicht alle zu der besten Plattform hingezogen, sodass nur diese überlebt. Selbst wenn sie im Lauf der Zeit relativ ineffizient wird (zum Beispiel im Vergleich zu einem

Innovator, der eine neue Technologie einführt) und den Interessen der Nutzer, ganz zu schweigen von denen der Gesellschaft, nicht so gut dient, wie es vielleicht ein alternativer Anbieter tun würde, kann sie dennoch ihre beherrschende Stellung behalten.

Aber es gibt noch einen weiteren Faktor, der das Wachstum der immensen Marktmacht und der Gewinne der Social-Media-Gesellschaften erklärt. Ihr Geschäftsmodell beruht darauf, dass sie die Informationen, die sie bei unseren Interaktionen auf ihren Plattformen abgreifen, sammeln, auswerten und horten. Die Plattformen machen den Wert der Nutzerdaten zu Geld. Die effiziente Nutzung der riesigen Menge an Informationen, die sie besitzen, erlaubt es ihnen, Nachrichten (insbesondere Werbeanzeigen) in einer Weise auf Zielgruppen zuzuschneiden, die noch mehr Plattformpräsenz zur Folge hat, sodass noch mehr Informationen erzeugt werden. Da Aufmerksamkeit und Zeit knappe Güter sind, könnte eine »bessere« Zielgruppenansprache bedeuten, dass Nutzer Nachrichten erhalten, die relevanter für sie sind und dadurch in Käufe münden, die dazu führen, dass sich diese Nutzer besser fühlen. Leider ist das nicht das Ziel eines besseren Nachrichtenzuschnitts auf die Nutzer. Das Ziel sind höhere Gewinne aus Werbeeinnahmen, die ihrerseits daher stammen, dass die Nutzer bei den Werbekunden mehr profitable Käufe tätigen. Gewinnsteigerungen aus Umsätzen können auf eine effektivere Preisdiskriminierung zurückzuführen sein – auf kundenspezifische Preisgestaltung, bei der von verschiedenen Verbrauchern unterschiedliche Preise verlangt werden. Dies erlaubt es, einen größeren Teil der Konsumentenrente der Verbraucher abzuschöpfen, also von der Differenz zwischen dem Betrag, den sie für das Produkt zu zahlen bereit gewesen wären, und dem tatsächlich gezahlten Preis. Höhere Gewinne können auch aus einem gestiegenen Absatz resultieren, unter anderem an Nutzer, deren Schwächen die Plattformen auszunutzen, wie etwa Spielsüchtige. Höhere Gewinne der Werbekunden spiegeln sich in höheren Werbeeinnahmen der digitalen Giganten wider und machen sie noch profitabler.

Plattformen steigern ihren Gewinn und vergrößern ihren Wettbewerbsvorteil gegenüber Rivalen noch mehr, indem sie Informationen horten, die sie in die Lage versetzen, Verbraucher zielgerichteter anzusprechen, als es ihre Rivalen können. Digitale Giganten wie Google und Amazon besitzen mehr Informationen als andere und können diesen Informationsvorsprung nutzen, um sich einen Wettbewerbsvorteil entweder in Form direkter Verkäufe oder bei den Werbekunden zu verschaffen. Das Horten von Informationen, wenngleich für Privatunternehmen profitabel, ist doppelt ineffizient. Soweit die Informationen gesellschaftlich nützlich sind, verhindert das Horten, dass die Informationen von irgendjemand anderem als der Plattform, die sie sammelt, umfassend genutzt werden können. Aber zugleich verleiht es der Plattform auch Marktmacht. Da Daten eine bedeutsame und weitgehend unbepreiste Ressource sind, die auf dem Gebiet der künstlichen Intelligenz (KI) besonders wichtig ist, setzt ein Teufelskreis ein. Größere Plattformen sammeln mehr Daten ein, was ihnen einen Wettbewerbsvorteil gegenüber Rivalen verschafft, allerdings einen, in dem sich nicht unbedingt die Fähigkeit oder Bereitschaft widerspiegelt, ihren Kunden bessere Leistungen anzubieten.[16] Dadurch wird ihre Marktmacht gestärkt, wie ich gerade beschrieben habe.

### *Die besonders schädlichen Folgen unvollständigen Wettbewerbs zwischen Plattformen*

Zwischen der effizienten Nutzung von Informationen, dem wettbewerbsschädlichen Horten von Informationen und datenschutzrechtlichen Anliegen bestehen selbstverständlich Spannungsverhältnisse. Der Schutz ihrer persönlichen Daten ist den Menschen unter anderem deshalb ein so wichtiges Anliegen, weil die Offenlegung von Informationen Ausbeutung ermöglichen kann. Auf dem idealtypischen Wettbewerbsmarkt haben Informationen über die Verbraucherpräferenzen einer bestimmten Person keinen Wert.[17] Aber in der realen Welt, in der Marktmacht existiert, können sie für ein Unternehmen überaus wertvoll sein und seinen Gewinn erheblich steigern.

Obgleich es schwierig ist, das genaue Ausmaß zu bestimmen, in dem sich die Ressourcenallokation infolge der Verwertung der Informationen, welche die Plattformen von Nutzern sammeln, verbessert (falls überhaupt), ist ein analytisches Ergebnis klar: Die Nutzung dieser Informationen zum Zweck der Preisdiskriminierung – von verschiedenen Kunden unterschiedliche Preise zu verlangen – untergräbt das Standardargument für die Effizienz von Wettbewerbsmärkten, das auf der Annahme basiert, dass von allen Haushalten und allen Unternehmen die gleichen Preise verlangt werden.[18] Eine derartige Preisdiskriminierung ist wenig mehr als eine Übertragung von Ressourcen von den durchschnittlichen Verbrauchern auf reiche Unternehmen, die gleichzeitig die Effizienz verringert und die Ungleichheit erhöht.

Auch wenn die Plattformen nützliche Dienste in Form von Suchmaschinen und E-Mail anbieten, beruht ihr Geschäftsmodell auf kommerzieller Datenverwertung und Werbung, nicht darauf, Güter und Dienstleistungen effizienter bereitzustellen oder zu produzieren, oder darauf, die Kundenbedürfnisse besser befriedigende Güter und Dienstleistungen herzustellen. Die Plattformen sind sogar bereit, die Qualität der Suchfunktion zu opfern, wenn dies ihren Gewinn erhöht – wie man zum Beispiel an der Praktik von Google ersehen kann, bezahlte Werbeanzeigen ganz oben auf der Suchergebnisseite zu platzieren.

Eine Volkswirtschaft, in der das Geschäftsmodell der angeblichen Innovationstreiber auf Werbung und nicht auf der Produktion von Gütern und Dienstleistungen beruht, hat etwas grundlegend Seltsames. Und es ist eine Sackgasse, weil das Ausmaß der

»Rentenabschöpfung« – die Aneignung eines größeren Teils der Verbraucherausgaben –, das sich durch ein besseres, die Nutzer noch weitergehend ausbeutendes System der Werbung erreichen lässt, begrenzt ist. Je größer der Anteil der Verbraucherausgaben ist, den sie abschöpfen, umso geringer ist selbstverständlich der Anteil, der in die Produktion von Gütern und Dienstleistungen fließt, die den Bedürfnissen und Wünschen der Verbraucher entsprechen.

Das Geschäftsmodell ist weniger auf die Steigerung des Verbrauchernutzens als auf die Ausweitung der Ausbeutungsspielräume der Konzerne ausgerichtet. Dies kann nicht die Grundlage einer gerechten Wirtschafts- und Gesellschaftsordnung sein.[19]

## WARUM MARKTMACHT IM MEDIENSEKTOR VON BEDEUTUNG IST: EINE VIELZAHL NEGATIVER SOZIALER FOLGEN

Die oben beschriebene Marktmacht hat die üblichen Folgen von Marktmacht – höhere Preise und höhere Gewinne –, die das effiziente Funktionieren der Wirtschaft beeinträchtigen und Ressourcen von Durchschnittsbürgern an Firmeneigner übertragen. Dies fördert das Wachstum der Ungleichheit. Aber Marktmacht in diesen Sektoren hat noch mehrere weitere gravierende negative Auswirkungen, die mit der Tatsache zusammenhängen, dass eine große Kluft zwischen privaten Renditen und sozialen Renditen (gesamtgesellschaftlichem Nutzen) bestehen kann.

In diesem Zusammenhang bedeutet Marktmacht, dass nicht alle Marktteilnehmer gleichen und fairen Zugang zu den Kanälen haben, durch die Informationen an unsere Gesellschaft weitergeleitet werden. Politische Interessen mit genügend Geld können mithilfe von Bots oder anderen Mitteln soziale Medien überfluten.

Das ist kein freier Markt und etwas ganz anderes als das Loblied, das anfangs auf die sozialen Medien gesungen wurde: als Kräfte, die den Informationsraum demokratisieren würden. Konzerne nutzen ihr Geld, um Einfluss darauf zu nehmen, was Bürger sehen und hören – und das, was sie sehen und hören, formt letztlich die Gesellschaft, in der sie leben.

Marktmacht bedeutet auch, dass die Plattformen die Algorithmen kontrollieren, die Regeln, die bestimmen, was verstärkt und hervorgehoben wird und welche Zielgruppe womit angesprochen wird. Mark Zuckerberg und Elon Musk haben keinen Hehl daraus gemacht, dass sie die Regeln festlegen; sie entscheiden, ob und wann offensichtlich falsche Aussagen weithin in Umlauf gebracht werden. Inmitten der Covid-19-Pandemie wurden die sozialen Medien durch gesellschaftlichen Druck dazu gebracht, keine falschen Informationen über Impfstoffe zu verbreiten, auch wenn sie damit Geld verdienen konnten. Sie zeigten, dass sie die Macht haben, keine Falschinformationen zu verbreiten. Aber auf anderen Gebieten haben sie keine vergleichbare Zurückhaltung geübt. So entschieden Zuckerberg und Musk zum Beispiel, Falschaussagen von Politikern zu verbreiten.

In unserer Welt der sozialen Medien mit ihren vielfältigen schädlichen gesellschaftlichen Folgen und zahlreichen Aspekten dessen, was viele vielleicht als »nicht auf (direktem) Zwang basierende« Freiheitseinschränkungen (wie Cybermobbing) bezeichnen würden, begegnen wir erneut dem Dilemma, dass die Freiheit des einen die Unfreiheit des anderen ist.

Social-Media-Plattformen haben sich sowohl Fortschritte auf dem Gebiet der KI, die eine zielgerichtetere Bereitstellung verschiedener Informationen für unterschiedliche Nutzer ermöglichen, als auch neue Erkenntnisse über menschliches Verhalten und Informationsverarbeitung zunutze gemacht. Sie haben die Fähigkeit entwickelt, getrennte Onlinegemeinschaften aufzubauen, in denen grundverschiedene Überzeugungen verstärkt werden, und zersplittern den Informationsraum in einem bislang ungekannten Ausmaß und in einer Weise, die der Polarisierung Vorschub leistet.

Onlineplattformen haben nicht nur die gesellschaftliche Fragmentierung verstärkt, sie haben auch das Problem der schnellen, viralen Ausbreitung von Falsch- und Desinformationen verschärft. Viralität bedeutet, dass sich Informationen schnell verbreiten können, und zwar schneller, als »Gegengifte« gegen die Falschinformationen zu konzipieren sind. Die Intransparenz bezüglich der Frage, wer welche Nachrichten erhält, bedeutet, dass die Gegenmittel nicht innerhalb des relevanten Zeitraums – wenn überhaupt – erfolgreich entwickelt und bereitgestellt werden können.

Social-Media-Unternehmen ermöglichen die Aufstachelung zu Gewalt und die Verbreitung von Hassbotschaften, und sie fördern antisoziales Verhalten. Ihre Behauptung, sie seien neutral, ist offensichtlich falsch. Ihre Algorithmen treffen Entscheidungen darüber, welche Nachrichten an wen weitergeleitet werden, und sie tun dies, wie schon gesagt, in einer Weise, die ihren Gewinn und die gesellschaftliche Polarisierung erhöht.[20] Vielleicht gibt es alternative Algorithmen, die zu weniger Polarisierung oder mehr gesellschaftlicher Harmonie führen, aber das, was für Privatunternehmen profitabel ist, muss sich nicht mit dem decken, was gesellschaftlich wünschenswert ist.

### *Wie erklärte sich der Erfolg von Falsch- und Desinformation?*

Der Erfolg von Falsch- und Desinformation und das Fortbestehen grundverschiedener Meinungen in vielen Schlüsselbereichen scheinen nur schwer mit einem Modell individueller Rationalität in Einklang zu bringen zu sein. Im ökonomischen Standardmodell hätten nicht wissenschaftliche (zum Beispiel impfkritische) Informationen einfach keinerlei Einfluss. Empirische Befunde zeigen, dass dies in der realen Welt anders ist. Das Ausmaß der Meinungsunterschiede selbst bei wissenschaftlichen Fragen wird zum Teil von der Verhaltensökonomik erklärt, die die begrenzte Rationalität des Einzelnen betont.[21] So weist die Verhaltensökonomik zum Beispiel auf die große Bedeutung des Bestätigungsfehlers hin – unserer Neigung, nach Informationen, die mit unseren Voreinstellungen übereinstimmen, zu suchen und diese stärker zu gewichten und entsprechend Informationen, die mit diesen Überzeugungen nicht in Einklang stehen, zu ignorieren. Dies hat zur Folge, dass eine von Anfang an bestehende Polarisierung weiter verstärkt wird.

Außerdem verdanken wir der Verhaltensökonomik wichtige Erkenntnisse darüber, wie sich Überzeugungen bilden; das wurde im letzten Kapitel erörtert. Marketingexperten bemühen sich schon seit Langem darum, zu verstehen, wie sich individuelle Überzeugungen beeinflussen lassen. Bei der Werbung geht es in der Regel nicht darum, sachlich zu informieren, sondern darum, die Wünsche und Schwächen von Menschen auszunutzen. Der Marlboro-Mann ist ein typisches Beispiel. Die immens erfolgreiche Werbekampagne, die ab den 1950er-Jahren mehrere Jahrzehnte lang lief, sagte nicht wortreich, dass man durch das Rauchen von Marlboro-Zigaretten zu einem rauen Cowboy wird. Diese Botschaft wäre sowieso für die meisten Raucher, die ja in städtischen Gebieten leben, nicht von Belang. Vielmehr entschied sich der Tabakgigant Philip Morris dafür, ein Image zu erschaffen: Männer, die Marlboro-Zigaretten rauchen, sind *echte* Männer. Und er entschied sich auch dafür, die Information, dass Rauchen tödlich sein kann, wegzulassen.[22] Einige schreiben den Erfolg der Zigarettenmarke diesem Cowboy-Image zu. Aufgabe eines Werbetreibenden ist es, Menschen dazu zu bringen, ein Produkt zu kaufen, und Werbefachleute sind sehr gut in dem, was sie tun. Offensichtlich so gut, dass Unternehmen jedes Jahr Hunderte Milliarden Dollar für Werbung ausgeben.

Die Plattformen haben eine erfolgversprechende Strategie entwickelt – erfolgversprechend für sie, aber verheerend für den Rest der Gesellschaft –, die auf Polarisierung beziehungsweise »(Plattform-)Präsenz durch Aufhetzung« beruht. Verschiedene Gruppen werden durch unterschiedliche Dinge in Wut versetzt, also besteht das Geschäftsmodell der Plattformen darin, jedem Nutzer die Informationen zu liefern, die seine Wut anfachen. Aber die Zersplitterung des Informationsökosystems führt zwangsläufig zu gesellschaftlicher Polarisierung. Gruppen werden mit Informationen gefüttert, die ihre Überzeugungen und ihr Gefühl, ungerecht behandelt zu werden, verstärken. Ihre Feeds beinhalten keine Artikel oder Informationen, die ihre Glaubenssysteme erschüttern könnten.

Diese Effekte verstärken sich, weil Überzeugungen sich gegenseitig beeinflussen. Die Überzeugungen derjenigen, mit denen wir in Kontakt kommen, wirken sich auf unsere Überzeugungen aus. Das gilt insbesondere dann, wenn es denjenigen, die uns mit Informationen versorgen, gelingt, diese Informationen in einen kulturellen Bezugsrahmen zu stellen.[23] Wenn Republikaner unverhältnismäßig oft mit anderen Republikanern reden, werden ihre jeweiligen Weltanschauungen verstärkt. Die Informationen, die sie aufnehmen, und ihre Interpretation dieser Informationen verstärken ihre vorherigen Überzeugungen. Das Gleiche gilt für die Demokraten. Und dies verstärkt die Polarisierung noch weiter.[24] Aus diesem Grund hängt die Antwort auf die Frage, ob der Klimawandel eine Tatsache ist, stärker von der Parteizugehörigkeit als vom Bildungsniveau (wie man erwarten könnte) der befragten Personen ab.[25]

Diese wechselseitige Beeinflussung von Überzeugungen erzeugt offensichtliche soziale Externalitäten, denen die Social-

Media-Unternehmen in ihrem Profitstreben keine Beachtung schenken – beziehungsweise, genauer gesagt, nur insoweit Beachtung schenken, als sie diese gewinnbringend ausnutzen können. (Selbst wenn die Unternehmen die negativen Folgen der übermittelten Inhalte und die polarisierungsverschärfenden Effekte ihrer Algorithmen einräumen, sind sie nicht bereit, viel – wenn überhaupt irgendetwas – dagegen zu unternehmen.)

### *Technologische und politische Veränderungen und das Ausmaß der gesellschaftlichen Fragmentierung*

In der Zeit nach dem Zweiten Weltkrieg, als das Fernsehen das vorherrschende Medium für die Übermittlung neuer Informationen war, gab es in den USA nur drei große nationale Fernsehsender, die sich alle bemühten, umfassend und objektiv zu informieren. Nachrichtensendungen wurden von den Fernsehsendern als eine öffentliche Dienstleistung betrachtet (eine Praxis, die sich mit dem Programm *60 Minutes* von CBS teilweise änderte, das zeigte, dass man mit Nachrichtensendungen auch Geld verdienen kann). Ausgewogenheitsgrundsätze stellten sicher, dass unterschiedlichen Standpunkten im Fernsehen Raum gegeben wurde.[26] Zuschauer quer durch das politische Spektrum erhielten zumindest ähnliche Informationen. Mochten die Fakten und die sich daraus ergebenden politischen Konsequenzen auch unterschiedlich interpretiert werden, so vernahmen alle Zuschauer doch immerhin die gleichen Fakten. Auf diese Weise wurde eine ausreichende gemeinsame Basis für Kompromisse geschaffen.

Aber die Aufhebung der Ausgewogenheitspflichten durch die US-Telekommunikationsbehörde im Jahr 1987 hatte zusammen mit dem Aufkommen des Kabelfernsehens und dann des Internets zur Folge, dass Menschen mit verschiedenen Weltanschauungen tendenziell nur noch Nachrichten konsumieren, die sich mit ihrer vorgefassten Meinung decken.[27]

## MARKTMACHT, UNGLEICHHEIT UND GESELLSCHAFTLICHE METANARRATIVE

Die größte Gefahr, die von den Plattformen ausgeht, ist jedoch die Macht, die Metanarrative der Gesellschaft zu erfinden, die Geschichten und Deutungsrahmen, die die Weltsicht weiter Teile der Bevölkerung bestimmen.

Wie schon mehrfach betont, reagieren wir auf die Informationen, die wir erhalten, und eine Hauptquelle von Informationen in der modernen Welt sind die Medien einschließlich der sozialen Medien. Wenn wir uns ständig Videos von Flüchtlingen ansehen, die versuchen, die Grenze zu überwinden – selbst wenn dies relativ selten geschieht –, könnte dies rationale Personen zu dem Schluss verleiten, dass die Einwanderung ein großes Problem darstellt. Und in einer Welt, in der Präferenzen und Überzeugungen oft in einer Weise geprägt werden, die nicht gänzlich rational ist, verschärft sich dieses Problem noch. Rationale Zuschauer könnten zum Beispiel Äußerungen, die sie auf Fox News hören, ignorieren, da sie wissen, dass das Unternehmen eine bestimmte Agenda hat und, gelinde gesagt, den Nachrichten eine bestimmte Richtung gibt. Aber Fox wurde dabei erwischt, wie es unverhohlene Lügen verbreitete, die die vorgefassten Meinungen der Zuschauer bestätigten. Ich habe darauf hingewiesen, dass eine große Kluft besteht zwischen dem, was gut für den Profit ist, und dem, was gut für die Gesellschaft ist, auch dann, wenn Individuen halbwegs rational sind. Aber wenn Menschen nicht rational sind und Medien Überzeugungen prägen können, ist die Kluft sogar noch größer. Die empirische Forschung sagt uns, dass das, was Menschen in den Medien sehen, einen großen Einfluss auf sie hat. Zuschauer von Fox News haben eine verzerrte Weltsicht.[28]

Unser Blick auf die Welt hat entscheidenden Einfluss darauf, wie wir an alle möglichen Probleme herangehen – auch auf unser

Freiheitsverständnis. Wenn Menschen es für falsch halten, Abfall achtlos wegzuwerfen, dann werden sie dies nicht tun, und es bedarf keines Zwangs, um sie von der wilden Müllentsorgung abzuhalten, worauf ich in Kapitel 8 hinwies. Wenn Menschen andererseits denken, sie hätten ein Recht darauf, Müll achtlos wegzuwerfen – es für ein grundlegendes Menschenrecht ansehen –, dann müssen wir eventuell Gesetze verabschieden, die manche als eine Art Zwang erleben, um unsere Umwelt zu schützen.

Die Medien haben einen immensen Einfluss auf die Gestaltung der »Brillen«, durch die Menschen die Welt betrachten. Sie prägen die Ansichten darüber, ob der Staat die Lösung oder das Problem ist, ob es auf materielle Anreize ankommt und ob die Erhöhung von Unternehmenssteuern die Investitionen zum Erliegen bringen und zu massiven Arbeitsplatzverlusten führen wird.[29]

Fox hat aktiv Donald Trumps falsche Anschuldigung verbreitet, die Präsidentschaftswahlen von 2020 seien ihm gestohlen worden. Der Sender war bemerkenswert erfolgreich darin, ungeachtet der zahlreichen Belege für das Gegenteil einen erheblichen Teil der Bevölkerung von dieser Mär zu überzeugen. (In diesem Fall wurde Fox im Zuge eines umfassenden Vergleichs in Höhe von 787 Millionen Dollar mit Dominion Voting Systems, einem Unternehmen für Wahlmaschinen und -software, immerhin teilweise zur Verantwortung gezogen.) Dadurch, dass wir unwissentlich zu Opfern der Beeinflussungsstrategien der traditionellen Medien und der sozialen Medien werden, verlieren wir wichtige Elemente unserer Freiheit.[30]

### *Ansichten über kollektives Handeln*

Wenn es nur um unsere persönlichen Überzeugungen ginge, die nicht handlungsrelevant wären, dann wäre dies vielleicht nicht so wichtig. Wenn Menschen nur unterschiedlicher Ansicht darüber wären, ob rotblättriger oder grüner Salat gesünder ist, wäre dies unerheblich. Diejenigen, die rotblättrigen Salat präferierten, könnten einfach mehr rotblättrigen Salat essen. Aber es gibt eine Vielzahl wichtiger Entscheidungen, die wir gemeinsam treffen – das, was wir als Gesellschaft, insbesondere durch die Regierung, gemeinsam tun. Ein Metanarrativ, eine »Brille«, durch die der Staat immer als ineffizient, der private Sektor immer als effizient, Steuern immer als schädlich und öffentliche Ausgaben immer als Verschwendung angesehen werden, wird zu einem »Minimalstaat« und zu geringen Investitionen in öffentliche Güter führen. Das wiederum wird zu einer unzureichend regulierten, leistungsschwachen Wirtschaft und höchstwahrscheinlich zu einer stärker gespaltenen Gesellschaft führen. Aufgesetzt haben uns diese »Brille« gewisse Medienunternehmen.

Unterschiedliche Weltanschauungen gehen auch mit großen Meinungsunterschieden bezüglich der Frage einher, welche Entscheidungen gemeinsam getroffen werden sollten. Die extreme Polarisierung der Meinungen darüber, was die Regierung tun und was eingeschränkt oder erlaubt sein sollte, hat zu einem dysfunktionalen politischen System beigetragen. Die »Brille«, durch die wir die Welt betrachten, bestimmt die »moralische Legitimität« all unserer Handlungen einschließlich dessen, was die Regierung gegen die Ungleichheit tut.[31] In Kapitel 6 erläuterte ich, dass die Einkommen eines Großteils der reichsten Bürger als weitgehend moralisch illegitim angesehen werden müssen. Sie selbst haben selbstverständlich immer gewollt, dass alle die moralische Legitimität ihres Reichtums anerkennen, weil dies das Recht des Staates, ihnen diesen wegzunehmen – ob zum Zweck der Umverteilung an die Armen oder der Bereitstellung öffentlicher Güter –, untergraben würde. Die Inhaber dieser Vermögen wollen uns weismachen, dass ihr Reichtum im Unterschied zur Armut und zu den Entbehrungen anderer Menschen unvermeidlich und vielleicht sogar notwendig sei. Vor der Reformation und der Aufklärung war es eine

Frage von »Gottes Willen«, der selbstverständlich von denjenigen interpretiert wurde, die Gott zu begünstigen schien. Im Zeitalter des Kapitalismus war es die »gerechte Belohnung« für die Mühen der Reichen und ihre Genügsamkeit – wobei der Neoliberalismus noch die Idee der Trickle-down-Ökonomie, des Durchsickerns der Wohlstandszuwächse von den Reichen zu den Armen, hinzufügte, sodass alle von der Großzügigkeit gegenüber den Spitzenverdienern profitierten.[32]

Aber dies wirft die Frage auf: Wie schafften es die Reichen, den Rest der Gesellschaft dazu zu bringen, solche Ideen zu übernehmen? Eine erschöpfende Antwort würde uns über die Themenstellung dieses Buches hinausführen. Aber ein Teil der Antwort ist in der zentralen Prämisse dieses Abschnitts zu finden: Zumindest einige Angehörige der Eliten nehmen über ihre Kontrolle der Medien unverhältnismäßig starken Einfluss auf die Gestaltung des gesellschaftlichen Metanarrativs. Sie haben uns eine »Brille« aufgesetzt, durch die wir unsere vielschichtige, unübersichtliche Wirklichkeit so sehen, wie sie es wollen. Sie entscheiden, welche Geschichten erzählt und welche Unwahrheiten in Sekundenschnelle von Nutzer zu Nutzer oder an Millionen Nutzer versendet werden.[33]

Diese Kritik ist nicht neu. Aber technologische Neuerungen und ein besseres Verständnis des menschlichen Verhaltens haben in Verbindung mit einer nachlässigen Durchsetzung geltender Wettbewerbsgesetze und einer allzu langsamen Anpassung dieser Gesetze an den zügigen technologischen Fortschritt einigen wenigen Auserwählten eine beispiellose Macht zur Gestaltung des Metanarrativs gegeben. Die starke Konzentration im Mediensektor und die Tatsache, dass soziale Medien so erfolgreich darin sind, Personen mit Botschaften anzusprechen, die ihre Einstellungen formen, hat das altbekannte Problem der Macht der Reichen in den Medien noch verschärft.[34]

Nehmen wir Argentiniens Staatspleite im Jahr 2000. Die *Financial Times* und ein Großteil der Finanzelite warteten mit einer einfachen Erklärung auf: Argentinien sei ein notorischer Pleitier; es liege irgendwie in den Genen des Landes, seine Schulden nicht zurückzuzahlen. Aber wenn dies für alle in der Finanzwelt derart offensichtlich war, warum hatten sie dann Argentinien überhaupt so viel Geld geliehen?

Es gab noch ein anderes Narrativ, das meines Erachtens der Wahrheit näher kam. Der Finanzsektor ist kurzsichtig und gierig. Als der rechtsgerichtete argentinische Präsident Mauricio Macri sein Amt antrat und marktfreundliche Reformen versprach, war die Finanzelite aufgrund ihrer ideologischen Voreingenommenheit überzeugt davon, dass diese Reformen die Kehrtwende bringen würden. Als Macri weiterging und Hochzinsanleihen anbot – in einem Volumen, das weit über das hinausging, was sich das Land leisten konnte –, schlugen sie zu, ohne darüber nachzudenken, ob dies eine kluge finanzielle Entscheidung war. Macri hatte sie übers Ohr gehauen, und sie wollten sich das nicht eingestehen. Lieber schoben sie die Schuld auf Argentinien. Letztlich waren die Argentinier natürlich diejenigen, die den höchsten Preis für das zahlten, was geschah.[35]

Aber wir wissen, welches Narrativ sich durchgesetzt hat: dasjenige, dass Argentinien notorisch über seine Verhältnisse lebt, weil die eng mit den Gläubigern verbandelte Finanzelite die wichtigen Medien kontrolliert, die dieses Narrativ propagierten. Es führte zu kognitiver Vereinnahmung, einer Art Einengung des Denkhorizonts, von dem ein Großteil der Bürger in den entwickelten Ländern und insbesondere der maßgeblichen Eliten betroffen war.

Nichts Geringeres als das ist die Herausforderung, vor der wir stehen. In vielen Ländern ist die Kontrolle sowohl über die traditionellen als auch über die sozialen Medien stark konzentriert, und sie liegt überproportional in den Händen der Superreichen.[36] In der Folge beginnen viele Menschen ein Narrativ zu glauben, das in zweckdienlicher Weise eine Wirtschaftsordnung stützt, welche die Superreichen begünstigt.

Wenn es keine hinreichend vielfältigen Medien gibt, kann man die vorherrschenden Narrative nur eingeschränkt entkräften. Aber selbst bei einer gewissen Mediendiversität haben die früher beschriebenen Polarisierungseffekte zur Folge, dass die Gegennarrative und »wahren« Fakten, die einige Medienunternehmen veröffentlichen, womöglich keine ausreichende Wirkung erzielen.

Medienmogule bemühen sich, unsere grundlegenden Vorstellungen von Freiheit einschließlich der Freiheit von (staatlicher) Regulierung und Besteuerung zu prägen. Sie waren dabei so erfolgreich, dass ihre Sichtweise sich weithin durchgesetzt hat, insbesondere in dem Zeitalter, in dem der Neoliberalismus triumphierte.

## WACHSENDER KONSENS ÜBER REGULIERUNGSBEDARF

Es besteht zunehmendes Einvernehmen darüber, dass wir die sozialen Medien regulieren müssen – was vielleicht angesichts ihres Einflusses erstaunlich ist (und belegt, wie sehr die Dinge aus dem Ruder gelaufen sind). Das heißt, wir müssen die Freiheit der Social-Media-Gesellschaften in einer Weise einschränken, die das gesellschaftliche Wohlergehen und die Freiheit anderer erhöht. Private und soziale Kosten und Vorteile klaffen in diesem Bereich so weit auseinander, dass die Unterschiede in anderen Sektoren vergleichsweise unbedeutend erscheinen – zum Beispiel diejenigen, die sich aus der Marktmacht der Autohersteller ergeben.

Interessanterweise ist das Gewinnstreben eines Unternehmens wie Meta so stark ausgeprägt, dass es selbst dann, wenn zum Beispiel datenschutzrechtliche Vorschriften bestimmte Verhaltensweisen verbieten und es versprochen hat, sich zu bessern, einfach weitermacht und sich so verhält, wie wenn es über dem Gesetz stünde. Dies führte dazu, dass Meta Bußgelder in Milliardenhöhe zahlte – stellen Sie sich vor, was es ohne staatliche Regulierung machen würde oder auch dann, wenn der Markt von den Unternehmen selbst reguliert würde.[37]

Die Freiheitsverluste, die von Social-Media-Unternehmen auferlegt werden, sind umso schwerwiegender, als sie oftmals unsichtbar sind. Nutzer werden gelegentlich unwissentlich von Unternehmen ausgebeutet, die wissen, wie man Menschen dazu bringt, Dinge zu tun oder zu glauben, die sie ohne diese Einflussnahme nicht tun oder glauben würden. Ohne es auch nur zu ahnen, haben sie einen Teil ihrer Freiheit verloren. Es ist ein etwas anderer Verlust als derjenige, den wir erleiden, wenn unsere Wahlmöglichkeiten ausdrücklich eingeschränkt werden. Und es unterscheidet sich auch ein wenig von sozialem Zwang und Gruppendruck. Aber es ist trotzdem ein Verlust, auch wenn wir dies in dem Moment, in dem es geschieht, nicht erkennen.

Während die oben genannten Argumente dafürsprechen, die sozialen Medien und digitalen Plattformen strenger zu regulieren als die traditionellen Medien, sind sie tatsächlich weniger streng reguliert. In den USA werden die Plattformen fast zu Regelverstößen *ermuntert.* Paragraf 230 des Communications Decency Act (1996) stellt sie von der Haftung für das frei, was sie über ihre Plattformen weiterverbreiten – ein Haftungsprivileg, wie es Standardmedien nicht kennen. So können herkömmliche Medien zum Beispiel auf der Grundlage von Gesetzen gegen Verleumdung und Betrug verklagt werden. Nicht so ihre digitalen Verwandten, die sozialen Medien. Eine Rechtsvorschrift, die ursprünglich die Entwicklung einer jungen Branche fördern sollte, lässt die virale Verbreitung von Falsch- und Desinformationen zu, ohne dass jemand dafür zur Rechenschaft gezogen würde. Und obwohl dies immer deutlicher sichtbar wurde, ließ es sich nicht unterbinden.[38] Auch dies sollte uns in Anbetracht der politischen Macht der Technologiegiganten und der Rolle des Geldes in der amerikanischen Politik nicht überraschen.

Es ist nicht leicht, aber möglich, Regeln und Vorschriften zu erarbeiten, die dem Gemeinwohl förderlicher sind. Auch wenn sich nicht alle negativen sozialen Folgen verhindern lassen, kann mehr getan werden, um sie abzumildern. So hat etwa die EU in dem Bestreben, die schädlichen sozialen Auswirkungen sozialer Medien zu regulieren, den Digital Services Act (Gesetz über digitale Dienste, DSA) beschlossen. Bei der Ausgestaltung dieser Vorschriften ist eine zentrale Frage, wie man negative Folgen innerhalb demokratischer Ordnungen, in denen die Meinungsfreiheit ein hohes Gut ist, verhindern kann. Die Meinungsfreiheit gilt in vielen Ländern, auch den USA, wie gesagt nicht uneingeschränkt. In den Vereinigten Staaten gibt es gesetzliche Vorschriften gegen das (unbegründete) Rufen des Wortes »Feuer!« in einem vollen Theater, Betrug (»Lügen« in kommerziellen Kontexten, wenn die Lüge einen Schaden nach sich zieht), unwahre Werbung und Kinderpornografie. Einige Länder verbieten Hassrede. In all diesen Situationen ist man sich darüber im Klaren, dass die Freiheit des einen die Unfreiheit des anderen ist und dass hohe soziale Kosten anfallen, wenn es keine Freiheitsbeschränkung gibt. Die gravierenderen negativen Auswirkungen, die Falsch- und Desinformation auf sozialen Medien haben, verschieben die Abwägung, die bei der Ausgestaltung gesetzlicher Vorschriften immer erforderlich ist, in Richtung eines stärkeren Freiheitseingriffs.

Einen Gedanken zu äußern und zu verbreiten, ist etwas anderes, als einen Gedanken nur zu denken, weil er sich im Fall der Äußerung auf das Verhalten anderer Menschen auswirkt – tatsächlich ist genau dies oft beabsichtigt. Selbstverständlich ist die Bewahrung des *Rechts*, andere zu beeinflussen, ein zentrales Element einer demokratischen Ordnung. Regierungen müssen bei Freiheitseinschränkungen vorsichtig sein, weil die Entziehung der Meinungs- und Pressefreiheit im Zentrum der politischen Repression steht. »Absolutisten« führen faktisch eine lexikografische Rangordnung der Rechte ein, wobei das Recht auf freie Meinungsäußerung unabhängig von seinen gesellschaftlichen Folgen alle anderen überragt. Keine Gesellschaft hat einen solchen extremen Standpunkt eingenommen, weil es immer auf den Kontext ankommt. Es ist verständlich, dass Hassrede in Verbindung mit Rassen- oder ethnischer Zugehörigkeit in Ländern wie Deutschland wegen des Holocausts oder in den USA mit ihrer Geschichte von Sklaverei, Lynchmorden und massiver Diskriminierung verboten ist. Die Behauptung, bei der Verbreitung von Falsch- und Desinformationen über Impfstoffe handele es sich um »politische Rede«, ist weit hergeholt. Wenn so gut wie alle diese unwahren Äußerungen ignorieren würden, könnte man sie als etwas tolerieren, das schlimmstenfalls begrenzte negative gesellschaftliche Folgen hätte. Aber in einer Welt, in der unzählige Menschen einen solchen Unsinn glauben, kann die Verbreitung dieser Informationen enormen gesellschaftlichen Schaden anrichten. Der Kontext bestimmt, was eingeschränkt werden sollte.

Insbesondere gibt es ein gewichtiges Argument für die Verringerung der Schnelligkeit, mit der sich Informationen (oder Desinformationen) ausbreiten können, für die Einschränkung personalisierter Kommunikation und für die Forderung nach Transparenz bei Algorithmen. Aus naheliegenden Gründen befasst sich keine Klausel in der US-Verfassung mit Viralität, weil es sie zur Zeit ihrer Ausarbeitung noch nicht gab. Dies ist nur ein weiteres Beispiel für die Absurdität des Unterfangens, dieses Dokument im Sinne seiner ursprünglichen Absicht interpretieren zu wollen.

## Die Regulierung von Marktmacht bei Medien und Plattformen

Es ist schwer, die vielfältigen schädlichen gesellschaftlichen Auswirkungen sozialer Medien zu regulieren, auch aus Sorge um die Meinungs- und die Pressefreiheit. Die Regulierung von Marktmacht ist etwas leichter. Die EU hat sich mit dem 2022 beschlossenen Digital Markets Act (Gesetz über digitale Märkte, DMA) für eine umfassende Strategie zur Regulierung der sich dynamisch entwickelnden technologischen Landschaft entschieden, in dem Bemühen, Marktmacht zu begrenzen. Der DMA ergänzt die anderen Maßnahmen der EU in den Bereichen Daten- und Gemeinwohlschutz.[39]

Die unterschiedlichen Positionen von EU und USA lassen sich weitgehend mit dem Einfluss der digitalen Giganten auf die US-Politik erklären. Ein zentrales Thema der modernen Volkswirtschaftslehre ist der Zusammenhang zwischen wirtschaftlicher und politischer Macht. Geballte wirtschaftliche Macht führt zu politischer Machtkonzentration, die wiederum eine Politik zur Folge hat, die wirtschaftliche Machtballung fördert.[40] In diesem Fall gehen die gesellschaftlichen Konsequenzen weit über die Missstände hinaus, die üblicherweise mit jener Art von Marktmacht in Verbindung gebracht werden, gegen die sich die Kartellgesetze zu Beginn des 20. Jahrhunderts richteten, etwa auf den Märkten für Erdöl und Zigaretten.

Mithilfe einer Reihe einfacher Maßnahmen lässt sich die Marktmacht der digitalen Giganten, insbesondere der sozialen Medien, und die gewachsene Marktmacht, welche die von ihnen gesammelten Informationen Unternehmen verleihen, wirksam begrenzen. In den vergangenen Jahrzehnten hat die Politik erkannt, dass Preisdiskriminierung Effizienz (und Fairness) untergräbt. In den USA verfügte der Robinson-Patman Act von 1936, dass Unternehmen für das gleiche Produkt keine unterschiedlichen Preise verlangen dürfen – verbot also Preisdiskriminierung. Preisunterschiede mussten mit unterschiedlichen Kosten gerechtfertigt werden. Aber wegen des Einflusses marktliberaler Ökonomen, die behaupteten, Märkte seien *von Natur aus* kompetitiv und aus diesem Grund bestehe nur wenig Spielraum für verzerrende Preisdiskriminierung, haben US-Gerichte leider diese Bestimmungen seit Jahrzehnten nicht mehr angewandt. Es ist höchste Zeit, dass sie damit anfangen, weil es eine weitere Einschränkung der unternehmerischen Ausbeutungsfreiheit ist, die der gesamtgesellschaftlichen Wohlfahrt zugutekäme.

Insbesondere unterscheiden sich die Informationsvorteile der Tech-Konzerne qualitativ von den Monopolvorteilen oder Vorteilen aufgrund geheimer Absprachen (Kollusion), welche die wichtigsten Kartellgesetze, der Sherman Act und der Clayton Act, die von der US-Wettbewerbsaufsicht und dem Justizministerium vollzogen werden, regulieren sollten. Es ist klar, dass es einer neuen Generation von Kartellgesetzen bedarf, die spezifisch auf Situationen zugeschnitten sein sollten, in denen ungleicher Zugang zu Informationen einen Vorteil verschafft.[41]

## DIE ZUKUNFT DES NEOLIBERALEN KAPITALISMUS

Aus der Diskussion in diesem Kapitel ergeben sich Konsequenzen für die Zukunft des Kapitalismus in seiner gegenwärtigen Form. Zu Beginn des 21. Jahrhunderts gab es Sorgen, weil so viele der talentiertesten jungen Menschen in die Finanzbranche gingen, statt Güter und Dienstleistungen oder Wissen zu produzieren, die das gesellschaftliche Wohlergehen steigern. Nachdem die Vorherrschaft des Finanzsektors mit dem Crash von 2008 ein jähes Ende genommen hatte, gingen viele der begabtesten jungen Menschen in den Technologiesektor. Dies schien mit der Arbeit an etwas *Realem* verbunden zu sein, und die Gewinne, die diese Unternehmen erwirtschafteten, schienen darauf hinzudeuten, dass es eine große Sache war.[42] Aber an diesem Punkt müssen wir uns fragen, wie zukunftsfähig ein Wirtschaftssystem ist, in dem diese begabtesten jungen Leute wenig mehr tun, als eine bessere Werbemasche zu entwickeln.

Es ergeben sich auch Konsequenzen für die Zukunft der Demokratie. Wir sehen die Folgen einer unzureichend regulierten Marktwirtschaft, welche die Medien einschließlich der sozialen Medien dem Höchstbietenden überlässt. Dies sorgt für gesellschaftliche Polarisierung, die zur Folge hat, dass man sich nicht einmal mehr über die grundlegenden Fakten einig ist. Eine zentrale Botschaft der modernen Wirtschaftstheorie lautet, dass Information ein öffentliches Gut ist. Wir haben schon vor langer Zeit erkannt, wie wichtig gut informierte Bürger in einer Demokratie sind, aber viele Länder nehmen die sich daraus ergebenden Konsequenzen noch nicht ernst. Es bedeutet, dass der Staat unabhängige und vielfältige Medien fördern sollte. Es mag nicht möglich sein, die Falsch- und Desinformationen, die Privatmedien mit einer extrem konservativen Agenda und unausgewogener Berichterstattung verbreiten, vollständig zu neutralisieren. Dennoch können vielfältigere und unabhängige Medien ein gewisses Gegengewicht bilden. Eine Reihe von Ländern, insbesondere die nordischen, haben gezeigt, dass Demokratien eine solche vielfältige, unabhängige Medienlandschaft hervorbringen können.

Ideen werden immer hinterfragt, das Spiel ist also noch nicht vorbei. Aber wir sind auf keinem guten Weg, und wir müssen etwas dagegen tun. Lange Zeit fürchteten wir uns vor einer Orwell'schen Welt, in welcher der Staat uns so stark formt, dass wir unsere menschliche Handlungsmacht verlieren – in einem tiefen Sinn: unsere Freiheit. Heute steuern wir auf eine ganz andere Dystopie zu, in der gewisse Privatunternehmen uns mit fast Orwell'scher

Machtfülle ausbeuten können – einschließlich der Macht, andere dazu zu bringen, sie ungezügelt weitermachen zu lassen. Noch ist Zeit, dem ein Ende zu setzen. Wir verfügen über die Mittel, um dafür zu sorgen, dass diese mächtigen Innovationen der Gesellschaft dienen; wir brauchen nur den gemeinsamen Willen dazu.

## KAPITEL 10

# TOLERANZ, SOLIDARITÄT UND FREIHEIT

In den bisherigen Beispielen bezogen sich Normen auf individuelle Handlungen, die externe Effekte auf andere haben; Normen sind Mittel, mit deren Hilfe die Gesellschaft Externalitäten internalisiert und dadurch die soziale Wohlfahrt steigert. Aber in vielen Gesellschaften gehen Normen weit darüber hinaus, in dem Bemühen, Handlungen und auch Überzeugungen zu beeinflussen, die sich nicht direkt auf das Wohlergehen von anderen auswirken.[1]

Werte der Aufklärung, die selbst soziale Normen sind und denen ich mich verpflichtet fühle, besagen, man solle es nicht zulassen, dass die Überzeugungen anderer das eigene Wohlergehen beeinträchtigen, und dass – unabhängig davon, ob sie dies tun oder nicht – andere ihre Überzeugungen frei wählen können sollten. Insbesondere sollte die Politik Menschen mit anderen Überzeugungen nicht diskriminieren. Ähnliches gilt für Handlungen, die nur diejenigen betreffen, die in diese Handlungen oder ihre Folgen aus freien Stücken eingewilligt haben. Sexuelle Handlungen zwischen einwilligenden Erwachsenen gehen nur die Beteiligten etwas an, auch wenn Einwilligung eine komplizierte Sache ist.[2]

Diese Art von Toleranz bildete nicht nur den Kern der Aufklärung, sie war auch von zentraler Bedeutung für John Stuart Mill und andere, die im 19. Jahrhundert über Freiheit schrieben. Während diese Schriftsteller den Externalitäten, die, wie ich dargelegt habe, in einer modernen Volkswirtschaft eine entscheidende Rolle spielen, kaum Beachtung schenkten, sind sie sehr ausführlich auf die Idee der Toleranz eingegangen. In den Jahrhunderten vor der Aufklärung, als Europa von Kriegen verwüstet wurde, hinter denen teilweise religiöse Konflikte standen (auch wenn viele der Auffassung sind, dass diesen tiefere ökonomische Probleme zugrunde lagen), mangelte es offenkundig an Toleranz. Intoleranz gegenüber verschiedenen religiösen Überzeugungen veranlasste Länder dazu, bestimmte Gruppe zu verbannen und Konversionen zu erzwingen, womit sie manchmal ihrer eigenen Wirtschaft schadeten. Einige der frühen Einwanderergruppen, die in den USA eintrafen, waren vor Intoleranz oder Verfolgung in ihren Heimatländern geflohen. Diese Art von Freiheit bildete die Grundlage des Freiheitsbegriffs einiger der Gründer der amerikanischen Republik. Einige der frühen Kolonisten hatten selbst erlebt, wie der Staat dort, wo es eine Staatsreligion gab, dazu neigte, die Bürger anderer Konfessionen zu unterdrücken. Diese Erfahrungen standen hinter den Forderungen nach Religionsfreiheit und Trennung von Kirche und Staat.

In den USA schienen dies Streitfragen zu sein, die mit einem breiten gesellschaftlichen Konsens endgültig geklärt worden waren. Aber heute drehen sich auf der ganzen Welt, die USA eingeschlossen, einige der hitzigsten Kontroversen genau um diese Fragen. Ich wuchs in der Überzeugung auf, die Trennung von Kirche und Staat – mit dem damit einhergehenden Verbot der staatlichen Förderung des Religionsunterrichts – sei eine Säule Amerikas, Teil des etablierten institutionellen Gefüges, das die Religionsfreiheit gewährleistet.[3] Ich hätte nie gedacht, dass ich den Tag erleben würde, an dem dies infrage gestellt würde, wie es dann durch eine Reihe von Gerichtsentscheidungen geschah. Gleichzeitig hielt ich die Meinungsfreiheit für eine weitere Säule, auch wenn ich natürlich einsah, dass es begründete Ausnahmen geben sollte. Ich bin der Auffassung, dass die Sichtweise der Aufklärung letztlich noch immer richtig ist, dass Taten, nicht Gedanken oder Überzeugungen, Ansatzpunkte öffentlicher Eingriffe sein sollten. Doch mittlerweile habe ich erkannt, dass das Sprechen selbst in gewissen Kontexten eine Art von Handlung ist, die weitreichende gesellschaftliche Konsequenzen haben kann.

## ZWEI WICHTIGE UNTERSCHEIDUNGEN

Wenn man über Toleranz spricht, ist es hilfreich, zwei wichtige Unterscheidungen zu treffen. Die erste bezieht sich auf Ideen, die überprüft werden können, im Gegensatz zu Ideen, die metaphysischer Natur sind und nicht überprüft werden können; die zweite ist diejenige zwischen Gedanken und Handlungen.

### *Religion im Gegensatz zu Wissenschaft*

Die heutigen Spaltungen unterscheiden sich deutlich von denjenigen, die vor 250 Jahren prägend waren. Auch wenn einige ihren Ursprung in religiösen Überzeugungen (zum Beispiel darüber, wann das Leben beginnt) haben mögen, geht es bei vielen um die Funktionsweise des Wirtschafts- und Gesellschaftssystems und, unausgesprochen, um Trade-offs bei Rechten. Religiöse Differenzen beziehen sich auf metaphysische Sachverhalte, die nicht wissenschaftlich überprüfbar sind; es sind Glaubensfragen, die sich nicht empirisch beantworten lassen. In den Wissenschaften ist dies anders. Galileo Galilei wurde wegen seiner Ansichten über das Sonnensystem zwar zu lebenslanger Haft verurteilt (die er als Hausarrest verbüßte), aber seine Ansichten waren wissenschaftlich fundiert – was wir heute anerkennen –, anders als das geozentrische Weltbild derjenigen, die ihn verurteilten. So unangenehm die naturwissenschaftlichen Belege für die Evolutionstheorie oder den Klimawandel für einige auch sein mögen, sprechen die empirischen Befunde doch eine glasklare Sprache. Man kann glauben, was man will, aber das ändert nichts an der Natur des Universums.

Es gibt noch immer Menschen, die glauben, die Erde sei eine Scheibe, obwohl wir die schönen, vom Weltraum aus aufgenommenen Bilder eines kugelförmigen Planeten Erde gesehen haben. Wir können ihre Überzeugungen so lange tolerieren, wie sie nicht zu Handlungen führen, die anderen Schaden zufügen.

Das Gleiche gilt für unser Wirtschafts- und Gesellschaftssystem. Wir können mit einer gewissen Sicherheit die Folgen einer Politik, die auf einen ausgeglichenen Haushalt abzielt, oder auch einiger anderer politischer Maßnahmen vorhersagen. Und es sollte sich von selbst verstehen, dass es absurd ist, wenn der US-Kongress ein Gesetz verabschiedet, in dem Steuern und Ausgaben genau angegeben werden, und anschließend ein weiteres Gesetz, welches die Defizite und die Verschuldung begrenzt, die sich aus der Differenz zwischen Ausgaben und Steuereinnahmen ergeben. Das Defizit ist einfach die Differenz zwischen den vom Kongress genehmigten Ausgaben und den von ihm erhobenen Steuern. Wenn er Ausgaben von 6,1 Billionen Dollar vorsieht und Steuereinnahmen von 4,4 Billionen Dollar ansetzt, beläuft sich das Defizit auf 1,7 Billionen Dollar. Das ist einfache Arithmetik. Die Verabschiedung eines Gesetzes, welches das Defizit auf eine Billion Dollar begrenzt, kann diese Arithmetik nicht aushebeln; es wirft nur die Frage auf: Welche der drei Zahlen (Ausgaben, Steuern, Defizit) sollte ignoriert werden? Ebenso sind die Schulden nichts anderes als das Ergebnis der Addition von Defiziten. Wenn die Gesamtverschuldung im letzten Jahr 21 Billionen Dollar betrug und das Haushaltsdefizit in diesem Jahr 1,7 Billionen Dollar, dann wird sich der Schuldenstand im nächsten Jahr auf 22,7 Billionen Dollar belaufen – wieder schlichte Arithmetik. Verabschiedet man ein Gesetz, wonach der Schuldenstand 22 Billionen Dollar nicht überschreiten darf, ändert dies nichts an der Arithmetik; es wirft nur die Frage auf: Welche der drei Zahlen (die heutigen Ausgaben, die heutigen Steuereinnahmen oder die Schuldenobergrenze) muss ignoriert oder geändert werden? (Das ist vergleichbar damit, dass das Parlament eines US-Bundesstaates im Jahr 1897 erwog, ein Gesetz zu verabschieden, wonach Pi – das Verhältnis des Umfangs eines Kreises zu seinem Radius – wahlweise 3,2, 3,24, 3,236 oder 3,232 statt 3,1416 sein sollte. Ein Gesetz zu schreiben, das irgendetwas behauptet, ändert nichts an den Tatsachen.)[4]

Fortschritte in den Wirtschaftswissenschaften haben unser Verständnis erweitert, auch wenn es weiterhin erhebliche Meinungsverschiedenheiten gibt. Wir können die Folgen verschiedener Regeln und Rechtezuweisungen durchdenken, auch wenn wir uns nicht einig darüber sein mögen, wie die auftretenden Trade-offs zu bewerten sind. Es sollte klar sein, dass das Recht, eine Schusswaffe zu tragen, dazu führt, dass mehr unschuldige Menschen sterben. Den Opfern ist das Recht auf Leben genommen worden. Die Rechtskonservativen behaupten aber offensichtlich, dass dieses Recht weniger wichtig ist als das Recht, Waffen zu tragen, und die Freude, die diese Objekte Schusswaffenbesitzern bereiten.

### *Gedanken und Taten*

Eine noch grundlegendere Unterscheidung, die für das Verständnis des Toleranzbegriffs der Aufklärung wichtig ist, stellt die zwischen Denken und Handeln dar. Gedanken, die nicht in die Tat umgesetzt werden, haben keine direkten Auswirkungen auf andere und sollten daher nicht eingeschränkt werden. Akeel Bilgrami hat behauptet, einer der größten Gewaltakte *(tyrannies)* des Christentums habe darin bestanden, über das Gebot »Du sollst nicht ehebrechen« hinausgegangen zu sein. In der Bergpredigt im Matthäus-Evangelium (5,27 – 28) sagt Jesus: »Ihr habt gehört, dass gesagt worden ist: Du sollst nicht die Ehe brechen. Ich aber sage euch: Jeder, der eine Frau ansieht, um sie zu begehren, hat in seinem Herzen schon Ehebruch mit ihr begangen.« Schon früher untersagten die Zehn Gebote: »Du sollst nicht begehren deines Nächsten

Haus. Du sollst nicht begehren deines Nächsten Frau, Knecht, Magd, Rind, Esel noch alles, was dein Nächster hat« (Exodus 20, 17). Das Begehren betrifft die inneren Gedanken eines Menschen.[5]

Wir setzen selbstverständlich nicht jeden Gedanken in die Tat um – menschliche Handlungsmacht bezieht sich auf unsere Fähigkeit, frei zu entscheiden, was wir tun –, und die Werte der Aufklärung verbürgen Gedankenfreiheit, nicht aber Handlungsfreiheit, wenn diese Handlungen sich negativ auf die Freiheiten anderer auswirken.[6]

## DIE GRENZEN DER TOLERANZ

In der heutigen Welt wird Toleranz auf eine harte Probe gestellt, wenn fehlgeleitete Überzeugungen – solche, die, gemessen an den besten wissenschaftlichen Maßstäben, nachweislich falsch sind – in die Tat umgesetzt werden. Ich kann es tolerieren, dass Menschen jeden erdenklichen Unsinn glauben; wenn sie sich damit besser fühlen, dann sollen sie ruhig. Aber was sollen wir von Handlungen halten, die auf diesen Überzeugungen basieren und, objektiv betrachtet, negative Auswirkungen auf *uns* haben? Dies ist selbstverständlich der Standardfall einer Externalität. Die Tatsache, dass sich Menschen aufgrund falscher Überzeugungen in einer gewissen Weise verhalten, ändert nichts an dem angerichteten Schaden, auch wenn es vielleicht beeinflusst, wie wir die Trade-offs beurteilen. Wir könnten (und ich glaube: wir sollten) ihrem Verlust der Freiheit, anderen Schaden zuzufügen, weniger Gewicht beimessen, wenn der Grund ihrer Handlung eine Überzeugung ist, die im Widerspruch zu gesicherten wissenschaftlichen Erkenntnissen steht.

Nehmen wir die Menschen, die glaubten, Covid-19 könne dadurch geheilt werden, dass man Bleichmittel trinkt. Sogar der damalige Präsident der Vereinigten Staaten warb für untaugliche Heilmethoden. Man könnte eine Laissez-faire-Haltung dazu einnehmen – wer Bleiche trinkt, trägt die Konsequenzen dafür, dass er seine Überzeugungen in die Tat umgesetzt hat. Aber außer der Person selbst tragen auch noch andere die Konsequenzen. Wenn sie aufgrund des Trinkens der Bleiche ins Krankenhaus kommt, trägt die Allgemeinheit einen Großteil der medizinischen Kosten. Fehlgeleitete Überzeugungen, die in die Tat umgesetzt werden, haben finanzielle Externalitäten. Außerdem gibt es externe Effekte auf Verwandte und Freunde der Person, die aufgrund ihres Mitgefühls mit ihr selbst leiden. Und wenn man Bleiche trinkt, statt ein wirksames Medikament einzunehmen, hat dies auch zur Folge, dass die Krankheit fortbesteht, was die Wahrscheinlichkeit erhöht, dass sich eine andere Person ansteckt. Noch eine Externalität. Zugegeben, es hat etwas Paternalistisches, jemanden davon abzuhalten, Bleiche zu trinken, um sich zu kurieren, aber es gibt andere Bereiche, in denen wir einen solchen Paternalismus zeigen, zum Beispiel bei gesetzlichen Anschnall- und Helmpflichten und Gesetzen, die den Drogengebrauch regulieren.[7] (Auch hier ist es so, dass eine umfassende Rechtfertigung dieses Paternalismus oder eine Analyse seiner Konsequenzen den Rahmen dieses Buches sprengen würde, aber er hat Auswirkungen darauf, wo die Grenzen der Freiheit gezogen werden – das Thema, das uns hier interessiert.)[8] Aber solange es Externalitäten gibt, gibt es eine gesellschaftliche Rechtfertigung dafür, die Person davon abzuhalten, Bleiche zu trinken.

Es gibt noch weitere Grenzen der Toleranz: Inwieweit sollten wir die Intoleranten tolerieren? Aber die Beantwortung dieser Frage würde uns ebenfalls über den Rahmen dieses Buches hinausführen.

### *Toleranz und kollektives Handeln*

Zu einem Problem würde ich allerdings gern ein paar Worte sagen. Ich habe betont, dass die Toleranz gegenüber Ansichten eine Sache ist; Toleranz gegenüber Ansichten, die zu Handlungen führen, die anderen schaden, ist etwas anderes. Ich habe auch erklärt, wie wichtig kollektives Handeln in einer Gesellschaft des 21. Jahrhunderts ist. Die Ansichten darüber, welche Maßnahmen eine Gesellschaft ergreifen sollte, werden selbstverständlich von Überzeugungen beeinflusst. Wenn ein Mensch unsinnige Dinge glaubt, stimmt er vielleicht für unsinnige Maßnahmen und unterstützt politische Führungspersonen, die unsinnige Ideen verbreiten. Dies ist ein Kontext, in dem Externalitäten aus Überzeugungen hervorgehen.

Die ideologischen Spaltungen innerhalb der heutigen Gesellschaft stützen sich auf einer Seite des Grabens leider auf Überzeugungen, die der modernen Wissenschaft widersprechen. So gibt es etwa erdrückende Beweise dafür, dass der Klimawandel eine Tatsache ist, dass er mit der Zunahme der Treibhausgase in der Atmosphäre zusammenhängt und dass er die Wahrscheinlichkeit von Extremwetterereignissen, die enorme Kosten verursachen, erhöht. Wenn wir an die Wissenschaft glauben, dann müssen wir glauben, dass nicht allen Meinungen zu diesem Thema das gleiche Gewicht beigemessen werden sollte. Wir können nicht einfach sagen: »Wer weiß das schon?« In diesem Sinne ist die Wissenschaft grundsätzlich undemokratisch, und das ist ein Teil ihres Problems in der heutigen Welt. Bei Begegnungen mit Klimawandelleugnern höre ich immer wieder den Satz: »Ich bilde mir meine eigene Meinung.« Viele, die sich so äußern, stören sich am Elitismus der Wissenschaft, dem scheinbaren Autoritarismus, der sagt, dass manche Ansichten richtig und andere falsch sind, auch wenn die Beweise nicht immer so eindeutig sind wie beim Klima.[9]

Im letzten Kapitel sprach ich von der Notwendigkeit, digitale

Plattformen davon abzuhalten, Falsch- oder Desinformation zu verbreiten oder deren Verbreitung zu fördern, wenn dies negative soziale Folgen hat. Und sie schaden dem Gemeinwohl, wenn bedeutende kollektive Entscheidungen anstehen, die von nachweislich falschen Überzeugungen beeinflusst werden, welche oft auf nachweislich falschen Informationen beruhen. Wenn Menschen Falschinformationen Glauben schenken – wenn viele erwiesenermaßen nicht in der Lage sind, Lügen und Falschinformationen zu erkennen –, dann kann es nötig sein, ihre Verbreitung einzuschränken. Wir haben dies während der Pandemie getan; es wäre töricht gewesen – hätte der Gesellschaft insgesamt geschadet –, wenn wir dies nicht getan hätten. Wir sollten vollkommene Toleranz gegenüber Meinungen walten lassen; aber diese Toleranz sollte begrenzt sein, wenn Überzeugungen in Taten umgesetzt werden. Mündliche Äußerungen, die darauf abzielen, andere zu beeinflussen, sind, wie ich schon sagte, eindeutig eine »Handlung«.

Auch wenn die Meinungsfreiheit für die Amerikaner ein hohes Gut ist – sie ist schließlich im Ersten Zusatzartikel der Verfassung verankert –, ist sie doch zahlreichen Beschränkungen unterworfen. Da sich die Welt wandelt, definieren wir diese Grenzen fortwährend neu. Und wenn wir neue schädliche soziale Folgen und neue Mittel und Wege, dem gesamtgesellschaftlichen Wohl zu schaden, entdecken, müssen wir das Kosten-Nutzen-Verhältnis von Einschränkungen neu bewerten und auf dieser Basis neue Restriktionen verhängen. Verschiedene Länder sind dabei zu unterschiedlichen Abwägungen gelangt. In den USA darf beinahe alles gegen einen führenden Politiker gesagt werden, aber in Singapur und vielen anderen Ländern kann eine Äußerung, die als verleumderisch angesehen wird, eine Haftstrafe zur Folge haben. In Großbritannien kann die Veröffentlichung einer wahren, aber rufschädigenden Aussage über eine Person ernsthafte Konsequenzen haben. Die Wahrheit ist kein Rechtfertigungsgrund. In den USA dagegen kann die Wahrheit ein Rechtfertigungsgrund sein. Die meisten Länder haben Gesetze gegen Betrug – man kann nicht einfach sagen: »Ich habe das Recht zu sagen, was ich will.« In den USA und in vielen anderen Ländern gibt es Gesetze gegen irreführende Werbung. Und die Anstiftung zum Aufruhr, womit in der Regel lediglich mündliche Äußerungen gemeint sind, ist in den meisten Ländern eine Straftat. Manchmal gibt es »erzwungene Verlautbarungen«, das heißt, Unternehmen sind dazu verpflichtet, gewisse Dinge offenzulegen. Sie können nicht einfach kundtun: »Ich habe das Recht, nicht offenzulegen, dass das Produkt, das ich verkaufe, Krebs und andere Gesundheitsprobleme verursacht.« Verabredungen zu einer strafbaren Handlung (wie etwa die Fälschung von Wahlergebnissen) sind auch dann verboten, wenn sie scheitern; aber in der Regel stehen Diskussionen – mündliche Redebeiträge – im Zentrum solcher Verschwörungen.

Es ist daher verständlich, dass alle Gesellschaften, auch diejenigen, für die Redefreiheit einen hohen Stellenwert hat, diese Freiheit einschränken, wenn sie wichtigen gesamtgesellschaftlichen Belangen schadet. Wie schon erwähnt, gibt es ein breites Spektrum negativer sozialer Folgen von Falsch- und Desinformation, und daher ist es verständlich, dass Regierungen deren Verbreitung einschränken wollen. Aber dazu bedarf es institutioneller Ordnungsrahmen, die zwischen gefährlichen Unwahrheiten und der Wahrheit unterscheiden können.

Dies waren im Wesentlichen die Fragen, die wir im letzten Kapitel stellten: Wie finden wir heraus, welche Aussagen nicht wahrheitsgemäß sind? Und welche von diesen sind schädlich? Wie institutionalisieren wir diese Grenzen der Toleranz? Im Rahmen von Covid-19 war es leicht, falsche Aussagen zu erkennen (Trinken von Chlorbleiche werde einen heilen), und es war leicht, die schädlichen sozialen Folgen solcher Aussagen zu identifizieren. Die Social-Media-Plattformen zeigten auch, dass sie die Macht hatten, einen Großteil der Falschinformationen herauszufiltern. Diese Erfolge stehen an einem Ende dessen, was getan werden kann. Die Plattformen kooperierten; es bestand in der Wissenschaft Einigkeit darüber, was unwahr und was schädlich war.

Leider sind die Plattformen häufig nicht kooperativ gewesen – tatsächlich haben sie im Allgemeinen bestritten, irgendeine Pflicht zur Inhaltskontrolle zu haben, und verlangt, von jeglicher Haftung für etwaige schädliche Folgen freigestellt zu werden. Der größte Teil ihrer Aktivitäten im Bereich Content-Moderation ist auf Regulierung oder auf entsprechende Forderungen ihrer Nutzer zurückzuführen. Einige stehen auf dem Standpunkt, dass es in dem Fall, in dem ein Politiker etwas sagt, das falsch und schädlich ist, nicht nur jenseits ihrer Verantwortung liege, diese Aussage zu entfernen, sondern dies auch ein Verstoß gegen politische Grundrechte wäre, zu denen auch das Recht von Politikern gehöre, Hetzreden zu halten und Unwahrheiten zu verbreiten. Sie behaupten, dies käme politischer Zensur gleich. Wenn also der Präsident oder ein Senator die falsche Behauptung aufstellen würden, dass bei den Covid-19-Impfungen Mikrochips implantiert worden seien, würden die Plattformen diese »Information« weiterleiten, und Algorithmen könnten sie sogar begünstigen und falschen Behauptungen helfen, viral zu gehen. Dies ist meines Erachtens falsch. Die Entscheidung beruht auf einer falschen Abwägung zwischen dem Recht auf freie Meinungsäußerung des Politikers und dem Recht auf »Schadensfreiheit« *(freedom from harms)* der Allgemeinheit. *Zumindest* sollten die falschen Behauptungen des Politikers nicht noch verstärkt werden, und es sollte auf die Unwahrheit der Behauptung und die sich womöglich daraus ergebenden schädlichen Folgen für die Gesellschaft hingewiesen werden. Die Algorithmen fungieren als ein redaktioneller Mechanismus, der darüber entscheidet, was Nutzern zur Kenntnis gebracht wird. In diesem Fall haben die Algorithmen eine Verantwortung, die Botschaft nicht zu verstärken. Es genügt, wenn der Politiker seine Aussage auf seiner Webseite veröffentlicht, sodass sie jeder lesen kann.

Bei wissenschaftlichen Fragestellungen – und dazu zähle ich auch den Klimawandel – gibt es fest etablierte Protokolle, um hinlänglich gesichertes Wissen von gesicherten Unwahrheiten zu unterscheiden. Aber auf vielen anderen Gebieten, auch in den Sozialwissenschaften, ist dies nicht der Fall. Hier sehe ich keine Möglichkeit, die Verbreitung falscher und verworrener Ideen zu begrenzen. Wir werden in einer Welt leben müssen, in der einige an dunkle Mächte, groß angelegte Verschwörungen und eine Reihe von Ideen glauben, die wissenschaftlich nicht bewiesen werden können, aber eindeutig schädliche Auswirkungen haben.[10] Diejenigen von uns, die an die Wissenschaft glauben, werden tun müssen, was wir tun können, um der breiten Bevölkerung wissenschaftliche Erkenntnisse und sachlich fundiertes Urteilsvermögen beizubringen. In Anbetracht der Tatsache, dass der Marktplatz der Ideen nicht perfekt funktioniert, können wir nicht sicher sein, dass es sich mit dem Schlachtfeld der Ideen besser verhalten wird. Die traurige Wahrheit ist, dass die Welt vielleicht sogar noch stärker gespalten sein wird als heute. Vielleicht werden wir am Ende Gesellschaften haben, die sich zu Wissenschaft, Vernunft und den Werten der Aufklärung bekennen und in denen diese Sichtweisen, auch wenn sie nicht allgemein anerkannt sind, zumindest die Grundlage eines gesellschaftlichen Konsenses bilden, sowie Gesellschaften, die auf die eine oder andere Weise in einer voraufklärerischen Welt gefangen sind. In Letzterer mögen wissenschaftliche Forschung und technologische Entwicklung sogar weitergehen (wie sie es, in einer begrenzten Weise, in der Sowjetunion taten), aber mit zersplittertem Einfluss auf die Gesellschaft – zum Beispiel, um bessere Smartphones, Elektroautos und Raketen zu entwickeln. Es wäre besonders traurig, wenn mein eigenes Land der zweiten Kategorie zugerechnet werden müsste.

### Toleranz – hinter dem Schleier des Nichtwissens betrachtet

Das Modell der gesellschaftlichen Entscheidungsfindung, für das ich eintrete – nämlich über entsprechende Fragen aus der Sicht von Adam Smiths unparteiischem Beobachter oder hinter dem Schleier des Nichtwissens von John Rawls nachzudenken –, könnte auch hilfreich sein, um die Grenzen der Toleranz näher zu bestimmen. Wenn ich hinter dem Schleier des Nichtwissens nicht weiß, ob ich reich oder arm geboren oder ein religiöser Eiferer oder ein säkularer Wissenschaftler werde, könnte ich mir unter anderem die Frage stellen, wie sich verschiedene Sichtweisen von Toleranz auf den gesellschaftlichen Zusammenhalt auswirken. Bürgerkriege bringen niemals irgendjemand etwas Gutes, und Situationen, in denen Familienmitglieder sich streiten, sind für alle Beteiligten unangenehm. Wenn man Ansichten, die sich von den eigenen unterscheiden, mit zu wenig Toleranz begegnet, kommt es fast unweigerlich zu Konflikten. Aber ebenso gilt: Wenn man allzu tolerant ist, insbesondere gegenüber denjenigen, die intolerant sind, kommt es ebenfalls zu Konflikten. Es braucht sozialen Druck, um Intoleranz entgegenzuwirken. Nur in einer Gesellschaft, in der Toleranz zu üben eine Norm ist – insbesondere wenn sie sich auf Handlungen bezieht, die andere nicht direkt beeinträchtigen –, kann das für ein funktionstüchtiges demokratisches System erforderliche Maß an gesellschaftlichem Zusammenhalt vorhanden sein. Es ist klar, dass in einigen Ländern, auch in einigen Regionen der USA, diese Norm nicht länger gilt.

Auch wenn ich Toleranz *instrumentell* (als Mittel zu einem Zweck) betrachte, als etwas, das notwendig ist, damit eine Gesellschaft gut funktioniert, möchte ich doch betonen, dass ich die

Sichtweise der Aufklärung, die Toleranz praktisch als einen grundlegenden Wert an sich auffasste, damit nicht aufgebe. Ich bin allerdings der Meinung, dass diese Betrachtungsweise uns dabei hilft, einige der schwierigen Probleme zu durchdenken, die sich zwangsläufig ergeben, wenn wir versuchen, die Grenzen der Toleranz zu definieren.

## FREIHEIT, GLEICHHEIT, BRÜDERLICHKEIT

»*Liberté, égalité, fraternité*« war der Schlachtruf der Französischen Revolution. Er verknüpfte Gleichheit und Solidarität – gesellschaftlichen Zusammenhalt – eng mit individueller und politischer Freiheit, und dies zu Recht. Ich habe dargelegt, dass Gleichheit beziehungsweise, genauer gesagt, die Erhöhung des Einkommens der Armen auf Kosten der Reichen zugleich die Freiheit der Ersteren erweitert und die Freiheit der Letzteren verringert. Diese Maßnahme verbessert meiner Meinung nach das gesellschaftliche Wohlergehen, möglicherweise auch das Wohl der Spitzenverdiener, unter anderem deshalb, weil es den gesellschaftlichen Zusammenhalt stärkt. Die französischen Revolutionäre erkannten, dass gesellschaftliche Solidarität ein Wert an sich und für das gute Funktionieren einer Gesellschaft unerlässlich ist.

Es fehlt an Solidarität, wenn einige wenige in Luxus leben, während andere hungern – genau das war der Auslöser der Revolution in Frankreich. Wenn die Ungleichheit in einer Gesellschaft zu hoch ist, fällt es Menschen aus verschiedenen sozialen Schichten schwer, die Welt durch die gleiche »Brille« zu betrachten, auch wenn sie sich noch so sehr darum bemühen. Fast zwangsläufig werden sich gesellschaftliche Gräben auftun. Ich habe die Polarisierung, die heute in so vielen Ländern, die USA eingeschlossen, zu beobachten ist, teilweise auf die extreme Ungleichheit zurückgeführt und dargelegt, dass eine Politik, die zu mehr Gleichheit führt, größere Solidarität und größere Freiheit, wie ich sie definiert habe, für mehr Bürger bedeuten wird. Größere Solidarität – weniger Polarisierung – wird unsere Sichtweisen der Welt einander annähern, und dies wird uns erlauben, einen größeren Konsens über die schwierigen Fragen, die sich der Gesellschaft stellen, zu erreichen, wie etwa: Welche Arten von Äußerungen und Handlungen sind unwahr und gesellschaftsschädlich, und wie lässt sich die Verbreitung dieser Äußerungen in einer Weise einschränken, die mit anderen Werten in Einklang steht?

Viele Gemeinden in den USA und in Großbritannien mussten sich die Frage stellen, was sie mit Statuen von Sklavenhaltern und (in den USA) von denjenigen, die für die Beibehaltung der Sklaverei kämpften, tun sollten. In meinem Oxford-College, All Souls, trug die hübsche Bibliothek, die 1751 nach den Plänen des Architekten Nicholas Hawksmoore erbaut wurde, bis vor Kurzem den Namen des Mannes, der sie gestiftet hatte: Codrington Library. Christopher Codrington brachte es als Besitzer von Plantagen in der Karibik, auf denen versklavte Menschen arbeiteten, zu Reichtum. Im Jahr 2020 wurde die Bibliothek im Zuge von »Schritten, die darauf abzielen, dem problematischen Vermächtnis Codringtons gerecht zu werden«, wie es auf der Webseite des All Souls College heißt, einfach in »the Library« umbenannt.[11] Die Universität Oxford ließ die Statue Codringtons jedoch nicht entfernen, sondern schloss einen Kompromiss, in dem sie sich verpflichtete, die Namen der Versklavten zu nennen und die Geschichte der Sklaverei in jener Zeit neu zu erzählen.

Nach Lage der Dinge sind wir mit einer Reihe schwieriger Konflikte konfrontiert, die den Zusammenhalt weiter untergraben und die Gesellschaft polarisieren. In den USA ist der Oberste Gerichtshof, der es als seine Aufgabe hätte ansehen können, »weise« richterliche Urteile zu fällen, die intelligente Kompromisse darstellen – salomonische Entscheidungen –, einfach zu einem weiteren Instrument parteipolitischer Polarisierung geworden.

## AUS WELCHER QUELLE SPEISTE SICH DIE TOLERANZ DER AUFKLÄRUNG?

In diesem Kapitel haben wir die vielen Dimensionen des Toleranzbegriffs der Aufklärung näher beleuchtet. Ob die evolutionäre Sichtweise, wonach sich über kurz oder lang bessere Ideen durchsetzen werden, richtig ist oder nicht, ob Werte der Aufklärung *irgendwann* tonangebend sein werden, ist nicht von Belang. Auf lange Sicht sind wir alle tot, wie es John Maynard Keynes ausdrückte. Es ist eine Tatsache, dass diese Werte von einem erheblichen Teil der Bevölkerung nicht geteilt werden. Sie zu bewahren ist ein fortwährender Kampf. Einer meiner Kollegen in der Regierung Clinton meinte einmal, er habe den Eindruck, er müsse den Prozess der Aufklärung jeden Tag aufs Neue durchfechten. Es ist schwierig, Toleranz als einen Wert der Aufklärung tief und umfassend in einer Gesellschaft zu verankern, denn es setzt die Identifikation mit einer gewissen Geisteshaltung voraus, und es scheint eine natürliche menschliche Neigung zu geben, diejenigen zu meiden, die unsere Werte nicht teilen. Außerdem fördern die Medienmonopole nicht immer Vorstellungen aufgeklärter Toleranz, denn dies ist möglicherweise nicht im Interesse der Mediengiganten und ihrer Eigentümer.

Dennoch ist dies die wichtigste aller Dimensionen von Freiheit, die wir mit größtem Einsatz erweitern sollten.

## ABSCHLIESSENDE BEMERKUNGEN

In diesem Teil des Buches habe ich erläutert, wie unsere Überzeugungen und Präferenzen geformt werden. Eine gute und gerechte Gesellschaft würde meines Erachtens den Reichen und den Großkonzernen nicht so viel Macht geben, unsere Überzeugungen und Präferenzen zu prägen. Dies ist kostspielig und schädlich, und das Aufkommen der sozialen Medien hat die Probleme noch weiter verschärft. In ähnlicher Weise ist Marktmacht bei Medienunternehmen viel schädlicher als in anderen Branchen der Wirtschaft.[12]

Toleranz – die Freiheit von Menschen zu glauben, was sie wollen, solange ihre Überzeugungen nicht zu Handlungen führen, die anderen schaden – steht im Zentrum aufgeklärter Freiheitsvorstellungen. Unsere Meinungsfreiheit umfasst das Recht, diese Ansichten mitzuteilen, unabhängig davon, wie sehr sie der Mehrheitsmeinung widersprechen. Aber wir haben gesehen, dass die Dinge nicht so einfach sind. Die Wissenschaft, das Streben nach Wahrheit und die Gründung von Institutionen der Wahrheitsfindung sind ebenfalls zentrale Elemente der Aufklärung. Und einige Entscheidungen müssen wir gemeinsam treffen. Sollten wir es erlauben, dass die Treibhausgasemissionen uneingeschränkt weitergehen? Wie sollten wir eine öffentliche Gesundheitskrise wie etwa eine Pandemie bewältigen? In diesem Fall kann die Übermittlung wissenschaftlich falscher Informationen – insbesondere gezielter Falsch- und Desinformation, die viral geht – gefährliche und zerstörerische Folgen haben. Dies sind die tückischen Untiefen, die Demokratien im 21. Jahrhundert umschiffen müssen, und absolutistische Freiheitsauffassungen werden uns dabei nicht helfen.

Wenn wir darüber nachdenken, was eine gute und gerechte Gesellschaft ist und wie wir sie erschaffen können – ein Thema, dem ich mich in Teil III zuwende –, müssen wir berücksichtigen, wie unser Wirtschafts- und Gesellschaftssystem uns prägt und wer das

Recht – die Freiheit – bekommt, uns und unsere Überzeugungen zu prägen.

Es besteht ein breiter Konsens darüber, dass der gegenwärtige wirtschaftliche Ordnungsrahmen ungeeignet ist – und Freiheiten nicht in sachgerechter Weise gegeneinander abwägt. In den nachfolgenden Kapiteln versuche ich, diese Unzulänglichkeiten zu verstehen und zu definieren, was für ein nationales und internationales System am ehesten eine gerechte Gesellschaft verwirklicht – oder uns zumindest diesem Ziel näher bringt als die heutige dysfunktionale Ordnung.

# TEIL III

# DIE WIRTSCHAFTSORDNUNG DER GUTEN UND GERECHTEN GESELLSCHAFT

Die Grundfrage dieses Buches, die mich ursprünglich dazu brachte, Wirtschaftswissenschaften zu studieren, lautet: Welches Wirtschaftssystem ist einer gerechten Gesellschaft am förderlichsten?

Die Liste der gescheiterten Antworten ist lang: Der Feudalismus zeichnete sich durch eine hohe Konzentration von Macht und Vermögen, geringes Wirtschaftswachstum und langsamen gesellschaftlichen Fortschritt aus. Dem Kommunismus gelang es, für mehr Sicherheit und mehr Gleichheit bei der Versorgung mit materiellen Gütern zu sorgen, aber in anderen Aspekten scheiterte er, wie das geringe Wirtschaftswachstum, ein genereller Mangel an Freiheit, die Machtkonzentration und eine größere Ungleichheit des Lebensstandards, als es die kommunistischen Herrscher zugeben würden, belegen.

Der Neoliberalismus, das seit 40 Jahren im Westen vorherrschende Wirtschaftssystem, wird zunehmend als gescheitert angesehen, weil er schwächeres Wachstum und mehr Ungleichheit als in den Jahrzehnten zuvor mit sich brachte. Aber sein Versagen reicht tiefer. Es vergrößerte die sozialen Spaltungen, brachte egoistische, materialistische und oft unehrliche Bürger hervor und trug zu einem wachsenden Vertrauensverlust bei. Obgleich er den Begriff »Freiheit« in seinem Namen trägt (Neo*liberalismus*), hatten die Freiheiten, die er brachte, für einen Großteil der Bevölkerung keine *wirkliche Relevanz.* Um eine bessere Zukunftsstrategie mit geteiltem Wohlstand und maximalen Freiheiten für die größtmögliche Zahl von Menschen zu entwerfen, müssen wir uns fragen, was das Wesen einer gerechten Wirtschaftsordnung ausmacht und wie diese mit einer guten, gerechten Gesellschaft zusammenhängt.

### Den schwierigen Fragen ausweichen: Wissenschaftlichkeit vorspiegeln

In den letzten rund 100 Jahren haben Ökonomen versucht, diesen schwierigen Fragen auszuweichen. Die Standardtheorie *nimmt an*, dass Menschen vollständig geformt zur Welt kommen. Unter welchen gesellschaftlichen Verhältnissen wir aufwüchsen, habe keinen Einfluss auf die Art von Mensch, die wir seien. Trotzdem konzentrierten sich Ökonomen in ihren Analysen auf jene begrenzten Situationen, in denen niemand bessergestellt werden konnte, ohne jemand anderen schlechterzustellen. Dies wird »Pareto-Kriterium« genannt.

Die *positivistische* Wirtschaftslehre, wonach jede Behauptung wissenschaftlich überprüfbar oder logisch beziehungsweise mathematisch beweisbar sein müsse,[1] versuchte, Urteile über die Natur von Präferenzen oder über Vergleiche zwischen Personen zu vermeiden.[2] Ökonomen scheuten Diskussionen über soziale Gerechtigkeit. Sie wollten nicht darüber diskutieren, wer etwas mehr verdient hatte, oder über die moralischen Rechte, die Menschen haben mochten, ihr Einkommen zu behalten. Sie wollten nicht einmal sagen, dass es von einem moralischen oder sozialen Standpunkt aus wünschenswert wäre, einem Superreichen wie Jeff Bezos Geld wegzunehmen – unabhängig davon, wie er es zu seinem Reichtum gebracht hat – und es einem Bedürftigen zu geben, für den dieses Geld reines Überleben bedeuten würde. Ein Ökonom könnte sagen: Ich weiß, ob ich die Übertragung dieser Gelder für wünschenswert halte, aber dies sind meine Werte; als Experte kann ich anderen meine Werte nicht aufdrängen. Es gibt keine wissenschaftliche oder objektive Methode, um zu beurteilen, ob ein Dollar für eine Person einen größeren sozialen Wert hat als für eine andere.

Solange die Wirtschaft effizient war, Güter zu den niedrigsten möglichen Kosten produzierte und sie den Verbrauchern lieferte, die ihnen den höchsten Wert beimaßen, überließ man es Philosophen zu beurteilen, ob ein Wirtschaftssystem, in dem der größte Teil des Einkommens einigen wenigen zufließt, besser ist als eines, in dem die Einkommen gleichmäßiger verteilt sind. Die Einkommensverteilung lag in der Verantwortung der Politik, nicht ökonomischer Technokraten.[3] Wie in Kapitel 2 angemerkt, behaupteten Wissenschaftler wie Robert Lucas, Ökonomen sollten sich überhaupt nicht mit Ungleichheit befassen. Ich bin natürlich der Meinung, dass Lucas unrecht hatte. Eine Gesellschaft mit einer gegebenen Menge an Gütern, die gleichmäßiger verteilt sind, ist eine gerechtere und bessere Gesellschaft als eine, in der diese Güter einigen wenigen vorbehalten sind. Ich habe eine klare, schlüssige Erklärung dafür vorgelegt: Von hinter dem Schleier des Nichtwissens ist es die Art von Gesellschaft, für die sich die meisten entscheiden würden, aber es ist auch eine Gesellschaft, in der mehr Menschen mehr Freiheiten und mehr Chancen haben, ihr Potenzial auszuschöpfen.

Hier stieß die positivistische Wirtschaftsdoktrin an ihre Grenzen. Das Pareto-Kriterium – staatliche Eingriffe sind nur dann gutzuheißen, wenn niemand schlechtergestellt wird – ist als Richtschnur für moralische Urteile und politische Entscheidungen schlichtweg unzureichend. Ohne implizite Urteile darüber, ob Unternehmen das Recht auf Ausbeutung oder das Recht auf Umweltverschmutzung oder auch das Recht auf Verbreitung von Falsch- oder Desinformation haben sollten, lassen sich hier kaum irgendwelche Aussagen treffen. Politik bedeutet, dass man sich Trade-offs und moralischen Urteilen stellt. Einige Personen – auch wenn es nur die Ausbeuter und Spekulanten sind – werden durch eine Vorschrift, die antisoziales Verhalten verbietet, schlechtergestellt.[4] Weiter oben sprach ich mich für staatliche Maßnahmen aus, die Werbung für Zigaretten und den Verkauf von Opioiden oder auch von Lebensmitteln, die bei Kindern Diabetes verursachen, einschränken.[5] Das breite Einvernehmen darüber, dass solche Eingriffe wünschenswert sind, untermauert nur die Schlussfolgerung, dass die Fixierung von Ökonomen auf Pareto-Eingriffe (bei denen *einige* Menschen bessergestellt werden, aber niemand schlechtergestellt wird) unangebracht ist. Der technokratische Ansatz der letzten 75 Jahre hat in eine Sackgasse geführt.[6]

Die Argumente in Teil II haben noch eine weitere Schwäche des ökonomischen Standardmodells offenbart, das annimmt, dass Präferenzen von Geburt an feststehen. Aber Präferenzen wandeln sich. Unser Wirtschaftssystem beeinflusst, wer wir sind. Wirtschaftliche Analysen können politische Maßnahmen beschreiben, mit denen sich jedes mögliche Ziel am besten erreichen lässt, aber ohne Kenntnis unserer Präferenzen können sie nicht feststellen, welche der verschiedenen Maßnahmen letztlich vorzuziehen ist.[7,8]

In einer Welt mit endogenen und veränderlichen Präferenzen müssen wir die tiefergehende Frage stellen, der Ökonomen ausgewichen sind. Die Wirtschaft soll der Gesellschaft dienen, und eine gut funktionierende Wirtschaft hilft, eine gute Gesellschaft aufzubauen. Aber was verstehen wir unter einer guten Gesellschaft? Selbstverständlich sollte diese Frage nicht nur von Ökonomen beantwortet werden; die ganze Gesellschaft muss sie sich stellen. Sie sollte im Vordergrund unseres demokratischen Diskurses und Dialogs stehen. Auch wenn dies nicht der richtige Ort für eine ausführliche Definition des Begriffs »gute Gesellschaft« ist, möchte ich doch einige Aspekte davon näher beleuchten. Es liegt für mich intuitiv auf der Hand, dass eine Gesellschaft, die sich durch größere Gleichheit auszeichnet, (unter ansonsten gleichen Bedingungen) besser ist als eine Gesellschaft, die von sehr großen Ungleichheiten geprägt ist, dass Kooperation und Toleranz grundsätzlich besser sind als Gier, Egoismus und Intoleranz. Die extremen Spielarten der Letzteren, die sich in den zurückliegenden Jahrzehnten in den USA gezeigt haben, sind wirklich abscheulich.

Selbstverständlich sollten Ökonomen deutlich machen, wenn sie über die positivistische Agenda hinausgehen, die durch das Pareto-Kriterium begrenzt wird. Wie immer müssen sie die Annahmen, die ihren Analysen zugrunde liegen, klar benennen. Ökonomen können uns auch helfen zu verstehen, warum Gleichheit und Toleranz für eine gute Gesellschaft essenziell sind. Sie können zum Beispiel zeigen, wie Vertrauen die soziale Kooperation, die wirtschaftliche Leistungsfähigkeit und das allgemeine gesellschaftliche Wohlergehen fördert und wie Gleichheit und Toleranz das Vertrauen stärken.[9] Aber die Argumente für eine auf Vertrauen, Toleranz und sozialer Gerechtigkeit basierende Gesellschaft gehen über deren rein wirtschaftlichen Nutzen hinaus. Das Leben ist um so vieles angenehmer und entspannter, wenn wir uns nicht den Kopf darüber zerbrechen müssen, dass uns jeder, dem wir begegnen, hintergehen könnte.

Die hier vorgestellten Ideen sollten uns Anregungen geben, wenn wir darüber nachdenken, was für uns sonst noch zu einer guten Gesellschaft gehört. So erwähnte ich etwa die positiven Freiheiten, die dazu beitragen, dass Menschen ihr Potenzial ausschöpfen und ein sinnerfülltes Leben führen. Es ist ein zentrales Kennzeichen einer guten Gesellschaft, dass dies auf einen Großteil der Bevölkerung, wenn nicht sogar auf alle Menschen zutrifft.

Wir müssen dies im Kontext einer sich ständig verändernden Welt sehen, nicht mit den Augen der Ökonomen des 19. Jahrhunderts, für die sich die Gesellschaft in einem harmonischen, aber auch statischen Gleichgewicht befand, in dem niemand – wirtschaftliche oder politische – Macht ausübte und es nie zu grundlegenden Veränderungen kam. Es ist eine Tradition, die noch heute bei Ökonomen zu viel Zuspruch genießt. Aber es ist offensichtlich, dass wir nicht in einer solchen Welt leben. Eine gute Gesellschaft ist so strukturiert, dass wir diese Veränderungen registrieren und gerechte und faire Lösungen, Anpassungen und Antworten finden können.

Aus pragmatischen Gründen ist es nicht notwendig, die Frage zu beantworten, wie jede mögliche gute Gesellschaft aussehen könnte. Wir beginnen da, wo wir sind. Wir schätzen Ehrlichkeit, Freundlichkeit, Rücksichtnahme, Kooperativität und Empathie. Wir wollen Leiden und Entbehrungen, Ungerechtigkeiten und so weiter bekämpfen. Es ist bemerkenswert, dass diese Werte in den unterschiedlichsten Epochen und an den unterschiedlichsten Orten und trotz verschiedener wirtschaftlicher, politischer und sozialer Strukturen in fast allen Gesellschaften als Tugenden angesehen wurden.[10] Über Gesellschaften hinweg erkennen wir vorherrschende Merkmale wie einen tiefverwurzelten Gerechtigkeitssinn, eine allgemeine Risikoscheu, den Wunsch nach zumindest einem gewissen Maß an Sicherheit und so weiter. Gibt es gesellschaftliche und wirtschaftliche Rahmenbedingungen, die diesen Tugenden förderlich sind und diese Wünsche auf eine nachhaltige Weise befriedigen? Ich denke schon.

KAPITEL 11

# NEOLIBERALER KAPITALISMUS: WARUM ER SCHEITERTE

Bevor wir die Frage beantworten können, welche Wirtschaftsordnung den meisten Menschen Freiheit in einem bedeutungsvollen Ausmaß gewährt, sollten wir uns näher ansehen, warum der neoliberale Kapitalismus (kurz: der Neoliberalismus) gescheitert ist, und zwar so grandios gescheitert ist. Seine Befürworter behaupten, ein Grund dafür sei, dass wir den Neoliberalismus nur halbherzig umgesetzt hätten. Das trifft teilweise zu. Den reinen Neoliberalismus haben wir noch nicht ausprobiert. Hätten wir es getan, sähe es noch viel schlimmer aus. Die Wirtschaft hätte sich schlechter entwickelt, und Ungleichheit und politische und wirtschaftliche Instabilität wären größer.

Milton Friedman behauptete, eine ungezügelte Form des Kapitalismus sei notwendig, um den Kapitalismus zu erhalten, und er meinte damit etwas Rücksichtsloseres als den sanfteren Neoliberalismus der letzten 40 Jahre. Das öffentliche Bildungswesen sollte durch Gutscheine für private Bildungsleistungen ersetzt werden. Öffentliche Alterssicherungsprogramme sollten durch private Rentenversicherungen ersetzt werden. Staatliche Gefängnisse sollten privatisiert werden. Konsequent weitergedacht, würde dies bedeuten, die von der US-Bundesregierung finanzierten Streitkräfte durch Söldnerheere wie die Gruppe Wagner in Russland zu ersetzen.

Befürworter freier Märkte behaupten auch, dass ungeachtet der Unvollkommenheit dieser Märkte die Freiheit selbst einen

Mechanismus der Selbstkorrektur in Gang setzen werde. Ich werde erklären, warum das nicht stimmt. Der neoliberale Kapitalismus korrigiert sich keineswegs selbst – vielmehr zerstört er sich selbst. Der Neoliberalismus ist nicht nur aufgrund herkömmlicher wirtschaftlicher Faktoren gescheitert. Vielmehr ist er kein nachhaltiges politisches und wirtschaftliches System. Während Kapitalismuskritiker dies schon vor 200 Jahren sagten, verstehen wir meines Erachtens heute besser, warum dies der Fall ist. Wenn ein System nicht nachhaltig ist, hat es auf lange Sicht keinen Bestand. Es kommt zu Veränderungen. Die Frage ist: Wie können wir sicherstellen, dass der Wandel in die richtige Richtung geht?

## DAS VIELFÄLTIGE VERSAGEN DES NEOLIBERALISMUS

Die große Ironie der Geschichte besteht darin, dass der Neoliberalismus genau zu der Zeit zu einer globalen Ideologie wurde, als die Wirtschaftstheorie uns half, die Unzulänglichkeiten von Märkten zu verstehen. Jede Diskussion über das Scheitern des Neoliberalismus muss mit einer Diskussion dieser Mängel beginnen, mit denen ich mich an mehreren Stellen dieses Buches befasst habe, vor allem aber in Kapitel 3 im Rahmen der Diskussion über Externalitäten. Aber die Marktversagen gehen weit über Externalitäten hinaus.

In nachstehender Tabelle gebe ich einen Überblick über die wichtigsten Marktversagen, neoliberale Lösungsvorschläge, die Folgen und Beispiele für – aus meiner Sicht – angemessenere Reaktionen. Anschließend beschreibe ich drei Beispiele für die zahlreichen Eingriffe in marktwirtschaftliche Funktionsmechanismen, die wichtige Marktversagen – jenseits der bereits besprochenen – erfolgreich beheben können.

### *Wettbewerb und Ausbeutung*

Der US-amerikanische Neoliberalismus des 21. Jahrhunderts unterscheidet sich in mindestens einer wichtigen und aufschlussreichen Hinsicht vom europäischen Neoliberalismus. Europäische Liberale erkennen an, dass Märkte *nur* dann gut funktionieren, wenn es effektiven Wettbewerb gibt, und sie glauben im Allgemeinen nicht, dass Märkte von sich aus notwendigerweise kompetitiv sind (Märkte mit vollständigem Wettbewerb). Die vorherrschenden neoliberalen Richtungen in den USA dagegen behaupten, Märkte seien von Natur aus kompetitiv. Diese Sichtweise prägt auch die Rechtsnormen, sodass jemand, der vor Gericht behauptet, das Verhalten eines Unternehmens sei wettbewerbswidrig, eine hohe Beweislast trägt.

Die Ökonomen und Juristen der Chicagoer Schule (Robert Bork ist der bekannteste von ihnen),[1] die diese Auffassung vertraten, machten unrealistische Annahmen, die heute selbst in den USA auf breite Ablehnung stoßen. Dennoch fanden sie, als sie populär waren, Eingang in Entscheidungen des Obersten Gerichtshofs, was zur Folge hatte, dass es zur Änderung seiner Rechtsprechung eines neuen Gesetzes bedürfte – etwas, was im gegenwärtigen Kontext nahezu unmöglich ist. Meines Erachtens gibt es erdrückende Belege dafür, dass der Staat eine wichtige Rolle dabei spielt, den fairen Wettbewerb auf Märkten sicherzustellen (durch Wettbewerbs- bzw. Kartellgesetze).[2] Mit dem Wachstum der Tech-Giganten wie Amazon und Google, die immense Marktmacht besitzen und sie missbrauchten, haben diese Probleme an Bedeutung gewonnen.

### *Makroökonomik*

Eines der offensichtlichsten Versagen ungezügelter Märkte sind die episodischen tiefen Abschwünge, wie etwa die Große Depression und die Große Rezession, in denen die Arbeitslosigkeit in die Höhe schießt und das BIP einbricht. Die Große Rezession hätte sogar noch katastrophalere Folgen gehabt, wenn der Staat nicht eingegriffen hätte. Trotzdem behaupten Neoliberale und eine bedeutende Richtung der modernen Makroökonomik, Märkte seien effizient – die beobachteten Schwankungen seien nichts weiter als die effiziente Reaktion auf die Schocks, welche die Wirtschaft erschütterten. Für diejenigen, die nicht der geschlossenen Bruderschaft der Ökonomen angehören, mag es schwer sein zu glauben, dass eine große Denkschule – eine, die ernst genommen wird, die an den Universitäten gelehrt wird und mehrere Nobelpreisträger hervorgebracht hat – tatsächlich behauptet, dass es so etwas wie Arbeitslosigkeit nicht gebe und dass sich in Schwankungen des Beschäftigungsgrades Änderungen in der Anzahl der Personen widerspiegelten, die sich effizient und freiwillig dafür entschieden, ihre Freizeit zu genießen.[3] Eine andere große Gruppe von Ökonomen gehört der »Gib den Opfern die Schuld«-Schule an: Arbeitslosigkeit entsteht, weil Arbeitnehmer Löhne verlangen, die zu hoch sind.

| **Marktversagen** | **Neoliberale Position** |
|---|---|
| **Externalitäten:**<br>• Umwelt<br>• Öffentliche Gesundheit<br>• Wissen<br>• Wirtschaft<br>Zum Beispiel übermäßige Risikoneigung von Finanzinstituten, die dem Rest der Gesellschaft hohe Kosten auferlegen (Große Rezession) | Kein Eingriff in den Markt (Deregulierung, wenn bereits reguliert)<br>(Coase-Theorem besagt, dass bei sachgerechter Zuweisung von Eigentumsrechten der Markt das Problem von selbst löst) |
| **Öffentliche Güter und Koordinierungsversagen** | Es dem privaten Sektor überlassen<br>Wenn der Staat eingreift, sollte er auf private Produktion setzen<br>(laut Coase-Theorem löst der Markt Probleme im Zusammenhang mit öffentlichen Gütern effizient) |

| Folgen | Progressive Position |
|---|---|
| Zu viele negative Externalitäten; zu wenige positive Externalitäten:<br>• Übermäßige Umweltverschmutzung<br>• Pandemie-Verschlimmerung<br>• Zu wenig Innovation<br><br>Kostspielige Finanz- und Wirtschaftskrisen | Regulierung, »korrigierende Besteuerung«, staatliche Investitionen mit der Folge:<br>• Bessere Umwelt<br>• Bessere Epidemiekontrolle<br><br>Industriepolitik zur Förderung von Innovationen mit großen Übertragungseffekten – einschließlich gegebenenfalls Handelsbeschränkungen<br><br>Finanzmarktregulierung (sowohl auf Mikroebene, um die Zahlungsfähigkeit von Banken sicherzustellen, als auch makrozentrierte Maßnahmen, die auf wirtschaftliche Stabilität und Vollbeschäftigung ausgerichtet sind) |
| Unterinvestitionen in Bildung, Gesundheit, Technologie und Infrastruktur:<br>• Langsameres Wachstum<br>• Weniger Gleichheit und weniger Chancengleichheit<br><br>Privatisierte Firmen streben nach Gewinn auf Kosten sozialer Ziele (Haftanstalten in privater Hand) | Öffentliche Investitionen<br><br>Manchmal öffentliche Finanzierung, mit privater Bereitstellung von Gütern, manchmal mit öffentlicher Produktion |
| Privatisierung und öffentlich-private Partnerschaften bedeuten oft, dass Verluste sozialisiert und Gewinne privatisiert werden | |

| Marktversagen | Neoliberale Position |
| --- | --- |
| **Unvollkommene Information** | Der private Sektor soll's richten (keine Offenlegungspflichten, der Käufer trägt das Mängelrisiko) |
| **Unvollkommene Risikomärkte** | Der Markt soll's richten |
| **Keine Versicherung gegen bedeutende Risiken** | Den Risikofolgen von Maßnahmen wie Finanz- und Kapitalmarktliberalisierung keine Beachtung schenken, weil Märkte Risiken perfekt absichern |

| Folgen | Progressive Position |
| --- | --- |
| Unzureichende Offenlegung, die zu suboptimalen und (durch Rent-Seeking) verzerrten Ressourcenallokationen und Ausbeutung führt | Offenlegungspflichten<br>Regulierung (zum Schutz von Verbrauchern und Arbeitnehmern, Finanzmarktregulierung), um das Ausnutzen von Informationsasymmetrien und andere Formen von Ausbeutung zu verhindern<br><br>Haftpflichtgesetze, die Unternehmen zur Verantwortung ziehen, und Sammelklagen, um die Rechte von Geschädigten zu stärken<br><br>Einschränkungen des Schiedsverfahrenszwangs |
| Verlust von Wohlbefinden (und Produktivität) infolge von Unsicherheit:<br>• Potenzielles Innovationshemmnis<br><br>Fehlende Krankenversicherung führt zu schlechterem Gesundheitszustand, verminderter Produktivität<br><br>Übermäßige wirtschaftliche Volatilität, hohe Einbußen an Wohlbefinden infolge der Volatilität | Sämtliche Politikfelder (Handel, Finanzen usw.) berücksichtigen induzierte Ungewissheiten und erhöhte Volatilität<br><br>Sozialversicherung/soziale Absicherung:<br>• Soziales Sicherheitsnetz<br>• Arbeitslosenversicherung<br>• Altersvorsorge<br>• Krankenversicherung<br><br>Einkommensabhängige Darlehen (die Rückzahlung ist an das Einkommen gekoppelt) zum Beispiel für die Ausbildung |
| | Öffentliche Option |

| Marktversagen | Neoliberale Position |
| --- | --- |
| **Unvollkommene Kapitalmärkte (Kreditrationierung, Schwierigkeiten bei der Kreditaufnahme oder Beschaffung von Eigenkapital)** | Bestreitet die Relevanz – der Markt soll's richten |
| **Konjunkturschwankungen (makroökonomische Externalitäten, zum Beispiel übermäßig hohe Verschuldung von Unternehmen, die zu übermäßiger Volatilität führt)** | Märkte reagieren optimal auf Schocks und tragen nicht zur Entstehung von Schocks bei<br><br>Arbeitslosigkeit ist darauf zurückzuführen, dass Arbeitnehmer zu hohe Löhne fordern (gib dem Opfer die Schuld) – Reaktion: den Arbeitsmarkt stärker flexibilisieren |
| **Makroinflation** | Zentralbanken müssen Inflation bekämpfen und die Leitzinsen erhöhen, wenn die Inflation über 2 Prozent steigt |

| Folgen | Progressive Position |
| --- | --- |
| Hochproduktive Investitionen zum Beispiel von Kleinunternehmen unterbleiben | Mittelstandskredite<br>Entwicklung von Ökobanken, die gesellschaftlich vorteilhafte Umweltinvestitionen finanzieren |
| Episodische Unterbeschäftigung gesellschaftlicher Ressourcen/massiver Wohlstandsverlust, insbesondere bei Arbeitslosigkeit | Stabilisierende Fiskal- und Geldpolitik<br><br>Automatische Stabilisatoren<br><br>Soziale Absicherung (Arbeitslosenversicherung) |
| Große durchschnittliche Outputlücke (Differenz zwischen Produktionspotenzial und tatsächlichem BIP)<br><br>Hohe durchschnittliche Arbeitslosigkeit<br><br>Preisstabilität geht auf Kosten der »realen« Instabilität (Instabilität des tatsächlichen BIP) | Reaktion abhängig von der Quelle der Inflation<br><br>Angebotsschocks erfordern fiskalpolitische Maßnahmen zur Schließung von Angebotslücken |

| Marktversagen | Neoliberale Position |
|---|---|
| **Mangelnder Wettbewerb** | Der Markt soll's richten – Märkte sind grundsätzlich kompetitiv (potenzieller Wettbewerb, Wettbewerb um den Markt, ist ein Ersatz für Wettbewerb im Markt) |
| **Übermäßige Ungleichheit** | Der Markt – oder der politische Prozess – soll's richten |

| Folgen | Progressive Position |
|---|---|
| Hohe Konzentrationen von Marktmacht<br>Hohe Preise<br>Niedrigere Reallöhne<br>Weniger resiliente Volkswirtschaft<br>Weniger Innovation | Kartell-/Wettbewerbsgesetze:<br>• Fusionen einschränken<br>• Missbräuchliche Praktiken einschränken<br>• Geheime Absprachen einschränken<br>• Öffentliche Optionen als eine Alternative anbieten |
| Hohe Einkommenskonzentration und noch größere Vermögens- und Machtkonzentration<br><br>Viele Menschen in Armut<br><br>Hoffnungslosigkeit, Chancenlosigkeit – Todesfälle aus Verzweiflung<br><br>Demokratie und sozialer Zusammenhalt werden untergraben<br><br>Gesamtwirtschaftliche Leistungsfähigkeit beeinträchtigt | Prä-Redistribution (Maßnahmen wie Mindestlöhne und unterstützende arbeitsrechtliche Gesetzgebung, Gleichheit der Markteinkommen erhöhen)<br><br>Umverteilung durch Steuern<br><br>Öffentliche Ausgabenprogramme (Bildung, Gesundheitswesen) |

Wenn die Löhne doch nur vollkommen flexibel wären, wäre die Wirtschaft effizient, und es gäbe keine Arbeitslosigkeit.

Der Neoliberalismus hat in seinem Bestreben, den Markt zu verteidigen und staatliche Eingriffe zu begrenzen, diese Lehren von Ökonomen, die abstruse Positionen vertreten, übernommen. Folglich hat er nicht erkannt, dass der Markt selbst die Quelle der wichtigsten und schwerwiegendsten Schwankungen ist. Dies ist eine Lektion, die wir aus der Großen Depression, der Großen Rezession und den Dutzenden von anderen Krisen, die durch Marktexzesse rund um die Welt verursacht wurden, hätten lernen sollen.

Im Anschluss an die Covid-19-Pandemie und den Überfall Russlands auf die Ukraine stand die Weltwirtschaft vor einem anderen Problem: einem starken Anstieg der Inflation. Das zugrunde liegende Problem war kein gesamtwirtschaftlicher Nachfrageüberhang, sondern es waren Lieferengpässe und Nachfrageverschiebungen. Der Markt war nicht resilient genug. In den USA mangelte es sogar an Babynahrung. Autohersteller hatten es versäumt, die von ihnen benötigten Chips zu bestellen, folglich wurde die Produktion gedrosselt, und die Knappheit führte zu sprunghaft steigenden Autopreisen. Deutschland und andere europäische Länder waren allzu abhängig von russischem Gas geworden, und als das Angebot verringert wurde, schossen die Energiepreise in die Höhe. Europäische Unternehmen hatten die Risiken einer solchen Abhängigkeit einfach ausgeblendet – genau davor hatte ich in meinem Buch *Die Chancen der Globalisierung* mehr als 15 Jahre zuvor gewarnt. Es erschien mir offensichtlich, dass Russland unter Putin kein verlässlicher Handelspartner ist.

Diese Phasen erhöhter Inflation und Arbeitslosigkeit enthüllen die grundlegenden Schwächen von ungezügelten Märkten, aber sie decken auch die Schwächen der neoliberalen wirtschaftspolitischen Rezepte auf, die sich darauf konzentrieren, den Einfluss des Staates zurückzudrängen. Neoliberale wollen, dass sich der Staat an einfache – ich würde sagen: allzu simple – Regeln hält, wie zum Beispiel, dass Staaten kein Defizit haben sollten, oder allenfalls ein Defizit, das 3 Prozent des BIP nicht überschreitet, wie dies für die Eurostaaten gilt, oder dass sich die makroökonomische Stabilisierung auf die Geldpolitik stützen sollte, mit einer Erhöhung der Leitzinsen, sobald die Inflation über 2 Prozent steigt. Diese magischen Zahlen sind völlig aus der Luft gegriffen. Die Rezepte sind weder theoretisch noch empirisch fundiert, und sie führten auch nicht zu Stabilität, vor allem nicht in *realen* Größen – in realem BIP oder im Beschäftigungsgrad. In vielen Fällen führte eine neoliberale Wirtschaftspolitik in die Katastrophe: Die Forderung nach Austerität – massiven Kürzungen der Staatsausgaben – in der Eurokrise, die der Finanzkrise von 2008 in den USA auf dem Fuße folgte, löste schwere Rezessionen und in einigen Fällen so tiefe Abschwünge aus, dass sie zu Recht Depressionen genannt wurden – Griechenland zum Beispiel hat gegenwärtig noch immer nicht sein reales BIP vor der Krise erreicht.

*Geschwindigkeit und Richtung des technologischen Fortschritts*

Marktliberale rühmen die sagenhafte Innovationskraft der Märkte. Wie wir gesehen haben, stützen sich die meisten Innovationen, die den Lebensstandard in den letzten Jahrzehnten erhöhten, auf Erkenntnisse der Grundlagenforschung, die der Staat finanziert und oft selbst betreibt.[4] Aber es ist nicht bloß so, dass sich selbst überlassene Märkte nur unzureichend innovativ sind, sie steuern die Innovation auch in die falsche Richtung. Wir sollten uns auf Innovationen konzentrieren, die den Planeten dadurch retten, dass sie die $CO_2$-Emissionen senken, stattdessen sind enorme Forschungsanstrengungen darauf gerichtet, Arbeitskräfte, insbesondere ungelernte Arbeitskräfte, einzusparen, indem deren Bedarf in Produktionsabläufen reduziert wird, wo wir schon jetzt ein globales Überangebot an solchen Arbeitskräften haben. Diese Typen von

Innovation mögen im privaten Sektor Kosten einsparen, aber die dadurch herbeigeführte Arbeitslosigkeit und Ungleichheit erlegt dem Rest der Gesellschaft hohe Kosten auf.[5]

## KORRIGIERT SICH UNSER WIRTSCHAFTLICHES UND POLITISCHES SYSTEM VON SELBST?

Ungeachtet des Scheiterns des Neoliberalismus gibt es viele Leute – insbesondere auf der Rechten –, die sagen: »Keine Sorge. Unser politisches/gesellschaftliches/wirtschaftliches System verfügt über eingebaute Mechanismen der Selbstkorrektur. Sobald sich die Auswüchse des Neoliberalismus bemerkbar machen, werden wir Gesetze verabschieden, um sie einzudämmen. Mit einer größeren Dosis Regulierung hier, einer kleineren Dosis Regulierung dort, ein wenig mehr Bildungsinvestitionen hier, einer geringfügigen Korrektur anderer Maßnahmen dort, werden Wohlstand und gesellschaftlicher Zusammenhalt zurückkehren. Die fundamentale Kritik am Neoliberalismus ist total übertrieben.«

Historiker betrachten die Geschichte verständlicherweise aus einer »langfristigen Perspektive«. Einer, dem ich meine düstere Einschätzung des Zustands der Demokratie weltweit mitteilte, merkte an, dass aber auch Diktaturen längerfristig nicht überlebten. Man denke nur an den Zusammenbruch der Sowjetunion oder der Regime von Francisco Franco in Spanien, António de Oliveira Salazar in Portugal oder Augusto Pinochet in Chile. Es stimmt, die Diktatoren in Lateinamerika hielten sich weniger als 25 Jahre an der Macht. Aber die Sowjetdiktatur mit ihren herrschenden Eliten hatte fast ein Dreivierteljahrhundert Bestand und wurde rasch von einer anderen Diktatur und Oligarchie abgelöst. Chinas undemokratisches Regime besteht seit mittlerweile 75 Jahren. Vielleicht sind selbstkorrigierende Kräfte am Werk, aber sie wirken mitunter langsam, allzu langsam, als dass man sich damit trösten könnte.

Es gibt mehrere Gründe, um in Bezug auf selbstkorrigierende Kräfte pessimistisch zu sein. Gesellschaften reagieren oft nur langsam; auch wenn Missstände offensichtlich sind, gibt es starre soziale Strukturen und Normen, die sich Veränderungen widersetzen. So hielt sich der Brauch des Füßebindens in China jahrhundertelang, trotz der verheerenden Folgen für Frauen. Langsame Reaktionen sind zum Teil auch darauf zurückführen, dass das, was jeder von uns glaubt, von dem beeinflusst wird, was andere glauben, und dies ist ein sich selbst verstärkender Prozess.[6] Wenn jeder glaubt (oder wenn ich glaube, dass jeder glaubt), Füßebinden sei gut, wer bin ich schon, um aus der Reihe zu tanzen? Und fast alle Gesellschaften bemühen sich, Normabweichungen zu unterdrücken. Es ist beunruhigend, wenn allzu viele Fragen gestellt werden. Es ist beinahe so, als hätten Gesellschaften Antikörper gegen Normabweichung in Form von sozialer und ökonomischer Missbilligung (manchmal auch, weitergehend, sozialer Ausgrenzung) entwickelt, unabhängig davon, ob die Abweichung von der Norm letztlich zu einer besseren oder schlechteren Gesellschaft führen könnte.

Wahrscheinlich glaubt eine große Mehrheit der Menschen in entwickelten Ländern an die eine oder andere Version von Adam Smiths unsichtbarer Hand, weil beinahe alle Experten daran glauben. Und die Experten glauben zum Teil daran, weil beinahe alle anderen Personen, die sie kennen und schätzen, daran glauben. Nur ein paar an Hochschulen lehrende Wirtschaftswissenschaftler und einige Radikale auf der Linken sehen es anders. Dies ist die »Brille«, durch die Experten die Welt betrachten, ein sozialer Anpassungsdruck auf das Denken, der nicht durch Parteidisziplin, sondern durch ein System sozialer Billigung und Missbilligung durchgesetzt wird. Wie in Kapitel 9 beschrieben, führt der Bestätigungsfehler dazu, dass die meisten Menschen dazu neigen,

Informationen zu ignorieren, die ihren vorgefassten Meinungen und Annahmen zuwiderlaufen. Als überzeugte Marktwirtschaftler sahen, dass Geringverdiener in den USA kaum über die Runden kamen, erkannten sie darin nicht etwa einen Hinweis auf einen grundlegenden Fehler im System. Vielmehr erklärten sie dies »systemkonform«: Die Opfer seien selbst schuld, weil sie nicht hart genug gearbeitet, nicht genug gespart oder ihr Leben nicht richtig organisiert hätten. Als diese Erklärung wenig überzeugend erschien, weil es so vielen wirtschaftlich schlecht ging, plädierten die Marktanhänger für geringfügige politische Korrekturen, die die Wirtschaftsstruktur nicht grundlegend veränderten.

In unseren Institutionen, Regeln und Vorschriften spiegeln sich selbstverständlich diese vorherrschenden Sichtweisen wider, und verschiedene Teile des Systems verstärken sich gegenseitig. Es ist schwierig, sich eine klare Vorstellung davon zu verschaffen, wie sich jede Komponente unseres komplexen Systems im Zuge des Wandels unserer Wirtschaft, unserer Technologien, unserer Gesellschaften und unseres Wissens über all dies verändern sollte. So habe ich zum Beispiel gesagt, dass das Eigentumsrecht, insbesondere das Recht des geistigen Eigentums, reformiert werden sollte. Es ist ein System, das im Lauf mehrerer Jahrhunderte geschaffen wurde. Es passt sich an, aber in der Regel nur langsam – zu langsam für das Tempo der heutigen Veränderungen.[7] Es ist nicht leicht, alternative Rechtsrahmen zu konzipieren, aber wenn wir es trotzdem tun, stoßen wir oft auf den Widerstand von mächtigen Interessengruppen und auch von denjenigen ohne ein berechtigtes Interesse, die die Welt aus eingefahrenen, älteren Perspektiven betrachten.

Daniel Kahneman, den ich bereits als einen der führenden Verhaltensökonomen vorstellte, beschreibt in seinem berühmten Buch *Schnelles Denken, langsames Denken*, dass Menschen oft schnelle Entscheidungen treffen oder zügig zu einem Urteil kommen müssen. Sie denken schnell, wobei sie Faustregeln benutzen, die im Durchschnitt gut funktionieren, aber nicht vollständig widerspiegeln, was sie wirklich wollen oder wie ihre Urteile ausfallen würden, wenn sie die Gelegenheit hätten, gründlicher zu überlegen. Das Gleiche gilt für Gesellschaften, außer dass es auch dann der Fall ist, wenn wir genug Zeit zum Nachdenken haben.[8] Das Tempo wohlüberlegter Veränderungen, wo nach gründlicher Beratschlagung ein vernünftiger Konsens erreicht werden kann, der entweder in förmlichen Gesetzen oder in sozialen Normen konkrete Gestalt annimmt, kann nicht im Einklang mit den Bedürfnissen unserer Gesellschaft stehen. In der Zwischenzeit wenden wir veraltete wirtschaftliche Regelungen an. Dies ist insbesondere in den USA der Fall, wo eine Mehrheit der Richter am Obersten Gerichtshof die Verfassung aus der Sicht der wohlhabenden weißen männlichen Sklavenhalter, die die Verfassung ausarbeiteten, interpretieren.[9] Die Verfassungsväter gestalteten die Verfassung bewusst so, dass es schwierig ist, Änderungen daran vorzunehmen, und sie taten dies nicht zuletzt in der Absicht, Privilegien zu schützen.

### *Eine Selbstkorrektur ist heute unwahrscheinlich*

Unter den gegenwärtigen Umständen dürften bestehende Kräfte der Selbstkorrektur besonders schwach sein. Ungeachtet ihres Versagens ist die neoliberale Ideologie tief in der Gesellschaft verankert. Zu viele sind damit groß geworden und glauben daran.[10] Die Verhaltensökonomik hat uns geholfen, diese Überzeugungen als eine Quelle gesellschaftlicher Erstarrung zu verstehen. Wir suchen nach Informationen, die mit unseren Meinungen in Einklang stehen, und wir ignorieren Informationen, die ihnen zuwiderlaufen.

Bei einer Vielzahl gesellschaftlich relevanter Themen einschließlich der Frage, welche Rolle der Staat spielen sollte, gibt es immer unterschiedliche Ansichten. Meinungen werden zum Beispiel von Einschätzungen darüber beeinflusst, welche Bedeutung Externalitäten haben, sowie von der Wirksamkeit staatlicher Eingriffe, die sie beheben sollen. Aber zu Beginn dieser Diskussionen bedarf es einer breiten Einigkeit über gewisse Tatsachen. Der Klimawandel ist real. Covid-19 ist eine übertragbare Krankheit mit schwerwiegenden Folgen. In den USA ist eine der beiden großen Parteien von Politikern und Wählern gekapert worden, die bereitwillig offensichtliche Fakten leugnen. Sie bestreiten sogar die Glaubwürdigkeit der Wissenschaft, des Eckpfeilers unserer Zivilisation und der Ursache dafür, dass der Lebensstandard heute so viel höher ist als vor 250 Jahren. Viele Wähler der Republikaner leugnen den Klimawandel, viele der Übrigen spielen die Bedeutung des Klimawandels herunter, während ihr eigenes Land von Extremwetterereignissen verwüstet wird.

Diese gesellschaftliche Pathologie ist in zahllosen Publikationen analysiert worden. Sie ist Teil eines umfassenderen Verlusts an Glaubwürdigkeit der Eliten und an Vertrauen in die Institutionen, der durch Umfragen überall auf der Welt, auch in den USA, gut belegt ist. Dies hängt meines Erachtens direkt mit der wirtschaftlichen Malaise zusammen – der Stagnation des Einkommens bei 90 Prozent der Einkommensbezieher. Es ist völlig normal, dass sich diese 90 Prozent fragen: »Die Eliten versprachen, dass die neoliberalen Marktreformen zu höherem Wachstum führen und wir alle davon profitieren würden. Wenn sie sich diesbezüglich dermaßen irrten, wie können wir ihnen dann jetzt noch vertrauen?« Das vorherrschende Paradigma konzentrierte sich auf Anreize, und entsprechend sagten sich diejenigen, deren Einkommen stagnierte oder sank, während die Einkommen der Spitzenverdiener in die Höhe schossen, verständlicherweise: »Es war nicht bloß so, dass die Eliten die wirtschaftlichen Zusammenhänge nicht verstanden haben. Vielmehr haben sie das System manipuliert, um sich selbst auf Kosten von uns Übrigen zu begünstigen. Sie hatten einen Anreiz, um dies zu tun.«

Aber die Wirtschaftswissenschaften allein können keine

vollständige Erklärung liefern. Viele andere Länder machten ein ähnliches wirtschaftliches Trauma durch, und auch wenn populistische Kräfte bei ihnen erstarkten, entwickelte sich in nur wenigen Ländern die gleiche sektiererische Praxis der Wahrheitsverleugnung. Vielleicht hängt das damit zusammen, dass die Amerikaner mehr erwarteten – dass viele weiterhin an den amerikanischen Traum glaubten –, sodass die Kluft zwischen dem, was vom Neoliberalismus erwartet und versprochen wurde, und dem, was dann tatsächlich herauskam, größer war.

Außerdem – und dies ist der zweite Grund für meinen Pessimismus – schafft diese Pathologie selbst die Bedingungen, die ihrem Fortbestehen förderlich sind. Ökonomische Inkompetenz in Verbindung mit aktiver Leugnung der Fakten bedeutet, dass die absehbaren wirtschafts- und sozialpolitischen Maßnahmen mit hoher Wahrscheinlichkeit nicht tragfähig sein werden. Einige dürften die ungünstigen wirtschaftlichen Bedingungen sogar noch verschlechtern. Trumps Steuersenkung von 2017 für mächtige Konzerne und die Reichen brachte nicht die von ihm versprochenen Investitionen, vielmehr vergrößerte sie das Haushaltsloch und gesellschaftliche Ungleichheiten. Seine Vorschläge für drastische Kürzungen in der Grundlagenforschung – die zum Glück vom Kongress nicht ratifiziert wurden – hätten die Grundlagen des Fortschritts untergraben. Die wirtschaftliche Lage der gesellschaftlichen Mitte könnte sich verschlechtern, und dies könnte populistische Kräfte stärken.

Und obgleich die neoliberalen Axiome über universellen Egoismus und Gier widerlegbar sind – und widerlegt wurden –,[11] haben sie viele Menschen hervorgebracht, die von diesen Axiomen gut beschrieben werden, und sie stellen eine besonders mächtige Stütze des Systems dar.

Am wichtigsten ist vielleicht die heutige Machtdynamik. Menschen, in deren Interesse es ist, den Status quo aufrechtzuerhalten, verfügen über einen unverhältnismäßig hohen Einfluss auf das politische System.[12]

Die Situation in den USA zeichnet sich durch zwei Besonderheiten aus. Die Machtdynamik wird durch ein politisches System verschärft, in dem Geld eine größere Rolle spielt als in den meisten anderen Demokratien. In den USA sind Wahlen sehr kostspielig, und Spender, die Wahlkämpfe mit höheren Summen unterstützen (es wäre angemessener, diese Spenden als »politische Investitionen« zu bezeichnen), haben zwangsläufig mehr Einfluss. Lobbyismus ist ebenfalls zu einem großen Geschäft geworden. Diejenigen, die in der Lage sind, sich mehr und bessere Lobbyisten zu leisten, können sich auch besser Gehör verschaffen. In einigen Bereichen, etwa im Finanzsektor, sind »Drehtüren« noch immer eine verbreitete Praxis; dabei bieten Unternehmen und Organisationen ehemaligen Staatsbediensteten, die sich nachhaltig für deren Interessen einsetzten, attraktive Stellen an. Die Anreizverzerrungen sind offensichtlich.

Außerdem gibt die US-Verfassung durch ihr System, bei dem der Präsident von Wahlmännern gewählt wird, die je nach Bundesstaat unterschiedlich viele Wähler repräsentieren, und jeder Bundesstaat jeweils zwei Senatoren entsendet, den weniger bevölkerungsreichen Bundesstaaten mehr Macht, und im Lauf der Zeit haben die impliziten Ungleichheiten bei den Stimmgewichten enorm zugenommen. Sogar die Demokratie selbst wird von Republikanern infrage gestellt, wie man daran ersieht, dass sie sich ungeniert darum bemühen, Stimmen zu unterdrücken, Wahlbezirksgrenzen zu manipulieren und die friedliche Machtübergabe, ein Kennzeichen jeder Demokratie, zu stören.

Überdies stellen die neuen Technologien neue Instrumente bereit, um Machtpositionen zu festigen und den wenigen, die sie kontrollieren, zusätzliche Hebel an die Hand zu geben, um politische Entscheidungen unverhältnismäßig stark zu beeinflussen.[13]

*Woher werden Veränderungen kommen, und wohin werden sie uns führen?* Schlechte wirtschaftliche Bedingungen, insbesondere große ökonomische Ungleichheiten zwischen verschiedenen Gruppen innerhalb der Gesellschaft, lassen Forderungen nach Veränderungen in der Politik und an Systemen laut werden.[14] Aber es ist nicht immer klar, in welche Richtung der Wandel gehen sollte. Es gibt unzählige schlechte Ideen. In Zeiten von Angst und Unsicherheit können Gesellschaften nur selten jene gründliche Abwägung vornehmen, die eine vernünftige Entscheidung, die Trennung guter von schlechten Ideen und die subtile Ausarbeitung einer noch unausgegorenen Idee, in der Absicht, sie praktisch umsetzbar zu machen, ermöglichen würde. Folglich sind die durch Krisen ausgelösten gesellschaftlichen Veränderungen nicht immer positiv. Die Weltwirtschaftskrise wird oft für den Aufstieg Hitlers verantwortlich gemacht, die Deindustrialisierung in den USA für den Aufstieg Trumps. Diejenigen, die unsere Demokratie gern aufblühen sehen würden, treibt die Sorge um, die Bürger könnten einen noch schlimmeren Demagogen als Trump wählen, wenn sich nichts an der wirtschaftlichen Lage in den USA ändert – der tiefen Ungleichheit in Verbindung mit »verzweiflungsbedingten Sterbefällen«.[15] Der politische Aufstieg des Neoliberalismus begann, zumindest in den USA und in Großbritannien, in Krisenzeiten, zum Beispiel mit der Stagflation, die der Wahl Ronald Reagans vorausging, und den ersten Anzeichen der Deindustrialisierung.

Selbstverständlich eröffnen Krisen manchmal auch Chancen auf positive soziale Veränderungen. Die Große Depression in den USA führte zu den Reformen des New Deal einschließlich arbeitsrechtlicher Gesetze und der Einführung der staatlichen Rentenversicherung.

Kurzum, die wirtschaftlichen Probleme infolge des Scheiterns des Neoliberalismus und dessen rechtspopulistischen Nachfolgern wie Trump und des früheren brasilianischen Präsidenten Jair

Bolsonaro könnten durchaus gesellschaftliche Reformbewegungen hervorbringen. Es ist auch möglich, dass diese Bewegungen unser sozioökonomisches System wieder in die richtige Richtung lenken. Aber genauso wahrscheinlich – wenn nicht wahrscheinlicher – ist es, dass die Wirtschaft in die falsche Richtung taumeln wird.

Die USA haben vielleicht mit dem, was sie als akzeptables oder wünschenswertes Verhalten von Führungskräften in Wirtschaft und Politik ansehen, eine Art Vorbildfunktion. Sie prägen in einem hohen Maße das intellektuelle Umfeld, in dem andere Führungskräfte und Staaten funktionieren. So verschaffte Trump indirekt anderen Demagogen wie dem indischen Ministerpräsidenten Narendra Modi und Bolsonaro in Brasilien Freiräume, um ihre populistische Agenda zu befördern. Höchstwahrscheinlich hat Trump das politische Koordinatensystem in zumindest einigen dieser Länder verschoben und das, was zuvor als undemokratisch angesehen worden wäre, akzeptabel gemacht. Gemessen an den neuen globalen Maßstäben, schienen diese Ideen gar nicht derart ungeheuerlich zu sein. Die Konzeption der »illiberalen Demokratie« des ungarischen Ministerpräsidenten Viktor Orbán würde ohne einen Präsidenten Trump vielleicht verlacht und als belanglos abgetan werden.

Es ist klar, dass immer wieder neue ideologische Wellen über die Welt hinwegschwappen – die Ära des Faschismus in den 1930er-Jahren, die Ära der Militärdiktaturen in Lateinamerika in den 1970ern und 1980ern und der Neoliberalismus in den 1980ern und 1990ern. In der heutigen Welt spielen die USA bei diesem Trendsetting eine wichtige Rolle.[16]

Dies lässt für die Welt außerhalb der USA für die Zukunft vielleicht sogar noch Schlimmeres befürchten. Wenn die USA nicht in der Lage sind, ihre Verhältnisse, die zunehmend einer Dystopie ähneln, wieder in Ordnung zu bringen, ist damit zu rechnen, dass mehr Länder politische Führungsfiguren haben werden, um die sich ein regelrechter Personenkult entwickelt. Dies wird die Rückkehr zu gesünderen wirtschaftlichen und politischen Verhältnissen verlangsamen und erschweren.

Die Krise der Demokratie hätte zu keinem schlechteren Zeitpunkt kommen können, da wir gleichzeitig mit der Klimakrise konfrontiert sind. Die unheilige Allianz zwischen den Demagogen, den Populisten, der fossilen Energiewirtschaft und den Unternehmensinteressen, die ihnen dienen, treibt uns schnell über die Belastungsgrenzen des Planeten hinaus.

## VIELLEICHT IST DIE ZEIT REIF: HOFFNUNGSVOLLE ANZEICHEN

Wie ich in Kapitel 1 anmerkte, war eines der Kennzeichen des Neoliberalismus die Behauptung, es gebe keine Alternative. Seine Verfechter sagten, es gebe keine echte Alternative zu ihrem Mantra von Liberalisierung, Deregulierung, Privatisierung, Sparpolitik und dem rücksichtslosen, unbeirrbaren Bestreben der Zentralbanken, die Inflationsrate bei 2 Prozent zu halten. Selbstverständlich gab es Alternativen – aber die Neoliberalen behaupteten, dass jede andere Politik alle so viel schlechterstellen würde, dass sie es bereuen würden. Diese Einstellung hatte einen großen Vorteil. Wir konnten nicht nur die Steuerung der Wirtschaft, sondern auch die Ausarbeitung der Grundregeln Technokraten – genauer gesagt: Ökonomen – überlassen.

Ihre Analysen waren falsch, und was am wichtigsten war, es gab sowohl im Inland als auch international realistische Alternativen. Weiter oben beschrieb ich den Neoliberalismus als eine Ideologie, die von der *Annahme* ausgeht, dass Märkte effizient sind und dass alles, was der Staat tut, destruktiv ist. Die wirtschaftlichen Realitäten sehen anders aus. Global gesehen, hat der Staat in den Ländern mit den höchsten Wachstumsraten eine wichtige Rolle gespielt.

Überall erwarteten die Menschen während der Covid-19-Pandemie vom Staat, dass er die Wirtschaft retten und die Seuche eindämmen würde. Und dies funktionierte bemerkenswert gut. Aber das war kein einmaliges Eingreifen, es geschieht ständig. Heute, wo das Überleben der Menschheit durch den Klimawandel bedroht wird, ist staatliches Handeln alternativlos.

Das gegenwärtige neoliberale Wirtschaftssystem ist nicht zukunftsfähig – weder ökologisch noch sozial, weder politisch noch wirtschaftlich.

Viele Vertreter des Establishments behaupten, es bedürfe lediglich geringfügiger Korrekturen am System. Für die Bekämpfung der Klimakrise genüge es, »grüne Finanzierungsinstrumente« zu schaffen und die Kräfte der privaten Finanzmärkte zu entfesseln. Für die Bekämpfung der Ungleichheitskrise genüge es, das Bildungssystem zu verbessern. Einige mögen so kühn sein, den Mindestlohn zu erhöhen (dieser ist inflationsbereinigt heute genauso hoch wie vor mehr als 60 Jahren).

Dagegen sagen ich und viele andere, dass diese kosmetischen Korrekturen nicht ausreichen werden. Manche fordern daher sogar eine Revolution. Aber wenn man sich die Geschichte der letzten 250 Jahre ansieht, muss man leider zu dem Schluss kommen, dass Revolutionen selten ein gutes Ende nehmen. Für mich besteht die einzige Antwort darin, auf den tiefgreifendsten Wandel, den unser demokratisches System erlaubt, zu drängen. Die USA und andere Demokratien haben Phasen durchgemacht, in denen es zu zügigen und sehr weitreichenden Veränderungen kam, aber zugleich fand hier nie eine Revolution statt. Beispiele für solche schnellen Reformen sind der New Deal in den USA und die Schaffung des Sozialstaats nach dem Zweiten Weltkrieg in Großbritannien.

Die Tatsache, dass es keine Alternative zu einem radikalen Wandel gibt, ist ein Grund für Optimismus. Unsere jungen Menschen sind ein weiterer. Einer der Gräben in unserer Gesellschaft verläuft zwischen den Generationen. Die Jungen haben Mühe, eine Immobilie zu kaufen und gute Jobs zu finden; sie wissen, dass die Wahrscheinlichkeit gering ist, dass es ihnen ökonomisch einmal besser gehen wird als ihren Eltern.[17] Sie wissen auch, dass der Klimawandel womöglich verheerende Auswirkungen auf die Welt haben wird, die sie einmal erben. Auch in anderer Hinsicht stellen sie ihr intellektuelles Erbe infrage. Und ein Teil dieser Zweifel betrifft Wirtschafts- und Gesellschaftssysteme. Selbst in den USA spüre ich eine starke Unterstützung für die Ideen, die ich hier vorbringe, und ein Verständnis für die Grundsätze, die ich dargelegt habe. Wenn wir die Fackel der freiheitlichen Demokratie mit den Werten der Aufklärung lange genug am Brennen halten und die darauf gründende Wirtschaftsordnung schützen können, dann besteht eine gute Chance, dass die nächste Generation nicht nur zu einem Konsens darüber gelangen wird, wie wir eine Welt schaffen können, die sich durch mehr Stabilität, Wohlstand, Nachhaltigkeit und Gerechtigkeit auszeichnet, sondern sich auch auf den Weg macht, um das Ziel einer guten (oder zumindest besseren) Gesellschaft zu erreichen.[18]

KAPITEL 12

# FREIHEIT, SOUVERÄNITÄT UND ZWISCHENSTAATLICHER ZWANG

Viele der Probleme bezüglich Freiheit und Zwang treten, oftmals in ähnlicher Weise, ebenso sehr auf der Ebene von Nationalstaaten wie auf der Ebene von Einzelpersonen auf, auch wenn wir dafür mitunter leicht unterschiedliche Begriffe verwenden. Länder befürchten einen Verlust an Souveränität durch internationale Abkommen, etwa jenes, mit dem die Welthandelsorganisation ins Leben gerufen wurde. Länder, die Gelder vom Internationalen Währungsfonds annehmen, fühlen sich gezwungen, den Auflagen zuzustimmen, die mit den Krediten verbunden sind (sogenannte Konditionalitäten) – Forderungen wie Ausgabenkürzungen, Steuererhöhungen oder Regel- beziehungsweise Gesetzesänderungen, die ein Land erfüllen muss, ehe es die dringend benötigten Mittel erhält.

Es lassen sich zwei verschiedene Arten von Situationen unterscheiden. Die erste ist echter Zwang – die Androhung von Gewalt, mit der die Kolonialmächte ihre Herrschaft ausübten. Sie haben dadurch ganz klar die Freiheiten der Kolonisierten verletzt, auch wenn diese eine Vereinbarung unterzeichneten, mit der sie auf ihre Rechte verzichteten. Diese Vereinbarung war nichts weiter als eine Farce.

Die zweite ist eine Vereinbarung zwischen Gleichgestellten zum beiderseitigen Nutzen, entweder um zu verhindern, dass sie sich gegenseitig mit negativen externen Effekten überziehen (wie es beim Klima der Fall ist), oder um die Schaffung positiver externer Effekte zu erleichtern (wie es bei einer wechselseitig vorteilhaften Handelsausweitung der Fall sein könnte). In beiden Fällen erklärt sich jede Partei bereit, etwas zu tun oder zu unterlassen, unter der Bedingung, dass die andere sich genauso verhält. Die Handlungsfreiheit wird in einer Dimension eingeschränkt, aber die Erweiterung des Handlungsspielraums jeder Partei infolge der Vereinbarung, die voraussetzt, dass die andere sich daran hält, vergrößert ihre Handlungsfreiheit in vielfältiger anderer Hinsicht.

Bei wirklich freiwilligen Vereinbarungen zwischen Gleichgestellten wird kein Zwang ausgeübt, auch wenn sie die Souveränität einschränken. Diese Vereinbarungen auf internationaler Ebene lassen sich mit den in Kapitel 5 diskutierten Verträgen zwischen Privatpersonen vergleichen. Allerdings können auch scheinbar freiwillige Verträge ausbeuterisch sein und unter einer Art Zwang zustande kommen, vor allem dann, wenn eine Vertragspartei mächtiger ist als die andere. Derartige wirtschaftliche und militärische Machtungleichgewichte sind heute weltweit verbreitet.

Abkommen, die im Lauf der letzten 100 Jahre zwischen fortgeschrittenen Ländern und Schwellen- und Entwicklungsländern geschlossen wurden, waren dem Anschein nach freiwillig – kamen in der Regel ohne Androhung von physischem Zwang zustande – und wurden von einer Rhetorik des beiderseitigen Nutzens begleitet. Aber so werden sie nicht immer von den Entwicklungsländern wahrgenommen, die (meines Erachtens zu Recht) der Meinung sind, dass im Grunde wirtschaftlicher Zwang auf sie ausgeübt wird.

Zwang kann viele Formen annehmen. Wenn man einer Person eine Möglichkeit nimmt, die sie andernfalls gehabt hätte, veranlasst sie dies vielleicht dazu, etwas zu tun, was sie andernfalls nicht getan hätte. Obwohl sie nicht dazu »gezwungen« wird, das zu tun, wozu sie sich genötigt fühlt, ist es die beste *verbleibende* Option.

In einer solchen Situation mag die Person zu Recht sagen, dass sie unter Druck gehandelt hat. Wir haben bereits ein Beispiel gesehen: Schwarze Südafrikaner arbeiteten »freiwillig« in den Bergwerken für niedrige Löhne, weil das repressive Regime ihnen den Zugang zu anderen Erwerbsmöglichkeiten etwa in der Landwirtschaft verwehrte. Sie hatten nicht wirklich eine Wahl.

Ähnliches gilt für Nationen. In vielen Ländern hat der Kolonialismus ein Vermächtnis der Entbehrung hinterlassen. Die beste Alternative für diese Länder bestand darin, die vorgeschlagenen Wirtschaftsbeziehungen zu akzeptieren, die oft »Partnerschaften« genannt wurden und die Finanzhilfen und Zugang zu den großen Märkten der fortgeschrittenen Länder mit sich brachten. Aber die Vertragsbestimmungen begünstigten das fortgeschrittene Land und wären in einer Welt mit ausgeglichenerer Verhandlungsmacht so nicht zustande gekommen. Zahlreiche Publikationen aus den letzten 20 Jahren bemühten sich, die ausbeuterische Natur internationaler Abkommen aufzuzeigen, die einseitig den Interessen der Wohlstandsländer dienende Arbeitsweise der internationalen Wirtschaftsinstitutionen sowie die Diskrepanz zwischen der Rhetorik angeblich zum beiderseitigen Vorteil gereichender, fairer Abkommen und der Realität unfairer Vereinbarungen, die die Interessen multinationaler Konzerne einschließlich großer Finanz- und Bergbaukonzerne sowie in jüngster Zeit auch großer Technologieunternehmen fördern.[1]

In vielen Fällen brachten die internationalen Abkommen den Entwicklungsländern kaum direkte Vorteile, schränkten ihre Möglichkeiten, etwas dagegen zu unternehmen, jedoch ein. Sie gingen mit einem klaren Verlust an wirtschaftlicher Freiheit für die armen Länder einher, dem keine entsprechenden Gewinne gegenüberstanden.

In einigen Fällen verwiesen die internationalen Institutionen zur Rechtfertigung der Einschränkungen, die sie armen Ländern auferlegten, auf grenzüberschreitende Externalitäten (so wie ich davon sprach, dass es im Fall von Externalitäten notwendig sei, individuelles Verhalten zu regulieren), aber von kleinen Entwicklungs- oder auch Schwellenländern gehen in der Regel nur sehr geringe externe Effekte aus, während die externen Effekte, die von den großen Industrieländern ausgehen, beträchtlich sind. Trotzdem versuchen viele Abkommen, den Handlungsspielraum der Entwicklungs- und Schwellenländer auf die eine oder andere Weise einzuschränken, während sie so gut wie nichts gegen die von fortgeschrittenen Ländern ausgehenden hohen Externalitäten unternehmen. Dies spricht dafür, dass es um etwas anderes geht. Die großen und reichen Länder benutzen die Abkommen, um ihre Interessen auf Kosten der kleinen und armen Länder durchzusetzen. Schlimmer noch, die Bestimmungen der Abkommen werden nur halbherzig gegenüber den Großen und Reichen durchgesetzt, während gegen die Kleinen und Armen auf Vertragstreue gepocht und gegebenenfalls mit ganzer Härte vorgegangen wird.

Diese Abkommen sind wenig mehr als die jüngste Manifestation einer Machtpolitik, die die Freiheit der Entwicklungsländer einschränkt, während sie die Freiheit der fortgeschrittenen Länder erweitert. Es ist vergleichbar mit dem Ergebnis des früher diskutierten Opiumkriegs, der die Fähigkeit Chinas, seine Bürger vor einem gefährlichen Rauschgift zu beschützen, untergrub, während er die Freihandelsrechte des Westens, Opium zu exportieren, erweiterte. Ich sollte mich präziser ausdrücken: Die Mächtigen in den fortgeschrittenen Ländern versuchen zu erreichen, dass ihre Regierungen *ihre* Macht nutzen, um die Interessen der Machteliten zu sichern; ein solches Vorgehen steht oft im Widerspruch zum Wohl der großen Mehrheit der Menschen in den fortgeschrittenen Ländern.

Die externen Effekte, die große und reiche Länder auf die kleinen ausüben, sind nicht nur im Bereich des Handels offensichtlich.

Im Lauf der Jahre hat die US-Geldpolitik globale Externalitäten geschaffen. Die unvermittelte Erhöhung der Leitzinsen durch den US-Notenbankchef Paul Volcker im Jahr 1981 auf über 20 Prozent löste die lateinamerikanische Schuldenkrise aus. Aber die Vereinigten Staaten haben diese Externalitäten bei ihrer geldpolitischen Entscheidungsfindung nur selten berücksichtigt. Trotzdem übten der IWF, die Weltbank und andere Druck auf die Entwicklungsländer aus, eine Geldpolitik zu betreiben, die im Einklang mit den neoliberalen Diktaten steht, die sich auf die Inflation fokussieren. Dies bedeutet, dass sie die Leitzinsen erhöhen sollen, sobald die Inflation auf über 2 Prozent steigt, und zwar unabhängig von deren Ursache, obwohl von der Geldpolitik eines kleinen Landes keine nennenswerten globalen Externalitäten ausgehen. Noch skandalöser ist es, dass diese Organisationen ihren Einfluss genutzt haben, um die Vergabe von Krediten an die Bereitschaft des Kreditnehmerlandes zu knüpfen, sich diesen starren Dogmen zu unterwerfen.[2]

Es gibt eine Ausnahme, bei der kleine Länder einen externen Effekt auf die großen ausüben. Einige bieten Konzernen und reichen Privatpersonen Steuervermeidungsoptionen an; diese untergraben die Fähigkeit anderer Länder, Steuern zu erheben. Die Cayman-Inseln, Panama und die Britischen Jungferninseln sind berüchtigt dafür. Doch es handelt sich nicht nur um arme Länder – Luxemburg und Irland haben das Gleiche in Europa getan. Aber auch große Länder und Sonderregionen sowie bestimmte Sektoren (wie Immobilien) innerhalb dieser Länder sind zu globalen Zentren von Steuervermeidung und -flucht geworden und haben mitgeholfen, anderen Ländern die ihnen geschuldeten Steuern zu rauben. Vielleicht noch wichtiger: Wenn die reichen und mächtigen Länder diese Steueroasen dichtmachen wollten, könnten sie dies leicht tun, nämlich dadurch, dass sie es ihren Bürgern und Unternehmen einfach verböten, deren Steuervermeidungsdienste in Anspruch zu nehmen. Doch sie bestehen weiter, weil es im Interesse einiger der Reichen und Mächtigen in den reichen und mächtigen Ländern ist, dass sie weiterbestehen.

## GEISTIGES EIGENTUM

Nichts könnte die Unausgewogenheit der internationalen Regeln und Vorschriften besser verdeutlichen als die Regulierung des geistigen Eigentums. In Kapitel 7 wies ich auf die verheerenden Folgen hin, als während der Covid-19-Pandemie Einschränkungen der Freiheit von Unternehmen in den armen Ländern, Covid-19-Impfstoffe, -Tests und -Medikamente herzustellen, zu Tausenden zusätzlichen Hospitalisierungen und zahllosen Todesfällen führten. Dabei gab es bereits ein globales Übereinkommen, dem zufolge Länder während einer Epidemie uneingeschränkten Zugang zu geistigem Eigentum haben sollten, nachdem sie eine angemessene Gebühr gezahlt hatten. Die armen Länder glaubten, dieses Abkommen bedeute, dass während einer Pandemie Menschenleben mehr zählen würden als Profite; hätten sie dies anders verstanden, dann hätten sie das WTO-Abkommen vielleicht nicht unterzeichnet. Aber die Pharmakonzerne verstanden es, die Menschen hinzuhalten. Jeder Tag Verspätung bedeutete Millionen Dollar mehr an Gewinnen – selbst wenn er zu Tausenden weiteren Todesfällen führte. Bedauerlicherweise unterstützten die Regierungen von Schlüsselländern wie Deutschland, der Schweiz und Großbritannien während der Covid-19-Pandemie ihre heimischen Pharmaunternehmen.

Die Entscheidung des Westens, die Gewinne von Pharmaunternehmen über Menschenleben zu stellen, wird bleibende Folgen haben. Die schwindende Unterstützung so vieler Entwicklungsländer für die Ukraine gegen den russischen Aggressor war keine Überraschung, wenn man die grausame Reaktion des Westens auf die Hilferufe während der Coronavirus-Pandemie bedenkt. Aber in einer Welt, in der es dringend globaler Kooperation zur Bewältigung existenzieller Krisen wie des Klimawandels bedarf, müssen wir internationale Abkommen umschreiben, um sie sehr viel ausgewogener zu machen, als sie es in der Vergangenheit waren.

## GLOBALE GOVERNANCE UND DIE BESTEUERUNG MULTINATIONALER KONZERNE

Es gibt ein Machtungleichgewicht innerhalb der internationalen Ordnung, das vielleicht offensichtlicher und größer ist als das innerhalb der meisten gut funktionierenden demokratischen Gesellschaften. Und dieses Ungleichgewicht spiegelt sich in der Art und Weise wider, wie Entscheidungen auf globaler Ebene getroffen werden. Entwicklungsländer fordern, in die Gespräche über wichtige globale Abkommen einbezogen zu werden, weil sie erkannt haben, dass derjenige, der nicht mit am Tisch sitzt, vielleicht auf der Speisekarte steht. Aber es genügt nicht, mit am Tisch zu sitzen. Allzu oft wird das Mikrofon dieser Länder faktisch abgeschaltet, und niemand hört ihnen zu.

Ein Beispiel: Die internationale Gemeinschaft diskutierte mit viel Trara über Reformen des bestehenden Systems der Besteuerung multinationaler Konzerne. Entwicklungsländer benötigen dringend Finanzmittel. Als Fabriken in ihre Länder verlagert wurden, sodass die Verbraucher in den Industrieländern von preisgünstigeren Produkten profitierten, dachten die Entwicklungsländer, sie hätten sich sowohl Arbeitsplätze *als auch* eine Finanzierungsquelle für das Bildungs- und das Gesundheitswesen sowie andere Entwicklungsziele gesichert. Aber multinationale Konzerne wurden zu Experten darin, die Globalisierung für sich zu nutzen. Sie produzierten dort, wo die Arbeitskräfte billig waren, machten sich aber globale

Regeln zunutze, um es zu vermeiden, irgendwo Steuern zu zahlen. Der Prozess der Reformierung des Systems begann in der Organisation für Wirtschaftliche Zusammenarbeit und Entwicklung (OECD), der offiziellen Denkfabrik der fortgeschrittenen Länder, aber nach massiver Kritik seitens der Schwellen- und Entwicklungsländer, ihre Anliegen fänden nicht ausreichend Gehör, entwickelte die OECD einen »inklusiven« Rahmen für Gespräche – oder, genauer gesagt, sie schuf eine Fassade der Inklusivität.

Vertreter der Entwicklungsländer kritisierten den Prozess weiterhin; sie sagten, ihre Stimmen würden noch immer nicht gehört – keine Überraschung in Anbetracht der Tatsache, dass die OECD der Klub der Industrieländer ist. Der letztendlich ausgearbeitete Entwurf für ein Abkommen bestätigte die Vorwürfe der Entwicklungsländer. Während es zum Beispiel gut war, dass das Abkommen eine Mindeststeuer für Unternehmen forderte und diese dazu verpflichtete, *in irgendeinem Land* Steuern zu zahlen, war der vereinbarte Mindeststeuersatz sehr niedrig, die Hälfte des durchschnittlichen Satzes in Lateinamerika.[3] Während die OECD die Länder aufforderte, das neue Rahmenabkommen zu unterzeichnen, weigerte sie sich, Schätzungen der zusätzlichen Einnahmen zu veröffentlichen, die armen Ländern unter dem neuen Regelwerk zufließen sollten. Unabhängigen Schätzungen zufolge wären es lächerlich geringe Summen gewesen, und für diese Brotkrumen hätten Länder darauf verzichten müssen, Unternehmen wie Google, Meta und Amazon digitale Steuern aufzuerlegen – sodass deren Einnahmen mit der Zeit wohl weiter angewachsen wären.[4] (Es war offensichtlich, wessen Interessen die Beschränkungen dienten: denen der digitalen Giganten, deren Standpunkte von den amerikanischen Unterhändlern gut vertreten wurden.)

Die Entwicklungsländer waren von den Ergebnissen so enttäuscht, dass sie verlangten, die Steuergespräche im Rahmen der UN fortzuführen, in denen sie mehr Gehör finden würden, auch wenn die wirtschaftliche Macht letztendlich entscheidend wäre. Aber die USA erkannten, dass dieser Wechsel des Gesprächsforums ihren Einfluss beschneiden könnte. Die Welt war bereits durch die Impfstoff-Apartheid und zwei Kriege, einen im Nahen Osten und einen in der Ukraine, gespalten, aber die USA hatten nichts Besseres zu tun, als einen weiteren Graben zu vertiefen – den zwischen den Entwicklungs- und den entwickelten Ländern. Als in den Entwicklungsländern die Enttäuschung über die Vorschläge der OECD wuchs, trieb die Afrikanische Union eine Initiative für ein Steuerabkommen auf einer Reihe von Feldern voran, einschließlich derjenigen, die im Rahmen der OECD diskutiert wurden, aber noch weit darüber hinaus. Statt der wachsenden globalen Unterstützung für den Vorschlag, diese wichtigen Themen im November 2023 bei der UN zu erörtern – der Organisation, die für solche Zwecke gegründet worden war –, Rechnung zu tragen, stimmten die USA mit 47 anderen größtenteils hoch entwickelten Ländern gegen ein UN-Abkommen zur Einleitung dieses Prozesses. Die USA sind nicht nur mit ihrem Versuch gescheitert, das historische Abkommen zu blockieren, das von 125 mehrheitlich Entwicklungsländern unterstützt wurde, sondern stellten sich auch auf die falsche Seite der Geschichte und brüskierten erneut diejenigen, auf deren Kooperationsbereitschaft sie bei der Bewältigung einer Vielzahl globaler Probleme angewiesen sind.[5]

Ähnliche Geschichten ließen sich aus jeder Ära der internationalen Wirtschaftsordnung erzählen. Diese Probleme beschäftigen mich seit mittlerweile 25 Jahren; und während die Ungerechtigkeiten heute klarer erkannt werden – die Ungleichgewichte zwischen Einschränkungen (Freiheitsverlusten), die den armen Ländern auferlegt werden, und den Freiheiten, die den Reichen gewährt werden –, ist viel zu wenig dagegen getan worden. In den folgenden drei Abschnitten verdeutliche ich dies am Beispiel von Schulden, Handel und Investitionen.

# DIE SCHULDENFALLE

Leser von Charles Dickens wissen ganz genau, wie Schulden und die Freiheit von Bürgern im 19. Jahrhundert miteinander zusammenhingen. Wer seine Schulden nicht zurückzahlte, wurde zur Strafe ins Schuldgefängnis gesteckt. Es spielte keine Rolle, dass der Gefangene selbst vom Kerker aus wenig tun konnte, um seine Schulden zu begleichen.[6] Zum Glück haben wir das hinter uns gelassen und betrachten Schuldgefängnisse als etwas, das einer beinahe unzivilisierten Vergangenheit angehört.

Auch auf internationaler Ebene scheint die Lage heute besser zu sein als vor rund 150 Jahren. Wenn Länder im 19. Jahrhundert ihre Schulden nicht zurückzahlen konnten, mobilisierten Gläubigerländer ihre Streitkräfte, um die Schuldenzahlungen zu erzwingen – wie in Ägypten im Jahr 1882 und in Venezuela in den Jahren 1902/03. In jüngerer Vergangenheit mussten Länder und Provinzen erleben, dass sie ihre demokratische Unabhängigkeit weitgehend verlieren können, wie es Neufundland in den 1930er-Jahren erfahren musste, als es unter Zwangsverwaltung gestellt wurde und die Kontrolle weitgehend auf seine Gläubiger übertragen wurde, oder Puerto Rico im Jahr 2016, als seine demokratisch gewählte Regierung faktisch einer Kommission unterworfen wurde, die den Auftrag erhalten hatte, die Rückzahlung seiner Schulden sicherzustellen.[7]

Auch ohne solche drastischen Maßnahmen ist das Leben für ein überschuldetes Land alles andere als angenehm. Die Gläubiger tun, was sie können, um einen möglichst großen Teil dessen, was ihnen geschuldet wird, aus dem Land herauszupressen – wobei sie die Folgen für die inländische Bevölkerung kaum beachten, wenn überhaupt. Dies ist auch dann der Fall, wenn die Gläubiger eine aktive Rolle bei der Entstehung der Schuldenkrise spielten, indem sie Kredite zu verlockenden Bedingungen anboten, womöglich sogar Regierungsbeamte oder Führungskräfte von Privatunternehmen durch Bestechung dazu brachten, Kredite aufzunehmen.

Wenn sich eine Privatperson oder ein Unternehmen in der modernen Gesellschaft zu viel Geld geliehen hat, was das Gleiche ist, wie wenn Banken und andere Gläubiger zu großzügig Kredite gewähren, kommt es zu einem förmlichen Insolvenzverfahren. Es findet eine Umschuldung statt, sodass Privatpersonen mit ihrem Leben weitermachen und Unternehmen einen Neuanfang machen können, um wieder zu wachsen und Arbeitsplätze zu schaffen, sofern sie über das dafür erforderliche Talent und Wissen verfügen.

Während die Gläubiger auf der Leichtfertigkeit von Kreditnehmern, die sich übermäßig verschulden, herumreiten, liegt der Fehler eigentlich bei den Gläubigern. Sie sollten Experten in Risikomanagement sein und genau wissen, wie hoch sich eine Privatperson, ein Unternehmen oder ein Land verschulden kann, ohne in Schwierigkeiten zu geraten. Man geht davon aus, dass sie viel mehr über die mikroökonomischen Grundlagen und die vorherrschende makroökonomische Theorie wissen als der Durchschnittsbürger oder ein armes Entwicklungsland. Kredite sind freiwillige Transaktionen. Wenn ein Kredit nicht hätte ausgereicht werden sollen, liegt der Fehler ebenso sehr – beziehungsweise mehr – aufseiten des Kreditgebers wie des Kreditnehmers.

In Teil II habe ich darauf hingewiesen, dass die Reichen die Medien kontrollieren und einen unverhältnismäßig großen Einfluss in unserem Wirtschaftssystem haben. Nirgends wird dies deutlicher als in unserer Diskussion hier. Die Banker im Westen erzählen von leichtfertigen Kreditnehmern, von einem Argentinien, das ein Serienbankrotteur sei. Aber über die naheliegende Frage gehen sie hinweg: Wenn dies so offensichtlich war, warum vergaben sie dann so hohe Kredite an Argentinien, nachdem Mauricio Macri im Jahr 2015 Präsident dieses Landes geworden war? Die naheliegende Antwort lautet, dass ihre Risikoabschätzung nicht gegen ihre Gier ankam. Die hohen Zinsen lockten die Banken, wobei sie kaum bedachten, dass dies nicht nur ein Indikator für ein hohes Risiko war, sondern auch eine Ursache dafür, weil es Argentinien schwerfallen würde, diese beschwerlichen Bedingungen zu erfüllen.

Auf internationaler Ebene gibt es nicht so etwas wie ein Insolvenzgericht für Staaten, die ihre Schulden nicht zurückzahlen können. Es ist äußerst wichtig, einen geeigneten rechtlich-institutionellen Rahmen dafür zu schaffen, weil die Klärung eines grenzüberschreitenden Schuldenproblems viel komplexer ist als die Bewältigung inländischer Schuldenprobleme.[8] Und daraus ergibt sich ein reines Machtspiel, wobei die Macht überwiegend in den Händen der Gläubiger liegt. In der Vergangenheit wurden ihre Forderungen durch den IWF, der als Inkassobüro der Kreditgeber fungierte, verstärkt und koordiniert.

Das, was geschah, wenn Länder überschuldet waren, folgte in den Jahrzehnten nach dem Ende des Zweiten Weltkriegs bis um das Jahr 2020 herum einem bestimmten Muster. Ihnen wurde angedroht, sie vollkommen vom Zugang zu Krediten abzuschneiden, wenn sie die angebotenen Bedingungen nicht annähmen.[9] Ohne Kredite und ohne Devisenreserven konnten diese Länder vielleicht keine Nahrungsmittel für ihre Bevölkerung oder anderweitige, für die Produktion benötigte Einfuhrgüter kaufen. Nach außen tat man so, als würde ernsthaft verhandelt und gefeilscht, aber letztlich war das wenig mehr als eine Farce. Der IWF entwarf ein überzogen optimistisches Szenario dessen, was sich das Schuldnerland leisten könnte, und auf dieser Grundlage erließ man ihm einen kleinen Teil seiner Schulden. Im Gegenzug tat das Land alles in seiner Macht Stehende, um aus seinen Bürgern das Geld herauszupressen, das es benötigte, um seine Gläubiger zu befriedigen. Dies bedeutete, dass die Ausgaben für Gesundheit, Bildung und Infrastruktur gekürzt wurden – Ausgaben, die notwendig sind, um den Grundbedarf der Bürger und die zukünftigen wirtschaftlichen Wachstumschancen zu sichern. Die extreme Sparpolitik, die manchmal mit Steuererhöhungen einherging, stürzte das Land in eine tiefe Rezession. Das in dem rosigen IWF-Szenario vorhergesagte Wachstum blieb aus, und ein paar Jahre später kam es zu einer weiteren Staatspleite. Die IWF-Auflagen waren für das Land gleichsam eine moderne Version der Schuldhaft.[10]

Man beachte die Rolle, die der IWF bei all dem spielte. In den schlimmsten Fällen übernahm das Land die Verantwortung, die Forderungen der privaten Gläubiger zu erfüllen, der IWF stellte dem Land die Mittel zur Verfügung, die es dafür brauchte, und seine Bürger durften die Zeche zahlen. Die Banken mögen Verfechter des freien, privaten Unternehmertums sein – aber nur so lange, wie sie davon profitieren. Bei starker Zunahme der privaten Verschuldung in einem Entwicklungsland üben Gläubiger immensen Druck auf die Regierung aus, die Schulden des privaten Sektors zu übernehmen. Die betreffenden Akteure in der Privatwirtschaft einschließlich des Finanzsektors in dem entwickelten und dem Entwicklungsland teilen sich also die Gewinne. Unterdessen tragen die Bürger des Entwicklungslandes das Verlustrisiko in diesem »pseudokapitalistischen« Arrangement. Und der IWF ist der Anführer, der dies alles ins Werk setzt.

Neuerdings, mit der Krise in Argentinien im Jahr 2020 – für deren Bewältigung der IWF den größten Kredit seiner Geschichte (rund 44 Milliarden Dollar) bereitstellte –, scheint sich die Lage verbessert zu haben, sehr zum Leidwesen der Wall Street und des US-Finanzministeriums, das gelegentlich, nicht ganz zu Unrecht, auch unter Regierungen der Demokratischen Partei als eine hundertprozentige Tochtergesellschaft der Wall Street bezeichnet wurde. Bei der Restrukturierung der argentinischen Schulden im Jahr 2021 spielte der IWF die Rolle eines ehrlichen Maklers, der die Höhe der Schulden, die tragfähig waren oder vielmehr gewesen wären, wenn alles normal gelaufen wäre, detailliert beschrieb (dies war zu einem Zeitpunkt, bevor weltwirtschaftliche Störfaktoren infolge des Ukrainekrieges, der Pandemie und einer durch den Klimawandel verursachten Dürre ihre ganze Kraft entfalteten).[11]

Der Rest der Schulden müsste auf die eine oder andere Weise abgeschrieben werden. Die Wall Street war wegen des vermeintlichen Verrats durch den IWF auf hundertachtzig; sie wollte mehr Dollars aus Argentinien herauspressen, als nach Ansicht des IWF machbar war. Es gab Bestrebungen, die Leitung des IWF abzulösen. Dies wurde von manchen als ein vom US-Finanzministerium unterstützter Putschversuch angesehen.[12]

Während sich die globalen Anleihemärkte auf diese Weise verbessert haben, hat sich das Schuldenproblem in anderer Hinsicht verschlechtert. Die Gläubiger sind heterogener und haben gegensätzliche wirtschaftliche und politische Agenden. Es war schon schwer genug, mit einigen wenigen Banken am Tisch Lösungen für Schuldenkrisen zu finden. Heute ist es viel schwieriger, weil Hunderte von Gläubigern aus verschiedenen Ländern um ihre eigenen Interessen kämpfen, die in der Regel denen anderer entgegenstehen.[13] Die wahren Interessen der Gläubiger werden auch von den Finanzmärkten vollständig verschleiert, die einigen erlauben, am Verhandlungstisch zu bleiben, während sie insgeheim das gesamte Risiko einer Staatspleite auf andere abwälzen.[14]

China ist zu einem bedeutenden Gläubiger von Anleihen der Entwicklungs- und Schwellenländer geworden,[15] und es hat sehr wenig Bereitschaft zu Umschuldungen erkennen lassen. Es scheint genauso hart zu verhandeln wie US-amerikanische Privatbanken.[16] Aber wenn ein bedeutender Gläubiger nicht ernsthaft in Umschuldungsverhandlungen eintritt, werden dies auch nur wenige andere tun, weil kein Gläubiger das Gefühl haben will, dass ein anderer Gläubiger sich das Geld grapscht, das er nicht einfordert.[17] Während China einen Großteil seiner Kredite aus geopolitischen Gründen vergab, hat seine kompromisslose Vorgehensweise ironischerweise seiner Reputation enorm geschadet, vor allem im Fall von Sri Lanka; China übernahm einen der größten Häfen Sri Lankas, als das Land seine Schulden nicht zurückzahlen konnte.

Klar ist, dass jedes Land, das sich gegenüber dem Ausland übermäßig verschuldet, einen faustischen Pakt eingeht. Es bekommt heute etwas mehr Geld, läuft jedoch später ernsthaft Gefahr, seine Freiheit zu verlieren. Die Länder Ostasiens zahlten in der Krise von 1997/98, als ich Chefökonom der Weltbank war, ein hohes Lehrgeld für diese Erkenntnis.[18] Diese Krise wurde dadurch verursacht, dass die ostasiatischen Länder ihre Volkswirtschaften dem freien Kapitalfluss öffneten. Diese sogenannte Kapitalmarktliberalisierung ist ein zentrales Element der erweiterten Agenda des »Washington Consensus« – der »Reformen«, die den Entwicklungsländern von der Weltbank, dem IWF und dem US-Finanzministerium aufgedrängt wurden.[19] Kapital strömte ungehindert in die Länder, als die Wall Street in der Region eine fette neue Melkkuh entdeckte, aber dann kam es zu einem jähen Stimmungsumschwung, unter anderem weil die Wall Street befürchtete, zu hohe Kredite vergeben zu haben. Ein massiver Kapitalabfluss setzte ein, die betreffenden Währungen verloren drastisch an Wert, und Kreditnehmer konnten die versprochenen Rückzahlungen nicht mehr stemmen. Der IWF spielte seine übliche Rolle – machte den Ländern extrem harte Auflagen, stellte Mittel bereit, die tatsächlich den ausländischen privaten Gläubigern zuflossen, und ließ die Bürger der Länder im Stich. Die Bürger sagten: Nie wieder. Nie wieder würden sie es riskieren, ihre wirtschaftliche Souveränität, ein zentrales Element der Freiheit eines Landes, zu verlieren. Die ostasiatischen Länder verringerten ihre Kreditaufnahme im Ausland und erhöhten ihre Devisenreserven (Geld, das ein Land in Form von US-Schatzwechseln, Gold oder anderen liquiden Vermögenswerten hält).[20]

Auch wenn die Verschuldung nicht zu einer ausgemachten Krise führt, hat sie doch Folgen für Entwicklungs- und Schwellenländer. Freie Kapitalflüsse schwächen inländische demokratische Stimmen. Kapital kann der Wall Street eine entscheidende Vetomacht geben; internationale Finanziers drohen damit, ihr Kapital abzuziehen, falls ein Wahlkandidat gewinnt, den sie nicht mögen. Die Drohung ist so glaubwürdig, dass Wähler sich in der Regel davon einschüchtern lassen und für einen Kandidaten von Wall Streets Gnaden beziehungsweise einen, mit dem sie zumindest leben kann, stimmen.

Das sind keine bloßen Gedankenspiele. Es geschah die ersten beiden Male, als Luiz Inácio (»Lula«) da Silva für das Amt des brasilianischen Präsidenten kandidierte. Als er schließlich gewählt wurde, führte er das Land zu enormem Wohlstand, ganz im Gegensatz zu dem, was die ausländischen Banker und die inländischen Eliten befürchtet hatten – was nicht einer gewissen Ironie entbehrt.

Jahrelang versuchte die internationale Gemeinschaft, angeführt von der Wall Street, dem US-Finanzministerium und dem IWF, Länder dazu zu zwingen, ihre Kapitalmärkte zu öffnen und sie durch Beseitigung von Hemmnissen für den Zu- und Abfluss von Kapital zu liberalisieren. Diese Maßnahme ermöglichte es den Schuldenmaklern der Wall Street, Privatunternehmen in den liberalisierten Ländern dazu zu überreden, sich so hoch wie möglich zu verschulden. Ironischerweise gab es just zu der Zeit, als die Ostasienkrise hochkochte – die, wie bereits angemerkt, hauptsächlich dadurch verursacht worden war, *dass diese Länder ihre Kapitalmärkte liberalisiert hatten* –, auf der Tagung des IWF in Hongkong im Jahr 1997 einen Vorstoß, die IWF-Charta zu ändern, um dem Währungsfonds zu erlauben, den Entwicklungs- und Schwellenländern diese Maßnahmen vorzuschreiben. Zum Glück geschah dies nicht, und kurze 15 Jahre später machte der IWF eine Kehrtwende und räumte ein, dass Kapitalverkehrskontrollen, die den Geldzu- und -abfluss eines Land einschränken (euphemistisch »Techniken zur Steuerung der Kapitalbilanz« genannt), mitunter ein nützliches und wünschenswertes Instrument sein können.[21]

### *Die Mär vom »freien und fairen« Handel*

Die Regeln des internationalen Handels sind ein Schlüsselelement der internationalen Wirtschaftsarchitektur. Die vorgebliche Absicht besteht darin, das wechselseitige Handelsvolumen auszuweiten, Ländern zu ermöglichen, ihre Skaleneffekte und ihren komparativen Vorteil zu nutzen und so den Lebensstandard zu steigern. Sie sollen für »gleiche Wettbewerbsbedingungen« sorgen, indem sie Einfuhrbeschränkungen und Exportsubventionen begrenzen.

Hersteller und Arbeitskräfte in einer Branche, die von Einfuhrgütern überflutet wird, sind vielleicht Leidtragende; Arbeitnehmer werden arbeitslos, und Unternehmen gehen pleite. In den betroffenen Gemeinden brechen die Immobilienwerte ein. Aber Anhänger dieser Handelsabkommen sagen: »Kopf hoch! Langfristig stehen wir alle besser da. Als Verbraucher profitieren wir alle von billigeren Einfuhren. Wir werden Arbeitskräfte von unproduktiven Sektoren, die mit effizienteren ausländischen Firmen zu konkurrieren versuchen, in produktivere Sektoren verlagern, und die Arbeitnehmer werden doppelt profitieren: von besseren Jobs und von niedrigeren Preisen.« Aber selbst in entwickelten Ländern wechseln Beschäftigte allzu oft nicht von Sektoren mit niedriger Produktivität, die mit billigen chinesischen Importen konkurrieren, auf Arbeitsplätze mit hoher Produktivität. Stattdessen wandern sie in die Arbeitslosenstatistik, wo ihre Produktivität genau null beträgt. Das sollte uns nicht überraschen. Neoliberale gingen davon aus, dass der Wechsel von einem Sektor und einem Ort an einen anderen kostenlos wäre; das ist er aber nicht. Betrachten wir nur, was in den USA geschah, als sich die Globalisierung in den letzten

40 Jahren entfaltete. Sagen wir, die alten Arbeitsplätze befanden sich in Indiana, und die neuen Jobs sind Tausende von Kilometern weit weg in Seattle. Die alten Stellen waren in Autofabriken, die neuen Stellen sind für Softwareingenieure. Selbst mit umfangreicher Unterstützung wäre der Erwerb neuer stellenrelevanter Kompetenzen schwierig, ganz zu schweigen von den Umzugskosten. Aber die neoliberale Ideologie legte den Fokus auf die »Befreiung des Marktes«, nicht auf die Erhebung der Steuern, welche die Einnahmen generiert hätten, die benötigt wurden, um Überbrückungshilfen zu finanzieren. Also wurden die Arbeitnehmer kaum oder gar nicht unterstützt.

Die Anhänger des Freihandels behaupteten, dank eines geheimnisvollen »Durchsickerns« von Wohlstandszugewinnen würden alle bessergestellt – nicht nur diejenigen, die von neuen Exportchancen profitierten. Selbst die herrschende (neoklassische) Wirtschaftstheorie hatte vorhergesagt, dass die Handelsliberalisierung ohne Unterstützung und Transferzahlungen einige Gruppen absolut, nicht bloß relativ, schlechterstellen würde.[22] Die Zusammenhänge waren offensichtlich. Dadurch, dass wir Güter, für deren Produktion viele gering qualifizierte Arbeitskräfte eingesetzt werden, aus Ländern wie China einführen, haben wir die Nachfrage nach gering qualifizierten Arbeitskräften in den USA verringert. Während Exporte Arbeitsplätze schaffen, vernichten Importe Arbeitsplätze. Die Güter, welche die USA einführten, wie Textilien und Bekleidung, waren arbeitsintensiver – ihre Herstellung erforderte mehr gering qualifizierte Arbeitskräfte als die typischen Exporte. Bei einer annähernd ausgeglichenen Handelsbilanz würden die gestiegenen Exporte, die den erhöhten Importen entsprechen, nicht in dem gleichen Maße, wie Arbeitsplätze in den importkonkurrierenden Sektoren verloren gehen, neue Stellen für Geringqualifizierte schaffen. Die Löhne für Geringqualifizierte würden sinken, und die Arbeitslosigkeit würde steigen. Aber als ich diese

Argumente meinen Kollegen in der Regierung Clinton vortrug, zuckten sie nur mit den Schultern. Diese Sichtweise stütze sich auf Arbeiten akademischer Schreiberlinge, die von ernsthaften Entscheidungsträgern, die *wüssten*, dass alle besser dastehen würden, nicht ernst genommen werden könnten. Ideologie und Interessen – der Glaube an den Neoliberalismus – setzten sich gegen Theorie und Empirie durch.

Die Folgen sind bekannt: eine beschleunigte Deindustrialisierung und eine Depression in den einstigen industriellen Zentren, die Unbehagen und Verzweiflung nährten, welche ihrerseits zum Aufstieg von Populisten und Demagogen beitrugen.

Was mich im Zusammenhang mit dem Thema dieses Buches am meisten interessiert, ist das Vokabular, mit dem insbesondere in den Vereinigten Staaten für diese Abkommen geworben wurde. Die Handelsabkommen zwischen Ländern wurden, wie wir sahen, oft als »Freihandelsabkommen« bezeichnet, und ihre Befürworter sprachen vom »freien und fairen Handel«. Aber sie waren weder das eine noch das andere. Sie wurden ganz überwiegend so ausgestaltet, dass sie den Interessen der großen multinationalen Konzerne dienten. Ein Freihandelsabkommen würde lediglich Zölle oder Subventionen verbieten; theoretisch wäre es nur ein paar Seiten lang. Tatsächlich aber hatten Handelsabkommen einen Umfang von mehreren Hundert Seiten, weil für bestimmte Sektoren und Güter Sonderregelungen getroffen wurden.

Während jene Industriesubventionen, die es armen Ländern ermöglichen würden, zu den reichen aufzuschließen, verboten sind, bestehen mächtige landwirtschaftliche Interessen in den USA und in der EU darauf, Agrarsubventionen zu erlauben. Diese schaden Hunderten Millionen Menschen in den Entwicklungsländern, die von der Landwirtschaft abhängig sind, indem sie die Preise der von ihnen verkauften Güter drücken. Früher hieß es, die durchschnittliche europäische Kuh werde mit einem Betrag subventioniert (zwei Dollar pro Tag), der höher sei als das Pro-Kopf-Einkommen von Millionen Menschen in den Entwicklungsländern.

Auch wurde das Zollsystem gezielt so ausgestaltet – mit niedrigeren Zöllen auf Grundgüter mit geringer Wertschöpfung (Tomaten im Gegensatz zu Dosentomaten) –, dass es das Wachstum von Industrien mit hoher Wertschöpfung in den Entwicklungsländern hemmt. Und das funktioniert. Es ist mit ein Grund dafür, dass auch mehr als ein halbes Jahrhundert nach dem offiziellen Ende des Kolonialismus koloniale Handelsmuster fortbestehen und die Entwicklungsländer noch immer überwiegend nur Rohstoffe exportieren. Es ist ein Beispiel für jenen wirtschaftlichen Neokolonialismus, den die Entwicklungsländer schon seit Langem beklagen. Fortgeschrittene Länder haben ihre wirtschaftliche Macht dazu benutzt, dieses alte System aufrechtzuerhalten, das sich weder ethisch noch ökonomisch rechtfertigen lässt – es sei denn, man betrachtet es ausschließlich aus der Sicht der multinationalen Konzerne.

Handelsgespräche finden in Form von »Runden« statt. Bei jeder Runde legen alle Verhandlungsteilnehmer alle Punkte, die ihnen wichtig sind, auf den Tisch. Sie tun dies in der Hoffnung, dass das Tauziehen bei den Verhandlungen über die vielen Einzelpunkte zu einem großen Kompromiss führen könnte, bei dem jeder für sich so viel herausholt, dass das Abkommen innerhalb jedes Landes auf demokratischem Wege ratifiziert wird – wobei es mehr Gewinner als Verlierer gibt und die Gewinner die Verlierer vielleicht sogar entschädigen. So begann zum Beispiel die Uruguay-Runde im Jahr 1986 in Punta del Este, Uruguay, und sie wurde acht Jahre später, 1994, in Marrakesch, Marokko, abgeschlossen. Sie führte 1995 zur Gründung der Welthandelsorganisation. Auf dem Tisch lagen die Rechte des geistigen Eigentums, die Liberalisierung der Dienstleistungen, Agrarsubventionen, Zölle auf Textilien und eine Vielzahl weiterer Punkte. Die letzten großen Welthandelsgespräche, die im

November 2001 in Doha, Qatar, begannen und überschattet waren von den Anschlägen des 11. September, waren in gewisser Weise eine Fortsetzung der früheren Uruguay-Runde. In dieser konnten die entwickelten Länder einen Großteil ihrer Forderungen durchsetzen, und die Entwicklungsländer unterzeichneten in der Hoffnung – und mit dem Versprechen –, dass in der nächsten Runde die Ungleichgewichte der ersten beseitigt würden. Dies wurde von allen Seiten anerkannt, und die neue Runde wurde entsprechend »Entwicklungsrunde« genannt. Aber es dauerte nur ein paar Jahre, bis die entwickelten Länder ihre Versprechungen vergaßen, ihre Haltung verhärteten und sich Kompromissen verweigerten. Es kam nichts dabei heraus, und 14 Jahre später, im Dezember 2015, wurde die Runde schließlich abgebrochen.

Noch schlimmer wurde alles dadurch, dass zuerst Präsident Obama, dann Präsident Trump und schließlich Präsident Biden Ernennungen von Richtern für die Berufungsinstanz der WTO, die Streitigkeiten beilegt, blockierten. Die USA haben faktisch die regelbasierte Welthandelsordnung zerstört. Ebenso wie Trump setzte sich auch Biden ganz unverhohlen über die Regeln hinweg, indem er die Chipindustrie und andere Wirtschaftszweige mit Subventionen unterstützte und im Rahmen der grünen Transformation inländische Hersteller begünstigte.[23] Es geht dabei um gigantische Summen – nach aktuellen Schätzungen über eine Billion Dollar, wie in Kapitel 3 erwähnt.[24] Und gegenwärtig gibt es keine Berufungsinstanz. Es war offensichtlich: Die Regeln sind für die Schwachen und Machtlosen, nicht aber für die Mächtigen, die die Regeln schreiben.

Kurzum, es zeichnet sich immer deutlicher ab, dass die neoliberale, regelbasierte Welthandelsordnung eine gefährliche Farce ist. Sie hemmt die Wirtschaft in den Entwicklungsländern, indem sie deren Unternehmen die Freiheit nimmt, lebenswichtige Covid-19- und HIV-Medikamente zu produzieren. Gleichzeitig vergrößert sie die Freiheit US-amerikanischer und europäischer Pharmaunternehmen, weltweit höhere Preise zu verlangen. Die Folgen sind genauso unausgewogen. Millionen Menschen in den Entwicklungsländern leiden unnötigerweise unter den schlimmsten Folgen dieser Krankheiten, und viele sind gestorben.[25] Dieses Handelsregime schränkte auch jahrzehntelang die Fähigkeit der Entwicklungsländer ein, in der Wertschöpfungskette aufzusteigen und ihre Firmen durch geringe Subventionen in die Lage zu versetzen, anspruchsvollere Produkte herzustellen; es verdammte sie dazu, weitgehend Hersteller von Grundstoffen zu bleiben. Aber mittlerweile subventionieren die USA, denen sich unlängst Europa anschloss, gewisse Sektoren massiv, um Arbeitsplätze, die im Rahmen der grünen Transformation und in der Hightechbranche entstehen, an sich zu reißen – auch wenn globale Abkommen dem eigentlich entgegenstehen.[26]

## INVESTITIONSABKOMMEN: VERSCHLEIERTE AUSBEUTUNG

Investitionsabkommen, die die Interessen von Investoren schützen sollen, sind ein Bestandteil vieler Handelsabkommen.[27] Außerdem gibt es Hunderte bilateraler Abkommen zwischen verschiedenen Ländern. Sie sollten ursprünglich vor Enteignung schützen – also davor, dass eine Regierung Privateigentum ohne angemessene Entschädigung entzieht.

In der Praxis ist entschädigungslose Enteignung selten geworden, und Unternehmen, die eine solche befürchten, können sich normalerweise leicht gegen das Risiko versichern (bei einer Organisation der Weltbankgruppe oder bei Spezialgesellschaften, die von den USA und anderen Ländern für diesen Zweck gegründet wurden). Heute gehen diese Abkommen weit über einfache Enteignungen hinaus und gewähren ausländischen Investoren Rechte, die nicht einmal inländische Firmen besitzen. In der Regel definieren diese Abkommen Enteignung in einem weiten Sinne. Eine gesetzliche Vorschrift, die womöglich den Gewinn eines Unternehmens schmälert, gilt – auch dann, wenn die Vorschrift absolut vernünftig ist, wie etwa eine, die Schadstoffemissionen verhindert oder das Inverkehrbringen von plutoniumbelasteter Säuglingsnahrung verbietet (ein Beispiel, das tatsächlich von einem der Juristen angeführt wurde, die sich für diese Abkommen einsetzen!) – als eine teilweise Enteignung, weil sie den potenziellen Gewinn des Unternehmens schmälert. Die Abkommen fordern, dass Unternehmen mit dem Betrag entschädigt werden, welcher dem Gewinn entspricht, mit dem sie ansonsten hätten rechnen können, wenn sie weiterhin die Umwelt verschmutzt oder ein gesundheitsschädliches Produkt verkauft hätten. Dies ist eine schwer bezifferbare Zahl, die sich manchmal auf Hunderte Millionen Dollar beläuft. Statt Unternehmen dazu zu zwingen, für die von ihnen verursachten Schäden aufzukommen, zwingen Investitionsabkommen Regierungen faktisch dazu, reiche multinationale Konzerne dafür zu entschädigen, dass sie andere *nicht* schädigen.

Vier Dinge machen diese Abkommen sogar noch schlimmer.

Erstens, sie führen eine Art unproduktive und ungerechtfertigte Rigidität in das wirtschaftliche und politische System ein. Wir wissen nie, was die Zukunft bringen wird. Vielleicht entdecken wir, dass eine von einem Unternehmen hergestellte Ware giftig ist. Wenn sich die Asbestindustrie in den USA im Besitz eines ausländischen Unternehmens befunden hätte, als die Gefahren von Asbest entdeckt und das Produkt verboten wurde, hätte die US-Regierung gemäß dem Investitionsabkommen dem Asbesthersteller den Gewinn ersetzen müssen, den dieser gemacht hätte, wenn Asbest weiterhin legal gewesen wäre.

In ähnlicher Weise erkennen wir heute die Gefahren des Klimawandels, aber wenn Regierungen Maßnahmen ergreifen, um den

Einsatz fossiler Brennstoffe einzuschränken, müssten sie laut bestehenden Investitionsabkommen bis zu 340 Milliarden Dollar auszahlen, um die Unternehmen dafür zu entschädigen, dass sie den Planeten *nicht* zerstören.[28]

Die Investitionsabkommen schränken die Fähigkeit eines Landes ein, Steuern für ausländische Unternehmen zu erhöhen, deren Zentrale in einem der Unterzeichnerstaaten des Abkommens ansässig ist. Die Umstände ändern sich, und Regierungen müssen das Recht haben, Steuern zu erhöhen. Ein Land mag zum Beispiel wegen einer Pandemie oder einer anderen Katastrophe mehr Steuereinnahmen benötigen; aber aus dem Investitionsabkommen folgt, dass zwar die Steuern für inländische Firmen und Haushalte, nicht aber für den ausländischen Investor erhöht werden dürfen.[29]

Das ist der zweite Einwand. Ausländische Unternehmen werden besser behandelt und genießen mehr Schutz als inländische. Die Wettbewerbsbedingungen sind nicht gleich.

Drittens gewährt ein Investitionsabkommen diesen ausländischen Unternehmen Rechte, denen jedoch keine klar umrissenen Pflichten und Verantwortlichkeiten gegenüberstehen. Die Unternehmen haben das Recht, dass ihnen keine neuen Vorschriften auferlegt werden, aber keine Pflicht, andere nicht zu schädigen. Ein bekanntes Beispiel: Als eine Stadt in Mexiko eine Giftmülldeponie schließen wollte, wurde sie von dem ausländischen Unternehmen verklagt. Dieses behauptete tatsächlich, dass es nicht dazu verpflichtet sei, die Umwelt nicht zu verschmutzen.

Das Schädlichste an diesen Abkommen ist jedoch die Art und Weise, wie Streitigkeiten über die Verletzung vertraglicher Rechte beigelegt werden. Es gibt keinen internationalen öffentlichen Gerichtshof. Vielmehr wird ein Gremium aus drei Schiedsrichtern eingesetzt, nachdem das Privatunternehmen den Staat verklagt hat (aus diesem Grund werden sie oft »Investor-Staat-Streitbeilegung«- oder kurz ISDS-Abkommen genannt). Jede Seite darf einen Schiedsrichter berufen, und die beiden berufen den dritten. Schiedsverfahren sind ein Geschäft geworden. Die Schiedsrichter sind großzügig bezahlte Anwälte, die das Spiel kennen. Sie bekommen wiederholt Aufträge von den klagenden Unternehmen, sodass sie – wenig überraschend – unverhältnismäßig oft zugunsten der Unternehmen entscheiden. Und keine der Normen, die wir mit modernen Gerichtsverhandlungen in Verbindung bringen, unter anderem Transparenz, wird eingehalten. Sogar die Entscheidungen sind geheim. Die Schiedsrichter können Interessenkonflikte haben – ein Richter in einem Fall kann einen Kläger in einem anderem vertreten, in dem ähnliche Fragen strittig sind –, aber sie müssen diese nicht einmal offenlegen. Es gibt keine Überprüfung und keine Revisionsinstanz.

Mangelhafte Verfahren führen zu mangelhaften Ergebnissen. Entwicklungsländer mussten Milliarden Dollar in Fällen zahlen, in denen sie nach Einschätzung objektiver externer Beobachter nichts schuldeten – die jeweiligen Unternehmen hätten höchstens das investierte Geld zurückerhalten sollen. In einem berühmten Fall verklagte Philip Morris im Jahr 2010 Uruguay wegen der Gewinne, die dem Unternehmen dadurch entgingen, dass es dazu verpflichtet wurde, auf seinen Schachteln den Warnhinweis anzubringen, Zigaretten schadeten der Gesundheit – vergleichbar mit den Warnhinweisen auf Zigarettenschachteln in den USA, Europa und Dutzenden anderen Ländern weltweit. Dennoch stimmte einer der drei Schiedsrichter gegen Uruguay. Hätte einer der beiden anderen ebenso gestimmt, hätte Uruguay enorme Summen zahlen müssen, nur weil es seine Bürger vor einem tödlichen Produkt warnte.[30] Der Schiedsrichter, der sagte, Uruguay solle Philip Morris entschädigen, stellte die Unternehmensfreiheit, das »Recht« von Unternehmen zu tun, was sie wollen – auszubeuten, um die Sprache von Teil I zu benutzen –, über alle anderen Freiheiten.

Länder unterzeichnen solche für sie schädlichen Abkommen, weil Unternehmen wirtschaftliche Drohungen ausstoßen – das Land werde keine Investitionen erhalten, wenn es nicht unterzeichne –, die verstärkt werden durch Belehrungen sowie Zuckerbrot und Peitsche seitens der fortgeschrittenen Länder. Wieder regiert die Angst. Entwicklungsländer werden zur Zustimmung gedrängt, auch wenn es kaum Belege dafür gibt, dass nach der Unterzeichnung tatsächlich Investitionen getätigt werden.

Interessanterweise haben die USA, das fortgeschrittenste Land, das schwächere Länder besonders nachdrücklich dazu überredete, diese Abkommen zu unterzeichnen, eine plötzliche Kehrtwende vollzogen. Nach Überzeugung der ersten Regierung Trump verletzten diese Investitionsabkommen die Souveränität der USA. Ein entscheidender Unterschied zwischen dem 1994 geschlossenen Nordamerikanischen Freihandelsabkommen (NAFTA) – einem Ordnungsrahmen zur Steuerung des Handels zwischen den USA, Kanada und Mexiko – und dem United States-Mexico-Canada Agreement (USMCA), das im Jahr 2020 an seine Stelle trat, war die Tatsache, dass Bestimmungen über den Investitionsschutz (bis auf wenige Ausnahmen) fallen gelassen wurden.[31] Das hatte einen einfachen Grund: Die Vereinigten Staaten erkannten, dass ausländische Unternehmen klagen können, sollten die USA Steuern oder Vorschriften ändern wollen, und genau dies ist geschehen. Kanadische Unternehmen, die in US-Pipelines investierten, klagten, nachdem sie keine Genehmigungen von den Aufsichtsbehörden erhalten hatten. Dies verdeutlicht die früher erwähnte Asymmetrie. US-Unternehmen können nicht klagen, wenn sie glauben, durch die Entscheidung einer US-Aufsichtsbehörde Nachteile zu erleiden, aber ein kanadisches Unternehmen konnte das sehr wohl. Dies führt eine neue Komplexität ein: Ein US-Unternehmen könnte eine kanadische Tochtergesellschaft gründen, und wenn die kanadische Tochtergesellschaft die Investition in den USA tätigt, könnte diese Tochtergesellschaft klagen. Die Investitionsabkommen haben eine Büchse der Pandora geöffnet.

Die erste Regierung Trump war der Meinung, Investitionsabkommen verletzten die Souveränität der USA, ihre Handlungsfreiheit. Aber alle internationalen Abkommen schränken die Handlungsoptionen eines Landes ein, genauso wie alle Verträge die individuelle Handlungsfreiheit einschränken, wie wir früher sahen. Gleichzeitig erweitern die Abkommen möglicherweise Handlungsfreiheiten in anderer Weise. Handelsabkommen verringern die Freiheit eines Landes, Einfuhren einzuschränken, aber sie erweitern die Freiheit, Waren auszuführen. Das liegt in der Natur der meisten Regeln und Vorschriften, Steuern und öffentlichen Programme. Sie erweitern Freiheiten in einigen Bereichen, während sie diese in anderen Bereichen beschneiden. Investitionsabkommen fallen genau in die Kategorie der Regeln und Vorschriften, welche die »Ausbeutungsfreiheit« gezielt erweitern sollen. Sie sind das Ergebnis von Machtungleichgewichten, und arme Länder unterzeichnen sie nur wegen unbegründeter Ängste, den Anschluss zu verlieren, wenn sie dies nicht tun. Aber dies führt dazu, dass Unternehmen auf Kosten anderer Gruppen innerhalb der Gesellschaft bekommen, was sie wollen.

## DEMOKRATIE, MACHT UND WELTWIRTSCHAFTSARCHITEKTUR

In diesem Kapitel haben wir gesehen, wie ein zentrales Thema dieses Buches – die Erweiterung der Freiheit einer Person kann zu Freiheitsverlusten bei anderen führen – auf internationaler Ebene zum Tragen kommt. Die Folgen für die wirtschaftliche Entwicklung ärmerer Länder sind verheerend. Lateinamerika hatte aufgrund seiner Schuldenkrise ein verlorenes Jahrzehnt. In vielen Ländern Afrikas kann man sogar von einem verlorenen Vierteljahrhundert sprechen, in dem sie Rückschritte machten – einen Prozess der Deindustrialisierung durchliefen, der diese Länder noch abhängiger von natürlichen Ressourcen machte und ihre Volkswirtschaften weniger diversifiziert und weniger resilient zurückließ, als sie es andernfalls wären.[32]

Genauso schädliche Folgen hatte dies für ihre demokratische Entwicklung. Die mit den Finanzhilfen verbundenen Auflagen versuchten diesen Ländern eine Spielart des neoliberalen Kapitalismus aufzunötigen, wobei besonderer Wert auf den privaten Sektor und Privatisierungen gelegt wurde. Dies beeinträchtigte die Entwicklung eines robusten Staates und untergrub die Möglichkeit zu jenem abgestimmten kollektiven Handeln, das für den wirtschaftlichen Erfolg im 21. Jahrhundert notwendig ist. Wie erwähnt, betreiben die USA heute eine aktive Industriepolitik. Den Entwicklungsländern dagegen wurde gesagt, sie sollten darauf verzichten, und entsprechend haben sie nicht die Fähigkeit entwickelt, ihre Branchen zu fördern oder Maßnahmen und Programme durchzuführen, die helfen würden, den Rückstand zu den fortgeschritteneren Ländern aufzuholen. Außerdem verstärkten die den Entwicklungsländern auferlegten Regeln Machtungleichgewichte innerhalb deren Grenzen und gaben in einigen Fällen Ausländern faktisch ein Vetorecht – die schlimmstmögliche Manifestation des Neokolonialismus.

Eine funktionsfähige Demokratie erfordert es, die Macht von Unternehmen zu begrenzen und Vermögensungleichheiten einzudämmen. Aber die Auflagen von IWF und Weltbank hatten oft die Schwächung der Macht der Gewerkschaften sowie Einschränkungen bei der progressiven Besteuerung und der Unternehmensbesteuerung zur Folge. Die Weltbank gab jahrelang *Doing Business* heraus, einen Bericht, der Länder danach bewertete, ob sie ein wirtschaftsfreundliches Umfeld geschaffen hatten. Das hieß nach dem Verständnis dieser Institutionen niedrige Unternehmenssteuern, begrenzte Regulierung und unternehmerfreundliche Arbeitgeber-Arbeitnehmer-Beziehungen. Anders gesagt: ein ganz und gar neoliberaler Ansatz. Man hätte den Wert einer guten öffentlichen Infrastruktur oder gut ausgebildeter Arbeitskräfte betonen können, die für ein gutes Unternehmensumfeld ebenfalls notwendig sind. Länder wetteiferten darum, auf der *Doing-Business*-Liste weit oben zu stehen, um nicht als ein unattraktives Ziel multinationaler Investitionen zu gelten. Tatsächlich hatten die Weltbank und der IWF einen Unterbietungswettlauf in Gang gesetzt, bei dem die multinationalen Konzerne die einzigen Gewinner waren. Länder versuchten, sie mit niedrigeren und weniger progressiven Steuern, schlechteren Arbeitsbedingungen und »besseren« Handels- und Investitionsabkommen anzulocken.

Die Kapitalmarktliberalisierung schließlich, die den leichten grenzüberschreitenden Zu- und Abfluss von Kapital erlaubt, hat Länder nicht nur einer größeren Volatilität ausgesetzt – die Entwicklungs- und Schwellenländer oft nicht in den Griff bekommen –, sondern auch die Demokratie geschwächt. In manchen Fällen gab sie der Wall Street und den Weltfinanzmärkten faktisch ein Vetorecht bezüglich der Entscheidungen der betreffenden Regierungen. Und wenn die Bürger eines Landes mutig genug waren, um eine progressivere politische Vision zu verfolgen, wurden sie schonungslos dafür abgestraft, oder zumindest gab es unmissverständliche Drohungen. Nicht nur Finanzhilfe wurde zurückgehalten, auch die Auslandsinvestitionen und der Kapitalzufluss verlangsamten sich, und inländisches Kapital wurde ins Ausland transferiert.

Nach neoliberalen Prinzipien gestaltete unbeschränkte Märkte haben diesen Ländern tatsächlich ihre politische Freiheit geraubt. Milton Friedman sagte zu Recht, wirtschaftliche und politische Freiheiten müssten zusammen betrachtet werden; aber wenn man dies tut, gelangt man zu einer ganz anderen Antwort als er.

Beschränkungen der freien Kapitalmobilität, Verzicht auf Investitionsabkommen, strenge Regulierung von Finanzinstituten und Verhinderung der Anhäufung übermäßiger wirtschaftlicher Macht – dies alles sind Zügel, die dem Wirtschaftssystem angelegt werden müssen, wenn politische Freiheit bewahrt werden soll.

### *Eine andere Welt ist möglich*

Die heutige Weltwirtschaftsordnung wurde größtenteils während der Hochzeit des Neoliberalismus geschaffen. In ihr spiegeln sich selbstverständlich auch die Realitäten der geopolitischen Machtverteilung wider, als die USA nach dem Zweiten Weltkrieg zum internationalen Hegemon aufstiegen und die Macht der Sowjetunion in den anschließenden Jahrzehnten zerfiel. Aber es gibt eine neue Geoökonomik und eine neue Geopolitik. Nicht nur innerhalb von Ländern, auch zwischen Ländern nimmt die Polarisierung zu. Dies unterscheidet sich von der grenzenlosen Welt, für deren Verwirklichung die USA nach dem Zweiten Weltkrieg und dem Fall der Berliner Mauer so hart gearbeitet haben – zugegebenermaßen eine grenzenlose Welt, in der ihre Regeln gelten sollten, welche ihren Interessen oder zumindest den Interessen ihrer multinationalen Großkonzerne dienten. Länder und Menschen hinterfragen heute den Neoliberalismus und seine Regeln sowohl im Inland als auch international. So sind Menschen in den Entwicklungs- und Schwellenländern zum Beispiel weniger bereit, das Recht auf Ausbeutung zu akzeptieren. Sie sehen freie Märkte ähnlich, wie ich sie in diesem Buch beschrieben habe: Die Freiheit, die sie einigen gewähren, nehmen sie anderen weg. Und die Menschen glauben zu Recht, dass es dem heutigen System der globalen Governance, in dem Entscheidungen über die Trade-offs zwischen Freiheiten, Rechten und Verantwortlichkeiten getroffen werden, an Fairness und Legitimität fehlt. Es ist nicht nur so, dass die Stimmen der Mächtigen tonangebend sind, hinzu kommt, dass sich die Stimmen allzu sehr mit den Konzern- und Finanzinteressen decken und nicht mit denen der Durchschnittsbürger.

Das in früheren Kapiteln diskutierte Rahmenmodell, das die Gewinne einiger sorgfältig gegen die Verluste anderer abwägt und zum Ausgleich bringt und die neoliberale Ideologie ablehnt, schafft die Basis für neue nationale Wirtschaftssysteme. Es legt auch den Grundstein für eine neue, faire und gerechte Weltwirtschaftsordnung, die Freiheiten ausgleicht, während sie zugleich Rechte und Pflichten zuteilt.

Dies ist nicht der Ort, um sich in die Details dieser Architektur zu vertiefen, aber die Prinzipien folgen eng denjenigen, die ich bereits vorgetragen habe. Die Diskussion in diesem Kapitel konzentrierte sich auf einige Punkte, bei denen Veränderungsbedarf besteht. So sollten zum Beispiel Investitionsabkommen nicht das Recht eines Landes beeinträchtigen, im Interesse seiner Bürger zu regulieren oder zu besteuern, und Rechtsvorschriften über das geistige Eigentum sollten so gestaltet werden, dass sie die Innovation und die Gesundheit und das Wohlergehen aller überall fördern. Wir brauchen einen internationalen Rechtsrahmen für die Lösung von Überschuldungskrisen, vergleichbar mit innerstaatlichen Insolvenzverfahren, bei denen das Wohl des Schuldners und umfassendere gesellschaftliche Interessen berücksichtigt werden. Wir brauchen ein internationales Finanzregulierungssystem, das die Arten von Krisen, die wir immer wieder sehen, unwahrscheinlicher und, wenn sie auftreten, weniger tief macht.

### *Die drei allgemeinen Prinzipien des alternativen Ordnungsrahmens*

Das erste Prinzip lautet, dass internationale Regeln Ländern erlauben sollten zu tun, was sie wollen, solange sie anderen Ländern keinen Schaden zufügen[33] – solange sie also keine nennenswerten externen Effekte auf andere Länder ausüben. Die USA mögen es für töricht halten, wenn Entwicklungsländer den grenzüberschreitenden

Kapitalzu- und -abfluss einschränken, aber diese Einschränkungen haben keine weltweiten Auswirkungen, und wenn sich diese Maßnahme als falsch erweist, dann tragen allein das betreffende Land und seine Bürger die Folgen.[34] Es hat sich gezeigt, dass die in den USA vorherrschende Auffassung, wonach die Liberalisierung der Kapitalmärkte Wachstum und Stabilität fördere, falsch ist.[35] Fehlende Kapitalverkehrskontrollen destabilisierten das Weltfinanzsystem, und es waren die Entwicklungsländer, die schließlich den höchsten Preis für diese verfehlten Ideen bezahlten.

Das zweite Prinzip ist Fairness beziehungsweise Gerechtigkeit. Obgleich wir alle eine intuitive Vorstellung davon haben, was dies bedeutet – oder zumindest davon, was empörende Verstöße dagegen sind –, ist es oft hilfreich, das Problem durch die »Brille« der Rawls'schen Gerechtigkeitstheorie zu betrachten, also ohne zu wissen, ob man in einem reichen und mächtigen oder einem armen und schwachen Land geboren wurde.[36] Wie würden wir hinter dem Schleier des Nichtwissens auf die folgende Situation reagieren? Angenommen, ein Krebsmedikament ist verfügbar, aber dieses Medikament ist weltweit knapp; ein Unternehmen in unserem Land ist in der Lage und gewillt, es zu einem erschwinglichen Preis herzustellen, aber Regeln zum Schutz geistigen Eigentums verbieten ihm dessen Produktion. Und was wäre, wenn 95 Prozent der Forschungskosten öffentlich finanziert worden wären? Die meisten Menschen besitzen genügend Empathie, um dies als skandalös zu empfinden, und sie würden sagen, dass ein gerechtes System in einer solchen Situation den Wissenszugang und -gebrauch nicht einschränken würde. Die Freiheit, Zugang zu diesem lebensrettenden Wissen zu erhalten, ist wichtiger als die Freiheit, andere durch Ausübung von Marktmacht, wie sie durch ein schlecht konzipiertes Patentsystem ermöglicht wird, auszubeuten. Ein System von Schutzrechten für geistiges Eigentum, das dieses erlaubt, ist unfair und ungerecht. Aber genau das ist das Schutzrechtsregime, das wir haben. Ein Großteil der Weltwirtschafts- und -finanzarchitektur ist genau so strukturiert.

Was geschieht, wenn die reichen und mächtigen Länder, die die heutige Architektur entworfen haben, nicht bereit sind, eine faire oder gerechte globale Architektur zu schaffen, und genug Macht haben, um dies zu verhindern? Selbstverständlich sollten wir tun, was wir können, um ein Mehr an Fairness zu erreichen – zum Beispiel dadurch, dass wir gegen Impfstoff-Apartheid und für Steuergerechtigkeit kämpfen. Es gibt Erfolge – nicht so viele, wie ich es gerne hätte, aber vielleicht mehr, als in Anbetracht der Machtverhältnisse zu erwarten gewesen wäre. Aber es gibt noch eine weitere Option: das Bemühen um *Minimal*abkommen, die notwendig sind, um das Funktionieren des globalen Systems zu gewährleisten, und die sich auf Bereiche konzentrieren, in denen Kooperation essenziell ist, etwa bei der Bekämpfung des Klimawandels, die aber die Fähigkeit der Mächtigen einschränken, anderen ihren Willen aufzuzwingen. Wir brauchen keine Investitionsabkommen. Handelsabkommen, welche die Sektoren Big Tech und Big Data einbeziehen, dürften eher den Interessen der Konzerne dienen und die Fähigkeit von Regierungen begrenzen, sie im öffentlichen Interesse zu regulieren.

Das dritte Prinzip ist eines, das sich wie ein Leitfaden durch das ganze Buch zieht: Wirtschaftliche Ordnungsmodelle haben gesellschaftliche Kosten, die berücksichtigt werden müssen. Die Wirtschaft steht nicht außerhalb der Gesellschaft. Wir haben gesehen, dass die Freisetzung von Kapital durch die Liberalisierung von Kapitalmärkten mit Kosten verbunden ist, nicht nur ökonomischen Kosten im herkömmlichen Sinne, sondern auch Kosten im Sinne wirtschaftlicher und politischer Freiheitsverluste. In gewisser Weise haben Länder, die sich an den IWF wandten, ihre wirtschaftliche Souveränität verloren. Und die vom IWF gemachten Auflagen hatten erhebliche gesellschaftliche Auswirkungen, etwa verbreitete

Brüche in Bildungsbiografien, mit der Folge, dass viele Menschen nicht die Freiheit hatten, ihr Potenzial auszuschöpfen. Auch die politische Freiheit wird beschnitten, weil die Kapitalmarktliberalisierung de facto der Wall Street ein Vetorecht gibt.

Die drei Prinzipien, die ich gerade beschrieben habe, führen uns zu einem ganz anderen internationalen Regime, in dem Macht weniger und der Mensch mehr zählt. Die Machtverhältnisse wären ausgewogener, und es gäbe höchstwahrscheinlich weniger Heuchelei. Während es nicht verwunderlich ist, dass die gegenwärtige Ordnung stärker von Macht als von Fairness geprägt ist, entbehrt der kontraproduktive Umgang mit externen Effekten nicht einer gewissen Ironie, weil Eingriffe internationaler Akteure oftmals mit drohenden Externalitäten gerechtfertigt werden, ohne dass diese beim Namen genannt würden. Beistandskredite des IWF werden mit Ansteckungsgefahren begründet. Ohne Intervention des IWF werde sich die Krise in einem Land wie eine Infektionskrankheit auf andere Länder ausbreiten, so die Argumentation. In Wirklichkeit aber tun die großen und mächtigen Staaten, was sie wollen, ohne Rücksicht auf Externalitäten und Regeln zu nehmen. Die US-Regierung bekennt sich zur Rechtsstaatlichkeit im internationalen Handel, aber nichts geschieht, wenn Trump oder Biden gegen diese Regeln verstoßen – ob durch das Verhängen ungerechtfertigter Zölle, Subventionierung der US-Chipindustrie oder »Buy America«-Bestimmungen. Und dadurch, dass die USA die Ernennung von Richtern an das Berufungsgericht der WTO blockieren, stellen sie sicher, dass innerhalb der geltenden rechtlichen Rahmenbedingungen nichts gegen sie unternommen werden kann. Die USA wissen außerdem, dass in Anbetracht der Machtverhältnisse auch außerhalb des geltenden Rechtsrahmens nicht gegen sie vorgegangen werden kann.

Eine andere Weltordnung ist möglich – eine, in welcher die meisten Länder und die Bürger dieser Länder mehr Freiheiten haben, ihr Potenzial auszuschöpfen. Dieses Kapitel skizzierte die möglichen Grundzüge einer solchen internationalen Ordnung. Im nächsten Kapitel sehen wir uns politische Weichenstellungen auf nationaler Ebene genauer an.

## KAPITEL 13

# PROGRESSIVER KAPITALISMUS, SOZIALDEMOKRATIE UND EINE LERNENDE GESELLSCHAFT

Ich hoffe, dass dies der historische Moment ist, in dem das Scheitern des Neoliberalismus so offensichtlich ist, dass er aufgegeben wird. Gabriel Boric, der im Jahr 2022 Präsident von Chile wurde, fing am Vorabend seines Sieges in den Stichwahlen den Geist des Augenblicks ein, als er sagte: »Wenn Chile der Geburtsort des Neoliberalismus war, dann wird es auch sein Grab sein!«

Hier möchte ich ein alternatives Modell diskutieren, den progressiven Kapitalismus (beziehungsweise eine erneuerte Sozialdemokratie), in dem das Wohlergehen aller Bürger im Mittelpunkt steht und der – über die Versorgung mit materiellen Gütern hinausgehend – auch Sicherheit und Freiheit verbürgt. Das Ziel unseres Wirtschafts- und Gesellschaftssystems besteht für ihn darin, dass Menschen ihr Potenzial ausschöpfen, und dazu gehört auch, dass sie ein sinnerfülltes und kreatives Leben führen. Gute Gesundheit, Bildung und ein gewisses Maß an materiellem Wohlergehen und Sicherheit sind dafür notwendig, aber keineswegs ausreichend. Wir vergessen manchmal, dass die Wirtschaft der Gesellschaft dienen sollte, nicht umgekehrt.

Ich habe erläutert, wie Regeln und Vorschriften, Gesetze und Programme Wirtschaft und Gesellschaft prägen. In einem kurzen Buch wie diesem kann ich nicht ausführlich auf jeden Punkt eingehen. Auf den folgenden Seiten konzentriere ich mich in meiner Diskussion des progressiven Kapitalismus daher auf sechs Themen. Auf einige dieser Themen, die sich auf Macht, Ungleichheit, die Bedeutung kollektiven Handelns und den prägenden Einfluss des Wirtschaftssystems auf den Einzelnen beziehen, bin ich bereits eingegangen. Zwei weitere habe ich nur gestreift, und deshalb werde ich meine Diskussion mit diesen beginnen: dem Aufbau einer lernenden Gesellschaft und eines reichhaltigen Ökosystems von Institutionen.

## DER AUFBAU EINER LERNENDEN GESELLSCHAFT

Die Welt verändert sich ständig, und sie verändert sich in einer Weise, die sich nicht vorhersagen lässt. Diese Sichtweise unterscheidet sich deutlich von der Gleichgewichtstheorie, die in der Frühzeit der Wirtschaftswissenschaften so einflussreich gewesen ist und dies bis heute bleibt. Wir müssen Institutionen und Governance-Strukturen aus einer evolutionären Perspektive betrachten, und das heißt, uns klarmachen, dass es immer Veränderungen und Lernprozesse gibt. Unsere Technologien wandeln sich. Unsere Präferenzen verändern sich. Unser Verständnis unserer Gesellschafts- und Wirtschaftssysteme ändert sich. Und unser Verständnis der materiellen Welt um uns herum entwickelt sich weiter. Eine der wichtigsten Quellen für Veränderungen in unserer Wirtschaft und Gesellschaft ist der Erwerb neuen Wissens – nicht nur infolge der Erfindung neuer Technologien, durch wissenschaftliche Fortschritte, sondern auch dadurch, dass wir mehr über die Funktionsmechanismen unseres komplexen politischen, wirtschaftlichen und gesellschaftlichen Systems lernen.[1]

Als Sozialwissenschaftler wollen wir die bestimmenden Faktoren und die Richtungen von Veränderungen verstehen; als

Entscheidungsträger und Bürger wollen wir den Wandel steuern, auch wenn wir wissen, dass wir ihn nie vollständig zu kontrollieren vermögen. Bestenfalls können wir die Wirtschaft und die Gesellschaft in eine bestimmte Richtung »stupsen«.

Lernen bedeutet nicht nur, eine formale Ausbildung zu erhalten; vielmehr ist es ein lebenslanger Prozess. Es gibt auch institutionelles Lernen, bei dem wir lernen, wie wir institutionelle Strukturen umgestalten müssen, damit sie die Ziele, für die sie geschaffen wurden, besser erreichen und befähigt werden, sich besser mit anderen Institutionen abzustimmen. Wir können lernen, sie so zu gestalten, dass sie sich von innen heraus transformieren und an die sich dynamisch wandelnden Umfelder, in denen sie tätig sind, anpassen. Selbstverständlich finden normalerweise gewisse Lernprozesse statt, aber nicht in dem Ausmaß, wie es möglich wäre. Die Zentralbanken handelten im Jahr 2008 klüger als in der Großen Depression, auch weil sie aus den Fehlern, die in dieser früheren Krise gemacht wurden, gelernt hatten. Aber im Vorfeld der Großen Rezession war es offensichtlich, dass selbst Ökonomen wie der Chef der US-Notenbank (Fed) Ben Bernanke, die behaupteten, die Lektionen aus der Großen Depression gelernt zu haben, dies in Wirklichkeit nicht getan hatten. Bernanke unterstützte Alan Greenspan (seinen Vorgänger als Notenbankchef) und die meisten anderen Mitglieder der Entscheidungsgremien der Fed, als sie die Deregulierung vorantrieben, die zur Großen Rezession führte. Eine der wichtigsten Lehren aus der Großen Depression lautete, dass unzureichend regulierte Finanzmärkte gefährlich sind.

In den letzten Jahren betrieben die Vereinigten Staaten eine aktive Industriepolitik in dem Bemühen, die Richtung des wirtschaftlichen Wandels zu beeinflussen. Es wird mittlerweile anerkannt, dass die Märkte es aus eigener Kraft nicht hinbekommen. Die US-Regierung förderte auch den Übergang zu einer grünen Wirtschaft, unterstützte die Entwicklung von Covid-19-Impfstoffen und erkannte die übermäßige Abhängigkeit der USA von im Ausland produzierten Chips. Weil die USA (außerhalb des Militärs) kaum Erfahrung mit dieser Art von Politik haben, gibt es für sie zwangsläufig viel zu lernen. Es werden Fehler gemacht werden. Aber die Entdeckung eines Fehlers ist kein Grund, diese Politik aufzugeben – ebenso wenig wie das offensichtliche Versagen der Fed in der Großen Depression und der Großen Rezession ein Grund ist, die Fed abzuschaffen. Als die US-Regierung zum Beispiel im Jahr 2009 Elon Musk einen Kredit über eine halbe Milliarde Dollar für Tesla gewährte, unterstützte sie damit erfolgreich die Weiterentwicklung der Elektromobilitätstechnologie. Aber sie machte einen Fehler. Sie verlangte nicht, an dem zukünftigen Wertschöpfungspotenzial beteiligt zu werden, was sie leicht hätte tun können, indem sie zum Beispiel auf Zuteilung eines Aktienpakets bestanden hätte. Hätte die Regierung dies getan, wären die Verluste, die sie (und der amerikanische Steuerzahler) bei anderen Technologiekrediten und Investitionen erlitt, mehr als wettgemacht worden. Sie wird einen Teil der Gewinne durch Steuern auf Privateinkünfte und Unternehmensgewinne abschöpfen, aber viel weniger, als wenn sie eine Gewinnbeteiligungsklausel in den Vertrag aufgenommen hätte. Daraus lässt sich lernen, dass es wichtig ist, Projekte sorgfältig auszuwählen, aber genauso wichtig ist es, Verträge sorgfältig auszuarbeiten.

Eine lernende Gesellschaft erfordert mithin sowohl individuelles als auch institutionelles Lernen – und dieses Lernen wiederum ist eine unabdingbare Voraussetzung dafür, dass jeder Mensch ein sinnerfülltes Leben führen kann – ein grundlegendes Ziel einer gerechten Gesellschaft.[2] Lernen ist ein Prozess, der nie endet.

Früher stellte ich der Gleichgewichtsperspektive der (neoliberalen) Standardökonomie – ihrer Annahme einer harmonischen Welt, die sich im Gleichgewicht befindet und nicht verändert – die reale Welt dynamischen Wandels gegenüber, in der wir leben und die oft durch heftige Konflikte gekennzeichnet ist. Wir beginnen endlich zu verstehen, dass wir auf die Grenzen der Tragfähigkeit unseres Planeten zurasen. Wir *müssen* uns anpassen. Wir haben keine Wahl. Aber das beste weitere Vorgehen ist praktisch niemals klar erkennbar. Daher verfolgen wir einen evolutionären Ansatz mit einem Schwerpunkt auf Anpassung statt auf Gleichgewichtsannahmen. Ich glaube, dass der progressive Kapitalismus die Entwicklung unserer Wirtschaft in einer Weise fördern wird, die hilft, eine gerechte Gesellschaft aufzubauen.[3]

## EINE DEZENTRALE WIRTSCHAFT MIT EINEM REICHHALTIGEN INSTITUTIONELLEN ÖKOSYSTEM

Unser Wirtschaftssystem muss mit einer Vielzahl ökonomischer Einheiten dezentralisiert werden – viele Unternehmen und andere Institutionen (unterschiedlichster Art), die Entscheidungen darüber treffen, was getan werden sollte und wie es getan werden sollte. Die Welt ist zu komplex für eine zentrale Planung, wie sie der Kommunismus vor mehr als 100 Jahren forderte.

Je mehr Einheiten existieren, umso mehr Wissen erwerben diese über ihre Fähigkeiten, über Technologien und über die Wünsche und Bedürfnisse anderer. Jede Einheit experimentiert, wobei verschiedene Einheiten unterschiedliche Vorstellungen über angemessene Ziele und darüber haben, wie man diese am besten verwirklicht.

Ein Großteil der Debatte drehte sich in den letzten Jahren um die Frage, welche Aufgaben öffentliche (staatliche) Institutionen und welche Aufgaben private (gewinnorientierte) Unternehmen übernehmen sollten. Durch diese Betrachtungsweise wird die Diskussion unnötig eingeengt. Eine gut funktionierende Wirtschaft oder Gesellschaft erfordert ein Gemisch verschiedenster Arten von

Institutionen, nicht nur öffentliche und gewinnorientierte private, sondern auch Genossenschaften, gemeinnützige private und so weiter. Und die staatlichen Institutionen müssen auf mehreren Ebenen – lokaler, regionaler, bundesstaatlicher, nationaler und globaler Ebene – agieren. Diese Institutionen müssen sich gegenseitig kontrollieren, und die Governance-Strukturen insgesamt müssen Macht und ihren Missbrauch einschränken – ein Thema, mit dem wir uns noch näher beschäftigen werden.

Ich möchte betonen, dass weite Teile der Wirtschaft nicht gewinnorientiert arbeiten und dies auch nicht tun sollten. Dazu gehört ein Großteil des Gesundheits-, Bildungs- und Pflegesektors, in denen reines Gewinnstreben oft negative Folgen hat. Das private Strafvollzugssystem hat bei seiner Kernaufgabe – der Resozialisierung von Strafgefangenen – versagt. In den USA sind die erfolgreichsten Institutionen, die einen erheblichen Anteil an der guten wirtschaftlichen Leistungsbilanz des Landes insgesamt haben, ihre großartigen Forschungsuniversitäten, die entweder Stiftungen sind, wie Harvard und Columbia, oder öffentlich finanziert werden. Auch in anderen Ländern sind die besten Universitäten gemeinnützige Stiftungen, wie Oxford und Cambridge, oder staatliche Einrichtungen wie die *grandes écoles* und die Sorbonne in Frankreich. In ähnlicher Weise war der genossenschaftlich organisierte Bereich des US-Finanzsystems (dessen Institute auch als Volks- oder Genossenschaftsbanken bezeichnet werden) das einzige Segment, das sich, jedenfalls überwiegend, vor der Finanzkrise von 2008 und danach sozial verantwortungsvoll verhielt.

Aber selbst gewinnorientierte Firmen würden sich in einem progressiv-kapitalistischen System anders verhalten als in einem neoliberalen System. Sie hätten ein anderes Ethos als unsere gegenwärtigen Firmen, die versessen darauf sind, das Vermögen der Aktionäre zu maximieren, ganz egal, welche Kosten dies dem Rest der Gesellschaft aufbürdet. Und diese gewinnorientierten Privatunternehmen würden nicht mehr so verehrt werden wie heute. Sie hätten kein Zaubermittel für die Lösung von Problemen, die andere nicht lösen können; es ist lediglich so, dass einige Probleme besser von gewinnmaximierenden Unternehmen gelöst werden können und andere Probleme von anderen Institutionen.

## MACHT, DAS WETTBEWERBSPARADIGMA UND PROGRESSIVER KAPITALISMUS

Die moderne Wirtschaftswissenschaft geht, wie bereits erwähnt, von einem Modell des vollkommenen Wettbewerbs aus, bei dem sich die Wirtschaft in einem harmonischen Gleichgewicht befindet. Demnach bedarf es keiner Wettbewerbspolitik, weil in der Wirtschaft automatisch vollständiger Wettbewerb herrscht.

Hier weichen die Neoliberalen deutlich von Adam Smith ab.[4] Früher erwähnte ich seine Sorge wegen der Neigung von Geschäftsleuten, sich gegen das öffentliche Interesse zu verschwören. Konservative Anhänger Smiths verteidigen ihn nur insoweit, als er ihre Ansichten teilt. Tatsache ist, dass die Wirtschaft nicht von sich aus für vollkommenen Wettbewerb sorgt – in dem engen Sinn, in dem Ökonomen diesen Begriff verwenden. Für Wirtschaftswissenschaftler ist eine echte Wettbewerbsökonomie eine Volkswirtschaft, in der kein Unternehmen die Macht hat, Preise zu erhöhen, anderen Vertragsbedingungen aufzuerlegen oder den Markteintritt von Firmen zu blockieren, damit seine Gewinne nicht durch Unterbietung aufgezehrt werden.[5] Wir haben bereits gesehen, dass diese Bedingungen in der heutigen Welt nicht erfüllt sind – angefangen von den fragwürdigen Vertraulichkeitsvereinbarungen und Klauseln über zwingende Schiedsverfahren bis hin zu den dauerhaft hohen Gewinnen, die bei den digitalen Giganten am sichtbarsten sind.

Der progressive Kapitalismus erkennt an, dass Macht existiert und dass die Machtverteilung ein zentrales Problem ist; Machtbegrenzung ist von entscheidender Bedeutung. Es gibt Machtverhältnisse innerhalb und zwischen den Institutionen, aus denen unsere Wirtschaft besteht; diese prägen auch deren Interaktionen mit Bürgern, und einige nutzen dies aus.

Machtverhältnisse sind für das Verständnis von Wirtschaft, Politik und Gesellschaft von zentraler Bedeutung. Die US-Wirtschaft wurde auf dem Fundament von Sklavenarbeit errichtet – wohl kaum eine Erscheinungsform eines freien Marktes. Die Rechtsordnung der USA sollte dem Ziel dienen, die Sklaverei durchzusetzen und die Machtverhältnisse zu bewahren.

Machtverhältnisse sind von zentraler Bedeutung für das Verständnis der wachsenden Ungleichheit und der verbreiteten Wahrnehmung, dass das System »gezinkt« sei, die beide eine so wichtige Rolle bei der Enttäuschung über die Demokratie und ihre Institutionen sowie dem Anstieg des Populismus spielen. Der progressive Kapitalismus würde ein besseres Gleichgewicht erreichen, indem er die Macht der Konzerne einschränkt, den Markteintritt neuer Firmen fördert (durch bessere Verfügbarkeit von Finanzmitteln und Technologien für neue Wettbewerber) und Arbeitnehmerrechte stärkt, auch durch Förderung der gewerkschaftlichen Organisierung.

### *Governance*

Der Begriff »Governance« bezieht sich auf die Regeln, die bestimmen, wer welche Entscheidungen trifft und welche Ziele dabei verfolgt werden. »Corporate Governance« meint die Gesamtheit der Regeln, die unternehmerische Entscheidungen beeinflussen. Manager verfügen über enorme Macht bei allen Entscheidungen eines Unternehmens – auch darauf, wie es Beschäftigte, Kunden, Aktionäre und Anspruchsgruppen behandelt.

Gesetze über gute Unternehmensführung definieren und begrenzen ihre Befugnisse.

Milton Friedman führte eine Idee ein, die zu einem Leitprinzip des neoliberalen Kapitalismus im 21. Jahrhundert wurde und in den Gesetzen vieler Staaten verankert ist: die Idee eines »Kapitalismus der Aktionäre«. Das Management eines Unternehmens sollte demnach ausschließlich das Ziel verfolgen, den Unternehmenswert – den Wert des Vermögens der Aktionäre – zu maximieren. Es bestand keinerlei Verpflichtung, den Beschäftigten, den Kunden, der Gemeinschaft oder auch der Umwelt Beachtung zu schenken, außer insoweit, als die Entscheidungen des Managements im Hinblick auf diese »Anspruchsgruppen« den Aktienkurs beeinflussten. Die schädlichen Folgen dieser Doktrin liegen auf der Hand. Sie hob Gordon Gekko, die fiktionale Figur in dem Film *Wall Street*, und sein Ethos »Gier ist gut« auf den Altar. Adam Smith mag behauptet haben, dass die Verfolgung des Eigeninteresses zum Wohl der Gesellschaft führe, aber er hat diese Behauptung sogleich eingeschränkt. Nicht so Friedman.[6]

Während er diese Doktrin im Jahr 1970 in einem berühmten Artikel in der *New York Times* darlegte,[7] analysierten die Ökonomin Sandy Grossman und ich zusammen mit anderen die Bedingungen, unter denen die Maximierung des Aktionärsvermögens zum Wohl der Gesellschaft führen würde. Wir zeigten, dass es sich um außerordentlich restriktive Bedingungen handelt, die von keiner realen Volkswirtschaft erfüllt werden. Aber unsere Artikel, die in Fachzeitschriften wie dem *Quarterly Journal of Economics* und dem *Journal of Finance* veröffentlicht wurden, waren weit weniger einflussreich als derjenige Friedmans.[8] Er war ein Apostel des freien Marktes und besaß eine starke Überzeugungskraft, mit der er Argumente vorbrachte, die Menschen wie Ronald Reagan und Margaret Thatcher hören wollten. Ob diese Argumente analytisch gut fundiert waren, interessierte ihn weniger.

Es mag dem Kapitalismus für Aktionäre gelungen sein, die Firmeneigentümer zu bereichern, aber er führte nicht zu geteiltem gesellschaftlichem Wohlstand.

### *Die Machtverhältnisse neu ausbalancieren*

Für geteilten Wohlstand und den Aufbau einer gerechten und wirklich menschenwürdigen Gesellschaft ist es unabdingbar, die Machtverhältnisse in allen Dimensionen unserer Gesellschaft (private Haushalte, Unternehmen, Wirtschaft und Politik) neu auszubalancieren. Das heutige Machtungleichgewicht hat die Freiheit der Großkonzerne erweitert, während es die Freiheit der Durchschnittsbürger einschränkte. Die Menschen spüren das sehr deutlich in den Frustrationen des Alltagslebens. Verbraucher haben keine echte Wahlfreiheit, und Unternehmen scheinen ihre eigenen (Gewinn-)Interessen rücksichtslos durchzusetzen, wie man etwa an skandalösen Vertragsklauseln wie der Verpflichtung, Streitigkeiten durch Schiedsgerichte beilegen zu lassen, und Wuchergebühren ersehen kann. Damit nicht genug: Oft verbringt man zwei Stunden in der Warteschleife, ehe man einen »Kundendienst«-Mitarbeiter erreicht.

In Kapitel 7 wiesen wir darauf hin, dass der Oberste Gerichtshof in den USA das Gleichgewicht noch stärker in Richtung einer Erweiterung der Freiheit und der Macht von Großunternehmen auf Kosten aller anderen verschoben hat. So erklärte er Sammelklagen im Rahmen von Schiedsverfahren, mit denen sich Arbeitnehmer de facto einverstanden erklären mussten, für rechtswidrig. Dies mag sich nach einer Bagatelle anhören, aber über die Abfolge einzelner Entscheidungen und einzelner Fälle werden Machtverhältnisse in einem System konstituiert.[9]

Um heute eine bessere Balance zu erreichen – um den neoliberalen Kapitalismus durch den progressiven Kapitalismus abzulösen –, müssen wir unsere Wirtschafts- und Rechtsordnung

Regel für Regel, Vorschrift für Vorschrift und Institution für Institution neu aufbauen. Ich habe in diesem Buch anhand zahlreicher Beispiele aufzuzeigen versucht, was getan werden sollte und getan werden kann.

### *Welche Gesellschaftsordnung?*

Ich habe mehrfach darauf hingewiesen, dass es mehrere mögliche Ordnungsrahmen für eine Gesellschaft gibt. Einige Ordnungsformen geben einer Gruppe mehr Macht und anderen weniger; einige begünstigen eine Gruppe auf Kosten anderer. Traditionell werden die Regeln von den Mächtigen zum Wohl der Mächtigen aufgestellt. Das sollten wir nicht hinnehmen. Keine echte Demokratie würde dies zulassen. Ich habe eine alternative Grundlage für die Entscheidung zwischen möglichen Ordnungsmodellen beschrieben, eine Anwendung anerkannter philosophischer Prinzipien, die der Idee der sozialen Gerechtigkeit zugrunde liegen und die uns Aufschluss darüber geben, wie ein gerechtes und faires wirtschaftliches, politisches und gesellschaftliches System aussähe – was also hinter einem Schleier des Nichtwissens ausgewählt würde. Es mag uns schwerfallen, uns in eine solche Betrachtungsweise zu versetzen und die sich daraus ergebenden Konsequenzen zu durchdenken; wir mögen dabei sogar auf Dilemmata und schwer lösbare Probleme stoßen.[10] Und wenn wir diesen Prozess abschließen, sind wir uns vielleicht noch immer nicht völlig oder auch nur weitgehend einig. Aber ich vermute, dass die große Kluft zwischen den verschiedenen Ansichten, die wir heute sehen, schmaler werden würde und es möglich wäre, Kompromisse zu schließen, die uns erlaubten, in dem Streben nach einer guten und gerechten Gesellschaft voranzukommen.

### *Machtteilung und -balance*

Eines der Argumente für die oben beschriebene dezentrale Wirtschaftsstruktur mit ihrem reichhaltigen Ökosystem an institutionellen Strukturen ist das Potenzial dieser Diversität, Macht auf verschiedene Instanzen aufzuteilen und zwischen diesen auszubalancieren. Die Zivilgesellschaft und die Presse kontrollieren sich gegenseitig, aber auch Privatunternehmen und die Regierung. In der Politikwissenschaft basiert das Standardargument für die staatliche Gewaltenteilung auf der Idee von wechselseitiger Kontrolle und einer Balance der Macht; aber genauso wichtig sind wechselseitige Kontrollen und Gegengewichte innerhalb der Gesellschaft. Wenn es im gewinnorientierten Privatsektor eine übermäßige Machtballung gibt, dann werden die reichen und mächtigen Unternehmen, unabhängig von den formalen Strukturen, einen unangemessen großen Einfluss in der öffentlichen Sphäre ausüben.

## WIRTSCHAFTLICHE SPALTUNGEN, MACHT UND SOZIALE GERECHTIGKEIT

Aber die gegenseitigen Kontroll- und Ausgleichsmechanismen werden auch nicht funktionieren, wenn es in einer Gesellschaft eine übermäßige Vermögens- und Machtkonzentration gibt. Wenn wir ein System entwickeln wollen, das dem Gemeinwohl dient – ein wesentliches Element eines jeden Systems, das für sich in Anspruch nimmt, eine gerechte Gesellschaft zu sein –, brauchen wir mehr Gleichheit in all ihren Dimensionen, insbesondere Chancengleichheit. (Dies ist *nicht* gleichbedeutend mit der Beseitigung sämtlicher ökonomischer Ungleichheiten – ein System, das dies verwirklichte, würde Anreize schwächen, und realistischerweise muss man anerkennen, dass für einen Großteil der Bevölkerung materielle Anreize wichtig sind.)

Besonders problematisch ist das wachsende Machtungleichgewicht, die zunehmende Konzentration von Vermögen und Konzernmacht, deren spiegelbildliche Entsprechung der Macht- und Einkommensschwund der Arbeitnehmer ist. Eine Agenda der sozialen Gerechtigkeit ist ein wichtiger Teil des progressiven Kapitalismus. Sie bemüht sich darum, Ungleichheiten auf allen Ebenen, nicht nur in der Einkommens- und Vermögensverteilung zu verringern. Sie achtet ganz besonders auf Ungleichheiten, die aus verschiedenen Formen der Ausbeutung hervorgehen.

Der Zugang zu Gesundheitsgrundversorgung ist ein wichtiger Aspekt der sozialen Gerechtigkeit und sollte ein Menschenrecht sein (wie er es in der 1948 verabschiedeten Allgemeinen Erklärung der Menschenrechte ist).[11] Der progressive Kapitalismus trägt dem Rechnung, und die meisten fortgeschrittenen Länder haben erkannt, dass ein öffentliches Gesundheitssystem die fairste und effizienteste Lösung ist, manchmal ergänzt durch private Leistungen, insbesondere in einem Land mit hoher Einkommens- und Vermögensungleichheit.[12] Allerdings scheinen viele Bürger in den USA dies nicht einsehen zu wollen. Auch nach der Verabschiedung des Affordable Care Act sind im gegenwärtigen System viele Menschen ohne ausreichenden Krankenversicherungsschutz beziehungsweise ohne echte Wahlfreiheit bezüglich des Leistungserbringers – das Gegenteil dessen, was das Gesetz beabsichtigte. Aus diesem Grund ist in den USA eine öffentliche Option – bei der einer der Anbieter, unter denen man auswählen kann, ein öffentlicher Versicherungsträger ist – so wichtig. Sie verbessert die Wahlfreiheit und den Wettbewerb, was eine weitere Möglichkeit ist, die Ausbeutung durch Marktteilnehmer zu begrenzen.[13]

## PROGRESSIVER KAPITALISMUS, DIE ROLLE DES STAATES UND SOZIALDEMOKRATIE

Der progressive Kapitalismus erfordert insbesondere auch mehr kollektives Handeln in all seinen Formen und ein ausgewogeneres Verhältnis zwischen dem privaten Sektor und kollektivem Handeln einschließlich staatlichem Handeln auf allen Ebenen. Der Kommunismus ging zu weit in eine Richtung, der Reagan-Thatcherismus ging zu weit in die entgegengesetzte Richtung, und der Dritte Weg, wie er von Clinton, Blair und Schröder repräsentiert wurde, war eine unzureichende Korrektur. Dieser bekannte sich zum Neoliberalismus, zum Materialismus und zu freien Märkten, schenkte aber der sozialen Gerechtigkeit nicht genügend Beachtung, ja ignorierte sie in einem Ausmaß, das in einer Welt, in welcher der Kommunismus und die Marktwirtschaft die Herzen und Köpfe der Menschen zu gewinnen suchten, vielleicht nicht möglich gewesen wäre. Tatsächlich erlebten Freihandelsabkommen mit Investitionsschutzvereinbarungen und Finanzmarktliberalisierung ihre Hochphase während der Regierung Clinton. Steuern auf Kapitalerträge, von denen ganz überwiegend die Superreichen profitierten, wurden gesenkt.[14]

Kollektives Handeln kann viele Formen annehmen. Beispiele für kollektives Handeln sind NGOs, Gewerkschaften, kirchliche Gruppen, Erzeuger- und Verbrauchergenossenschaften, Sammelklagen, Naturschutzgesellschaften und eine Vielzahl anderer Gruppen, die sich für Anliegen, an die sie glauben, einsetzen.

Ich begann dieses Buch mit einer einfachen Feststellung: *Die Freiheit des einen ist die Unfreiheit des anderen.* Externe Effekte sind weitverbreitet, und die Bewältigung dieser Externalitäten – einschließlich Umweltzerstörung –, die unweigerlich die direkten Nebenfolgen ungezügelter Märkte sind, erfordert öffentliche Maßnahmen, darunter auch Regulierung. Tatsächlich braucht jedes

Spiel Regeln und Vorschriften. Ich habe hier darauf hingewiesen, dass es dringend Regulierungsmaßnahmen bedarf, um Machtballung und die Ausbeutung einiger durch andere einzudämmen.

Ein weiterer wichtiger Punkt ist, dass Menschen gemeinsam erreichen können, was sie allein nicht schaffen. Aber auf vielen Feldern kollektiven Handelns kommt es zu Trittbrettfahrerproblemen, sodass gute (effiziente) Ergebnisse ein gewisses Maß an Zwang erfordern, wie ihn nur der Staat in angemessener Weise ausüben kann. Es kann auch wünschenswert sein, freiwilliges kollektives Handeln etwa durch Subventionen zu fördern.

In Kapitel 11 beschrieb ich eine Vielzahl von Bereichen, in denen kollektives Handeln wünschenswert ist, weil sich selbst überlassene Märkte ineffizient sind oder auf eine andere Weise versagten. Hier möchte ich hervorheben, dass es wünschenswert ist, kollektives Handeln in einem breiteren Rahmen anzuwenden.

Ein Schlüsselelement kollektiven Handelns sind höhere öffentliche Investitionen in Kinder und deren Zukunft, in Forschung und, allgemeiner, in die soziale und physische Infrastruktur. Diese Investitionen werden nicht bloß das Wachstum fördern, sie werden auch einfachen Bürgern mehr Chancen (Freiheiten) bringen. Natürliches Mitgefühl mit anderen sollte uns eine Abneigung gegen das gegenwärtige System einflößen, in dem die Chancen eines Kindes in hohem Maße von dem Einkommen und dem Bildungsniveau seiner Eltern abhängen.

Eine weitere Schlüsselkomponente ist eine soziale Absicherung gegen die Wechselfälle des Lebens, auch gegen die Risiken, die selbst dann noch von Märkten ausgehen, wenn sie gezügelt und gezähmt sind.[15] Technologien wandeln sich in einem fort, sodass nur wenige Arbeitnehmer wirklich sichere Arbeitsplätze haben. Und niemand kann sicher sein, dass er nicht jäh von einer schweren Krankheit aus der Bahn geworfen wird. Soziale Absicherung als solche wirkt befreiend. Sie gibt Menschen die Freiheit, Risiken einzugehen, die sie andernfalls nicht eingehen würden, weil sie dann nämlich Gefahr liefen, im Fall des Scheiterns mittellos dazustehen. Aus diesem Grund können Gesellschaften mit besseren sozialen Sicherungssystemen innovativer sein als andere.

### *Staatsversagen*

Aber Kritiker dieser Sichtweise, die den besonderen Stellenwert kollektiven Handelns betont, behaupten, sie schenke Staatsversagen nicht genügend Beachtung. Selbst wenn ökonomische Prozesse fehleranfällig sein mögen, seien politische Prozesse – die Entscheidungsabläufe innerhalb von Regierung und Behörden – noch mangelhafter. Dies sei auch dann der Fall, wenn es keine offene Korruption gebe, versichern die Kritiker staatlicher Eingriffe. Politische Entscheidungen und öffentliche Ausgaben könnten von kurzfristigen politischen Nutzenkalkülen getragen sein, statt von langfristigen gesellschaftlichen Interessen.

Jeder US-Amerikaner, der die erste Präsidentschaft von Donald Trump miterlebt hat, weiß, was Regierungs- und politisches Versagen bedeutet. Ich bin nicht naiv. Ich weiß, dass es schwer ist, einen starken, leistungsfähigen Staat aufzubauen, der wirtschaftlichen Fortschritt und soziale Gerechtigkeit – nicht Sonderinteressen – fördert. Aber ich weiß auch, dass es ohne einen starken, leistungsfähigen Staat wenig oder gar keinen sozialen und wirtschaftlichen Fortschritt gibt. Während meiner mehr als 50-jährigen Laufbahn als Wirtschaftswissenschaftler habe ich einige Wirtschaftswunder erlebt – zum Beispiel die Verzehnfachung des Pro-Kopf-Einkommens der ostasiatischen Länder –, und diese Erfolge hingen direkt mit einer bestimmten Regierungspolitik zusammen. Ich habe auch einige Misserfolge und Enttäuschungen gesehen. Unsere makroökonomische Steuerung war nicht so erfolgreich, wie sie es hätte sein können oder sollen, aber die Lage ist besser, als wenn alles einfach dem Markt überlassen worden wäre.[16] Uns bleibt nichts anderes übrig, als unser demokratisches Gemeinwesen so zu gestalten, dass es den Interessen der Gesellschaft als Ganzes dient. Hin und wieder ist dies Gesellschaften bemerkenswert gut gelungen. Wir müssen sowohl aus den Erfolgen als auch aus den Misserfolgen lernen.

Wir haben unter anderem zwei Dinge gelernt: Ein wirtschaftliches Machtgefälle führt zu einem politischen Machtgefälle; und von Geld beherrschte Gemeinwesen werden unweigerlich korrupt. Die Vorherrschaft des Neoliberalismus in vielen Teilen der Welt hat viel mit den Sonderinteressen zu tun, die von seinen Ideen profitieren, und der politischen Macht, die diese Interessen ausüben.

Wir kennen auch einige der Dinge, die zum gesellschaftlichen und wirtschaftlichen Erfolg beitragen: Offenheit und Transparenz, anpassungs- und lernwillige Institutionen, Systeme der Teilung und gegenseitigen Kontrolle von Macht – auch durch eine aktive und diversifizierte Presse –, eine aktive Zivilgesellschaft mit hoher Bürgerbeteiligung und eine Vielzahl von Mechanismen, um Bürgern Mitspracherechte zu geben.

## WIE DAS SYSTEM MENSCHEN PRÄGT

Schließlich müssen wir bei der Gestaltung unseres wirtschaftlichen, politischen und gesellschaftlichen Systems auch berücksichtigen, dass es einen prägenden Einfluss auf Menschen hat. Wie in Teil II ausgeführt, kommen wir nicht als fertig geprägte Menschen zur Welt; unsere Eltern, unsere Schulen und unser Umfeld – und dazu gehört auch das wirtschaftliche, politische und gesellschaftliche System, in das wir eingebettet sind – beeinflussen uns. Bei der Ausgestaltung unseres Wirtschaftssystems müssen wir uns dieser Einflüsse bewusst sein. Kooperative Institutionen fördern kooperatives Verhalten. Das neoliberale System der letzten 50 Jahre ist nach seinen eigenen Maßstäben gescheitert, denn es hat uns nicht den geteilten Wohlstand gebracht, den es uns versprach, sondern egoistischere und materialistischere Menschen hervorgebracht, die weniger ehrlich und vertrauenswürdig sind. Was für eine Welt ist das, in der Menschen gewohnheitsmäßig Geld verdienen, indem sie andere ausnutzen, und dies ohne den geringsten Skrupel?

Margaret Thatcher machte 1987 in einem Interview die berühmt gewordene Aussage: »Die Gesellschaft – wer soll das sein? So etwas gibt es nicht!« Aber genau zur gleichen Zeit bemühte sie sich als britische Premierministerin, der Gesellschaft und deren Bürgern ihren Stempel aufzudrücken. Sie propagierte eine Vision, die das Gegenteil einer gerechten Gesellschaft war. Der Erfolg, den der Neoliberalismus dabei hatte, die Gesellschaft nach Thatchers Vorstellungen zu gestalten, ist vielleicht zugleich sein größter Misserfolg.

Es gibt noch eine Reihe weiterer Argumente für eine Agenda der sozialen Gerechtigkeit, die sich um die Frage drehen, wer wir als Individuen und als Gesellschaft sind. Wie ich ebenfalls in Teil II darlegte, führt Ungleichheit dazu, dass die wohlhabendsten Bürger das Gefühl haben, sie hätten ihren Reichtum verdient, während die Ärmsten in Verzweiflung leben, ohne Hoffnung oder Ambitionen. Das eigentliche Ziel des progressiven Kapitalismus besteht darin, eine Gesellschaft aufzubauen, in der es mehr Empathie, mehr Fürsorge, mehr Kreativität und mehr konstruktives Streben gibt, mit Menschen, die weniger egoistisch und ehrlicher sind – und diese Merkmale werden zu einer Wirtschaft und einer Gesellschaft führen, die besser funktionieren.[17] Ich glaube fest daran, dass dies der progressiven Wirtschaftsordnung, für die ich eintrete, gelingen wird.

# ABSCHLIESSENDE BEMERKUNGEN

Einige Kritiker haben die Frage gestellt: »Kann der Kapitalismus progressiv sein? Ist das kein Widerspruch in sich?« Das System, das ich skizziert habe, unterscheidet sich erheblich von dem gegenwärtigen, auch wenn beide den Begriff »Kapitalismus« teilen. Das »Kapital«, das im progressiven Kapitalismus des 21. Jahrhunderts von entscheidender Bedeutung ist, ist nicht bloß materielles oder finanzielles Kapital, vielmehr umfasst es auch Humankapital, intellektuelles, organisationales, soziales und natürliches Kapital – sämtliche Grundlagen unserer Volkswirtschaft. Tatsächlich ist es unabdingbar, dass wir Kapitalismus in diesem erweiterten Sinne verstehen, weil wir damit dem stetigen Wandel unserer Wirtschaft und Gesellschaft Rechnung tragen. Ich bin fest davon überzeugt, dass wir ein Wirtschafts- und Gesellschaftssystem auf Grundlage der von mir umrissenen Prinzipien aufbauen können. Selbst wenn es uns nicht gelingt, eine »ideale« Gesellschaft zu erschaffen, können wir ein kapitalistisches System entwickeln, das viel besser ist als dessen gegenwärtige Spielart.

KAPITEL 14

# DEMOKRATIE, FREIHEIT, SOZIALE GERECHTIGKEIT UND DIE GUTE GESELLSCHAFT

Eine Diskussion über Freiheit muss mit einer Diskussion der Frage beginnen, über wessen Freiheit wir reden. Die Freiheit einiger, anderen zu schaden, oder die Freiheit anderer, nicht geschädigt zu werden? Allzu oft haben wir keine gute Balance gefunden, zum Beispiel bei Schusswaffenbesitzern gegenüber Opfern von Schusswaffengewalt, Chemieunternehmen gegenüber den Millionen Menschen, die unter den Folgen toxischer Umweltverschmutzung leiden, oder bei Pharmaunternehmen gegenüber Patienten, die sterben oder deren Zustand sich verschlechtert, weil sie sich dringend benötigte Medikamente nicht leisten können. Wir wissen, wessen Freiheit sich durchsetzte. Die Liste der Ungerechtigkeiten ist lang.

Es ist bemerkenswert, dass trotz des vielfältigen Versagens und der Unfairness des gegenwärtigen Systems so viele nach wie vor die freie Marktwirtschaft verteidigen. Und dies ungeachtet der täglichen Frustrationen im Kontakt mit Krankenversicherungen, Telefongesellschaften, Vermietern oder Fluggesellschaften. Es ist unfassbar, wie jemand, der im 21. Jahrhundert in einem kapitalistischen System lebt und obendrein aus den Medien von den zahllosen Missbräuchen erfährt, noch an unregulierte Märkte oder die zwangsläufige Effizienz »freien« Unternehmertums glauben kann.

Um es ganz klar zu sagen: Den einfachen Bürgern weltweit wurde etwas vorgemacht. Wenn es ein Problem gebe, so sagte man ihnen, solle »seine Lösung dem Markt überlassen werden«. Man hat ihnen gesagt, der Markt könne Probleme im Zusammenhang mit Externalitäten, Koordinierung und öffentlichen Gütern lösen. Das ist reines Wunschdenken, und ich habe erklärt, warum das so ist. Eine gut funktionierende Gesellschaft braucht Regeln, staatliche Markteingriffe, öffentliche Institutionen und mit Steuern finanzierte öffentliche Ausgaben.

Die Kehrseite dieses Märchens, wonach gewinnorientierte Privatunternehmen keinen Schaden anrichten können und vollkommen effizient sind, ist die Legende, der Staat sei unersättlich und ineffizient. Viele Menschen haben von dieser Mär profitiert, unter anderem auch CEOs (und ihre Aktionäre), die mehr Freiheit bekamen, andere auszubeuten. Sie verdienten sich eine goldene Nase und vergrößerten ihre Macht, insbesondere als öffentliche Versorgungsbetriebe privatisiert wurden. Die Reichen und Mächtigen kontrollieren die Medien. Politische Führungspersönlichkeiten, die sie unterstützen, wiederholen und verstärken die Botschaft, einige mit einprägsamen Formulierungen, wie etwa Ronald Reagan, der bekanntlich sagte: »Die Regierung ist nicht die Lösung unseres Problems; die Regierung ist das Problem.«[1]

Überzeugungen lassen sich nur schwer verändern, nachdem sie sich erst einmal gebildet haben. Viele Amerikaner glauben noch immer, dass die Vereinigten Staaten das Land der unbegrenzten Möglichkeiten seien, und sie glauben noch immer an den amerikanischen Traum, obgleich die Statistiken seit Jahrzehnten ein ganz anderes Bild zeichnen. Selbstverständlich sollten die USA danach streben, ein Land der Chancengerechtigkeit zu sein, aber es ist nicht hilfreich, an Überzeugungen festzuhalten, die von den heutigen Realitäten nicht gestützt werden, und noch immer zu glauben, die Märkte selbst seien die Lösung für die heutigen

Probleme. Unregulierte Märkte haben viele der zentralen Probleme geschaffen, denen wir uns gegenübersehen, unter anderem Ungleichheiten, die Klimakrise und die Opioidkrise in den USA. Und unregulierte Märkte können keines davon lösen; sie können die tiefgreifenden strukturellen Herausforderungen der Gegenwart – wie etwa die globale Erwärmung, KI und die Neuordnung der Geopolitik – nicht bewältigen, ohne viele zurückzulassen. Tatsächlich kann der private Sektor von sich aus keine auch nur annähernd angemessene Antwort auf den Klimawandel finden, vor allem nicht mit der gebotenen Eile und auf eine Weise, welche die Kosten der grünen Transformation gerecht verteilt.

Und diese Erkenntnis lässt uns die Kulturkriege, die überall auf der Welt ausbrechen, vielleicht etwas besser verstehen. Warum lehnt es die Rechte so entschieden ab, die notwendigen Maßnahmen zur Bekämpfung des Klimawandels zu ergreifen? Warum weigerten sich ihre Anhänger, während der Covid-19-Pandemie Masken zu tragen und sich impfen zu lassen? Die Antwort lautet, dass der Klimawandel und die Pandemie unangenehme Wahrheiten für die Anhänger der freien Marktwirtschaft darstellen. Wenn externe Effekte von Bedeutung sind, dann kommt es auf kollektives Handeln an, und auf die Märkte selbst ist hier kein Verlass. Aber die Rechten blenden lieber die Realität aus, als ihre Meinung zu ändern. Aber das müssen sie, wenn wir eine Gesellschaft aufbauen wollen, die auch nur annähernd unseren Werten und Idealen entspricht.

## KONFLIKTE UM FREIHEIT IN EINER GESPALTENEN GESELLSCHAFT BEILEGEN

Was geschieht, wenn nach eingehender Prüfung und umfassender gesellschaftlicher Diskussion der Frage, wessen Rechte höher zu gewichten sind, die Menschen sich noch immer nicht einig sind? In einer Gesellschaft kann es schon beinahe definitionsgemäß nur eine Zuweisung von Rechten geben. Die Bürger müssen sich über einen Mechanismus der kollektiven Entscheidungsfindung auf diese Zuweisung einigen.

Wir müssen auch eine kollektive Entscheidung über den regulatorischen Rahmen für unsere Gesellschaft treffen. Wir brauchen Umwelt(schutz)vorschriften, Verkehrsvorschriften, Bebauungsvorschriften und ein Regelwerk für Finanzmärkte; sämtliche Teilbereiche unserer Wirtschaft bedürfen der Regulierung. Eine Volkswirtschaft des 21. Jahrhunderts benötigt einen komplexen Regel- und Regulierungsrahmen.

Wir alle würden gern in einer Gesellschaft von Gleichgesinnten leben, die nach gemeinsamer Beratschlagung übereinstimmende Antworten auf grundlegende Fragen finden. Wir würden auch gern in einer Welt leben, in der alle Länder unsere Ansichten über Menschenrechte und die Demokratie teilen. Aber das tun wir nicht.

Einige kleine Gemeinschaften können einen breiten Konsens erreichen (der in der Regel jedoch weit von vollkommener Übereinstimmung entfernt ist). Größeren Gesellschaften fällt dies schwerer. Viele der maßgeblichen Werte und Einstellungen gehören zu dem, was Ökonomen, Philosophen und Mathematiker *Primitive* nennen, Grundannahmen, über die man zwar diskutieren, aber nicht ein für alle Mal Einvernehmen erzielen kann. Dennoch müssen wir uns in Anbetracht der Bedeutung des Zusammenlebens und der Notwendigkeit, zumindest eine begrenzte Zahl kollektiver

Entscheidungen zu treffen, die Frage stellen, ob wir etwas tun können, um Punkte zu finden, bei denen wir übereinstimmen. Um diese Frage zu beantworten, ist es hilfreich zu verstehen, was die Ursachen gesellschaftlicher Verwerfungen sind und warum die Gräben breiter geworden sind.

### *Die Bedeutung der Einkommens- und Vermögensungleichheit*

Ich glaube, dass die Antwort darauf größtenteils mit zwei Problemen des Neoliberalismus zusammenhängt, auf die ich bereits aufmerksam gemacht habe: die sich immer weiter öffnende Einkommens- und Vermögensschere, die den neoliberalen Kapitalismus des 20. und 21. Jahrhunderts kennzeichnet, und die durch die Medien verursachte Polarisierung. Verschlimmert wird alles noch dadurch, dass die gegenwärtigen Regeln den Reichen und den Eliten erlauben, einen unverhältnismäßig starken Einfluss sowohl auf die Politik als auch auf die gesellschaftlichen Narrative auszuüben. All dies verstärkt bei denjenigen, die nicht vermögend sind, den Eindruck, dass das System »gezinkt« und unfair ist, was es noch schwerer macht, Spaltungen zu überwinden.

Infolge der wachsenden Ungleichheit leben Menschen zunehmend in verschiedenen Welten und haben keinen Kontakt mehr miteinander. Es gibt zahlreiche Belege dafür, dass die wirtschaftliche Segregation zunimmt und sich zum Beispiel darauf auswirkt, was jede Seite über die andere denkt und von ihr hält.[2] Die ärmsten Mitglieder der Gesellschaft haben das Gefühl, dass man ihnen gezielt Steine in den Weg legt, und resignieren; die Wohlhabenden dagegen sind überzeugt, ihren Reichtum verdient zu haben, und ihr Reichtum hilft ihnen sicherzustellen, dass das System *tatsächlich* zu ihren Gunsten manipuliert wird. Aber diese individuellen Ansichten über die ökonomische Spaltung verstärken noch die gesellschaftliche Spaltung.

### *Die spaltende Rolle der Medien*

Die Medien einschließlich der sozialen Medien tragen ebenfalls zu dieser Spaltung bei. Medien haben einen enormen Einfluss auf gesellschaftliche Narrative, und sie spielen eine Rolle bei der Polarisierung der Gesellschaft. Wie schon erwähnt, beruht das Geschäftsmodell eines Großteils der Medien darauf, Zwietracht zu schüren. Der Sender Fox News zum Beispiel hat festgestellt, dass es für ihn vorteilhafter ist, treue, politisch rechts stehende Zuschauer zu haben, die von seiner einseitigen Berichterstattung angezogen werden und *ausschließlich* Fox sehen, als eine breitere Zielgruppe, die eine ausgewogenere Berichterstattung vorzieht. Soziale Medien haben erkannt, dass es für sie profitabel ist, Wut zu schüren, um Nutzer anzusprechen und zu binden *(engagement by enragement)*, und dass sie ihre Algorithmen für die von ihnen anvisierten Zielgruppen maßschneidern können, auch wenn diese Praxis zu gesellschaftlicher Polarisierung führt, indem sie verschiedenen Nutzern unterschiedliche Informationen präsentiert.

### *Vernunft als Richtschnur*

Eine Prämisse dieses Buches lautet, dass *rationales Denken*, ein zentraler Wert der Aufklärung, und ein rationaler Diskurs uns befähigen können, die gesamte Komplexität eines Problems besser zu verstehen und in dem Bestreben, dem Gemeinwohl zu dienen, eine gemeinsame Basis zu finden. So führt zum Beispiel die vernunftbasierte Reflexion über die Bedeutung und das Wesen von Freiheit zu der Schlussfolgerung, dass die Weltsicht der libertären Rechten einen grundlegenden Widerspruch enthält, weil sie nicht erkennt, dass die Freiheit des einen die Unfreiheit des anderen ist. Ich habe versucht, eine schlüssigere und wahrheitsgemäßere Analyse der Freiheiten in einer modernen Gesellschaft mit ihrem hohen Grad an Vernetzung vorzulegen.

Ich glaube, es gibt einen breiten Konsens über viele der Schlüsselelemente dessen, was eine gute und humane Gesellschaft ausmacht und welches Wirtschaftssystem diese Gesellschaft stützt. Eine solche Gesellschaft muss zum Beispiel in Einklang mit der Natur leben. Unser gegenwärtiges kapitalistisches System hat diese Aufgabe nicht ausreichend erfüllt; der progressive Kapitalismus mit seinem Bekenntnis zum Umweltschutz würde dem Priorität einräumen.

Eine humane Gesellschaft ermöglicht es Menschen, sich zu verwirklichen und ihr Potenzial auszuschöpfen. Unser gegenwärtiges System lässt große Teile der Bevölkerung im Stich. Der progressive Kapitalismus versucht, dem sowohl durch Prädistribution als auch durch Umverteilung abzuhelfen.

Ein gutes Wirtschaftssystem würde Menschen ermuntern, ehrlich und empathisch zu sein und mit anderen zu kooperieren. Das gegenwärtige kapitalistische System fördert allzu oft das Gegenteil; das vielfältige institutionelle Ökosystem im progressiven Kapitalismus würde es besser machen.

Wenn es zudem keinen Konsens darüber gibt, wie bestimmte Schlüsselentscheidungen getroffen werden sollten, können uns die philosophischen Traditionen der Utilitaristen/Benthamisten (die Anhänger der Ideen von Jeremy Bentham, einem Philosophen des 19. Jahrhunderts) und von John Rawls helfen, darüber nachzudenken, welches Regelwerk in einer guten Gesellschaft sinnvoll ist; sie können uns auch zumindest einen Rahmen für das Nachdenken über die Gesamtheit der Regeln für ein gutes gesellschaftliches Zusammenleben liefern.

Politik ist die Kunst, mit einer Welt klarzukommen, in der es möglicherweise große Meinungsunterschiede darüber gibt, was gemeinsam getan werden sollte. In einigen Fällen kann es zu einem Kuhhandel kommen, einer Vereinbarung über das Gesamtpaket, bei der einige eine Reihe ihres Erachtens falscher oder zumindest nicht idealer Entscheidungen auf einem Gebiet deshalb hinnehmen, weil andere Beteiligte Entscheidungen, von denen wiederum sie nicht überzeugt sind, auf einem anderen Gebiet akzeptieren. Über das Gesamtpaket herrscht Einigkeit, über die Details Unmut. Am Ende könnte sogar fast völliges Einvernehmen stehen, wenn die Bürger den Nutzen des sozialen Zusammenhalts erkennen, der aus dieser weitgehenden Einigkeit folgt.

Leider ist dies oft nicht der Fall. Einige plädieren dafür, den Raum kollektiver Entscheidungsfindung einzuengen, eben weil es Differenzen gibt, die sich nicht überwinden lassen. Ich habe erklärt, dass dies einen hohen Preis hat. Kollektives Handeln, das mit öffentlichen Gütern wie Forschung und Entwicklung, Bildung und Gesundheitsversorgung verbunden ist, hat einen immensen Nutzen. Aber wir können kollektive Entscheidungsfindung grundsätzlich nicht vermeiden. Wir brauchen ein verbindliches Regelwerk für unser gesellschaftliches Miteinander.

Die USA und einige andere Länder führen beispielhaft vor, was nicht funktioniert: Menschen, die an den Hebeln der Macht sitzen, benutzen diese, um ihre Macht zu bewahren und zu vergrößern, während sie sich nur begrenzt darum bemühen, einen politischen Konsens zu finden oder zu erzielen. Das vor mehr als 200 Jahren geschaffene politische System der USA gibt einigen Regionen des Landes ein unverhältnismäßig starkes politisches Gewicht und den Bundesstaaten die Möglichkeit, durch Manipulation von Wahlbezirksgrenzen und Behinderung der Wahlrechtsausübung einigen Bürgern teilweise ihr Wahlrecht zu entziehen. Die Geschichte lehrt uns, dass Regierungen und politische Systeme, die durch solche tiefen Gräben zwischen den Regierenden und den Regierten gekennzeichnet sind – selbst bei einer demokratischen Fassade –, nicht überleben können. Das Vertrauen in die Regierung und der Glaube an ihre Legitimität schwinden zwangsläufig.

Wenn wir die Diskussion aus der Sphäre von Ideologie, Identität und absolutistischen Standpunkten in den Bereich vernünftiger

Debatte verlagern würden, dann könnte – und hiervon bin ich überzeugt – ein Konsens erzielt werden, nicht in jeder Frage, aber in einem viel breiteren Spektrum von Themen. Dies würde uns erlauben, uns leichter in Richtung dessen zu entwickeln, was ich eine »gute Gesellschaft« genannt habe.[3]

## NEOLIBERALISMUS UND STABILE DEMOKRATIE

Die politische Rechte hat lange Zeit versucht, sich ein Monopol auf den Begriff »Freiheit« zu sichern, fast so, als hätte sie ein Markenrecht daran. Es ist Zeit, die Rechte herauszufordern und sich den Begriff zurückzuholen.

Milton Friedman und Friedrich von Hayek behaupteten, wirtschaftliche und politische Freiheiten seien eng miteinander verbunden, und Erstere seien notwendig für Letztere. Ich habe demgegenüber die Auffassung vertreten, dass das Wirtschaftssystem, das sich – weitgehend unter dem Einfluss dieser Denker und anderer wie sie – entwickelt hat, echte Demokratie und wirkliche politische Freiheit untergräbt. Echte politische Freiheit ist nur im Rahmen eines Wirtschaftssystems wie des progressiven Kapitalismus gewährleistet, der für ein Mindestmaß an geteiltem Wohlstand sorgt und wo Macht – Geld – die Ergebnisse nicht unangemessen beeinflusst.

Der Tenor von Friedmans und Hayeks Argument lautete, dass freie, unregulierte Märkte von sich aus effizient seien. Wenn der Staat auf Abstand gehalten würde, so behaupteten sie, wären Wettbewerbsmärkte sich selbst erhaltende Mechanismen, die notwendig seien, um das reibungslose Funktionieren der Demokratie zu gewährleisten. Um den Abstieg in die »Knechtschaft« zu verhindern, bedürfe es eines möglichst schlanken Staates, der sich hauptsächlich um die Durchsetzung von Eigentumsrechten und

Verträgen kümmere und der sich von der Bereitstellung öffentlicher Güter, Regulierung und Umverteilung zurückziehen sollte.

Ich habe erklärt, warum sie (und die zahllosen anderen, die ihre Meinung teilen) sich irren. Märkte sind, sich selbst überlassen, praktisch nie effizient.

### *Sind freie Märkte ohne eine stärkere Demokratie tragfähig? Warum sich der neoliberale Kapitalismus selbst zerstört*

Neoliberale Volkswirtschaften sind nicht nur ineffizient, vielmehr ist der Neoliberalismus als Wirtschaftssystem auch nicht zukunftsfähig. Viele Gründe sprechen dafür, dass eine neoliberale Marktwirtschaft dazu neigt, sich selbst zu zerstören. Eine Marktwirtschaft beruht auf Vertrauen. Adam Smith hob die Bedeutung von Vertrauen hervor und erkannte, dass eine Gesellschaft nicht überleben kann, wenn Menschen schamlos ihr Eigeninteresse verfolgen, statt sich an Regeln des guten Benehmens zu halten:

> Die Achtung vor jenen allgemeinen Regeln für das Verhalten ist das, was man im eigentlichen Sinne Pflichtgefühl nennt, ein Prinzip von größter Wichtigkeit im menschlichen Leben und das einzige Prinzip, nach welchem die große Masse der Menschen ihre Handlungen zu lenken vermag. (…) Und doch hängt von einer wenigstens leidlichen Befolgung dieser Pflichten geradezu das Bestehen der menschlichen Gesellschaft ab, die in nichts zerfallen würde, wenn den Menschen nicht im allgemeinen die Achtung vor jenen wichtigen Gesetzen des Verhaltens im Innersten eingeprägt wäre.[4]

So müssen zum Beispiel Verträge erfüllt werden. Wenn jeder Vertrag gerichtlich eingeklagt werden müsste, wären die damit verbundenen Kosten untragbar. Und wer würde ohne Vertrauen in die Zukunft Geld auf die hohe Kante legen? Die Anreize des neoliberalen Kapitalismus konzentrieren sich auf Eigennutz und materielles Wohl und haben erheblich dazu beigetragen, Vertrauen zu schwächen (wie es im Vorfeld der Finanzkrise von 2008 im Finanzsektor so offensichtlich war). Ohne angemessene Regulierung verhalten sich zu viele Menschen in ihrem eigennützigen Streben auf eine Weise, die nicht vertrauenswürdig ist, und sie tummeln sich in der rechtlichen Grauzone und überschreiten die Grenzen der Moral. Wir haben auch gesehen, wie der Neoliberalismus Egoismus und Unehrlichkeit fördert. Ein »Geschäftsmann« wie Donald Trump kann über Jahre, sogar Jahrzehnte erfolgreich sein, indem er andere ausbeutet.[5] Wenn Trump die Norm und nicht die Ausnahme wäre, dann kämen Handel und Industrie zum Stillstand.

Wir brauchen Markteingriffe und Gesetze auch, um sicherzustellen, dass es nicht zu wirtschaftlicher Machtkonzentration kommt. Wir haben gesehen, dass Unternehmen zu unerlaubten Absprachen neigen und dies noch intensiver tun würden, wenn es keine Kartellgesetze gäbe; aber selbst wenn sie die geltenden Gesetze einhalten würden, bestünde eine starke Tendenz zur Machtkonzentration. Die liberale Idee freier Wettbewerbsmärkte würde ohne staatliche Eingriffe schnell versanden.

Und wir haben auch gesehen, dass Menschen mit Macht allzu oft alles tun, um diese Macht zu behalten. Sie schreiben die Regeln in der Absicht, ihre Macht zu sichern und zu vergrößern, nicht zu dem Zweck, sie einzudämmen oder zu verringern. Wettbewerbsgesetze werden ausgehöhlt, sodass sie mit neuen Technologien und neuen Strategien von Unternehmen, Marktmacht zu erlangen und auszuüben, nicht Schritt halten. Die Rechtsdurchsetzung ist geschwächt. In dieser Welt des neoliberalen Kapitalismus spielen Vermögen und Macht eine immer größere Rolle.

*Ist der Neoliberalismus politisch tragfähig und vereinbar mit einer tragfähigen Demokratie?*

Der Neoliberalismus ist wirtschaftlich nicht tragfähig, und er untergräbt die Zukunftsfähigkeit der Demokratie – genau das Gegenteil dessen, was Hayek und Friedman behaupteten. Wir haben einen Teufelskreis der wirtschaftlichen und politischen Ungleichheit in Gang gesetzt, der mehr Freiheit für die Reichen und weniger Freiheit für die Armen zementiert, zumindest in den Vereinigten Staaten, wo Geld in der Politik eine so große Rolle spielt. Wirtschaftliche Macht wird auf vielfältige Weise in politische Macht umgewandelt und untergräbt so den fundamentalen demokratischen Grundsatz, wonach jeder Bürger eine und nur eine Stimme hat. In Wirklichkeit aber ist es so, dass die Stimmen einiger Personen viel, viel lauter sind als die anderer. In einigen Ländern werden ganz dreist Stimmen gekauft, wobei die Reichen mehr Geld haben, um mehr Stimmen zu kaufen. In hoch entwickelten Ländern nutzen die Reichen ihren Einfluss in den Medien und andernorts, um Narrative zu erfinden, und sie sind am besten positioniert, um dafür zu sorgen, dass ihre Narrative zur gängigen Meinung werden. So behaupten sie etwa, gewisse Regeln, Vorschriften und staatliche Eingriffe, die im Interesse der Reichen und Mächtigen sind, seien im nationalen Interesse – und es gelingt ihnen allzu oft, anderen diesen Bären aufzubinden.

Angst ist eines der Hauptwerkzeuge, deren sich die Mächtigen bedienen, um andere dafür zu gewinnen, ihre Agenda mitzutragen: Wenn die Banken nicht gerettet werden, wird das Wirtschaftssystem zusammenbrechen, und *alle* werden schlechter dastehen. Wenn die Unternehmenssteuern nicht gesenkt werden, werden Firmen in andere, wirtschaftsfreundlichere Länder abwandern.[6] Ist eine Gesellschaft, in der einige wenige die Spielregeln diktieren, eine freie Gesellschaft?[7] In der einige wenige Leute große Medienkonzerne kontrollieren und diese Kontrolle dazu nutzen, zu entscheiden, welche Nachrichten die breite Öffentlichkeit zu sehen bekommt? Menschen im Westen kritisieren die von den Nazis und den Kommunisten betriebene Propaganda, aber wir sind in einer albtraumhaften Welt der Murdoch'schen Propaganda und Schlimmerem gefangen, wie den von Musk und Zuckerberg kontrollierten sozialen Medien, denen es erlaubt ist, alles, was sie wollen, viral gehen zu lassen. Und so haben wir eine polarisierte Gesellschaft erschaffen, in der verschiedene Gruppen in unterschiedlichen Welten leben und in der wir nicht nur in Bezug auf Werte, sondern auch hinsichtlich der Fakten uneins sind.

Noch aus einem anderen Grund bildet ein neoliberales Wirtschaftssystem keine solide Grundlage für eine starke Demokratie. Der Neoliberalismus hat zu enormen »Renteneinkommen« geführt, also jenen Monopolgewinnen, die eine der Hauptursachen für die heutigen Ungleichheiten sind. Es geht um viel, insbesondere für viele im obersten einen Prozent, denn das System hat eine immense Anhäufung von Vermögen erlaubt.

Demokratie verlangt Kompromisse, wenn sie politisch stabil bleiben soll, aber in der heutigen polarisierten Gesellschaft ist es immer schwieriger geworden, den Mittelweg einzuschlagen. Und der Neoliberalismus hat in vielfältiger Weise zu dieser Situation beigetragen, nicht zuletzt durch die enorme wirtschaftliche Spaltung, die er geschaffen hat. Kompromisse sind auch dann schwierig, wenn sowohl bei wirtschaftlicher als auch bei politischer Macht so viel auf dem Spiel steht. Kein Wunder also, dass die politische Rechte eine »Alles oder nichts«-Haltung einnimmt. Man hätte denken können, dass die Präsidenten George W. Bush und Trump, nachdem sie mit einer deutlichen Minderheit der abgegebenen Stimmen ins Amt gewählt worden waren, sich für eine gemäßigte Mitte-rechts-Politik entscheiden würden. Aber weit gefehlt! Sie waren der Auffassung, dass Wahlen Konsequenzen haben müssten, und auch wenn es zu Einschränkungen der freien Ausübung des Wahlrechts, zur Manipulation von Wahlbezirksgrenzen kam und das Wahlsystem »gezinkt« war, entnahmen sie ihrem Sieg eine Blankovollmacht, die es ihnen erlaubte, alles zu tun, womit sie ungestraft davonkamen.[8] Dazu gehörte eine Steuersenkung für die Reichen auf Kosten der gesellschaftlichen Mitte – obwohl erkannt wurde, dass die wachsende Ungleichheit eines der zentralen Probleme des Landes ist. Hinzu kam der Versuch, trotz der niedrigen und sinkenden Lebenserwartung auf nationaler Ebene die Gesundheitsversorgung einzuschränken – was auf Bundesebene scheiterte, aber in vielen republikanisch regierten Bundesstaaten gelang.

Die fehlende Kompromissbereitschaft trägt zur Instabilität politischer Prozesse, Entscheidungen und Programme bei – mit weitreichenden wirtschaftlichen und sozialen Folgen. Weil aus großen Einkommensunterschieden oft tiefe politische Gräben resultieren, führen mangelnde gesellschaftliche Solidarität und politische Spaltungen oft zur Instabilität politischer Programme wie etwa dem Gezerre um Studienkredite oder dem jähen Ende der Finanzhilfen für arme Familien während der Covid-19-Pandemie. Die Unbeständigkeit politischer Entscheidungen ist ihrerseits schlecht für die Wirtschaft. Unsicherheit bezüglich der wirtschaftlichen Rahmenbedingungen (Regulierung und Steuern) hält Unternehmen davon ab, die für robustes Wachstum erforderlichen Investitionen zu tätigen. Ökonomen kritisieren oft das Hin und Her dieser politischen Entscheidungen, aber sie sehen sich nicht das grundlegende Problem an. Auch wenn die gesellschaftlichen Verwerfungen nicht so groß wären, gäbe es Politikwechsel, aber das Ausmaß der Kursänderungen wäre geringer und damit auch deren Folgen.

### *Schutzmechanismen*

Anders ausgedrückt: Eine freie, kompetitive, neoliberale Marktwirtschaft stellt, in Verbindung mit einer liberalen Demokratie, kein stabiles Gleichgewicht dar, nicht ohne starke Schutzmechanismen und einen breiten gesellschaftlichen Konsens über die Notwendigkeit, Vermögensungleichheit und die Rolle des Geldes in der Politik zurückzudrängen.

Diese Art von starker Demokratie ist notwendig, um eine freie Volkswirtschaft mit gut funktionierendem Wettbewerb aufrechtzuerhalten. Ob das heutige politische und wirtschaftliche System der USA über genügend Schutzmechanismen verfügt, um wirtschaftliche und politische Freiheiten in einem relevanten Umfang zu bewahren, ist fraglich. Ich habe über einige der konstitutiven Elemente der notwendigen Schutzmechanismen gesprochen, wie zum Beispiel die Wettbewerbspolitik, um die Entstehung, die Aufrechterhaltung und den Missbrauch von Marktmacht zu unterbinden. Wir brauchen nicht nur ein staatliches System der Gewaltenteilung, wie es jedes Schulkind in den USA lernt, sondern auch, breiter angelegt, ein solches innerhalb der Gesellschaft. Eine starke Demokratie mit breiter Partizipation ist ebenfalls notwendig; dies bedeutet, dass Gesetze, die darauf abzielen, demokratische Teilhabe zurückzudrängen, abgeschafft werden müssen; dies schließt auch Gesetze zur Einschränkung des Wahlrechts ein.

Diese Schutz- und Kontrollmechanismen sind mit ihren Beschränkungen von Marktmacht und übermäßiger Ungleichheit und mit ihrer robusten Vielfalt an institutionellen Strukturen ein zentraler Bestandteil des progressiven Kapitalismus. Es wird sicherlich unentwegt Druck ausgeübt werden, um die Schutzmechanismen zu beseitigen, die Mechanismen der gegenseitigen Kontrolle zu schwächen und die Zunahme der Ungleichheit hinzunehmen. Wir sehen dies heute selbst in den Ländern mit starken sozialdemokratischen Regierungen.

In den USA machen die Schutzmechanismen einen ziemlich unsicheren Eindruck. Einige wie etwa Martin Wolf, der leitende Wirtschaftskommentator der *Financial Times*, befürchten, die Lage sei so schlecht, dass die USA womöglich schon bald keine funktionierende Demokratie mehr sein würden.[9]

Ein Bewusstsein für die Bedrohung, welche von der Dynamik jeder Spielart des Kapitalismus ausgeht, in der sich Reichtum, Macht und Ungleichheiten gegenseitig verstärken, ist Teil der Antwort auf die Frage, wie die Demokratie langfristig bewahrt werden kann. Eines der Ziele dieses Buches besteht darin, dieses Bewusstsein zu schärfen.

### *Der Weg zum Populismus*

Ausgerechnet im Namen der Freiheit setzen sich Neoliberale und, mehr noch, Vertreter der radikalen Rechten für eine Politik ein, die Chancen und Freiheiten (sowohl politische als auch wirtschaftliche) der vielen zugunsten der wenigen einschränkt. All die wirtschaftlichen und politischen Misserfolge, die mit dem Neoliberalismus verbunden sind, haben weite Teile der Bevölkerung in Mitleidenschaft gezogen, und in der Folge haben sich viele Bürger dem Populismus zugewandt, angezogen von autoritären Figuren wie Trump, Bolsonaro, Putin und Modi. Diese Männer suchen nach Sündenböcken, um zu erklären, was falsch gelaufen ist, und sie geben unterkomplexe Antworten auf komplexe Fragen.

Wir kommen zwangsläufig zu Schlüssen, die das genaue Gegenteil derjenigen sind, die Friedman und Hayek gezogen haben. Sie interpretierten die Geschichte falsch – und ich vermute: mit Absicht. Die massive Welle des Autoritarismus – Hitler, Mussolini, Stalin –, von der sich die Welt zu der Zeit erholte, als Hayek und Friedman ihre Werke verfassten, war nicht von Ländern ausgegangen, in denen der Staat eine zu große Rolle gespielt hatte.[10] Vielmehr waren es extreme Reaktionen auf Regierungen, die nicht genug taten, welche diesen schrecklichen Regimen den Weg ebneten. Für die Vergangenheit wie für die Gegenwart gilt: Autoritäre

Regime entstehen nicht in sozialdemokratisch regierten Ländern mit einem starken Staat, sondern in Ländern, die von extremer Ungleichheit und hoher Arbeitslosigkeit geprägt sind – wo der Staat also zu wenig getan hat. Wir haben gesehen, dass Länder mit einem starken Sozialstaat – Länder, die unserer Vision eines progressiven Kapitalismus am nächsten kommen – zugleich die stärksten und stabilsten Demokratien sind. Die Länder hingegen, die sich die Dogmen des Neoliberalismus auf die Fahnen schrieben, haben den Weg zu Populismus und Knechtschaft eingeschlagen.

Kurz und gut, Hayek und Friedman irrten sich. Der ungezügelte, neoliberale Kapitalismus ist unvereinbar mit einer langfristig stabilen demokratischen Ordnung. Hayek behauptete in seinem berühmten Buch *Der Weg zur Knechtschaft*, dass ein allzu starker, »regelungswütiger« Staat den Boden für den Verlust unserer Freiheit bereite. Heute ist klar, dass uns die freien, unregulierten Märkte, für die Hayek, Friedman und so viele politisch Rechtsstehende eintraten und eintreten, nicht nur im 20. Jahrhundert auf den Pfad des Faschismus führten, sondern auch im 21. Jahrhundert den Weg in eine Spielart des Autoritarismus geebnet haben, die durch Fortschritte in Wissenschaft und Technologie noch schlimmer geworden ist – einen Orwell'schen Autoritarismus, wo Überwachung an der Tagesordnung ist und die Wahrheit der Macht geopfert wird.

Da eine der beiden großen Parteien in den USA sich aktiv darum bemüht, Wählerstimmen zu unterdrücken, und beinahe alle Mittel einsetzt, um an die Macht zu kommen und diese zu behalten, ist es verständlich, dass viele denken, die USA bewegten sich Richtung Faschismus. Ob dieser Faschismus des 21. Jahrhunderts den gleichen verheerenden Verlauf nehmen wird wie in einigen Ländern des 20. Jahrhunderts, wissen wir natürlich nicht. Wir wissen allerdings, dass Trump und einige andere Führungsfiguren der Republikanischen Partei mit einem extremen Nationalismus hausieren gingen und versteckt, aber mitunter auch offen, an rassistische und autoritaristische Einstellungen appellierten. Die USA werden diesen Pfad vielleicht als Erste einschlagen, doch andere Länder werden ihnen womöglich bald folgen.

## PROGRESSIVER KAPITALISMUS, SOZIALDEMOKRATIE UND SOZIALE GERECHTIGKEIT

Ich habe einen alternativen Weg aufgezeigt, weil die abschüssige Bahn, auf der wir uns gegenwärtig befinden, gefährlich ist. Und dies bringt mich zurück zu den Zusammenhängen zwischen Freiheit und einer Agenda des progressiven Kapitalismus (einer erneuerten sozialdemokratischen Politik) mit ihrem Schwerpunkt auf Gleichheit, sozialer Gerechtigkeit und Demokratie.

### *Die befreiende Wirkung einer liberalen Bildung*

Bildungssysteme – und unsere Wissenssysteme ganz allgemein, einschließlich Forschungsuniversitäten und Denkfabriken – spielen eine zentrale Rolle bei der Schaffung stabiler, freier Gesellschaften, indem sie deren konstitutive Grundwerte vermitteln und helfen, Menschen von sozialen Zwängen zu befreien und ihre Autonomie zu stärken. Die »Brille«, durch die wir die Welt betrachten, wird von den Menschen in unserem Umfeld und unseren Erfahrungen in einer Weise beeinflusst, die wir in der Regel nicht bemerken. Eine gute humanistische Bildung hilft uns, diese Kräfte zu verstehen. Sie ermöglicht uns zu erkennen, dass wir nicht die Rollen in der Gesellschaft übernehmen müssen, die wir gemäß den Erwartungen unserer Eltern und anderer spielen sollen. Ein besseres Verständnis der Art und Weise, wie unsere Präferenzen geformt werden und wie sie durch Konformitätsdruck beeinflusst werden, kann befreiend sein.

Bildung hat auch einen prägenden Einfluss auf unsere Präferenzen und Handlungen. Wir werden vielleicht kooperativer und verlässlicher, wenn wir besser verstehen, wie wichtig diese Eigenschaften für eine gut funktionierende Gesellschaft sind.

Eine humanistische Bildung ermöglicht es uns auch, die Unzulänglichkeiten der gegenwärtigen Wirtschaftsordnung klar zu erkennen und zu verstehen, warum zum Beispiel unregulierte Märkte das Problem und nicht dessen Lösung sind. Und aus diesem Grund kämpfen Menschen, die dafür sind, die gegenwärtigen Normen (wie etwa eingeschränkte Genderrollen oder den Primat der Märkte) beizubehalten, so entschlossen gegen eine liberale Bildung, unabhängig von den Vorteilen, die damit verbunden sind. Sie tun dies sogar in den USA, deren Erfolg eben von den wissenschaftlichen Fortschritten abhängig war und ist, die auf einem leistungsfähigen, den Werten der Aufklärung verpflichteten Bildungssystem beruhen.

### *Demokratie*

Das demokratische Element der progressiv-kapitalistischen/ erneuerten sozialdemokratischen Agenda ist von entscheidender Bedeutung, aber dieses lässt sich nur erneuern, wenn der Aspekt der sozialen Gerechtigkeit wieder zur Geltung gebracht wird. Dies wirft eine Reihe wichtiger Fragen auf. Gibt es, abgesehen von der Einschränkung übermäßiger Ungleichheiten und der Rolle des Geldes in Politik und Medien, etwas anderes, was wir tun können, um zu verhindern, dass die Interessen von Kapitalisten unser gesellschaftliches, wirtschaftliches und politisches System verzerren? Gibt es irgendetwas, was wir tun können, um den demokratischen progressiven Kapitalismus nachhaltiger zu machen beziehungsweise langfristig abzusichern? Auch wenn es keine Zauberformel gibt, vermögen wir doch einiges zu tun. Wir können versuchen, demokratische Werte tiefer zu verankern, sodass Menschen jeglicher

Anhäufung von Macht mit größerem Misstrauen begegnen. Wir können dafür sorgen, dass Menschen sich stärker für die Pressefreiheit und für Presse- und Medienvielfalt einsetzen, damit die Reichen keinen überproportionalen Einfluss haben. Wir können Systeme der Teilung und gegenseitigen Kontrolle von Macht in unserer Gesellschaft stärken. Es geht nicht nur darum, dass eine Staatsgewalt die anderen Gewalten kontrolliert, sondern darum, dass die private Sphäre, die öffentliche Sphäre und die bürgerliche Gesellschaft sich gegenseitig kontrollieren und die Vierte Gewalt sie alle.

Und natürlich müssen wir sicherstellen, dass wir überhaupt eine Demokratie haben. Während man früher befürchtete, dass eine Mehrheit Minderheitenrechte unterdrückt, befürchtet man heute in den USA, dass eine Minderheit Mehrheitsrechte unterdrücken könnte. Wahlbehinderung, extreme Manipulation der Wahlbezirksgrenzen und eine Vielzahl anderer antidemokratischer Aktionen republikanischer Extremisten stellen heute eine Bedrohung für die Demokratie in den USA dar.[11] Zahlreiche Reformen an unseren politischen Prozessen würden unsere Demokratie vertiefen und ihre Überlebenswahrscheinlichkeit erhöhen.

### *Der amerikanische Exzeptionalismus*

Vielleicht sollte es uns nicht überraschen, wohin es mit den USA gekommen ist. Sie sind ein Land, das so gespalten ist, dass selbst eine friedliche Machtübergabe keine Selbstverständlichkeit mehr ist; das Land mit der niedrigsten Lebenserwartung von allen fortgeschrittenen Ländern, in dem wir keinen Konsens mehr über die Wahrheit oder darüber, wie sie sich am besten feststellen oder überprüfen lässt, erzielen können. Verschwörungstheorien grassieren, und die Werte der Aufklärung müssen täglich aufs Neue ausgefochten werden.

Die Sorge ist berechtigt, ob Amerikas entstellter Kapitalismus und seine mangelhafte Demokratie von Dauer sein werden. Die Diskrepanz zwischen hochfliegenden Idealen und harten Fakten ist einfach zu groß. Es ist ein politisches System, das vorgibt, die Freiheit über alles zu schätzen, aber in vielerlei Hinsicht so strukturiert ist, dass es einem Großteil seiner Bürger Freiheiten vorenthält oder diese einschränkt. Die eigentliche Gefahr besteht darin, dass der Populismus, der infolge des Versagens des Neoliberalismus entstanden ist, Demagogen hervorbringt, die noch schlimmer sind als diejenigen, die bereits die Bühne betreten haben.

Wir müssen diesen Weg nicht weitergehen. Wir sind an einem Punkt angelangt, wo die Defizite des gegenwärtigen Systems offenkundig sind, wo eine Mehrheit Veränderungen fordert und wo sich die meisten mit den Werten, den politischen Inhalten und Programmen, die dem progressiven Kapitalismus zugrunde liegen, identifizieren.

Es ist höchste Zeit, die hier skizzierte Agenda des progressiven Kapitalismus anzupacken, und dringend notwendig, dass die Progressiven sich die Sprache der Freiheit zurückerobern. Der progressive Kapitalismus maximiert die wirklichen Freiheiten der Bürger. Aber die Zeit ist nicht auf unserer Seite. Aufgrund der Klimakrise können wir es uns nicht erlauben, einfach zu ignorieren, dass der ungezügelte Kapitalismus die Grenze der ökologischen Tragfähigkeit unseres Planeten übertreten hat, und aufgrund der Ungleichheits-, Populismus- und Demokratiekrise können wir es uns nicht erlauben zu ignorieren, wie demokratische Ideale zerstört werden. Die Tatsache, dass beide Krisen zeitlich zusammenfallen, macht sie besonders gefährlich. Wenn es uns gelingt, die von der Rechten propagierten Freiheitsmythen zu entlarven und zu einer nuancierteren und ausgewogeneren Sicht zu gelangen, haben wir den ersten und wichtigsten Schritt zur Schaffung einer guten Gesellschaft gemacht, in der die Bürger das größtmögliche Maß an Freiheit genießen, sich selbst zu entfalten, ihr Potenzial auszuschöpfen und in Harmonie miteinander und mit der Natur zu leben. Der progressive Kapitalismus wird uns erlauben, eine dynamische Demokratie aufzubauen, in der Menschen für das Gemeinwohl kooperieren. Es ist das wirtschaftliche und politische System, das uns wirklich befreit.

# DANK

Dieses Buch basiert auf der intensiven Beschäftigung mit den hier behandelten Fragen während meiner gesamten wissenschaftlichen Laufbahn und setzt diese fort. Daher kann ich unmöglich all denjenigen danken, die einen Beitrag zu meinem Verständnis dieser Themen geleistet haben. Externe Effekte und kollektives Handeln stehen im Zentrum der Aufmerksamkeit jedes Ökonomen, der auf dem Gebiet der Ökonomik des öffentlichen Sektors arbeitet, und dies war ein Feld, das ich schon zu Beginn meiner Karriere beackerte, in Zusammenarbeit mit einer inspirierenden jungen Gruppe von Wissenschaftlern, die die sogenannte New Public Finance (Neue Finanzwissenschaft) begründeten, darunter Jim Mirrlees, Peter Diamond, Agnar Sandmo, und mit meinen Studenten Tony Atkinson, Richard Arnott und Geoff Heal.

Nur wenige Ökonomen sind bereit, sich direkt an einer Diskussion über Begriffe wie »Freiheit« und »Rechte« zu beteiligen, und zwei von diesen sind Freunde, deren Einfluss auf mich offensichtlich ist: Partha Dasgupta und Amartya Sen.

Ich habe auch viel von Juristen gelernt, die sich von Berufs wegen intensiv mit Freiheiten, Rechten und den von mir erörterten

Abwägungen befassen. Fünf von ihnen haben mein Verständnis der hier diskutierten Themen besonders stark beeinflusst: Rob Howse von der New York University, David Kennedy von der Harvard University, Nathalie Bernasconi-Osterwalder vom International Institute for Sustainable Development, Lori Wallach vom »Rethink Trade«-Programm des American Economic Liberties Project und Guido Calabresi, der zur gleichen Zeit wie ich an der Yale University lehrte. Es sollte auch offensichtlich sein, dass die Themen, die ich hier erörtere, weit über die Standardökonomie hinausgehen und den Kern der Politikwissenschaft berühren. Auch auf diesem Fachgebiet bin ich einer ganzen Reihe von Denkern zu Dank verpflichtet, nicht zuletzt Anahi Wiedenburg, Edward Stiglitz, Michael Doyle und Jacob Hacker. Ich habe auch von ausgedehnten Diskussionen mit Ravi Kanbur profitiert, der sich eingehend mit vielen der gleichen Fragen auseinandergesetzt hat. Das Gleiche gilt für meinen Kollegen von der Columbia University, Ned Phelps.

Niemand hatte mehr Einfluss auf die Gestaltung von Teil II dieses Buches, in dem ich den Freiheitsbegriff im Zusammenhang mit sozialem Zwang und der Prägung, die wir Menschen durch das wirtschaftliche, politische und gesellschaftliche System erfahren, als Karla Hoff und Allison Demeritt, mit denen ich auf diesem Gebiet seit vielen Jahren zusammenarbeite, insbesondere weil es auch für die Entwicklungsökonomie relevant ist (in einem Gebiet, das »verhaltensbasierte Entwicklungsökonomie« genannt wird). Ich habe an mehreren Stellen auf unser demnächst erscheinendes Buch verwiesen, aus dem ich mich großzügig bedient habe.

Einen besonderen Dank schulde ich Akeel Bilgrami und Jonathan R. Cole, die mich einluden, diese Themen in ihrem Seminar zum Thema Freiheit an der Columbia University zu besprechen, und von denen der Anstoß zu diesem Buch ausging – Akeel für seine ausführlichen Anmerkungen zu einer früheren

Fassung, der Universität Padua für die Gelegenheit, im Rahmen ihrer Vorlesungsreihe zum Thema Freiheit anlässlich des 800. Jahrestags ihrer Gründung die Früchte dieses Seminars in einem Vortrag weiter auszuführen, und der Universität Oxford und der Central European University dafür, dass sie mir erlaubten, meine Ideen dort vorzutragen. Bedanken möchte ich mich auch bei dem Sanjaya Lall Memorial Trust und dem All Souls College, Oxford, dafür, dass sie mir die Gelegenheit gaben, einen Monat in Oxford zu verbringen, wo ich rund 45 Jahre zuvor gelehrt hatte und wo ich zahlreiche philosophische Gespräche über Themen führte, die mit diesem Buch in Zusammenhang stehen. Besonders wertvoll war der Austausch mit David Vines, John Vickers und Vincent Crawford.

Wie in jedem meiner Bücher ist auch in diesem der Einfluss meines langjährigen Columbia-Kollegen Bruce Greenwald unverkennbar, insbesondere was das Verständnis der weiten Verbreitung von Externalitäten und die Notwendigkeit anlangt, eine »Gesellschaft des Lernens« aufzubauen.

Ich bin der Columbia University zutiefst dankbar dafür, dass sie mich seit 25 Jahren großzügig unterstützt und mir ein exzellentes Arbeitsumfeld bietet. Eine freie Gesellschaft braucht gute Universitäten, und Columbia setzt hier ein Zeichen. Columbia verdanke ich auch den Kontakt zu herausragenden, engagierten Studierenden, mit denen ich diese Fragen diskutieren konnte; einige von ihnen haben mich bei diesem Projekt als wissenschaftliche Mitarbeiter unterstützt. Aber sie waren mehr als gewöhnliche Forschungsassistenten – sie haben diese Ideen intensiv miteinander diskutiert. Ich möchte hier Haaris Mateen, Parijat Lal und Ricardo Pommer Munoz herausgreifen. Nikhil Basavappa und Gina Markov habe mich ebenfalls unterstützt; sie haben Recherchen durchgeführt und an den Anmerkungen gearbeitet.

Die Mitarbeiterinnen meines Büros an der Columbia University – Gabriela Plump, Marianna Palumbo und Caroline Feehan –

haben mich ebenfalls in jeder Hinsicht enorm unterstützt. Ein besonderes Dankeschön geht an Andrea Gurwitt, die freie Lektorin, mit der ich seit Langem zusammenarbeite, für die Begeisterung und das Engagement, mit denen sie an das Projekt heranging, und die immense Arbeit, die sie in das mehrfache Redigieren jedes einzelnen Kapitels dieses Buches steckte.

Ich habe das Glück, dass ich sowohl in Großbritannien als auch in den USA seit mittlerweile mehr als 40 Jahren mit denselben Verlagen zusammenarbeite; die Verantwortlichen haben sich eingehend und gründlich mit meinen Ideen auseinandergesetzt und mir wichtiges Feedback zu dem Manuskript, das ich ihnen sukzessive vorlegte, gegeben. Mir ist es gelungen, bei Norton zwei meiner Lektoren (die zugleich Verlagsleiter bei Norton waren), Don Lamm und Drake McFeeley, zu überdauern. In den letzten zehn Jahren hatte ich die große Freude, mit Brendan Curry zu arbeiten, der von den Ideen dieses Buches genauso begeistert war wie ich; er hat seine Mitarbeiterin Caroline Adams mit ins Boot geholt. Sie haben gemeinsam die Ideen hinterfragt, den Aufbau verbessert und der Sprache den letzten Feinschliff gegeben. Ihr Beharren darauf, dass ich mich auf die zentralen Botschaften des Buches konzentriere, hatte zur Folge, dass Unmengen von Seiten – metaphorisch gesprochen – auf dem Boden des Schneideraums gelandet sind, aber ich hoffe und glaube, dass das Ergebnis ein viel besseres Buch ist. Danke auch an Laura Sewell für ihr hervorragendes Korrektorat. In Großbritannien hat mich bei Allen Lane erneut Stuart Proffitt als Lektor betreut; sein akribisches Lektorat ist von einer Detailgenauigkeit und Qualität, wie man sie heute nur noch selten sieht. Ein Dank auch an Fonie Mitsopoulou, die ihn unterstützt hat.

Wie immer schulde ich meinen größten Dank Anya, mit der ich über diese Ideen diskutierte und stritt, lange bevor sie die Form einer Seminararbeit, dann eines Vortrags und jetzt eines Buches annahmen. Sie brachte mir bei, mich auf leicht verständliche Weise auszudrücken. Wir beide glauben, dass diese Ideen wichtig sind – sie stehen im Zentrum unserer Demokratie, und wenn wir erreichen wollen, dass unsere Demokratie wieder richtig funktioniert, dann müssen sie weithin verstanden und akzeptiert werden. Sollte dieses Buch diese Aufgabe erfüllen, dann ist das vor allem ihr Verdienst. Sie hat die verschiedenen Fassungen gründlich durchgelesen und in jeder Phase geholfen, die Botschaft klarer herauszuarbeiten.

Die Wirtschaftswissenschaften befassen sich mit Trade-offs, und über Freiheiten nachzudenken bedeutet, über Trade-offs nachzudenken. Das ist eine zentrale Botschaft dieses Buches. Aber Trade-offs sind auch von zentraler Bedeutung beim Schreiben eines Buches. Es gäbe so viel zu sagen, aber die Zeit und der Platz, die dafür zur Verfügung stehen, sind sehr begrenzt. Ein Buch wie dieses sollte nicht mehr Fragen aufwerfen, als es beantworten kann. Ich musste der Versuchung widerstehen, jeden kleinsten Winkel des Themas auszuleuchten und jeden Satz mit den akademischen Fußnoten zu versehen, die gute wissenschaftliche Arbeit auszeichnen. Dies ist allerdings ein Thema, bei dem es besonders verheerend wäre, wenn man vor lauter Bäumen den Wald nicht mehr sehen würde: Tatsächlich haben wir uns an die Sprache der Freiheit geklammert, ohne die Tragweite dessen, was auf dem Spiel steht, wirklich zu verstehen. Und dies hatte leider Konsequenzen.

# ANMERKUNGEN

## VORWORT

1 Und mein Kollege am All Souls College, als ich dort Ende der 1970er-Jahre die Drummond-Professur bekleidete.

2 Isaiah Berlin, *Die Freiheit. Vier Versuche*, Frankfurt a. M. 1995.

3 In Kapitel 1 definiere ich genauer, was ich mit »der Rechten« meine.

4 George W. Bush, »President Bush Discusses Financial Markets and World Economy«, 13. November 2008, archiviert auf der George W. Bush White House Website, www.archives.gov/presidential-records/research/archived-white-house-websites.

5 Ronald Reagan, »Remarks Announcing America's Economic Bill of Rights«, 3. Juli 1987, Ronald Reagan Presidential Library and Museum, www.reaganlibrary.gov.

6 An dieser Stelle scheint er zu behaupten – ohne einen Beweis dafür vorzulegen –, dass diese wirtschaftlichen Freiheiten »von jenen Amerikanern erdacht wurden, die uns vorausgingen«. Dies ist ein Beispiel dafür, wie die Rechte die Geschichte umschreibt und die Verfassung so uminterpretiert, dass sie ihrer gegenwärtigen Agenda nutzt.

7 Ron Paul, »Concurrent Resolution on the Budget for Fiscal Year 2005«, Congressional Record, vol. 150, no. 39 (25. März 2004): H1561.

8 Rick Santorum, »Concurrent Resolution on the Budget for Fiscal Year 2005«, Congressional Record, vol. 150, no. 39 (9. März 2004): S2383.

9 Ted Cruz, »Five for Freedom«, *National Review*, 11. November 2015.

10 Diese Deregulierung umfasste zahlreiche Aspekte, deren Details uns hier nicht aufhalten sollten. Zu den Deregulierungsmaßnahmen gehörte auch, dass Geschäftsbanken erlaubt wurde, den gleichen Aktivitäten nachzugehen wie die Investmentbanken, also Aktien und Anleihen zu emittieren – etwas, was seit der Großen Depression verboten gewesen war.

11 Jeder von ihnen begann seine Karriere als Wirtschaftswissenschaftler, aber man kann mit Fug und Recht behaupten, dass sie am Ende weit über die Grenzen dieses Fachgebiets hinausgegangen waren. Dennoch hat die wirtschaftswissenschaftliche Betrachtungsweise ihr Denken und ihre Argumentation nachhaltig beeinflusst, auch dann noch, als sie zu Philosophen, Politikwissenschaftlern und politischen Aktivisten wurden. Zu sagen, dass sie über den Tellerrand der Wirtschaftswissenschaften hinausgeblickt haben, ist als Kompliment, nicht als Kritik gemeint.

12 Dies sind Themen, die eingehend in der philosophischen Literatur behandelt werden, aber meines Wissens nicht in gleichem Ausmaß aus wirtschaftswissenschaftlicher Perspektive. Vgl. zum Beispiel den Beitrag von Robert Nozick in *Philosophy, Science, and Method: Essays in Honor of Ernest Nagel*, Sidney Morgenbesser, Patrick Suppes und Morton White (Hg.), New York 1969; Isaiah Berlin, »Zwei Freiheitsbegriffe«, in *Freiheit. Vier Versuche*; und die umfangreiche damit verbundene Literatur. Ich maße mir nicht an, mich eingehend mit dieser Literatur auseinanderzusetzen. Es gibt auch eine umfangreiche juristische Literatur, die sich mit der Frage befasst, wie man untereinander widerstreitende Rechte (Freiheiten) ausbalancieren kann. Ich verweise auf die umfassende Literatur zum US-amerikanischen Verfassungsrecht und zu den Menschenrechten allgemein – zum Beispiel Ronald Dworkin, *Bürgerrechte ernstgenommen*, Frankfurt a. M. 1984; und Hurst Hannum, *Autonomy, Sovereignty, and Self-Determination: The Accommodation of Conflicting Rights*, Philadelphia 1990, die sich sorgfältig und tiefgehend mit diesen Themen befasst haben.

13 Ein weiteres Ziel dieses Buches ist ein »disziplinäres« – es geht darum, den kognitiven Rahmen der Volkswirtschaftslehre zu erweitern. Dies wird in der Einleitung zu Teil III besonders deutlich werden.

14 Friedrich A. von Hayek, *Der Weg zur Knechtschaft* (engl. Original Chicago 1944, dt. München 2009).

15 In Kapitel 1 werde ich den Begriff »Neoliberalismus« ausführlicher definieren.

16 Milton Friedman, *Kapitalismus und Freiheit*, München 2004.

17 Wir haben die Bedeutung des Problems richtig erkannt. Unser einziger Fehler bestand darin, dass wir das Tempo des Klimawandels und das Ausmaß seiner Folgen unterschätzt haben.

18 Es gibt mittlerweile eine breit angelegte Wellbeing Economy Alliance, einen zivilgesellschaftlichen Zusammenschluss von Organisationen, die sich für diese Ideen einsetzen.

## KAPITEL 1 EINLEITUNG: GEFÄHRDETE FREIHEIT

1 Ich bin auch fest davon überzeugt, dass autoritäre Regime *auf lange Sicht* die Wünsche ihrer Bürger nicht befriedigen können, auch wenn sie kurzfristig gewisse Erfolge haben mögen – das heißt, selbst wenn es einem »wohlmeinenden« Diktator gelingt, das Wohlergehen eines Landes zu verbessern, gibt es keine Garantie dafür, dass dessen Nachfolger dies auch schaffen wird, ganz im Gegenteil. Aber die Kritik an autoritären Regimen würde mich über das Thema dieses Buches hinausführen. Es gibt eine riesige Literatur zu dem Thema. Zu meinen eigenen Beiträgen gehören Raaj Sah und J. E. Stiglitz, »The Quality of Managers in Centralized versus Decentralized Organizations«, *Quarterly Journal of Economics* 106, no. 1 (1991): 289–295, wo wir einen Trend zu problematischen Nachfolgen in autoritären Regimen erkennen, und mein 1994 erschienenes Buch *Whither Socialism?*, das zu der Zeit geschrieben wurde, als das sowjetische Imperium zusammenbrach. Später werde ich ausführlich darlegen, warum das vorherrschende neoliberale Regime ebenfalls nicht nachhaltig ist.

2 »Legum denique idcirco omnes servi sumus ut liberi esse possimus«, M. Tullius Cicero (66 v. Chr.), *Pro Cluentio*, engl. Übers. v. W. Ramsay und G. Gilbert Ramsay, 3. Aufl. Oxford 1876, 121.

3 Oder Wohltätigkeit. Aber wie ich unten erläutern werde, kann man sich aufgrund des Trittbrettfahrerproblems nicht auf Wohltätigkeit verlassen. Es gibt weitere Einwände dagegen, sich für die Freiheit einer Person auf die Wohltätigkeit einer anderen zu verlassen – aber auch das würde uns über die Grenzen dieses Buches hinausführen.

4 Insbesondere von denjenigen, die manchmal Rechtslibertäre genannt werden und die in den USA das Etikett der Libertarismus für sich vereinnahmt haben. Die Doppeldeutigkeiten des Ausdrucks werden durch die Tatsache verdeutlicht, dass sich zwar viele amerikanische Libertäre als Anhänger von Ayn Rand verstehen (der einflussreichen Autorin von *The Fountainhead* und *Atlas Shrugged*, zu deren Anhängern auch Alan Greenspan gehörte, der Präsident der US-Notenbank von 1987 bis 2006), sie selbst sich aber vom Libertarismus distanzierte. So schrieb sie (in *Ayn Rand Answers, the Best of Her Q & A*, New York 2005): »Libertäre verknüpfen den Kapitalismus mit dem Anarchismus. Das ist schlimmer als alles, was die Neue Linke vorgeschlagen hat. Es ist eine Verhöhnung von Philosophie und Ideologie. Anarchisten sind der Abschaum der intellektuellen Welt der Linken, die sie abgeschrieben hat. Und so greift die Rechte wieder etwas auf, was die Linke weggeworfen hat. Das ist die libertäre Bewegung.« Weiter schreibt sie: »Libertäre sind ein abscheuliches, widerwärtiges

Pack.« Wenn ich im Text die Ausdrücke »Libertäre« und »Libertarismus« verwende, beziehe ich mich damit auf die Variante, die in den USA vorherrschend ist.

5 Es gibt jede Menge Belege dafür, dass selbst Sklavenhalter in den Südstaaten erkannten, dass die Sklaverei eine moralische Ungeheuerlichkeit ist. So sprach zum Beispiel Präsident Jefferson in seiner Botschaft an den Kongress im Jahr 1806, in der er seine Freude über das Verbot der Einfuhr von Sklaven zum Ausdruck brachte, von »den schon so lange andauernden Verletzungen der Menschenrechte der harmlosen Bewohner Afrikas – Verletzungen, deren Verbot der Anstand, das Ansehen und die besten Interessen unseres Landes schon seit Langem verlangen«.

6 Der Unterschied zwischen Falsch- und Desinformation lässt sich leicht erklären. Beides sind unzutreffende Informationen, aber bei Desinformation werden absichtlich falsche Informationen verbreitet.

7 Unter »Optionen« verstehen Ökonomen die vollständige, genaue Aufstellung zum Beispiel sämtlicher Güter und Dienstleistungen, die eine Person konsumieren könnte, *einschließlich vollständiger, genauer Angaben über die Qualität dieser Güter und Dienstleistungen*. Vgl. auch die Diskussion in den folgenden Anmerkungen.

8 Isaiah Berlin und andere unterscheiden zwischen positiven und negativen Freiheiten, wobei Erstere Freiheiten *zu etwas* sind, während Letztere Freiheiten *von* Zwängen, die mein Verhalten einschränken, sind. Vgl. Isaiah Berlin, *Liberty*, Oxford 2002. Aber die beiden sind so eng miteinander verschränkt, dass diese Unterscheidung nur begrenzt nützlich ist. Viele der Einschränkungen, Fälle von staatlicher Zwangsausübung, sind gerechtfertigt, weil sie notwendig sind, um die Freiheit anderer zu vergrößern (oder zu verhindern, dass sie eingeschränkt wird).

9 Viele Veränderungen wirken sich in komplexer Weise auf die Gesamtheit der Handlungsoptionen aus; sie beseitigen einige Möglichkeiten, während sie andere eröffnen. In solchen Fällen können wir nicht sagen, ob in dem einen Fall mehr Handlungsfreiheit vorliegt als in dem anderen. Vielleicht können wir die Verluste im Vergleich zu Gewinnen abschätzen, sagen, ob die Person in einer Situation bessergestellt ist als in einer anderen. Weiter unten diskutiere ich eine Methode, dies systematisch zu tun.

10 Viele Ökonomen würden auch behaupten, dass es allein auf die Ergebnisse ankommt, nicht auf die Prozesse, durch die sie zustande kommen. Moderne Verhaltensökonomen wenden ein, dass dies nicht der Fall ist. Für Menschen mag es einen Unterschied machen, ob sie sich ein bestimmtes Bündel von Gütern selbst ausgesucht haben oder ob ihnen dieses Güterbündel gegeben wurde.

Aber vielleicht legen sie auch Wert auf den Prozess, weil sie denken, dass die Ergebnisse zwar in diesem konkreten Fall gleich sind, es aber wahrscheinlich ist, dass unter veränderten Umständen die Ergebnisse besser sein werden, wenn ich selbst auswählen kann, als wenn ein anderer für mich auswählt. Außerdem stellt sich die Frage nach der menschlichen Handlungsfähigkeit. Viele würden behaupten, dass es grundsätzlich eine gute Sache ist, seine Entscheidungen selbst zu treffen, und dass eine gute Gesellschaft so strukturiert sein sollte, dass sie dies erlaubt – vorbehaltlich der Einschränkungen, die wir in diesem Buch immer wieder erwähnen, um Schäden von anderen abzuwenden. Einige haben Einwände geäußert: Wenn eine Person *scheinbar* Wahlfreiheit hat, aber jemand anderes, wie etwa ein Elternteil, sich über diese Entscheidung hinwegsetzen kann, wenn sie ihm nicht gefällt, oder sogar weitere Einschränkungen für die Zukunft auferlegen kann, dann hat diese Person keine wirkliche Wahlfreiheit. Solchen Bedenken lässt sich in unserem Rahmenkonzept leicht Rechnung tragen, sobald wir anerkennen (wie es die moderne Wirtschaftstheorie standardmäßig tut), dass das, worauf es ankommt, nicht nur die Wahlmöglichkeiten in diesem Moment, sondern sowohl diejenigen jetzt als auch die in der Zukunft sind, eingedenk der Tatsache, dass heutige Entscheidungen sich auf zukünftige Wahlmöglichkeiten auswirken können. Wenn eine Person die »falsche« Entscheidung trifft und diese bekannte potenzielle negative Konsequenzen hat, dann berücksichtigt dies die Gesamtheit an Wahlmöglichkeiten der Person. Ihre Handlungsoptionen sind eingeschränkter, als sie es ohne diese potenzielle Intervention wären. Diese Analyse ihrerseits lässt sich auf Konsequenzen erweitern, unter denen *vielleicht* negative Konsequenzen sind, bei denen aber ungewiss ist, ob sie eintreten und welche es wären.

11 Die moderne Verhaltensökonomik, die ausführlich in Teil II diskutiert wird, behauptet, dass dies nicht ganz richtig ist: Die Art und Weise, wie wir einen Sachverhalt beschreiben (oder formulieren), mache einen erheblichen Unterschied. Vgl. insbesondere den Übersichtsartikel von Samuel Bowles, »Endogenous Preferences: The Cultural Consequences of Markets and Other Economic Institutions«, *Journal of Economic Literature* 36, no. 1 (1998): 75–111.

12 Die Dinge sind natürlich vielschichtiger, als es diese Diskussion nahelegt; bei vielen der nachfolgend diskutierten Probleme vertreten verschiedene Libertäre vermutlich leicht voneinander abweichende Positionen.

13 Extrem »marktliberale« Ökonomen behaupten, eine Volkswirtschaft sei *von sich aus* kompetitiv – selbst dann, wenn in einer Branche nur ein Unternehmen tätig sein würde, wäre der Wettbewerb *um* den Markt ein effektiver Ersatz für den Wettbewerb *im* Markt. Aber derartige Behauptungen halten wie

viele andere Lehren der »marktliberalen« Ökonomik einer genaueren Prüfung nicht stand, wie ich im nächsten Kapitel darlege.

**14** Entsprechend gelten Einkommen, die Privatpersonen oder Unternehmen von spendablen staatlichen Institutionen oder durch – private oder öffentliche – Korruption erhalten, also wenn sie zum Beispiel einen staatlichen Auftrag zu einem Preis bekommen, der über dem Wettbewerbspreis liegt, oder wenn sie einen Rohstoff zu einem Preis erhalten, der unter dem Wettbewerbspreis liegt, als Renten. Und die Anstrengungen, die Personen unternehmen, um sich diese Renten zu verschaffen, werden entsprechend als »Rent-Seeking« – Streben nach Renten – bezeichnet. Derartige Aufwendungen an Zeit und Mühe sind nicht nur unproduktiv, sondern sie können sogar kontraproduktiv sein.

**15** Obwohl der Ausbeuter normalerweise ein höheres Einkommen und mehr Macht hat als der Ausgebeutete. Aber es verstört uns nicht minder, wenn ein armer Gauner mit perfiden Tricks eine reiche alte Person abzockt.

**16** Und ganz allgemein jedes angemessene Wohlfahrtskriterium.

**17** Garrett Hardin, »The Tragedy of the Commons«, *Science* 162, no. 3859 (1968): 1243–1248.

**18** Traditionelle Ökonomen unterscheiden oft zwischen Präferenzen (die »tief« und unveränderlich sein sollen) und Überzeugungen, die durch Informationen verändert werden können. Aber im 21. Jahrhundert hat die Verhaltensökonomik gezeigt, dass sich auch Präferenzen – das, was wir möchten und wollen – wandeln können, und zwar nicht nur durch »Information«, sondern auch durch Erfahrungen – sogar so eine einfache Erfahrung wie das Anschauen einer Seifenoper und die Identifizierung mit einer Figur. Vgl. Demeritt, Hoff und Stiglitz, *The Other Invisible Hand* (in Kürze erscheinend), und die hier zitierten Arbeiten, u. a. Eliana La Ferrara, Alberto Chong und Suzanne Duryea, »Soap Operas and Fertility: Evidence from Brazil«, *American Economic Journal: Applied Economics* 4, no. 4 (2012): 1–31.

**19** Es gibt einige wenige wirtschaftswissenschaftliche Publikationen über nicht rationale Überredung. Vgl. z. B. den Übersichtsartikel von Andrew Kosenko und Joseph E. Stiglitz, »Robust Theory and Fragile Practice: Information in a World of Disinformation«, in *The Elgar Companion to Information Economics*, Daphne R. Raban und Julia Wlodarczyk (Hg.), Cheltenham 2024.

**20** Für eine allgemeine Behandlung vgl. Demeritt, Hoff und Stiglitz, *The Other Invisible Hand.*

**21** Vgl. Joseph E. Stiglitz und Bruce C. Greenwald, *Die innovative Gesellschaft: Wie Fortschritt gelingt und warum grenzenloser Freihandel die Wirtschaft bremst*, Berlin 2015, und Joel Mokyr, *The Enlightened Economy*, New Haven, CT, 2009.

22 Portugal, Irland, Griechenland und Spanien.

23 Die jüngsten Zuwächse für populistische Gruppierungen in Skandinavien haben mit der Wahrnehmung zu tun, dass die Regierungen nicht genug getan hätten, um ihre Bürger vor negativen Folgen der Einwanderung und insbesondere der gestiegenen Kriminalität, die nach dem Eindruck mancher eine Folge der Einwanderung ist, zu schützen. Auch hier wird nicht kritisiert, dass die Regierung zu viel getan hätte. Vgl. Jens Rydgren, »Radical Right-Wing Populism in Denmark and Sweden: Explaining Party System Change and Stability«, *The SAIS Review of International Affairs* 30, no. 1 (2010): 57–71.

## KAPITEL 2 FREIHEITSKONZEPTIONEN VON WIRTSCHAFTSWISSENSCHAFTLERN

1 Adam Smith, *Der Wohlstand der Nationen* [1776], München 1978, IV:II, 371.

2 Ebenda, I:X, 112.

3 Hobbes schrieb vor der modernen Ära staatlicher Regulierung und vor John Maynard Keynes, und er behauptete lediglich, eine Regierung sei notwendig, um die Ordnung aufrechtzuerhalten.

4 Charles Dickens' lebendige Schilderungen des industriellen Englands im 19. Jahrhundert deuten darauf hin, dass nicht alles bestens war, dass Märkte letztlich doch nicht allen mehr Wohlstand brachten. Armut, Elend und Umweltzerstörung waren weitverbreitet: »Auf dem Land würde der Regen tausend frische Wohlgerüche hervorgelockt haben und jeder Tropfen mit einer schönen Form des Wachstums oder Lebens eine glänzende Verbindung eingegangen haben. In der Stadt erzeugte er nur faule, abgestandene Gerüche und bildete einen pestartigen, lauen, schmutzigen und hässlichen Zufluss für die Gossen« (*Little Dorrit* [London 1857], Gesamtausgabe, Villingen-Schwenningen 2020, 27). Und: »Unweit des Themseufers (…) liegt wohl das unflätigste, widerwärtigste und unheimlichste Stadtviertel (…) vor den Trödlerbuden hängen die schmierigsten Lumpen (…) der Auswurf des Themseufers drängt sich hier zusammen (…) Durch mit Papier verklebte und mit Lumpen verstopfte Fenster, aus denen Stangen hervorragen zum Wäschetrocknen, sieht man hinein in dumpfe finstere Stuben mit zerbröckelten schmutzigen Wänden« (*Oliver Twist* [London 1838], München 2023, 428).

5 John Stuart Mill gehörte zu ihnen; David Ricardo und William Stanley Jevons waren zwei weitere einflussreiche klassische englische Ökonomen.

6 Aufgrund parteipolitischer Grabenkämpfe standen zunächst weniger Mittel für den New Deal bereit, insbesondere nach 1936, sodass sich die Wirtschaft erst mit dem Zweiten Weltkrieg und dem damit verbundenen massiven Anstieg der öffentlichen Ausgaben vollständig erholte. Dem Krieg gelang auch etwas, womit sich der Markt selbst schwertat: Er führte einen wirtschaftlichen Strukturwandel herbei – von einer ländlichen Agrarwirtschaft hin zu einer urbanen Industriewirtschaft.

7 Das in realem BIP gemessene Wachstum – als grober Indikator – nahm im Zeitraum zwischen 1950 und 1980 mit einer jährlichen Rate von 3,9 Prozent und das reale Pro-Kopf-Einkommen um 2,5 Prozent pro Jahr zu (vgl. U.S. Bureau of Economic Analysis, Real Gross Domestic Product, abgerufen bei FRED, Federal Reserve Bank of St. Louis, und U.S. Bureau of Economic Analysis, Real Disposable Personal Income: Per Capita, abgerufen von FRED, Federal Reserve Bank of St. Louis). Dagegen beziffern verschiedene Schätzungen das Wachstum des Pro-Kopf-Einkommens in den USA in dem Zeitraum 1800–1960 auf zwischen 0,94 und 1,29 Prozent pro Jahr, also deutlich niedriger als in dem vorstehend genannten Zeitraum. Vgl. Thomas Weiss, »U.S. Labor Force Estimates and Economic Growth, 1800–1860«, in *American Economic Growth and Standards of Living Before the Civil War*, Robert E. Gallman und John Joseph Wallis (Hg.), Chicago 1992, 19–78.

8 In KKP (Kaufkraftparität) überholte die chinesische die US-Wirtschaft um das Jahr 2015 herum. Vielleicht ist es kein Zufall, dass sich der Ton beider Parteien gegenüber China seither deutlich verschärft hat. Für eine an ein breites Publikum gerichtete Diskussion der verschiedenen Reaktionen innerhalb Chinas und der USA auf die Nachricht, dass die USA – zumindest nach diesem häufig benutzten Maß – zur Nummer zwei geworden sind, vgl. Joseph E. Stiglitz, »The Chinese Century«, *Vanity Fair*, Januar 2015.

9 Dies erwies sich sowohl als umstritten (wie ich in meinem Buch *Die Schatten der Globalisierung* beschrieben habe) als auch als erfolglos, da das privatisierte Unternehmen weniger als 16 Jahre nach der Privatisierung bankrott ging. Allerdings leitete die US Nuclear Regulatory Commission zuvor noch eine Untersuchung wegen »unterlassener Kontrolle von Komponenten mit Uranablagerungen, unzureichender Wartung, Prüfung und Betrieb von Sicherheitsventilen bei Ausrüstungsgegenständen und Überschreitung der zulässigen Besitzmenge von zu mehr als 20 Prozent angereichertem Uran« ein (U.S. Nuclear Regulatory Commission, 29. Mai 1998, Presseerklärung).

10 Die Gründe dafür sind mehr politischer als ökonomischer Natur. In den USA wollten sich die Neuen Demokraten von dem New Deal von Franklin

D. Roosevelt distanzieren, der eine Sache der Vergangenheit zu sein schien. Den Republikanern war es im Anschluss an die Inflationsschübe der 1970er-Jahre auf hervorragende Weise gelungen, diese Marke und mit ihr keynesianische Ideen zu diskreditieren. In Europa waren die Mitte-links-Parteien bestrebt, sich von den Sozialisten und Kommunisten abzusetzen; das Scheitern der Sowjetunion ließ diese Sichtweise ruiniert zurück. Auf beiden Seiten des Atlantiks bemühten sich Mitte-links-Parteien, einen »dritten Weg« zwischen den Extremen des Kommunismus und eines ungezügelten Kapitalismus zu finden. Eine bedeutende ökonomische Denkschule unterstützte diese Bemühungen. Diese Theorie behauptete, dass Märkte im Großen und Ganzen effiziente Ergebnisse lieferten. Es gebe eine begrenzte Zahl von Fällen, in denen Märkte dies nicht täten, und um diesem Marktversagen abzuhelfen, bedürfe es nur begrenzter Eingriffe. Meine eigenen Arbeiten bauten auf diesen Ideen auf, zeigten jedoch, dass diese verschiedenen Arten von Marktversagen viel weiter verbreitet und viel schwerer zu korrigieren sind.

11 Wie ich in Teil III erwähne, umfasste die wirtschaftspolitische Agenda, die Entwicklungsländern auferlegt wurde, auch die Öffnung ihrer Finanzmärkte (Kapitalmarktliberalisierung), obwohl es Belege dafür gab, dass eine derartige Liberalisierung nicht etwa das Wachstum, sondern Instabilität und Ungleichheit fördert.

12 »Statement of Aims«, Mont Pèlerin Society, www.montpelerin.org.

13 Zu ihren führenden Vertretern gehörten im Lauf der Jahre nicht nur Hayek und Friedman, sondern auch weitere führende konservative Ökonomen wie George Stigler, Gary Becker, James Buchanan und John Taylor.

14 »Statement of Aims«, Mont Pèlerin Society.

15 Vgl. Francis Fukuyama, *Das Ende der Geschichte*, München 1992.

16 Robert Reich (damals Arbeitsminister, heute Professor an der University of California, Berkeley) und ich bildeten erstere Gruppe, Robert Rubin und Larry Summers die zweite. Aber die Meinungsverschiedenheiten waren komplex – Rubin war gegen die vorgeschlagene Sozialreform, obwohl Summers für die Senkung der Kapitalertragsteuer war, eine Maßnahme, über die richtigerweise vorhergesagt wurde, dass sie zu einem massiven Anstieg der Ungleichheit führen würde. Für eine umfassendere Darstellung dieses Themas vgl. mein 2004 erschienenes Buch über die Regierung Clinton: *Die Roaring Nineties: Der entzauberte Boom*, Berlin 2004.

17 Der Ausdruck wurde von frühen Anhängern der Idee absichtlich verwendet, etwa Milton Friedman in »Neo-Liberalism and Its Prospects«, *Farmand* (1951): 89–93. Heute wird er jedoch vor allem von ihren Kritikern verwendet. Hier gebrauche ich den Terminus nur als eine deskriptive Bezeichnung

für ein theoretisches Modell, auch wenn ich die Schwächen dieser Konzeption im weiteren Verlauf diskutieren werde.

**18** Die Verwendung des Ausdrucks »liberal« zur Bezeichnung progressiver Demokraten in den USA steht in Gegensatz zu dem vorherrschenden Sprachgebrauch im Rest der Welt. In vielen Ländern ist die »liberale« politische Partei eine, die sich für eine Wirtschaftspolitik einsetzt, welche sich stärker am Neoliberalismus ausrichtet, auch wenn Liberale in diesem Sinne entschiedene Befürworter von Wettbewerbsgesetzen sind und sich von den Partikularinteressen der Großunternehmen distanzieren.

**19** Das heißt, dass Marktstörungen, die bei massiver Arbeitslosigkeit offensichtlich sind, auch bei annähernder Vollbeschäftigung vorhanden sind, wenn auch in der Regel in weniger sichtbarer Form. Die Probleme, die durch Marktkoordinierung, Informationsunvollkommenheiten und -asymmetrien, unvollkommene Kapital- und Risikomärkte und so weiter aufgeworfen werden, sind immer gegenwärtig.

**20** Ich benutze den Begriff »Marktfundamentalismus« in meinem 2002 erschienenen Buch *Die Schatten der Globalisierung* aus all den Gründen, die ich in Kürze erörtern werde. Auch in meinen früheren Schriften und Reden, einschließlich meines Vortrags anlässlich der Verleihung des Nobelpreises für Wirtschaftswissenschaften, habe ich diesen Begriff häufig verwendet. Es gibt viele andere, die den Terminus sogar noch früher gebrauchten, u. a. George Soros. Vgl. Richard Kozul-Wright und Paul Rayment, *The Resistible Rise of Market Fundamentalism: Rethinking Development Policy in an Unbalanced World*, London 2008.

**21** Tatsächlich lassen sich die Anfänge noch weiter zurückverfolgen, zum Beispiel bis zur Deregulierungsbewegung, die in den USA in den späten 1970er-Jahren mit Präsident Carter begann.

**22** Opportunity Insights, »National Trends«, 2. April 2018, https://opportunityinsights.org/national_trends/.

**23** *PBS NewsHour*, »Majority of Americans Doubt Young People Will Be Better Off Than Their Parents, AP-NORC Poll Finds«, 4. Oktober 2022.

**24** Für einen Überblick über den Ursprung der Ungleichheit und ihre Folgen vgl. Joseph E. Stiglitz, *Der Preis der Ungleichheit. Wie die Spaltung der Gesellschaft unsere Zukunft bedroht*, München 2012.

**25** Einige haben versucht, die »Washington Consensus«-Agenda zu verteidigen, indem sie behaupteten, die schlechte wirtschaftliche Entwicklung der Länder, die die darin geforderten Maßnahmen umsetzten, in den Jahren vor 2000 sei zumindest teilweise durch das starke Wachstum seit 2000 ausgeglichen worden. Aber das Wachstum war, zumindest in vielen Fällen, zu Beginn dieses

Jahrhunderts von kurzer Dauer, da es auf hohen Rohstoffpreisen beruhte. Mittlerweile besteht weitgehendes Einvernehmen darüber, dass insbesondere Länder in Subsahara-Afrika einen hohen Preis für die verfrühte Deindustrialisierung zahlten, die ihnen durch die »Washington Consensus«-Agenda auferlegt wurde.

**26** Ein von der US-Regierung ausgewähltes Team von Harvard-Experten, das bei der marktwirtschaftlichen Transformation helfen sollte, spielte eine besonders ärgerliche Rolle – für welche der wichtigste Akteur sich schließlich vor einem US-Gericht verantworten musste. Für eine umfassendere Darstellung dieser Vorgänge vgl. David Warsh, *Because They Could: The Harvard Russia Scandal (and NATO Enlargement) After Twenty-Five Years*, CreateSpace Independent Publishing Platform 2018.

**27** Es wurde gezeigt, dass Märkte nur bei vollkommenem Wettbewerb effizient sind, bei dem so viele Unternehmen am Markt sind, dass kein Unternehmen glaubt, Einfluss auf die Preise nehmen zu können. Falls ein Unternehmen einen Preis verlangen würde, der deutlich über dem Marktpreis läge, würde es *all* seine Kunden verlieren. Es gibt nur wenige Märkte, bei denen dies der Fall ist. In den meisten Märkten sind hinreichend wenige Unternehmen aktiv – besteht ausreichend begrenzter Wettbewerb –, sodass jedes große Unternehmen Preise beeinflussen kann.

**28** Der Vortrag, den ich dort hielt, wurde später veröffentlicht unter dem Titel »On the Optimality of the Stock Market Allocation of Investment«, *Quarterly Journal of Economics* 86, no. 1 (1972): 25–60. Die Ergebnisse wurden in einer Reihe von Aufsätzen verallgemeinert, u. a. Joseph E. Stiglitz, »The Inefficiency of the Stock Market Equilibrium«, *Review of Economic Studies* 49, no. 2 (1982): 241–261; und Bruce C. Greenwald und Joseph E. Stiglitz, »Externalities in Economies with Imperfect Information and Incomplete Markets«, *Quarterly Journal of Economics* 101, no. 2 (1986): 229–264. Als Friedman in späteren Jahren von Michael Hirsh, einem Leitartikler des *Foreign Policy Magazine*, interviewt wurde, gab er mir bei einigen der kritischen Fragen schließlich recht. So zitiert Hirsh zum Beispiel das, was Friedman über die postkommunistische Wirtschaftspolitik Russlands äußerte: »Ich sagte: Alles privatisieren! Ich irrte mich. Er [Joe] hatte recht.« *Capital Offense: How Washington's Wise Men Handed America's Future over to Wall Street*, Hoboken, NJ, 2010.

**29** Im ökonomischen Rahmen wurden diese Ideen von Karla Hoff und mir untersucht, vgl. »Modern Economic Theory and Development«, in *Frontiers of Development Economics: The Future in Perspective*, Gerald Marvin Meier und Joseph E. Stiglitz (Hg.), Oxford 2001, 389–459.

**30** Dies war eine zentrale Idee in meinem Buch *Whither Socialism?* (1994). Vgl. auch Joseph E. Stiglitz, *Selected Works of Joseph E. Stiglitz: Volume V, Rethinking Welfare Economics and the Economics of the Public Sector*, Oxford, in Kürze erscheinend.

**31** Ich habe dies mit eigenen Augen bei der Ostasienkrise gesehen, insbesondere bei koreanischen Firmen, die pleitegingen. Vgl. Stiglitz, *Die Schatten der Globalisierung* (2002). Der einflussreiche Ökonom Joseph Schumpeter behauptete in seinem Buch *Kapitalismus, Sozialismus und Demokratie* (1942), der Prozess der schöpferischen Zerstörung, der mit Konjunkturzyklen verbunden sei, fördere das Wirtschaftswachstum. Theorie und Empirie zeigen, dass sich Schumpeter irrte. Vgl. z. B. Joseph E. Stiglitz, »Endogenous Growth and Cycles«, in *Innovation in Technology, Industries, and Institutions: Studies in Schumpeterian Perspectives*, Yuichi Shionoya und Mark Perlman (Hg.), Ann Arbor 1994, 121–156.

**32** Sanford Grossman und ich führten den theoretischen Nachweis, dass Märkte nicht informationseffizient sein können. Vgl. Sanford J. Grossman und Joseph E. Stiglitz, »On the Impossibility of Informationally Efficient Markets«, *American Economic Review* 70, no. 3 (1980): 393–408, und Sanford J. Grossman und Joseph E. Stiglitz, »Information and Competitive Price Systems«, *American Economic Review* 66, no. 2 (1976): 246–253. Dieses Ergebnis wurde empirisch bestätigt von Rob Schiller, der 2009 für seine Arbeiten mit dem Nobelpreis für Wirtschaftswissenschaften ausgezeichnet wurde.

**33** Ein entschiedener neuerer Verfechter dieser Auffassung ist der Harvard-Ökonomieprofessor (und Vorsitzende des Wirtschaftsbeirats von Präsident George W. Bush [2003–2005]) Gregory Mankiw, der schrieb: »Der Lohn, den Menschen erhalten, sollte ihren Beiträgen entsprechen. Wenn eine Ökonomie durch ein klassisches Wettbewerbsgleichgewicht ohne Externalitäten oder öffentliche Güter beschrieben würde, würde jede Person den Wert ihres eigenen Grenzprodukts verdienen, und es bestünde keine Notwendigkeit, dass der Staat die resultierende Einkommensverteilung korrigiert.« Vgl. N. Gregory Mankiw, »Spreading the Wealth Around: Reflections Inspired by Joe the Plumber«, *Eastern Economic Journal* 36, no. 3 (2010): 285–298, und N. Gregory Mankiw, »Defending the One Percent«, *Journal of Economic Perspectives* 27, no. 3 (2013): 21–34.

**34** Im Gegensatz beispielsweise zu Einkommensteuern, bei denen gilt: Je mehr eine Person arbeitet, umso höher ist ihr Einkommen und umso mehr Steuern zahlt sie deshalb.

**35** Robert E. Lucas, »The Industrial Revolution: Past and Future«, 2003 Annual Report Essay, Federal Reserve Bank of Minneapolis, www.minneapolisfed.

org/article/2004/the-industrial-revolution-past-and-future. Weiter sagte Lucas: »Das Potenzial zur Verbesserung der Lebensverhältnisse armer Menschen durch verschiedene Möglichkeiten, das, was erwirtschaftet worden ist, zu verteilen, ist nichts im Vergleich zu dem scheinbar unbegrenzten Potenzial zur Steigerung der Produktion.« Aber er wies nicht nach, dass eine bessere Einkommensverteilung dem Wachstum schadet. Ein zentrales Argument in meinem Buch *Der Preis der Ungleichheit*, das von zahllosen nachfolgenden Studien – einschließlich derjenigen, die in der nächsten Anmerkung erwähnt werden – untermauert wird, lautet vielmehr, dass das Gegenteil zutrifft: Die übermäßige Ungleichheit in den USA hemmt das Wachstum. Außerdem bewies Lucas auch nicht, dass ein Großteil – oder überhaupt irgendwelche – der von ihm angeführten Früchte des Wachstums in einer relevanten Zeitspanne an die Geringverdiener »durchsickerten«. Das Wachstum in den USA im Verlauf der letzten 40 Jahre hat bei den unteren Einkommensgruppen sogar zu Wohlstandsverlusten geführt.

**36** Vgl. Federico Cingano, »Trends in Income Inequality and Its Impact on Economic Growth«, OECD Social, Employment, and Migration Working Papers no. 163, Organisation for Economic Co-operation and Development, 2014; Jonathan D. Ostry, Andrew Berg und Charalambos G. Tsangarides, »Redistribution, Inequality, and Growth«, IMF Staff Discussion Notes (2014), und Jonathan D. Ostry, Prakash Loungani und Andrew Berg, *Confronting Inequality: How Societies Can Choose Inclusive Growth*, New York 2019. Die Behauptung, Verteilungsfragen ließen sich von Effizienzfragen trennen, wird auch »Zweiter Hauptsatz der Wohlfahrtsökonomik« (Zweites Wohlfahrtstheorem) genannt; dieser gilt allerdings nur unter sehr eingeschränkten Bedingungen, die in einer realen Volkswirtschaft nicht erfüllt sind. (Der Erste Hauptsatz führt die stark eingeschränkten Bedingungen an, unter denen eine Ökonomie effizient ist.)

**37** Friedman, *Kapitalismus und Freiheit*, 56.

**38** Im Zuge der Covid-19-Pandemie kam es in den USA zu einem drastischen Rückgang der Lebenserwartung. Darin spiegelt sich sowohl der schlechte Zustand des öffentlichen Gesundheitswesens als auch die schlechte Krisenreaktion wider. Die Centers for Disease Control and Prevention berichteten im Jahr 2023, dass die Lebenserwartung in den USA auf 76,4 Jahre gesunken sei, der niedrigste Wert seit fast 20 Jahren. Für eine umfassendere Diskussion vgl. Harvard School of Public Health, »What's Behind ›Shocking‹ U.S. Life Expectancy Decline – and What to Do About It«, 13. April 2023. Eine umfangreiche Literatur legt ausführlich die Zunahme der Ungleichheit in den meisten fortgeschrittenen Ländern dar. Ein Bericht des Pew Research Center fasste den Forschungsstand für die USA wie folgt zusammen: »Es gibt mehrere Methoden, um die Einkommensungleichheit zu messen, aber unabhängig davon, welches Maß man heranzieht, ist klar ersichtlich, dass die wirtschaftliche Ungleichheit in den USA steigt« (Juliana Menasce Horowitz, Ruth Igielnik und Rakesh Kochhar, »Trends in Income and Wealth Inequality«, Pew Research Center's Social and Demographic Trends Project, 9. Januar 2020). Die OECD zeichnet den Anstieg der Ungleichheit in den meisten Ländern der Welt seit Mitte der 1980er-Jahre detailliert nach. Die USA haben dabei die höchste Ungleichheit und mit den stärksten Anstieg (OECD, »Focus on Inequality and Growth – December 2014« [2014]). Eine Reihe von Statistiken verdeutlicht das Ausmaß der Ungleichheit: Auf das oberste eine Prozent in den USA entfallen rund 20 Prozent des Einkommens und 40 Prozent des Vermögens, und eine Person auf dem 10. Perzentil der Einkommensverteilung im Jahr 2020 hatte das 13,53-Fache des Einkommens einer Person auf dem 90. Perzentil. Es gibt auch große Ungleichheiten in der Lebenserwartung.

# TEIL I GRUNDPRINZIPIEN DER FREIHEIT

## KAPITEL 3 DIE FREIHEIT DES EINEN IST DIE UNFREIHEIT DES ANDEREN

1 Definiert als Ereignisse, bei denen vier oder mehr Personen getötet werden. Vgl. »Mass Shootings«, Gun Violence Archive, www.gunviolencearchive.org/mass-shooting.

2 Die meisten Fälle von Schusswaffengewalt entfallen auf Suizide und (einfache) Tötungsdelikte. Vgl. »Past Summary Ledgers«, Gun Violence Archive, www.gunviolencearchive.org/past-tolls.

3 Für Vergleiche zwischen Schusswaffenbesitz und Todesfällen durch Schusswaffen zwischen den USA und Großbritannien siehe Institute for Health Metrics and Evaluation, »Global Burden of Disease Database«, GOV.UK, »Statistics on Firearm and Shotgun Certificates, England and Wales: April 2020 to March 2021«, und Violence Policy Center, »Gun Ownership in America: 1973 to 2021«, November 2021. Unter den Hocheinkommensländern, gemäß der Einstufung durch die Weltbank, standen die USA im Jahr 2021 an siebter Stelle bei der Quote der Tötungsdelikte mit Schusswaffen und an erster Stelle bei den Ländern mit mehr als zehn Millionen Einwohnern – 19-mal höher als in Frankreich, das an zweiter Stelle stand. Schusswaffengebrauch ist auch verantwortlich für 8 Prozent aller Todesfälle bei unter Zwanzigjährigen in den USA, mehr als doppelt so viele wie in irgendeinem anderen Land mit mehr als zehn Millionen Einwohnern. Vgl. »On Gun Violence, the United States Is an Outlier«, The Institute for Health Metrics and Evaluation, www.healthdata.org/.

4 *District of Columbia v. Heller*, eine richtungsweisende Entscheidung des Obersten Gerichtshofs im Jahr 2008, brach mit früheren Interpretationen, in denen Waffenrechte viel restriktiver ausgelegt wurden. Vgl. Justia Law, U.S. Supreme Court, District of Columbia v. Heller, 554 U.S. 570 (2008).

5 Gemeinsam mit Lord Nicholas Stern und Charlotte Taylor habe ich die von einigen Ökonomen (etwa dem Nobelpreisträger William Nordhaus) vorgelegten Analysen, wonach wir einen zügigen Klimawandel so lange hinnehmen sollten, wie wir unter einem Anstieg von 3,5 Grad Celsius bleiben, einer ausführlichen Kritik unterzogen. Wir legten dar, warum der globale Konsens von 1,5 bis 2 Grad Celsius richtig ist, insbesondere wenn man die Risiken berücksichtigt. Vgl. Nicholas Stern, Joseph Stiglitz und Charlotte Taylor, »The Economics of Immense Risk, Urgent Action and Radical Change: Towards New Approaches to the Economics of Climate Change«, *Journal of Economic Methodology* 29, no. 3 (3. Juli 2022): 181–216.

6 »US & Allied Killed and Wounded«, Costs of War, 2021, Watson Institute for International and Public Affairs, Brown University.

7 Eine Zahl, die auf 4,5 bis 4,6 Millionen geschätzt wird. Miriam Berger, »Post-9/11 Wars Have Contributed to Some 4.5 Million Deaths, Report Suggests«, *Washington Post*, 15. Mai 2023.

8 Vgl. J. E. Stiglitz und Linda J. Bilmes, *Die wahren Kosten des Krieges. Wirtschaftliche und politische Folgen des Irak-Konflikts*, München 2008.

9 Qi Zhao et al., »Global, Regional, and National Burden of Mortality Associated with Non-Optimal Ambient Temperatures from 2000 to 2019: A Three-Stage Modelling Study«, *Lancet Planetary Health* 5, no. 7 (1. Juli 2021): e415–425.

10 Vgl. z. B. David W. Eyre et al., »Effect of Covid-19 Vaccination on Transmission of Alpha and Delta Variants«, *New England Journal of Medicine* 386, no. 8 (24. Februar 2022): 744–756, und Stella Talic et al., »Effectiveness of Public Health Measures in Reducing the Incidence of Covid-19, SARS-CoV-2 Transmission, and Covid-19 Mortality: Systematic Review and Meta-Analysis«, *BMJ* 375 (18. November 2021): e068302. Allerdings bestreiten viele Rechtskonservative, dass ein Zusammenhang zwischen diesen Praktiken und der Erkrankungshäufigkeit besteht, so wie sie auch den Zusammenhang zwischen Treibhausgasen und dem Klimawandel bestreiten. Die Welt ist komplex, und in beiden Fällen spielen zahlreiche Faktoren gleichzeitig eine Rolle: Es ist nicht leicht, die Effekte aufzudröseln. Klimawandelleugner verweisen zum Beispiel auf Kälteeinbrüche – aber dies ignoriert die Tatsache, dass die globale Erwärmung mit Klima*variabilität* verbunden ist, und tatsächlich verweisen einige Klimatologen darauf, dass die Erwärmung der Arktis zu dem

Wirbel beitrug, der im Jahr 2021 Texas eine Rekordkälte brachte. Und auch wenn es zahllose Faktoren gibt, die die Ausbreitung von Covid-19 beeinflussen, weil die Erkrankung von einem luftübertragenen Virus verursacht wird, spielen Belüftung, Maskentragen und Abstandhalten – *unter sonst gleichen Bedingungen* – eine wichtige Rolle, wie die oben zitierten Studien zeigen.

11 Genauer gesagt: 74,3 Prozent, aus Tabelle 4 in »Population: 1790 to 1990«, in Population and Housing Unit Counts, US Census Bureau, US Department of Commerce, August 1993.

12 United Nations, Department of Economic and Social Affairs, Population Division, »2018 Revision of World Urbanization Prospects«, 2019.

13 Sarah Manavis, »How a Lack of Zoning Messed Up Houston in More Ways Than One«, *City Monitor*, 19. Juni 2017, aktualisiert am 19. Juli 2021.

14 Janet Currie und Reed Walker, »Traffic Congestion and Infant Health: Evidence from E-Zpass«, *American Economic Journal: Applied Economics* 3, no. 1 (Januar 2011): 65–90.

15 Da bei einigen dieser komplexen Finanzprodukte ein Finanzinstitut faktisch auf den Bankrott seiner Rivalen wettete, wurde das Finanzsystem zu einem so hochkomplexen, verflochtenen Gebilde, dass die vielfältigen Wechselwirkungen nur dank jüngster Fortschritte auf dem Gebiet der Mathematik (in einem Netzwerktheorie genannten Zweig dieses Fachs), welche die Fragilität der daraus hervorgehenden Systeme aufzeigten, verstanden werden konnten. Vgl. zum Beispiel Stefano Battiston, Guido Caldarelli, Co-Pierre Georg, Robert May und J. E. Stiglitz, »Complex Derivatives«, *Nature Physics* 9, no. 3 (März 2013): 123–125, und Stefano Battiston, Guido Caldarelli, Robert M. May, Tarik Roukny und J. E. Stiglitz, »The Price of Complexity in Financial Networks«, *Proceedings of the National Academy of Sciences* 113, no. 36 (6. September 2016): 10031–10036. Vgl. für die Frage, wie sich dies im Jahr 2008 genau abgespielt hat, J. E. Stiglitz, *Im freien Fall. Vom Versagen der Märkte zur Neuordnung der Weltwirtschaft*, München 2010. Lange vor der Krise wiesen diejenigen von uns, die auf diesem Gebiet arbeiteten, darauf hin, dass diese Interdependenz das Finanzsystem instabiler gemacht hatte – dass es erhebliche systemische Instabilitäten gab. Abgesehen von Andy Haldane und seiner Forschergruppe bei der Bank of England wurde diese Arbeit bemerkenswerterweise von den Zentralbanken weitgehend ignoriert, da sie sich auf konventionellere Modelle konzentrierten, die tatsächlich *unterstellten*, eigennütziges Verhalten der Banker würde sie zur Vorsicht gemahnen – dass Selbstregulierung weitgehend ausreichen würde, um die Wirtschaft zu schützen. Vgl. Joseph E. Stiglitz und Bruce Greenwald, *Towards a New Paradigm in Monetary Economics*, Cambridge 2003.

16 Ökonomen dachten früher, pekuniäre Externalitäten, bei denen die Handlungen einer Person oder einer Gruppe Preise beeinflussen (und durch diese Auswirkungen auf Preise sind andere betroffen), würden die Effizienz des Marktes nicht beeinträchtigen. Greenwald und ich haben in unserem 1986 erschienenen Aufsatz »Externalities in Economies with Imperfect Information and Incomplete Markets« nachgewiesen, dass solche pekuniären Externalitäten im Allgemeinen zu Ineffizienz führen.

17 Es gibt selbstverständlich weitere Möglichkeiten: Steuern zur Finanzierung öffentlicher Gesundheitsprogramme könnten steigen, oder Ressourcen könnten von der Behandlung anderer Krankheiten abgezweigt werden. In jedem dieser Fälle hat vermehrtes Rauchen Auswirkungen auf andere – das heißt, es gibt noch immer Externalitäten.

18 Adam Smith, *Die Theorie der ethischen Gefühle* (1759), Hamburg 2021.

19 Vgl. Smiths Einleitung zur *Theorie der ethischen Gefühle*, 5.

20 Diese empirischen Befunde stehen vollkommen im Einklang mit unserem Verständnis der Ausbreitung der Krankheit. Die Centers for Disease Control and Prevention formulierten es folgendermaßen: »COVID-19 verbreitet sich, wenn eine infizierte Person Tröpfchen und sehr kleine Partikel ausatmet, die das Virus enthalten. Andere Menschen können diese Tröpfchen und Partikel einatmen, oder diese Tröpfchen und Partikel können auf ihren Augen, ihrer Nase oder ihrem Mund landen.« Vgl. »COVID-19 and Your Health«, Centers for Disease Control and Prevention, 11. Februar 2020, www.usa.gov/agencies/centers-for-disease-control-and-prevention. Viele Rechtskonservative wollten diese wissenschaftlichen Erkenntnisse nicht akzeptieren, vielleicht weil sie dies gezwungen hätte anzuerkennen, dass es bedeutende Externalitäten gab.

21 In der gleichen Weise diskutieren wir auch über die Frage, ob eine Abtreibung ein Tötungsdelikt ist und, falls ja, ab wann. Ab dem Zeitpunkt der Empfängnis oder später in der Schwangerschaft?

22 Friedrich A. von Hayek, *Der Weg zur Knechtschaft*, München 2014, 61 f.

23 Es gibt subtile Wechselwirkungen zwischen finanziellen und realen Variablen. So kann etwa ein Anstieg der öffentlichen Verschuldung private Investitionen verdrängen, was zu einem Rückgang des Realkapitals führt. Dann kommt es zu einer generationenübergreifenden Externalität, die jedoch durch das Ausmaß begrenzt ist, in dem diese Verdrängung stattfindet.

24 Dies ist ein Beispiel für eine makroökonomische Externalität; wir haben den Begriff kurz früher in diesem Kapitel diskutiert. Die Neigung zu übermäßiger privater Kreditaufnahme kann besonders schwerwiegende Folgen haben, weil Regierungen in Krisen dazu neigen, Privatunternehmen zu retten. Dabei stellt der Internationale Währungsfonds (IWF) die Dollar bereit, die

gebraucht werden, um die Forderungen privater Gläubiger zu befriedigen, und erleichtert es reichen Personen und Unternehmen, ihr Geld außer Landes zu schaffen – mit der Folge, dass das Land beim IWF hoch verschuldet ist, aber mit leeren Händen dasteht. Dieses historische Muster, auf das in Stiglitz, *Die Schatten der Globalisierung*, hingewiesen wird, wiederholte sich im großen Maßstab im Jahr 2019, als der IWF Argentinien 44 Milliarden Dollar lieh.

**25** Obwohl viele der an der Universität Chicago lehrenden Ökonomen der Chicagoer Schule angehörten (darunter die bereits erwähnten Gary Becker, Robert Lucas und George Stigler), zählten nicht alle Ökonomen der Universität zur Chicagoer Schule, und viele Ökonomen der Chicagoer Schule wirkten an anderen Hochschulen.

**26** Coase erhielt den Wirtschaftsnobelpreis im Jahr 1991. Sein klassischer Aufsatz war R. H. Coase, »The Problem of Social Cost«, *Journal of Law and Economics* 3 (1960): 1–44.

**27** Alternativ könnte eine Person alle Apfelgärten und Bienenstöcke kaufen.

**28** Das heißt, auch wenn sie nicht *vollkommen eigennützig* sind, wie es Ökonomen in der Regel annehmen, ist ihnen doch normalerweise an dem Wohl anderer nicht genauso viel gelegen wie an ihrem eigenen.

**29** Vgl. Hardin, »The Tragedy of the Commons«.

**30** Auch wenn sie das Land nicht einfach wegnahmen – es gab ein Gesetz, das dies erlaubte –, wurden diejenigen, die ihre Rechte, das Land zu nutzen (im Wesentlichen *ihre* Eigentumsrechte), verloren, im politischen Prozess nicht gehört.

**31** Außer dort wurden diejenigen, die früher ihre Tiere weiden ließen, gewaltsam vom Land vertrieben. Siehe die spätere Diskussion.

**32** Coase hätte darauf vielleicht – wenig überzeugend – geantwortet, dass es andere Zuweisungen von Eigentumsrechten gegeben hätte – Möglichkeiten, das Allmendeland aufzuteilen –, mit denen Effizienz hätte erreicht werden können und die alle bessergestellt hätten.

**33** Um dafür zu sorgen, dass jeder bessergestellt wäre, müssten die Zertifikate der Monopolisten in geeigneter Weise an alle Menschen weltweit verteilt werden. Das Cap-and-Trade-System für $CO_2$-Emissionen teilt handelbare *Verschmutzungsrechte* zu, begrenzt die Verschmutzung auf die gewünschte Menge (den »Cap« – die Obergrenze) und stellt sicher, dass die Verschmutzung sozusagen auf effiziente Weise erfolgt. In diesem Sinne lässt es sich als Umsetzung einer Coase'schen Eigentumsrechtsordnung verstehen. Es hat sich gezeigt, dass es schwerer umzusetzen ist, als es viele ursprünglich dachten, zum Teil weil der Wert dieser Eigentumsrechte in die Billionen von Dollar geht. Und da es um so viel Geld geht, spielen politische Interessen zwangsläufig eine große Rolle.

34 Es gibt keine einfache Methode, um herauszufinden, wie viel jemand dem Eigentümer der Atmosphäre zu zahlen bereit wäre, um den Verschmutzungsgrad gering zu halten. Wenn diese ein öffentliches Gut ist, von dessen Nutzung ein Individuum nicht ausgeschlossen werden kann, funktioniert die Coase'sche Lösung nicht. Vgl. Joseph Farrell, »Information and the Coase Theorem«, *Journal of Economic Perspectives* 1, no. 2 (Dezember 1987): 113–129, und Eric S. Maskin, »The Invisible Hand and Externalities«, *American Economic Review* 84, no. 2 (1994): 333–337. Andererseits kann in dem öffentlichen regulatorischen Rahmen, den wir als Nächstes diskutieren, die Regierung eine statistische Analyse durchführen, zum Beispiel den gesellschaftlichen Nutzen geringerer Gesundheitskosten und einer erhöhten Lebenserwartung berechnen, ohne die Größenordnungen für jede einzelne Person zu ermitteln.

35 Das Problem wird etwas abgeschwächt, wenn einige Personen auf andere Rücksicht nehmen (das heißt, wenn sie die Folgen ihrer Handlungen für andere bedenken), was manche, vielleicht auch viele Menschen tun – auch wenn Coase, zusammen mit den anderen Ökonomen seiner Schule, von vollkommen eigennützigen Individuen ausging. Solange nicht alle Individuen vollkommen altruistisch sind, besteht dennoch, zumindest in gewissem Umfang, ein Trittbrettfahrerproblem.

36 Die Transaktionskosten, die mit der Coase'schen Lösung verbunden sind, können grundsätzlich hoch sein, zum Beispiel weil Privatisierungskosten anfallen. In der Praxis sind viele Privatisierungen nicht gut gelaufen. Weitere Begrenztheiten werden diskutiert in Daniel Kahneman, Jack L. Knetsch und Richard H. Thaler, »Experimental Tests of the Endowment Effect and the Coase Theorem«, *Journal of Political Economy* 98, no. 6 (1990): 1325–1348; und Robin Hahnel und Kristen A. Sheeran, »Misinterpreting the Coase Theorem«, *Journal of Economic Issues* 43, no. 1 (2009): 215–238.

37 Um es deutlich zu sagen: Friedman war nicht der Erfinder dieser Idee (oder vieler der anderen, die er propagierte). Der Vorschlag, Externalitäten mithilfe von Preisen zu »beheben«, findet sich bereits in dem Buch *The Economics of Welfare* (London 1920) des Cambridge-Ökonomen A. C. Pigou. William Baumol und Agnar Sandmo legten frühe formale Abhandlungen vor. Vgl. William J. Baumol, »On Taxation and the Control of Externalities«, *American Economic Review* 62, no. 3 (1972): 307–322, und Agnar Sandmo, »Optimal Taxation in the Presence of Externalities«, *Swedish Journal of Economics* 77, no. 1 (1975): 86–98.

**38** Milton Friedman, Interview mit Phil Donahue, *The Phil Donahue Show*, 1979.

**39** So können sich zum Beispiel einige Personen bei Kreditrationierung kein Geld leihen, und bei unvollkommenen Risikomärkten können sich Menschen nicht gegen alle Risiken versichern, denen sie ausgesetzt sind. Es ist nicht nur offensichtlich, dass solche Unvollkommenheiten vorhanden und von Bedeutung sind, vielmehr hat die Wirtschaftstheorie im Lauf der letzten 40 Jahre auch erklärt, warum das so ist. Vgl. z. B. J. E. Stiglitz und A. Weiss, »Credit Rationing in Markets with Imperfect Information«, *American Economic Review* 71, no. 3 (1981): 393–410.

**40** Martin Weitzman hat dies im Rahmen eines einfachen Modells mit Ungewissheit und unvollständigen Risikomärkten auf eindrucksvolle Weise gezeigt: Wenn eine Regierung zwischen einem bloßen Preiseingriff und einer Mengenregulierung wählen müsste, dann gibt es eine Vielzahl von Situationen, in denen eine Mengenregulierung vorzuziehen ist. Im Allgemeinen ist eine Kombination aus Preis- und Mengenregulierungen oftmals am besten. Vgl. M. Weitzman, »Prices vs. Quantities«, *Review of Economic Studies* 41, no. 4 (1974): 477–491. In Bezug auf den Klimawandel zeigte ich dies in »Addressing Climate Change Through Price and Non-Price Interventions«, *European Economic Review* 119 (Oktober 2019): 594–612.

**41** Im ökonomischen Fachjargon spricht man auch von »instrumenteller Unsicherheit«.

**42** Vgl. z. B. Elinor Ostrom, *Governing the Commons: The Evolution of Institutions for Collective Action,* Cambridge 1990, 90, 91–102.

**43** Schätzungen zufolge war etwa ein Sechstel der Fläche Englands von der Einhegungsbewegung betroffen. Vgl. Gilbert Slater, »Historical Outline«, in *The Land: The Report of the Land Enquiry Committee*, 3. Aufl., Bd. 1, London 1913. Tatsächlich »wurden viele [der Allmenden] gemäß den sehr detaillierten Regeln bewirtschaftet, die das örtliche grundherrliche Gericht *[manorial court]* festlegte und die den zulässigen Viehbesatz (auch »Stoß« genannt), Düngung, Seuchenbekämpfung und so weiter regelten. Allerdings unterschieden sich diese Regeln erheblich von einem Dorf zum nächsten«. Simon Fairlie, »A Short History of Enclosure in Britain«, Hampton Institute, 16. Februar 2020. Fairlies Schlussfolgerung bezüglich der Einhegungen war eindeutig: »Es war glatter Diebstahl. Millionen von Menschen hatten sowohl gewohnheitsrechtliche als auch gesetzlich verbriefte Zugangsrechte auf Grundstücke, und die Grundlage eines unabhängigen Lebensunterhalts wurde ihnen durch das entzogen, was ihnen als eine Art kafkaeskes Tribunal erschienen sein muss.« Interessanterweise nahm in Schottland (wo es nicht nur zu Einhegungen kam, sondern die Bauern im Zuge der sogenannten *clearances* [Räumungen] auch gewaltsam von dem Land vertrieben wurden, das sie von jeher bestellt oder als Viehweide genutzt hatten) in einigen Fällen die Beweidung zu. Während es unklar ist, ob die neuen Eigentumsrechte, die den Armen gewaltsam auferlegt wurden, die Effizienz erhöhten oder nicht, haben sie die Ungleichheiten ganz klar erhöht.

44 Vgl. Megan Hernbroth, »IRA Costs Could Balloon over $1 Trillion«, Axios, 30. März 2023, Leslie Kaufman, »A Year into Biden's Climate Agenda, the Price Tag Remains Mysterious«, Bloomberg, 16. August 2023, und John Bistline, Neil Mehrotra und Catherine Wolfram, »Economic Implications of the Climate Provisions of the Inflation Reduction Act«, Brookings Papers on Economic Activity Conference Draft, Spring 2023.

45 All dies hängt selbstverständlich von der technologischen Entwicklung ab. Es ist heute relativ leicht, die $CO_2$-Emissionen eines Kraftwerks oder die Schadstoffemissionen eines Autos zu messen (das setzt selbstverständlich voraus, dass Autohersteller den Schadstoffausstoß nicht falsch protokollieren, wie es Volkswagen vor ein paar Jahren beim sogenannten Dieselskandal getan hat).

46 Dies ist die zentrale Botschaft der 2017 eingesetzten High-Level Commission on Carbon Prices, die ich gemeinsam mit Nicholas Stern leitete. Vgl. Joseph E. Stiglitz, Nicholas Stern, Maosheng Duan et al., »Report of the High-Level Commission on Carbon Prices«, International Bank for Reconstruction and Development und International Development Association/The World Bank, 29. Mai 2019.

47 Eine vergleichbare Reihe von Problemen taucht auf globaler Ebene auf: Entwicklungsländer sträuben sich gegen $CO_2$-Steuern oder Vorschriften, die womöglich ihre Entwicklung hemmen. Sie beklagen, dies sei ungerecht, weil der größte Teil der erhöhten $CO_2$-Konzentration in der Atmosphäre das Ergebnis von Aktivitäten der Industrieländer sei, die im Übrigen auch viel besser in der Lage seien, die Kosten von $CO_2$-Steuern und Regulierungsmaßnahmen zu tragen. Sie widersetzen sich auch globalen Emissionsregeln, obwohl sie zu den Ländern gehören, die am stärksten unter der globalen Erwärmung leiden werden. Die geeignete Lösung ist ein Paket, ähnlich dem gerade beschriebenen. In Kapitel 12 befassen wir uns eingehender mit diesen internationalen Fragen.

## KAPITEL 4 FREIHEIT DURCH ZWANG: ÖFFENTLICHE GÜTER UND DAS TRITTBRETTFAHRERPROBLEM

1 Einer der Gründe für die entscheidende Rolle des Staates bei transformativen Investitionen wie diesen sind ihre Kosten. Wie es der frühere *Scientific-American*-Redakteur Michael Moyer formulierte: »In Wahrheit wäre kein Privatunternehmen in der Lage gewesen, ein Projekt wie das Internet zu entwickeln, das jahrelange Forschungs- und Entwicklungsanstrengungen seitens vieler, weit voneinander entfernter Behörden erforderte und das erst nach jahrzehntelangen Investitionen durchzustarten begann. Visionäre Infrastrukturprojekte wie dieses haben entscheidenden Anteil daran, dass die US-Wirtschaft in den letzten hundert Jahren so stark gewachsen ist«, in »Yes, Government Researchers Really Did Invent the Internet«, *Scientific American*, 23. Juli 2012. Vgl. auch Marianna Mazzucato, *Das Kapital des Staates: Eine andere Geschichte von Innovation und Wachstum*, München 2014.

2 Organisation für Wirtschaftliche Zusammenarbeit und Entwicklung (OECD), »Life Expectancy at Birth«, in *Health at a Glance 2023: OECD Indicators*, Paris 2023.

3 Der deutsche Staat förderte die Entwicklung eines COVID-19-Impfstoffs durch BioNTech mit 445 Millionen Dollar. Vgl. Hussain S. Lalani, Jerry Avorn und Aaron S. Kesselheim, »US Taxpayers Heavily Funded the Discovery of COVID-19 Vaccines«, *Clinical Pharmacology and Therapeutics* 111, no. 3 (2022): 542–544.

4 Selbst wenn der Staat für die Förderung und Finanzierung der Abwasserentsorgung notwendig ist, stellt sich die Frage, ob er diese Dienstleistung an ein Privatunternehmen vergeben sollte. Die Ergebnisse von Privatisierung und Vergabe an Private sind oft enttäuschend und in einigen Fällen verheerend gewesen. US-Gefängnisse sind ein Musterbeispiel: Sofern es überhaupt Kostenersparnisse gab, waren diese minimal; die Rückfallquote nahm zu, und in dem Streben nach Kosteneinsparungen verschlechterte sich das Wohlergehen der Gefangenen insgesamt. In einigen Fällen befinden sich Dienstleistungen, nachdem sie jahrzehntelang privatisiert wurden, wieder in staatlicher Hand, wie etwa ein Großteil des britischen Eisenbahnnetzes.

5 Nicht alle öffentliche Güter sind »rein« in dem Sinne, dass ihre (kostenlose) Nutzung allen vollständig zugänglich ist; aber das Argument gilt auch dann noch, wenn die Nutzung weitgehend offen zugänglich ist. Der Begriff des reinen öffentlichen Gutes wurde erstmals 1954 von dem Wirtschaftswissenschaftler Paul Samuelson formalisiert. Vgl. Paul A. Samuelson, »The Pure Theory

of Public Expenditure«, *Review of Economics and Statistics* 36, no. 4 (1954): 387–389. Auch wenn die meisten öffentlich bereitgestellten Güter nicht in dem von Samuelson definierten Sinne reine Gemeingüter sind, so gilt trotzdem das zentrale Ergebnis, wonach es ohne staatliche Eingriffe zu einer Unterversorgung kommt. Für eine Diskussion dieser allgemeineren Fälle vgl. Anthony B. Atkinson und Joseph E. Stiglitz, *Lectures in Public Economics*, New York 1980; Princeton, NJ, 2015.

6 Vgl. Joseph E. Stiglitz, »Toward a General Theory of Consumerism: Reflections on Keynes' *Economic Possibilities for Our Grandchildren*«, in *Revisiting Keynes: Economic Possibilities for Our Grandchildren*, Lorenzo Pecchi und Gustavo Piga (Hg.), Cambridge, MA, 2008, 41–87.

7 Der Ausdruck »Gefangenendilemma« bezieht sich auf eine der früheren Versuchssituationen, in denen dieser Zusammenbruch der Kooperation erforscht wurde. Nehmen wir zwei verhaftete Straftäter, die gemeinsam ein Verbrechen begangen haben. Wenn beide schweigen, bleiben sie sechs Monate lang in Haft, bis zur Gerichtsverhandlung, aber sie werden nicht verurteilt. Doch der Staatsanwalt bietet ihnen beiden einen Deal an: Wenn Sie gestehen, kommen Sie sofort frei, wenn ich mit Ihrem Geständnis den anderen überführen kann (unter der Voraussetzung, dass der andere Gefangene nicht gesteht). In diesem Fall bekommt der nicht verpfeifende Täter zehn Jahre. Wenn beide gestehen, gehen sie beide für zwei Jahre ins Gefängnis. Es wäre für beide am besten zu schweigen, aber das ist kein Gleichgewicht. Wenn ein Täter glaubt, dass der andere schweigen wird, beschuldigt er ihn. Aber wenn er den anderen beschuldigt und der andere dies umgekehrt nicht tut, dann wird der andere richtig schwer bestraft, sodass es für den anderen besser ist, seinen Mittäter ebenfalls zu beschuldigen. Also belasten sich beide gegenseitig und werden beide zu zwei Jahren Haft verurteilt.

8 Unter bestimmten Umständen könnte es ein besseres Gleichgewicht geben, in dem Geschäfte, die sonntags geöffnet sind, dann einen höheren Preis verlangen, was die Ladeninhaber dafür entschädigen würde, dass sie an diesem Tag arbeiten müssen. Aber das ist vielleicht nicht möglich: Das Austauschen der Preisschilder könnte kostspielig sein, oder Kunden mögen dies für unfair halten, eine Art Preistreiberei, die denen schadet, die sonntags einkaufen gehen müssen. Im Allgemeinen ist das dezentrale Marktgleichgewicht nicht effizient, und staatliche Eingriffe, die bestimmen, welche Geschäfte öffnen sollen, können wohlfahrtssteigernd sein. Ein Beispiel ist der Wechsel unter den Apotheken, die sonntags geöffnet sind, in einigen europäischen Ländern.

9 An anderer Stelle habe ich gezeigt, dass Flash Trading am Aktienmarkt – bei dem Spekulanten versuchen, eine Mikrosekunde vor anderen an Informationen zu gelangen, und Millionen von Dollar für diesen Informationsvorsprung ausgeben – genau nach dem gleichen Muster abläuft. Vgl. Michael Lewis, *Flash Boys. Revolte an der Wall Street*, Frankfurt a. M. 2014. Eine formale Analyse wird vorgelegt in Joseph Stiglitz, »Tapping the Brakes: Are Less Active Markets Safer and Better for the Economy?«, präsentiert auf der Federal Reserve Bank of Atlanta Financial Markets Conference: Tuning Financial Regulation for Stability and Efficiency, 15. April 2014.

10 Es mag selbst bei optimaler öffentlicher Bereitstellung vorkommen, dass Spekulanten andere auszunutzen versuchen. In diesem Fall müssen eventuell einige zusätzliche Zwangsmaßnahmen, die sich gegen Spekulation richten, ergriffen werden.

11 Diese Diskussion von Situationen, in denen Kooperation vorteilhaft ist, sich aber ohne öffentliche Eingriffe nicht langfristig aufrechterhalten lässt, ist nicht erschöpfend. So wird zum Beispiel eine wichtige Kategorie von Situationen »Hirschjagd« genannt. Vereinfacht ausgedrückt: Ein Jäger kann entweder einen Hasen oder einen Hirsch jagen. Hirsche sind viel wertvoller, aber es wird angenommen, dass die Hirschjagd Kooperation erfordert. Ohne Kooperation müssen sich Jäger mit einem Hasen begnügen. Aber ohne erzwungene Kooperation befürchtet jeder Jäger vielleicht, dass ein anderer Jäger, weil er unsicher ist, ob ein Hirsch auftauchen wird, schnellstens einen Hasen erlegen wird, weil etwas besser ist als nichts. Dadurch aber wird er Hirsche, die sich eventuell in der Nähe aufhalten, verschrecken. Wenn kein hohes Vertrauen besteht, kann erzwungene Kooperation (Zwang) beide besserstellen.

12 Vgl. Kenneth J. Arrow, »An Extension of the Basic Theorems of Classical Welfare Economics«, in *Proceedings of the Second Berkeley Symposium on Mathematical Statistics and Probability*, Jerzy Neyman (Hg.), Berkeley 1951, 507–532; Kenneth J. Arrow, »The Role of Securities in the Optimal Allocation of Risk-Bearing«, *Review of Economic Studies* 31, no. 2 (1964): 91–96; Gerard Debreu, »Valuation Equilibrium and Pareto Optimum«, *Proceedings of the National Academy of Sciences* 40, no. 7 (1954): 588–592, und Gerard Debreu, *The Theory of Value*, New Haven, CT, 1959.

13 Wie in Kapitel 2 dargelegt, verstehe ich unter Marktfundamentalismus die beinahe religiöse Überzeugung, dass Märkte effizient sind – ein Glaubenssatz, der sich auch durch gegenteilige empirische und theoretische Befunde nicht erschüttern lässt. Vgl. Anmerkung 20, Kapitel 2, für eine Diskussion der Geschichte dieses Begriffs.

14 Arrow und Debreu hatten *hinreichende* Bedingungen für die Effizienz von Märkten aufgestellt. Es folgte ein langer und erfolgloser Versuch, schwächere Bedingungen zu finden. So hatten sie zum Beispiel angenommen, dass es ein vollständiges Ensemble von Risikomärkten gebe (Märkte zur Absicherung sämtlicher Risiken). Die oben – in Kapitel 2, Anmerkung 28 – und unten – in Kapitel 5, Anmerkung 16 – zitierten Studien zeigten, dass eine Volkswirtschaft ohne ein vollständiges Ensemble von Risikomärkten im Grunde nie effizient ist. Es verhielt sich sogar noch schlimmer, als es sich Arrow und Debreu ausgemalt hatten. Sie waren von vollkommener Information ausgegangen. Greenwald und ich zeigten, dass bei unvollkommener/asymmetrischer Information Märkte nicht effizient sind. Vgl. Greenwald und Stiglitz, »Externalities in Economies with Imperfect Information and Incomplete Markets«. In gleicher Weise haben wir gezeigt, dass Ökonomien mit endogenen Innovationen nicht effizient sind. Vgl. Stiglitz und Greenwald, *Die innovative Gesellschaft*.

15 Lassen wir einstweilen die Tatsache außer Betracht, dass Märkte in der Regel nicht kompetitiv sind, insbesondere nicht so, wie es diese Theoretiker unterstellt hatten. Dazu mehr in Kapitel 7.

16 Dies wird durch eine Vielzahl von Experimenten in der Verhaltensökonomik bestätigt und in Teil II weiter erörtert.

17 Vgl. die Diskussion in Kapitel 3.

18 Finnische Steuerverwaltung, »Finnish Citizens Understand the Significance of Paying Taxes – Young People Are a Bit Divided«, *Tax Administration Bulletin*, 11. Mai 2021.

19 So wie jeder Bürger eines Landes von einem nationalen öffentlichen Gut profitiert, so nutzen globale (oder internationale) öffentliche Güter jedem Menschen auf der Welt. Ich habe dieses mittlerweile weithin verwendete Konzept erstmals eingeführt in »The Theory of International Public Goods and the Architecture of International Organizations«, Background Paper No. 7, Third Meeting, High-Level Group on Development Strategy and Management of the Market Economy, UNU/WIDER, Helsinki, Finnland, 8.–10. Juli 1995, und es dann in den Folgejahren in einer Reihe von Aufsätzen weiter ausgearbeitet: »IFIs and the Provision of International Public Goods«, *Cahiers Papers* 3, no. 2, European Investment Bank (1998): 116–134, »Knowledge as a Global Public Good«, in *Global Public Goods: International Cooperation in the 21st Century*, Inge Kaul, Isabelle Grunberg und Marc Stern (Hg.), United Nations Development Programme, New York 1999, 308–325, und »Global Public Goods and Global Finance: Does Global Governance Ensure That the Global Public Interest Is Served?«, in *Advancing Public Goods*, Jean-Philippe

Touffut (Hg.), Cheltenham, GB, 2006, 149–164. Das Konzept war eine natürliche Parallele zu einem anderen, das ich ein paar Jahrzehnte früher erforscht hatte: sogenannte lokale öffentliche Güter – öffentliche Güter, deren Nutzen sich auf eine kleine Örtlichkeit beschränkt –, die erstmals von Charles Tiebout untersucht worden waren. Vgl. J. E. Stiglitz, »Theory of Local Public Goods«, in *The Economics of Public Services*, Martin S. Feldstein und Robert P. Inman (Hg.), London 1977, 274–333, und Charles Tiebout, »A Pure Theory of Local Expenditures«, *Journal of Political Economy* 64, no. 5 (1956): 416–442.

20 Die Tatsache, dass sie bei der Konferenz in Paris freiwillige Verpflichtungen eingingen, zeigt, dass Länder, anders als von der ökonomischen Standardtheorie behauptet, keine vollständigen Trittbrettfahrer sind. Allerdings muss man auch festhalten, dass viele Länder ihre in Paris eingegangenen Verpflichtungen nicht erfüllt haben.

21 US Department of State, Office of Environmental Quality, »The Montreal Protocol on Substances That Deplete the Ozone Layer«, www.state.gov.

## KAPITEL 5 VERTRÄGE, DER GESELLSCHAFTSVERTRAG UND FREIHEIT

1 Bei der frühen Diskussion über Gesellschaftsverträge stand die Beziehung zwischen Souverän (König) und Untertanen im Vordergrund. Heute wird der Gesellschaftsvertrag allgemeiner verstanden: als ein Vertrag, den Bürger miteinander schließen, nachdem sie sich darüber geeinigt haben, welche Befugnisse sie auf ihre Regierung übertragen wollen.

2 Samuel Fleischacker, »Adam Smith's Moral and Political Philosophy«, Erstveröffentlichung 15. Februar 2013, aktualisierte Fassung 11. November 2020, https://plato.stanford.edu/entries/smith-moral-political/.

3 Das Problem besteht darin, dass Menschen, wenn sie über politische Inhalte abstimmen, selbstverständlich wissen, an welcher Position sie in der Gesellschaft stehen oder zumindest ungefähr stehen. Trotzdem könnten sie, wenn sie sich fragen, was eine gerechte Gesellschaft ausmacht, entsprechend den von Rawls dargelegten Grundsätzen entscheiden. Rawls verband diese Methode zur Ermittlung einer gerechten Gesellschaftsordnung – durch eine Entscheidung, die hinter dem Schleier des Nichtwissens erfolgt – mit einem stringenteren Kriterium, wonach eine gerechte Einkommens- und Vermögensverteilung das Wohlergehen der am schlechtesten gestellten Personen maximieren sollte. Diese Sichtweise ist allerdings nicht allgemein anerkannt. Ich stimme mit Rawls darin überein, dass eine faire und gerechte Lösung es

erfordert, über solche Fragen hinter einem Schleier des Nichtwissens nachzudenken. Diese Idee enthält zahlreiche knifflige Feinheiten, die wir hier nicht weiterverfolgen können. Hinter dem Schleier des Nichtwissens wissen Menschen vielleicht nicht nur nicht, wie groß ihre Ressourcenausstattung ist (ob sie reich oder arm sind), sondern auch nicht, was sie mögen oder wie risikoscheu sie sind – all dies kann aber zu unterschiedlichen Ansichten über die wünschenswerte Gesellschaftsordnung führen. Noch komplizierter wird es in Teil II des Buches werden, wo Präferenzen endogen sind.

4 Wir müssen nicht so weit gehen wie Rawls und behaupten, dass wir Ungleichheiten nur in dem Maße hinnehmen sollten, wie sie das Wohlergehen der am schlechtesten gestellten Personen verbessern (so lassen sich zum Beispiel niedrigere Steuern für die Reichen dann und nur dann rechtfertigen, wenn damit zusätzliche Einnahmen erzielt werden, mit denen sich das Wohlergehen des am schlechtesten gestellten Individuums verbessern lässt), um anzuerkennen, dass eine zentrale Leitlinie bei der Ausgestaltung der Regeln ihre Auswirkungen auf die Einkommens-, Vermögens- und Machtverteilung sein sollten.

5 Selbst hinter dem Schleier des Nichtwissens können wir nicht sicher sein, dass es vollkommene Einmütigkeit gibt, außer unter einigen speziellen Bedingungen; aber zumindest dürfte das Ausmaß der Differenzen verringert sein.

6 Smith, *Der Wohlstand der Nationen*, I:X, 124.

7 Ebenda, I:VIII, 58.

8 Ebenda.

9 »Justice Department Requires Six High Tech Companies to Stop Entering into Anticompetitive Employee Solicitation Agreements«, US Department of Justice, Office of Public Affairs, 24. September 2010.

10 Zum Beispiel durch gesetzliche Bestimmungen, die Aktionären bei einer Insolvenz nur eine begrenzte Haftung zubilligen. In den letzten 20 Jahren erfolgten Abwägungen zwischen verschiedenen Freiheiten so, dass die Freiheiten der Schuldner eingeschränkt wurden, während diejenigen der Gläubiger erweitert wurden, und die einiger Gläubiger mehr als die anderer. Derivate-Gläubiger erhielten Vorrang vor anderen Anspruchsberechtigten, eine Art versteckte »Subvention« für jene Banken, die die Derivate auf Kosten anderer Gläubiger emittierten. Studienkredite durften nicht erlassen werden, auch wenn die Qualität der Lehre an den Hochschulen so schlecht war, dass sie die beruflichen Perspektiven der Studierenden nicht verbesserten. Das Insolvenzgesetz von 2005, für das die Banken sich so tatkräftig einsetzten und das ironischerweise den Titel Bankruptcy Abuse Prevention and Consumer Protection Act (Gesetz zur Vermeidung von Insolvenzmissbrauch und Verbraucherschutz) trug, führte eine Form der Schuldknechtschaft ein, die es Banken erlaubte,

bis zu einem Viertel des Lohns eines Arbeitnehmers zu pfänden. Dabei durften sie für die Restschulden derart hohe Wucherzinsen verlangen, dass seine Schulden mit der Zeit einfach immer weiter stiegen, wie sehr sich der Arbeitnehmer auch anstrengte.

11 Durch sogenannte Sammelklagen. Vgl. nachstehende Diskussion.

12 Ich sollte erwähnen, dass sie sich in der Regel nicht der Sprache bedienen, die wir hier benutzen. Sie beziehen sich bei diesen Behauptungen auf das Naturrecht oder folgern sie aus (ihrer Interpretation) der US-Verfassung. Manchmal basieren ihre Thesen auch auf einer unausgegorenen ökonomischen Analyse, der zufolge solche Regeln notwendig seien, damit die Wirtschaft funktioniere oder gut funktioniere.

13 Zum Beispiel die Frage, ob direkte öffentliche Produktion der öffentlichen Beschaffung bei Privatunternehmen oder einer öffentlich-privaten Partnerschaft vorzuziehen ist. Bedauerlicherweise zeichnen sich diese Partnerschaften oftmals durch eine Struktur aus, bei welcher der Staat sämtliche Verluste trägt, während beteiligte Private sämtliche Gewinne erhalten.

14 Richard M. Titmuss, *The Gift Relationship: From Human Blood to Social Policy*, London 1970.

15 Das Buch und der Film *He Said, She Said* (dt. Filmtitel: »Na typisch!«) schildern auf plastische Weise, wie diese NDAs funktionieren.

16 Für ein aktuelles Buch, das derartige Diskriminierungen beschreibt, vgl. Emily Flitter, *The White Wall: How Big Finance Bankrupts Black America*, New York 2022.

17 Kenneth Arrow und Gerard Debreu machten bei ihrem bahnbrechenden Beweis der Effizienz von Wettbewerbsmärkten die *Annahme*, dass jedes Risiko versicherbar sei. Es war eine *hinreichende Bedingung* für Markteffizienz. Sie konnten allerdings nicht beweisen, ob Märkte bei unvollständigen Versicherungsmärkten im Allgemeinen effizient sind oder nicht. Während der nächsten 25 Jahre wurde dann eine Debatte über die Frage geführt, ob dies notwendig sei, das heißt, ob Märkte, unter plausiblen Bedingungen, auch dann noch effizient sein könnten, wenn es kein vollständiges Ensemble an Risikomärkten gibt. Im Jahr 1986 bewiesen dann John Geanakoplos und Heraclos M. Polemarchakis sowie Bruce C. Greenwald und ich unabhängig voneinander, dass Märkte ohne eine vollständige Gesamtheit von Versicherungsmärkten grundsätzlich nicht effizient sind. Vgl. J. Geanakoplos und H. M. Polemarchakis, »Existence, Regularity, and Constrained Suboptimality of Competitive Allocations When the Asset Structure Is Incomplete«, in *Uncertainty, Information and Communication: Essays in Honor of K. J. Arrow*, vol. 3, W. P. Hell, R. M Starr und D. A. Starrett (Hg.), New York 1986, 65–95, und Greenwald und Stiglitz, »Externalities in Economies«.

**18** Betrachten wir ein bedeutendes Risiko, mit dem amerikanische Investoren konfrontiert sind, wenn sie sich mit dem Gedanken tragen, in China in die Produktion von Gütern, die in die USA exportiert werden sollen, zu investieren. Ein umsichtiger Investor, der sich der politischen Unwägbarkeiten bewusst ist, würde sich gegen das Risiko versichern wollen, dass die USA eine chinafeindliche Haltung einnehmen und Zölle verhängen – was unter der ersten Regierung Trump tatsächlich geschah. Nehmen wir zum Beispiel an, ein Investor hätte im Jahr 1985 gern eine solche Versicherung gehabt, und bei einer langfristigen Investition müsste die Versicherung das Risiko eines solchen Zolls bis weit in die Zukunft hinein abdecken. Die Standardtheorie verlangt, dass es eine solche Versicherung gibt. Aber diese Art von Versicherung wird nicht angeboten, sodass dies nur eines des zahlreichen Risiken ist, die Investoren selbst tragen müssen und nicht auf eine Versicherungsgesellschaft übertragen können. Die Tatsache, dass Investoren diese Risiken selbst tragen müssen, weil sie nicht versicherbar sind, hat offensichtlich erhebliche Konsequenzen.

**19** Meine frühere Arbeit mit Andrew Weiss – vgl. Stiglitz und Weiss, »Credit Rationing in Markets with Imperfect Information« – erklärte, warum das so ist. Die Analyse ist mittlerweile allgemein anerkannt und, mehr als 40 Jahre nachdem sie vorgelegt worden ist, sind noch keine Schwachstellen in ihr aufgedeckt worden. Auch die empirische Literatur hat sie umfassend bestätigt. Aber die politische Rechte ignoriert diese Tatsache und ihre weitreichenden Folgen.

**20** Die allgemeine Theorie, die dies beweist, wurde in zwei meiner früheren Aufsätze, die ich gemeinsam mit Michael Rothschild verfasste, dargelegt. Vgl. Michael Rothschild und Joseph E. Stiglitz, »Increasing Risk: I. A Definition«, *Journal of Economic Theory* 2, no. 3 (1970): 225–243, und Michael Rothschild und Joseph E. Stiglitz, »Increasing Risk II: Its Economic Consequences«, *Journal of Economic Theory* 3, no. 1 (1971): 66–84.

**21** Vgl. Jacob Hacker, »Economic Security«, in *For Good Measure: Advancing Research on Well-Being Metrics Beyond GDP*, Joseph E. Stiglitz, Jean-Paul Fitoussi und Martine Durand (Hg.), Paris 2018.

**22** Und wegen unzureichenden Einkommens sind Menschen oft gezwungen, praktisch jedes Stellenangebot anzunehmen, obgleich sie, wenn sie die Suche fortgesetzt hätten, vielleicht eine Stelle gefunden hätten, die ihrer Qualifikation viel besser entsprochen hätte. Daher trägt das Fehlen einer angemessenen Arbeitslosenversicherung zu Ineffizienz bei. Die Rechte befürchtet, dass eine Arbeitslosenversicherung zu einer anderen Ineffizienz beiträgt – Erwerbslosen, die faulenzen und Arbeitslosengeld kassieren, statt zu arbeiten. Dieses Argument war maßgeblich für ihre Ablehnung eines höheren Arbeitslosengelds während der Covid-19-Pandemie. Die Pandemie bot eine gute Gelegenheit, um die Stärke dieses Effekts zu untersuchen, weil verschiedene Staaten bezüglich der Zahlung von Arbeitslosengeld unterschiedliche Entscheidungen trafen. Insgesamt ist die Bilanz eindeutig: Der demotivierende Effekt auf die Arbeit war allenfalls gering. Vgl. Kyle Coombs, Arindrajit Dube, Calvin Jahnke, Raymond Kluender, Suresh Naidu und Michael Stepner, »Early Withdrawal of Pandemic Unemployment Insurance: Effects on Employment and Earnings«, *AEA Papers and Proceedings* 112 (Mai 2022): 85–90.

**23** Die Transaktionskosten sind u. a. deshalb so niedrig, weil diese Programme *universell* sind; der Staat muss kein Geld für Werbung ausgeben. Und der Staat muss auch keinen exorbitanten Gewinn erzielen. Zudem lassen sich die Beiträge zur Social Security zusammen mit den Steuern einziehen, sodass die inkrementellen Verwaltungskosten bemerkenswert niedrig sind.

**24** Es gibt eine umfangreiche, teilweise kontrovers diskutierte Literatur, die die Effizienz des öffentlichen Sektors beurteilt. Das australische Studienkreditprogramm ist viel effizienter als irgendein Privatprogramm in anderen Ländern – mit besser auf die Bedürfnisse der Kreditnehmer zugeschnittenen Bedingungen. Während es zahlreiche Beispiele für ineffiziente staatliche Programme gibt, zeigen das australische Studienkreditprogramm und die US-amerikanische (staatliche) Rentenversicherung, dass effiziente staatliche Programme möglich sind. Ebenso gibt es viele Beispiele für privatwirtschaftliche Ineffizienz. Die Verluste infolge der Fehlallokation von Kapital im Vorfeld der Finanzkrise von 2008 und die Verluste infolge dieser vom privaten Sektor ausgehenden Krise waren gigantisch.

**25** Einige Personen würden gern weniger sparen, als es öffentliche Programme von ihnen verlangen, oder sie würden ihr Geld lieber in eine hochriskante, hochrentierliche Kapitalanlage investieren. Ihr Verlust an Freiheit muss dem Zugewinn an Freiheit aller anderen gegenübergestellt werden. Und es gibt noch eine weitere Dimension: Wenn diese Personen in Rente gehen, besteht ein echtes Risiko, dass ihre Einkünfte nicht für ein auskömmliches Leben ausreichen. Sie werden unter der Armutsschwelle liegen. Eine humane Gesellschaft kann dies nicht zulassen. Hinter dem Schleier des Nichtwissens muss eine gute Gesellschaft deshalb dafür sorgen, dass alle Bürger genügend Geld beiseitegelegt und sicher investiert haben, damit sie im Alter ein einigermaßen auskömmliches Leben führen können.

**26** Auf einer Bürgerversammlung, bei der Präsident Obama für Obamacare warb, sagte er: »Neulich bekam ich einen Brief von einer Frau; sie schrieb: Ich will kein staatliches Gesundheitssystem, ich will keine verstaatlichte Medizin, und rühren Sie meine Medicare nicht an« (»Remarks by the President in AARP Tele-Town Hall on Health Care Reform«, 28. Juli 2009). Katrina vanden Heuvel schildert in ihrem Artikel »Keep Your Hands Off My Medicare!« (*The Nation*, 3. Mai 2011), wie Daniel Webster, demokratisches Mitglied des Repräsentantenhauses aus Florida, auf seiner Bürgerversammlung mit Gesten begrüßt wurde, die sagten: »Finger weg von Medicare«.

27 Zu jedem beliebigen Zeitpunkt können Entscheidungsträger immer nur einige wenige Hebel betätigen. Es ist offensichtlich, dass wir nicht alles gleichzeitig verändern können. Allerdings sollten wir eine Abfolge miteinander zusammenhängender Veränderungsschritte konzipieren und betrachten, wie sich die heutigen Veränderungen auf den zukünftigen Kurs des Landes auswirken werden – einschließlich der Möglichkeit zukünftiger politischer Reformen.

28 Smith, *Wohlstand der Nationen*, I:XI, 213.

## KAPITEL 6 FREIHEIT, EINE WETTBEWERBSÖKONOMIE UND SOZIALE GERECHTIGKEIT

1 Nassau William Senior war der erste Inhaber des Drummond Chair für Wirtschaftswissenschaften am All Souls College, Oxford, auf den er 1825 berufen wurde. Ich wurde 1976 der 15. Inhaber dieses Lehrstuhls. Seine Schriften richteten sich gegen Karl Marx.

2 Als die Sklaverei abgeschafft wurde, hatten in den meisten Ländern die »Eigentumsrechte« der Sklavenhalter Priorität – obgleich ihr »Eigentum« mit Fug und Recht als gestohlen angesehen werden konnte –, nicht die Rechte der Versklavten. Als Großbritannien die Sklaverei abschaffte, entschädigte es die Sklavenhalter großzügig mit dem Erlös aus der Emission einer Anleihe im Wert von 20 Millionen Pfund, was etwa 5 Prozent des damaligen nationalen BIP entsprach. Die ehemaligen Sklaven hingegen gingen leer aus. Vgl. Michael Anson und Michael D. Bennett, »The Collection of Slavery Compensation, 1835–43«, Bank of England Staff Working Paper No. 1,006 (November 2022). BIP-Zahlen aus Gregory Clark, »Debt, Deficits, and Crowding Out: England, 1727–1840«, *European Review of Economic History* 5, no. 3 (2001): 403–436. Die USA machten großzügigere Versprechungen – »40 Morgen Land und ein Maulesel« –, aber sie haben diese nie eingelöst. Vgl. William A. Darity Jr. und A. Kirsten Mullen, *From Here to Equality: Reparations for Black Americans in the Twenty-First Century*, 2. Aufl., Durham 2022.

3 Viele indigene Völker teilten diese Auffassung: Wenn man ein bestimmtes Stück Land nicht nutzt, dann überlässt man es *selbstverständlich* jemand anderem, der es nutzen will, in dem Wissen, dass einem das Land zurückgegeben wird, wenn man es braucht. Die Kolonialisten haben diese Art von Großmut nicht verstanden.

4 Viele andere Aspekte unseres Rechtssystems helfen dabei, Eigentumsrechte zu definieren und einzuschränken und die Rechte einiger im Verhältnis zu denen anderer zu definieren. Konkursgesetze geben an, welche Anspruchsberechtigten befriedigt werden, wenn ein Kreditnehmer seine Schuldverpflichtungen nicht vollständig erfüllen kann – und die Bedingungen, unter denen Schuldner von ihren Rückzahlungspflichten befreit sind. Änderungen an diesen Gesetzen können die Eigentumsrechte einiger stärken, aber diejenigen anderer schwächen, wie ich bereits in Anmerkung 10 von Kapitel 5 schrieb. Gesetze über gute Unternehmensführung dienen in der Regel dem Schutz von Minderheitsaktionären – indem sie die Handlungsfreiheit von Mehrheitsaktionären einschränken.

5 Es gibt weitere Feinheiten, die allerdings für die Botschaften dieses Buches nicht so wichtig sind, einmal abgesehen davon, dass sie noch deutlicher vor Augen führen, in welchem Sinne Eigentumsrechte soziale Konstruktionen sind. In der Regel gehen wir davon aus, dass das Eigentum an einem Vermögensgegenstand mit Kontrollrechten (Rechten bezüglich der Nutzung desselben) und Einkommensrechten (Rechtsansprüchen auf das Einkommen, das der Vermögensgegenstand abwirft) verbunden ist; aber manchmal sind diese getrennt. Einige Unternehmen verkaufen zum Beispiel Aktien, die mit einem Anspruch auf einen bestimmten Anteil am Gewinn ausgestattet sind, aber nur begrenzte oder gar keine Kontrollrechte gewähren.

6 Basierend auf einer Studie der RAND Corporation von 2020: »Die Studie deckte auf, dass der Herstellerpreise für jeden beliebigen Typ Insulin in den USA (98,70 USD) durchschnittlich fünf- bis zehnmal so hoch ist wie in allen anderen OECD-Ländern (im Durchschnitt 8,81 Dollar).« Vgl. Andrew W. Mulcahy, Daniel Schwam und Nathaniel Edenfield, »Comparing Insulin Prices in the United States to Other Countries: Results from a Price Index Analysis«, RAND Corporation, 6. Oktober 2020.

7 Wenig überraschend wehren sich die Grundeigentümer womöglich gegen die Umverteilung mit den Argument, das Land sei rechtmäßig erworben worden, der Diebstahl sei mittlerweile verjährt und so weiter.

8 Vgl. z. B. World Economic Forum, *The Global Social Mobility Report* (2020), und Stiglitz, *Der Preis der Ungleichheit* und die dort angeführte Literatur.

9 OECD, *A Broken Social Elevator? How to Promote Social Mobility*, Paris 2018.

10 Vgl. Michael Sandel, *Vom Ende des Gemeinwohls. Wie die Leistungsgesellschaft unsere Demokratien zerreißt*, Frankfurt a. M. 2020, und Daniel Markovits, *The Meritocracy Trap: How America's Foundational Myth Feeds Inequality, Dismantles the Middle Class, and Devours the Elite*, New York 2019.

11 Die Beschreibung dieses Teufelskreises bildete einen zentralen Teil meines Buches *Der Preis der Ungleichheit*. Daraus folgt u. a., dass Gesellschaften in einem schlechten Gleichgewicht – mit hoher wirtschaftlicher und politischer Ungleichheit – feststecken können.

12 Unter Prädistribution versteht man das Erreichen einer besseren Einkommensverteilung durch Steigerung der Gleichheit der Markteinkommen. Vgl. insbesondere Stiglitz, *Der Preis der Ungleichheit*; sowie Jacob S. Hacker und Paul Pierson, *Winner-Take-All Politics: How Washington Made the Rich Richer—and Turned Its Back on the Middle Class*, New York 2011. Ich leitete zwei Projekte, eines in Europa, das andere in den USA, bei denen es um die Frage ging, wie sich durch eine Neufassung der Regeln und Vorschriften gerechtere (und in vielen Fällen effizientere) Ergebnisse erzielen lassen würden. Vgl. Joseph E. Stiglitz mit Nell Abernathy, Adam Hersh, Susan Holmberg und Mike Konczal, *Rewriting the Rules of the American Economy: An Agenda for Growth and Shared Prosperity*, New York 2015, und Joseph E. Stiglitz mit Carter Daugherty und der Foundation for European Progressive Studies, *Rewriting the Rules of the European Economy: An Agenda for Growth and Shared Prosperity*, New York 2020.

13 Das Land der Staatsangehörigkeit erklärt fast 60 Prozent der Variabilität des globalen Einkommens. Staatsbürgerschaft und Einkommensgruppe der Eltern zusammen erklären rund 80 Prozent. Vgl. Branko Milanović, *Haben und Nichthaben. Eine kurze Geschichte der Ungleichheit*, Darmstadt 2017. Umgekehrt hätten einige, die unter den gegenwärtigen Regeln ein niedriges Einkommen haben, vielleicht ein höheres Einkommen gehabt, wenn sie in ein anderes Umfeld hineingeboren worden wären. Ihre relativen Stärken wären vielleicht großzügiger honoriert worden.

14 Und auch dies gilt umso mehr, wenn sie aus Erbschaften hervorgehen, die ihrerseits auf Ausbeutung oder den Vorteilen, die Privilegien und Macht mit sich bringen, beruhen.

15 Rawls behauptete, Ungleichheiten seien nur insoweit gerechtfertigt, als sie das Einkommen/Wohlergehen der am schlechtesten gestellten Individuen verbesserten, das heißt, die Besteuerung der Reichen sollte so ausgestaltet werden, dass sie ein maximales Steueraufkommen zur Umverteilung (beziehungsweise zur Finanzierung öffentlicher Güter, von denen auch die Armen profitieren) generieren. Auch bei einer solchen Besteuerung können allerdings einige Ungleichheiten auftreten. Ich vertrete eine etwas weniger extreme Auffassung.

16 Die Frage, ob Steuern die Ersparnisbildung oder die Arbeitsleistung mindern, ist höchst strittig. Während Rechtskonservative behaupten, sie hätten große Auswirkungen, versichern Progressive, die Effekte seien allenfalls begrenzt. Sogenannte Angebotspolitiker unter Präsident Reagan behaupteten, die Steuern seien so hoch, dass die Senkung der Steuern für die Reichen es erlauben würde, den Armen *mehr* Hilfe zukommen zu lassen. Die Realität widerlegte sie. So sprechen etwa Studien zu der Frage, wie sich die Besteuerung auf das Arbeitsangebot auswirkt, dafür, dass es bei »angemessener« Abschätzung der Gewinne für die Armen gegenüber den Verlusten der Reichen einen hohen Grenzsteuersatz für die höchsten Einkommensgruppen geben sollte. Für eine Diskussion der Trade-offs in einem einfachen Modell mit linearer Einkommensteuer vgl. Joseph E. Stiglitz, »Simple Formulae for Optimal Income Taxation and the Measurement of Inequality«, in *Arguments for a Better World: Essays in Honor of Amartya Sen, Volume I, Ethics, Welfare, and Measurement*, Kaushik Basu und Ravi Kanbur (Hg.), Oxford 2009, 535–566. Für optimale Grenzsteuersätze im oberen Einkommensbereich vgl. Emmanuel Saez, »Using Elasticities to Derive Optimal Income Tax Rates«, *Review of Economic Studies* 68 (2001): 205–229, und Peter Diamond und Emmanuel Saez, »The Case for a Progressive Tax: From Basic Research to Policy Recommendations«, *Journal of Economic Perspectives* 25, no. 4 (Herbst 2011): 165–190.

17 Das heißt, mit den in einem Jahr anfallenden Verlusten können Gewinne in einem anderen Jahr ausgeglichen werden.

18 Das Argument wurde erstmals vorgebracht von Evsey Domar und Richard Musgrave (einem der führenden Ökonomen auf dem Gebiet der öffentlichen Finanzwirtschaft zur Mitte des 20. Jahrhunderts) in ihrem berühmten Aufsatz von 1944 »Proportional Income Taxation and Risk-Taking«, *Quarterly Journal of Economics* 58, no. 3 (1944): 388–422. In einem meiner frühen Aufsätze entwickelte ich eine allgemeinere Formulierung: »The Effects of Income, Wealth and Capital Gains Taxation on Risk-Taking«, *Quarterly Journal of Economics* 83, no. 2 (1969): 263–283.

19 Theorie und Empirie zeigen, dass die Höhe von Steuersätzen auf Unternehmensgewinne keine nennenswerten Auswirkungen auf Investitionen, Beschäftigung und Innovation hat. Die Senkung der Körperschaftssteuer im Jahr 2017 ist ein typischer Fall: Offenbar sind in der Folge nur Dividenden, Aktienrückkäufe und Vorstandsbezüge gestiegen.

20 Vgl. Cingano, »Trends in Income Inequality and Its Impact on Economic Growth«; Ostry, Berg und Tsangarides, »Redistribution, Inequality, and Growth«, und Ostry, Loungani und Berg, *Confronting Inequality: How Societies Can Choose Inclusive Growth.*

21 Teil II erörtert ausführlicher, wie unsere Wirtschaftsordnung Menschen prägt.

22 So haben sieben unabhängig voneinander durchgeführte Studien der Universität Berkeley gezeigt, dass Kinder aus reichen Familien »eher gegen Gesetze und soziale Normen verstoßen«. Yasmin Anwar, »Affluent People More Likely to be Scofflaws«, *Greater Good Magazine*, 28. Februar 2012.

23 Und dies wäre insbesondere dann der Fall, wenn man glaubt, dass jeder einen moralischen Anspruch auf ein ausreichendes Einkommen zur Deckung seines Grundbedarfs habe. Hinter dem Schleier des Nichtwissens würden die meisten dem zustimmen.

24 Heute gilt für die Einwohner von Puerto Rico und Washington, D.C., dass sie zwar besteuert werden, aber keine (politische) Vertretung haben. Jeder Besucher Washingtons wird fortwährend daran erinnert, weil die meisten Nummernschilder von D.C. die Aufschrift »Taxation without Representation« tragen.

## KAPITEL 7 DIE FREIHEIT ZUR AUSBEUTUNG

1 Vgl. z. B. Gustavo Grullon, Yelena Larkin und Roni Michaely, »Are US Industries Becoming More Concentrated?«, *Review of Finance* 23, no. 4 (2019): 697–743, David Autor, David Dorn, Lawrence F. Katz, Christina Patterson und John Van Reenen, »The Fall of the Labor Share and the Rise of Superstar Firms«, *Quarterly Journal of Economics* 135, no. 2 (2020): 645–709, und Thomas Philippon, *The Great Reversal: How America Gave Up on Free Markets*, Cambridge, MA, 2019.

2 Mike Konczal, »Inflation in 2023: Causes, Progress, and Solutions«, Aussage vor dem Ausschuss für Aufsicht und Rechenschaftspflicht des Repräsentantenhauses, Unterausschuss für Gesundheitsversorgung und Finanzdienstleistungen, 9. März 2023, sowie Mike Konczal und Niko Lusiani, *Prices, Profits, and Power: An Analysis of 2021 Firm-Level Markups*, New York 2022.

3 Das Bundesrevisionsgericht für den 9. Gerichtsbezirk in San Francisco »billigte einen Vergleich in Höhe von 25 Millionen Dollar (…) mit Studierenden, die behaupteten, Donald Trump und seine mittlerweile nicht mehr bestehende Trump University hätten sie arglistig getäuscht«. Tom Winter und Dartunorro Clark, »Federal Court Approves $25 Million Trump University Settlement«, NBC News, 6. Februar 2018.

4 Im Anschluss an die Weltfinanzkrise enthüllte eine Flut von Klagen gegen die Großbanken systematische Muster von Betrug. Die Banken, die die Hypothekendarlehen ausreichten und sie an andere übertrugen, boten in der Regel

eine Art »Geld-zurück-Garantie« an: Falls die Hypothek nicht der Beschreibung entsprach (zum Beispiel ein Mietobjekt und keine selbst genutzte Immobilie betraf) oder falls der Vorgang der Ausreichung des Hypothekendarlehens nicht der Beschreibung entsprach (zum Beispiel, dass eine Reihe von Überprüfungen stattfinden sollte, um sicherzustellen, dass die Informationen über das Hypothekendarlehen zutreffend waren und das Darlehen gewisse Standards erfüllte), dann würde die kreditgebende Bank beziehungsweise der »Verbriefer« (die Investmentbank, die derartige Hypothekendarlehen bündelt) für sämtliche Verluste aufkommen oder das Hypothekendarlehen durch ein gleichwertiges »gutes« Hypothekendarlehen ersetzen. Die Banken sind ihren Verpflichtungen aus diesen Verträgen in systematischer Weise nicht nachgekommen. In fast allen Fällen wurden die Banken verurteilt (beziehungsweise schlossen sie Vergleiche) und mussten zig Milliarden Dollar zahlen. Vgl. zum Beispiel Matthew Goldstein, »UBS to Pay $1.4 Billion to Settle Financial-Crisis Fraud Case«, *New York Times*, 14. August 2023, und »Bank of America to Pay $16.65 Billion in Historic Justice Department Settlement for Financial Fraud Leading Up to and During the Financial Crisis«, Büro für öffentliche Angelegenheiten, US-Justizministerium, 21. August 2014.

5 Vgl. z. B. Liza Featherstone, *Selling Women Short: The Landmark Battle for Workers' Rights at Wal-Mart*, New York 2009.

6 Dies waren die sogenannten Opiumkriege (1839–1842, 1856–1860). Für eine Darstellung der Personen, die mit diesem Handel ein Vermögen machten, vgl. Amitav Ghosh, *Smoke and Ashes: Opium's Hidden Histories*, New York 2023.

7 Die ökonomischen Zusammenhänge waren einfach: Der Westen wollte Tee, Porzellan und andere von China produzierte Güter; China dagegen wollte kaum europäische Waren. Es gab ein Handelsdefizit. Der Opiumhandel »löste« dieses Problem: Großbritannien, das Indien beherrschte, konnte Opium von dort nach China exportieren.

8 »Inflation-Adjusted Earnings in Motor Vehicles and Parts Industry Down 17 Percent from 1990 to 2018«, Bureau of Economic Analysis, 6. Januar 2020.

9 In Ceylon führten die Kolonialbehörden eine Kopfsteuer ein, und wer nicht genug verdiente, um die Steuer zu bezahlen, musste einen Tag lang für die Regierung arbeiten.

10 Vgl. Jonathan Crush, »Migrancy and Militance: The Case of the National Union of Mineworkers of South Africa«, *African Affairs* 88, no. 350 (1989): 5–23.

11 Einige, die Pharmaunternehmen verteidigen, sagen, die hohen Gewinne seien als Anreize für Forschungsaktivitäten notwendig, auf denen Innovation beruhe. Aber die USA erlauben auch dann diese exorbitanten Gewinne, wenn

sie sich nicht als »Innovationsanreiz« rechtfertigen lassen – zum Beispiel wenn nicht einmal ein Patent betroffen ist. Und es gibt kaum Belege dafür, dass überzogene Gewinne sich in nennenswertem Umfang auf die Innovation auswirkten – während sie erhebliche Auswirkungen auf die Gesundheit von Menschen haben, die sich das Medikament nicht leisten können.

12 Es gibt eine mögliche rationale »marktbasierte« Erklärung: Die Marktteilnehmer erwarteten nicht, dass der Krieg lange dauerte, und nahmen an, dass die Preise bald sinken würden. Aber nachdem ein paar Monate vergangen waren, schien es wahrscheinlich, dass sich der Konflikt in die Länge ziehen würde. Terminkontraktpreise deuten auf nur mäßige Rückgänge hin.

13 In Wettbewerbsmärkten würde jede kleine Firma den Preis als gegeben hinnehmen, und dieser Effekt würde nicht auftreten. Aber wie schon erwähnt, sind Märkte keineswegs vollkommen kompetitiv. Gemeinsam erkannten sie, dass die rasche Ausweitung der Produktion lediglich diese Gewinne schmälern würde. Vgl. Anton Korinek und Joseph E. Stiglitz, »Macroeconomic Stabilization for a Post-Pandemic World«, Hutchins Center Working Paper No. 78, Brookings Institution (August 2022), für eine kurze Diskussion der Rolle stillschweigender Absprachen im Kontext der postpandemischen Inflation. Selbstverständlich lassen sich verschiedene Arten der Produktion unterschiedlich schnell hochfahren, insbesondere wenn man die Beschränkungen der Infrastruktur berücksichtigt. Aber nach allem, was man hört, gab es mehr als genug Gelegenheiten, um zum Beispiel Fracking an einigen Orten in den USA auszuweiten. Es ist nicht weiter verwunderlich, dass die Ölkonzerne die Gelegenheit der hohen Preise nutzten, um für mehr langfristige Konzessionen zu werben. Allerdings würde sich die erhöhte Öl- und Gasförderung wahrscheinlich erst bemerkbar machen, lange nachdem der vorübergehende Schub bei den Energiepreisen wieder vorbei war.

14 Dies ist in Krisenzeiten tatsächlich oft der Fall: Die Märkte reagieren zu langsam. Im Jahr 1950 setzte die US-Regierung den Defense Production Act (DPA) in Kraft, um in kritischen Zeiten Ressourcen requirieren zu können. Die erste Regierung Trump berief sich während der Pandemie auf dieses Gesetz. Andere Länder haben ähnliche Gesetze, und sie haben diese Gesetze in der Pandemie in ähnlicher Weise genutzt. Die USA hätten sich als Reaktion auf Versorgungsengpässe, die durch den Krieg in der Ukraine verursacht wurden, auf den DPA berufen können und wohl auch sollen. Eine weitere, begrenztere Maßnahme wäre vielleicht auch wirksam gewesen: Man hätte einfach für ein paar Jahre den Öl- oder Gaspreis garantieren und so das Risiko ausschalten können, dass der Krieg von kurzer Dauer wäre und die Preise auf ihr normales Niveau zurückkehrten.

15 Ich legte diesen Fall vor 50 Jahren dar in »Taxation, Corporate Financial Policy and the Cost of Capital«, *Journal of Public Economics* 2 (1973): 1–34, und formulierte später eine weniger mathematische, leichter verständliche Version des Arguments in »The Corporation Tax«, *Journal of Public Economics* 5 (1976): 303–311. Die Idee ist einfach: Weil die Kapitalkosten steuerlich absetzbar sind (entweder direkt, durch Geltendmachung als Aufwand, wie es in den USA heute der Fall ist, oder indirekt, durch Abschreibung für Wertminderung), ist die Steuer im Grunde eine Steuer auf den *Rein*gewinn (zum Beispiel Monopolerträge), und was immer ein Unternehmen tut, um diesen zu maximieren, ist das Gleiche, was es tut, um diesen (1-t)-mal zu maximieren, wobei t der Körperschaftssteuersatz ist. Die eine Situation, in der die Steuer womöglich verzerrend ist, ist dann gegeben, wenn Unternehmen »kapitalbeschränkt« sind, das heißt, wenn sie aufgrund von Kapitalmangel in ihrer Investitionstätigkeit eingeschränkt sind. Aber in dem Fall einer Sondergewinnsteuer litten die Öl- und Gaskonzerne nicht an einem Kapitalmangel: Sie zahlten nämlich zig Milliarden Dollar an ihre Aktionäre aus. Außerdem kann das Steuersystem so ausgestaltet werden, dass es die Absetzung *neuer* Investitionen erlaubt. Es kann sogar so konzipiert werden, dass es von inflationären Preissteigerungen abhält, indem es diejenigen höher besteuert, die ihre Margen erhöhen.

16 Dafür gibt es viele Gründe und auch für die Fähigkeit dieser Unternehmen, ihre beherrschende Machtstellung über längere Zeiträume aufrechtzuerhalten. In einigen Fällen treten zum Beispiel Netzwerk-Externalitäten auf – je mehr Personen in dem Netzwerk sind (eine Plattform nutzen), umso nützlicher ist es für eine Person, dem Netzwerk beizutreten. Sobald sich ein Netzwerk etabliert hat, kann es schwer sein, es zu entfernen.

17 Eine begrenzte Zahl von Unternehmen kann sich diese Anschubkosten leisten – insbesondere aber keine kleinen potenziellen Wettbewerber. Unter Berücksichtigung der hohen Anschubkosten kann es sogar wünschenswert sein, nur einige wenige Firmen am Markt zu haben, wie etwa bei einem natürlichen Monopol, wo Effizienz durch ein einzelnes Unternehmen (zum Beispiel ein einzelnes Stromunternehmen) erreicht wird. Aber die Dinge liegen erheblich komplizierter, als es den Anschein hat: Cloud Computing – von dem Start-ups profitieren, weil sie keine eigenen Datenzentren aufbauen müssen – hat paradoxerweise die Gemeinkosten von Start-ups verringert, während es gleichzeitig Amazon, Google und Microsoft mehr Macht gegeben hat.

18 Ich war gerichtlich bestellter Sachverständiger in einem Prozess gegen Sabre, das marktbeherrschende Flugreservierungssystem in den USA, und die Geschworenen verurteilten Sabre wegen Monopolisierung mithilfe einer breiten

Palette von Methoden, u. a. der gezielten Falschinformation über die Verfügbarkeit von Sitzplätzen bei Fluggesellschaften, die an seiner Monopolstellung rüttelten. *US Airways, Inc., for American v. Sabre Holdings Corporation*, 938 F.3d 43 (2d Cir. 2019).

**19** Diese Lehre wurde »Bestreitbarkeit« genannt. Vgl. William J. Baumol, »Contestable Markets: An Uprising in the Theory of Industry Structure«, *American Economic Review* 72, no. 1 (1982): 1–15. Aber selbst bei beliebig kleinen versunkenen Fixkosten könnte potenzieller Wettbewerb nicht den tatsächlichen Wettbewerb ersetzen. Vgl. Stiglitz, »Technological Change, Sunk Costs, and Competition«; und Stiglitz und Greenwald, *Die innovative Gesellschaft.*

**20** Vgl. Partha Dasgupta und Joseph Stiglitz, »Uncertainty, Industrial Structure and the Speed of R&D«, *Bell Journal of Economics* 11, no. 1 (1980): 1–28. Wenn das etablierte Unternehmen einfach zusicherte, dass es mit dem Preis jedes Wettbewerbers gleichziehen würde – besser noch, den Preis um 5 Prozent unterbieten würde –, dann wüsste jeder Neueinsteiger, dass der Versuch, Marktanteile durch Preisunterbietung zu ergattern, zum Scheitern verurteilt wäre.

**21** John Kenneth Galbraith, *American Capitalism: The Concept of Countervailing Power*, Boston 1952.

**22** Vgl. *AT&T Mobility LLC v. Concepcion*, 563 U.S. 333 (2011), *Epic Systems Corp. v. Lewis*, 584 U.S. (2018), *Am. Express Co. v. Italian Colors Rest.*, 570 U.S. 228 (2013), *Lamps Plus, Inc. v. Varela*, 587 U.S., 139 S. Ct. 1407, 203 L. Ed. 2d 636 (2019).

**23** Eine ähnlich ungerechte Ausübung von Marktmacht und in vielerlei Hinsicht gesellschaftlich noch schädlicher sind vertragliche Vertraulichkeitsvereinbarungen, die im vorherigen Kapitel diskutiert wurden.

**24** In seiner Aussage vor dem Kongress im Anschluss an die Finanzkrise schien Blankfein nichts Unrechtes darin zu erkennen, dass Goldman nicht offengelegt hatte, was es getan hatte, unter der üblichen Berufung auf den Grundsatz »caveat emptor« (das Mängelrisiko trägt der Käufer). Während die Bank beteuerte, nichts Unrechtes getan zu haben, gab sie nach einer Klage der Securities and Exchange Commission zu, einen »Fehler« gemacht zu haben, und zahlte für eine Wall-Street-Bank eine Geldstrafe in Rekordhöhe.

**25** Diese Idee ähnelt derjenigen von Guido Calabresi, der behauptete, das effizienteste Haftpflichtsystem (er meinte die Haftung bei einem Unfall) sei dasjenige, welches demjenigen die Haftpflicht auferlege, »der den Unfall zu den geringsten Kosten vermeiden könnte«. Vgl. Guido Calabresi, *The Costs of Accidents: A Legal and Economic Analysis*, New Haven, CT, 1970.

**26** James Boyle, *The Public Domain: Enclosing the Commons of the Mind*, New Haven 2008. Für eine ausführlichere Diskussion vgl. J. E. Stiglitz, *Die Chancen der Globalisierung*, Berlin 2006, und J. E. Stiglitz, »The Economic Foundations of Intellectual Property«, 6. jährliche Frey-Vorlesung über geistiges Eigentum, Duke University, 16. Februar 2007, *Duke Law Journal* 57, no. 6 (2008): 1693–1724.

**27** *Association for Molecular Pathology v. Myriad Genetics, Inc.*, 133 S. Ct. 2107 (2013); vgl. auch Regulatory Transparency Project, podcast, Roger D. Klein und Chayila Kleist, »Explainer Episode 55 – 10 Years On: The Impact and Effects of AMP vs. Myriad«, 12. Juni 2023, für eine Diskussion der weitreichenden Folgen der Entscheidung. Verteidiger dieser Patente sagen, ohne sie wäre das Wissen gar nicht erst generiert worden. Im vorliegenden Fall ist diese Behauptung eindeutig falsch: Das Humangenomprojekt analysierte *alle* menschlichen Gene. Das Wissen wäre allenfalls ein paar Monate später produziert worden.

**28** Michael Cavna, »Mickey Mouse Is Finally in the Public Domain. Here's What That Means«, *Washington Post*, 1. Januar 2024.

**29** In Kapitel 6 widersprach ich der These, dass die Einkommen und die Vermögen, die selbst von einer gut funktionierenden Wettbewerbsökonomie erzeugt werden, eine inhärente moralische Legitimität besitzen. Einige haben sich für eine Ausnahme für Innovatoren ausgesprochen, mit dem Argument, es sei gerecht, sie für ihre bedeutenden Beiträge zu belohnen. Gegen diese Sichtweise lässt sich eine Vielzahl von Einwänden vorbringen, aber selbst wenn man der Meinung ist, dass sie belohnt werden sollten, sagt das Argument nichts darüber, in welcher Höhe dies geschehen sollte. Insbesondere gibt es kein philosophisches oder wirtschaftliches Argument dafür, dass der Anspruch auf die Ausübung von Monopolmacht über die Innovation 20 Jahre lang bestehen sollte. Die Rechtfertigung, sofern es eine gibt, bezieht sich auf die Abwägung der gesellschaftlichen Kosten des Monopols mit dem gesellschaftlichen Nutzen aus der induzierten Innovation. Es ist schon schwierig, den Grenzbeitrag eines einzelnen Erfinders festzustellen – gemäß dem berühmten Diktum von Isaac Newton: »Wenn ich weiter geblickt habe, so deshalb, weil ich auf den Schultern von Riesen stehe.« Die Frage, wem für die Entwicklung der Covid-19-Vakzine Anerkennung gebührt, verdeutlicht dies. Zu denjenigen, deren Namen im Allgemeinen genannt werden, gehören Katalin Kariko und Drew Weisman von der University of Pennsylvania, Paul Krieg, Douglas Melton, Tom Maniatis und Michael Green von der Harvard University sowie Robert Malone vom Salk Institute for Biological Studies. Vgl. z. B. Elie Dolgin, »The Tangled History of mRNA Vaccines«, *Nature* 597, no. 7876 (14. September 2021):

318–324. Aber natürlich profitierte keiner von ihnen von den finanziellen Belohnungen: Diese flossen Pfizer und Moderna zu.

**30** Für eine umfassendere Diskussion der Prämie und anderer Systeme zur Förderung und Finanzierung von Innovationen vgl. Stiglitz, *Die Chancen der Globalisierung.*

## TEIL II FREIHEIT, ÜBERZEUGUNGEN, PRÄFERENZEN UND DER AUFBAU DER GUTEN GESELLSCHAFT

**1** Der Philosoph David Hume (1711–1776) unterschied bekanntlich zwischen Präferenzen und Kognition (Überzeugungen). Letztere, so behauptete er, sei vernunftgesteuert – auch wenn (in moderner Terminologie ausgedrückt) wir in einer sich stetig wandelnden Welt vielleicht nie sicher sein können, ob unsere Einschätzungen relativer Häufigkeiten »richtig« sind. Für Präferenzen hingegen gelte dies nicht. George J. Stigler und Gary S. Becker in »De Gustibus Non Est Disputandum«, *American Economic Review* 67, no. 2 (1977): 76–90, behaupteten im Anschluss an Hume: Präferenzen seien gegeben, nicht vernünftiger Überlegung unterworfen. Humes berühmtes Diktum »Die Vernunft ist die Sklavin der Leidenschaften« ist nicht unvereinbar mit modernen verhaltenswissenschaftlichen Theorien über den Bestätigungsfehler und mit den aus ihm folgenden »Gleichgewichtsfiktionen«. Vgl. Karla Hoff und Joseph E. Stiglitz, »Equilibrium Fictions: A Cognitive Approach to Societal Rigidity«, *American Economic Review* 100, no. 2 (Mai 2010): 141–146. Überzeugungen, die *objektiv* falsch sind, können beibehalten werden, weil wir Informationen, die diesen Überzeugungen widersprechen, ignorieren und nur solche Informationen berücksichtigen, die mit diesen Überzeugungen übereinstimmen. Dies ist einer der Faktoren, die zur gesellschaftlichen Polarisierung betragen, wie ich weiter unten ausführe.

**2** Es ist nicht so, dass Ökonomen diese Tatsache *entdeckt* hätten – wie bereits erwähnt, springt sie fast ins Auge. Vielmehr haben sie endlich begonnen, diese Erkenntnis in ihre Analysen einzubeziehen.

**3** Vgl. Robert H. Frank, Thomas Gilovich und Dennis T. Regan, »Does Studying Economics Inhibit Cooperation?«, *Journal of Economic Perspectives* 7, no. 2 (1993): 159–171. Eine neuere Studie von Ifcher und Zarghamee bestätigt diesen Zusammenhang im Rahmen einer kurzen Exposition in einem Labor. Vgl. John Ifcher und Homa Zarghamee, »The Rapid Evolution of Homo Economicus: Brief Exposure to Neoclassical Assumptions Increases Self-Interested Behavior«, *Journal of Behavioral and Experimental Economics* 75 (2018): 55–65.

Andererseits deutet eine Studie der University of Massachusetts-Amherst darauf hin, dass Studierende der Wirtschaftswissenschaften zwar konservativer sind, das Studium der Wirtschaftswissenschaften Studierende aber nicht egoistischer macht. Dies hat möglicherweise mit der Art und Weise zu tun, wie dort Wirtschaftswissenschaften gelehrt werden. Die Universität steht in dem Ruf, einen sehr progressiven Fachbereich Wirtschaftswissenschaften zu haben; dies lässt vermuten, dass das Studium der Wirtschaftswissenschaften Studierende nicht notwendigerweise konservativer macht. Vgl. Daniele Girardi, Sai Madhurika Mamunuru, Simon D. Halliday und Samuel Bowles, »Does Economics Make You Selfish?«, University of Massachusetts Amherst Economics Department Working Paper Series 304 (2021).

4 Ihr bahnbrechender Fachaufsatz wurde im Jahr 1979 veröffentlicht, kursierte aber schon mehrere Jahre zuvor. Daniel Kahneman und Amos Tversky, »Prospect Theory: An Analysis of Decision Under Risk«, *Econometrica* 47, no. 2 (1979): 263–291. Ich hatte das Glück, nach einem Seminar des Social Science Research Council an der University of Michigan im Jahr 1973 in Diskussionen über diese Themen einbezogen zu werden.

5 Daniel Kahneman, *Schnelles Denken, langsames Denken*, München 2011.

6 Die Fehleranfälligkeit kognitiver Prozesse ist in einer Hinsicht für uns von Belang: Es ist schwerer, Entscheidungen zu treffen, wenn man mehr Wahlmöglichkeiten hat, und entsprechend ziehen einige Personen eingeschränkte Wahlmöglichkeiten vor (im Gegensatz zu unserer Ansicht, dass die Erweiterung der Optionen, die Individuen mehr Wahlfreiheit gibt, immer besser sei). Was wir uns normalerweise wirklich wünschen, ist ein Restaurant oder ein Geschäft, das die Präferenzen von Menschen wie uns kennt und daher die Dinge entfernt hat, die wir letzten Endes nicht ausgewählt hätten, was unsere Entscheidungskosten verringert. Es gibt noch einen weiteren, verkomplizierenden Faktor, der sogar in Situationen auftreten kann, in denen Individuen feste Präferenzen haben, und der mit dem zusammenhängt, was Ökonomen »Zeitkonsistenz« nennen. Ich weiß schon heute, dass ich morgen versucht sein werde, zu viel zu essen oder ein Suchtmittel einzunehmen. Also will ich, dass meine Wahlmöglichkeiten morgen eingeschränkt sind, um mich davon abzuhalten, mich morgen in einer Weise zu verhalten, die mit meinen heutigen Präferenzen übereinstimmt. Odysseus, der sich an einen Schiffsmast binden ließ, um dem Gesang der Sirenen zu widerstehen, ist ein frühes Beispiel. Dieses Buch geht auf keine dieser Komplexitäten näher ein.

7 Vgl. Demeritt, Hoff und Stiglitz, *The Other Invisible Hand.*

1 Dies wurde zum Beispiel von dem französischen Soziologen Émile Durkheim betont.

2 Humankapital stand im Mittelpunkt der traditionellen Diskussion von Ökonomen über die Bedeutung von Bildung. Und Schulen tun mehr, als Fähigkeiten zu prüfen und zu signalisieren, wie die neuere Literatur betont. Diese Rolle bei der Formung von Menschen wurde in den gängigen Darstellungen ignoriert, weil das Standardmodell der Ökonomen einfach *annahm*, die Präferenzen von Individuen seien unveränderlich und schon bei der Geburt festgelegt.

3 Ich wies bereits darauf hin, dass die Wirtschaftswissenschaften Menschen anzuziehen scheinen, die unverhältnismäßig egoistisch sind, und dass Wirtschaftsstudenten offenbar umso egoistischer werden, je länger sie Wirtschaftswissenschaften studieren, vgl. Anmerkung 3 in der Einleitung dieses Teils.

4 Akeel Bilgrami, »The Philosophical Significance of the Commons«, *Social Research: An International Quarterly* 88, no. 1 (2021): 203–239.

5 Smith gab zu, dass dies an ein Wunder grenze, da er das, was geschah, als wie von einer unsichtbaren Hand geleitet beschrieb. Bei einigen Interpreten von Smith nimmt diese unsichtbare Hand eine theologische Bedeutung an. Wie in Teil I erwähnt, hat die moderne Volkswirtschaftslehre jedoch erklärt, dass sie von der Annahme ausgeht, dass das Verfolgen eigennütziger Interessen nicht zum gesamtgesellschaftlichen Wohl führt. Preise sind ein Koordinierungsmechanismus; dieser funktioniert, aber in einer unvollkommenen Weise.

6 Vgl. Demeritt, Hoff und Stiglitz, *The Other Invisible Hand.*

7 Er behauptete dies in einem berühmten Artikel, der 1970 im *New York Times Magazine* erschien: »The Social Responsibility of Business Is to Increase Its Profits«, 13. September 1970.

8 Uri Gneezy und Aldo Rustichini, »A Fine Is a Price«, *Journal of Legal Studies* 29, no. 1 (2000): 1–17.

9 Vgl. Haesung Jung et al., »Prosocial Modeling: A Meta-Analytic Review and Synthesis«, *Psychological Bulletin* 146, no. 8 (2020): 635–663, für eine Überblicksdarstellung.

10 Gary S. Becker, *The Economics of Discrimination*, Chicago 1973 (Nachdruck 2010).

11 Die moderne Spieltheorie hat gezeigt, wie solche Gleichgewichte, die eine Gruppe auf Kosten anderer begünstigt, aufrechterhalten werden können. Für eine Diskussion des Sozialkapitals und eine Kritik einiger seiner Auswirkungen vgl. Ismail Serageldin und Partha Dasgupta (Hg.), *Social Capital:*

*A Multifaceted Perspective*, Washington, D.C., World Bank Publications, 2001, einschließlich des Kapitels von J. E. Stiglitz, »Formal and Informal Institutions«, S. 59–68.

12 Ein bekanntes Beispiel dafür ist der Kampf Singapurs gegen das Kaugummikauen.

13 Demeritt et al., in *The Other Invisible Hand*, diskutieren ausführlich, auf welche Weise etablierte Normen gesellschaftliche Rigiditäten erzeugen, die die Fähigkeit der Anpassung an sich wandelnde Umstände beeinträchtigen und manchmal dysfunktionale soziale Praktiken wie das Füßebinden aufrechterhalten. Sie befassen sich auch mit der Frage, wie sich Normen wandeln und verändert werden können und wie sie, zumindest in bestimmten Fällen, aufgestellt werden. Dies sind wichtige Fragen, insbesondere wenn man die Auswirkungen sozialen Zwangs auf die individuelle Freiheit bedenkt, aber ich kann sie im Rahmen der Fragestellung dieses Buches nicht weiter vertiefen.

14 Dave Eggers beschreibt in seinem (im Original) 2013 erschienenen Roman *Der Circle* eine Orwell'sche Konzerndystopie im Innern des größten Internetunternehmens der Welt.

15 Oder zumindest sind dies die meisten von uns. Fraglich könnte dies bei Menschen mit begrenzten kognitiven Fähigkeiten und bestimmten Persönlichkeitsstörungen wie etwa Soziopathie sein.

16 Amartya Sen behauptet in seinem 2009 erschienenen Buch *Die Idee der Gerechtigkeit*, dass wir nicht nur die Fähigkeit besitzen, über solche Fragen vernünftig zu urteilen, sondern auch eine angeborene Empathie und ein Verständnis von Fairness besitzen, die in unsere Urteilsbildung einfließen. Aber auch damit lässt sich das Trittbrettfahrerproblem nicht vollständig lösen.

17 Persönliche Korrespondenz.

18 Dies ist ein zentraler Kritikpunkt von Karla Hoff und mir in »Equilibrium Fictions: A Cognitive Approach to Societal Rigidity« an den Arbeiten derjenigen, die Individuen so modellieren, als würden diese Präferenzen oder Überzeugungen oder auch eine Identität, die eine Meta-Nutzenfunktion maximieren, gezielt auswählen, wie etwa Roland Benabou und Jean Tirole, »Incentives and Prosocial Behavior«, *American Economic Review* 96, no. 5 (2006): 1652–1678, und Roland Benabou und Jean Tirole, »Identity, Morals, and Taboos: Beliefs as Assets«, *Quarterly Journal of Economics* 126, no. 2 (2011): 805–855.

19 Diese Skepsis bezüglich unserer Fähigkeit, unsere »Brillen« – eingefahrene Betrachtungsweisen – abzulegen, wird durch jüngste Forschungsarbeiten untermauert, die zeigen, dass selbst diejenigen, die am ehesten dazu in der Lage sind, die Introspektion, die es braucht, um die Bildung dieser »Brillen« zu verstehen, nur schwer über längere Zeit aufbringen können. Mohsen Javdani

und Ha-Joon Chang, »Who Said or What Said? Estimating Ideological Bias in Views Among Economists«, *Cambridge Journal of Economics* 47, no. 2 (1. März 2023): 309–339, fanden im Rahmen einer randomisierten kontrollierten Studie heraus, dass die Veränderung der Quellenangaben von Mainstream-Quellen hin zu Quellen, die weniger den Mainstream repräsentieren, die berichtete Zustimmung von Ökonomen zu Aussagen verringerte (mit signifikanten Unterschieden je nach Geschlecht, Forschungsgebiet und Studienhauptfach – und zwar in Übereinstimmung mit ihrer ideologischen Voreingenommenheit), obgleich 82 Prozent der Teilnehmer erklärten, man solle ausschließlich auf den Inhalt achten. Das Ergebnis scheint auf unbewusste Voreingenommenheiten hinzudeuten, die die Teilnehmer nicht erkannt haben.

**20** Während *einige* Personen innerhalb einer Gruppe in der Lage sind zu verstehen, das die »Brille«, durch die sie die Welt betrachten, ihnen aufgesetzt worden ist, und sie beschließen, diese anzubehalten oder abzulegen, ist es für viele undenkbar, außerhalb dieser vorgegebenen Raster zu denken; die »Brille« ist ein Teil ihrer Identität, und es ist für sie unvorstellbar, dass sie eine andere Identität haben könnten.

**21** Auch wenn (von wenigen Ausnahmen abgesehen) die Banken nicht »schuldig gesprochen« wurden, gab es zahlreiche außergerichtliche Vergleiche, bei denen die Finanzinstitute manchmal Geldstrafen in Höhe von mehreren Hundert Millionen Dollar zahlten. Vgl. Sewell Chan und Louise Story, »Goldman Pays $550 Million to Settle Fraud Case«, *New York Times*, 15. Juli 2010, und Charlie Savage, »Wells Fargo Will Settle Mortgage Bias Charges«, *New York Times*, 12. Juli 2012.

**22** Vgl. Wenling Lu und Judith Swisher, »A Comparison of Bank and Credit Union Growth Around the Financial Crisis«, *American Journal of Business* 35, no. 1 (1. Januar 2020), und Stiglitz, *Im freien Fall*, für eine ausführlichere Diskussion.

**23** Brian M. Stecher et al., »Improving Teaching Effectiveness: Final Report: The Intensive Partnerships for Effective Teaching Through 2015–2016«, RAND Corporation, 21. Juni 2018. Eine neuere Überblicksdarstellung kam zu ähnlichen Ergebnissen, war jedoch optimistischer in Bezug auf Programme, die Gehaltsanreize mit anderen Faktoren kombinieren. Vgl. Matthew Stone und Caitlynn Peetz, »Does Performance-Based Teacher Pay Work? Here's What the Research Says«, *Education Week*, 12. Juni 2023.

**24** Vier der fünf Bundesstaaten mit führenden Bildungssystemen (New Jersey, Connecticut, Vermont und Massachusetts) gehören auch zu den zehn führenden Bundesstaaten in Bezug auf die Quote gewerkschaftlich organisierter

Lehrer an öffentlichen Schulen. Für eine Rangliste der bundesstaatlichen Bildungssysteme vgl. Scholaroo, »States Ranked by Education – 2023 Rankings«, 23. Januar 2023, und für die Gewerkschaftsdichten vgl. »Public School Teacher Data File, 2017 – 18«, National Teacher and Principal Survey, National Center for Education Statistics, US Department of Education.

**25** Es gibt eine Vielzahl von Publikationen über das Thema dieses Unterabschnitts. Vgl. Yann Algan, »Trust and Social Capital«, Kapitel 10 in Stiglitz, Fitoussi und Durand, *For Good Measure: Advancing Research on Well-Being Metrics Beyond GDP*.

**26** Wie schon erwähnt, versuchen Eltern und Schulen, junge Menschen in dieser Weise zu formen, mit einigem Erfolg, aufs Ganze gesehen. Wie erfolgreich diese Bemühungen waren, wird uns vor Augen geführt, wenn wir jemandem wie Donald Trump begegnen, bei dem die Erziehung offenbar nicht sonderlich gefruchtet hat.

**27** Wie Stefano Battiston von der Universität Zürich und ich es im Titel eines aktuellen Arbeitspapiers (in Kürze erscheinend) ausdrücken: »Unstable by Design« – mit eingebauter Instabilität.

**28** Anhänger des neoliberalen Kapitalismus behaupten, dass es korrigierende Kräfte wie die Reputation gebe, die diese Auswüchse eindämmten und die langfristige Überlebensfähigkeit des Systems sicherstellten. In Kapitel 11 erkläre ich, warum sie, obgleich vorhanden, zu schwach sind.

## KAPITEL 9 WIE UNS SOZIALE MEDIEN UND BIG-TECH PRÄGEN

**1** So haben sie sich zum Beispiel lautstark gegen die Aufhebung der geltenden Bestimmungen gewandt, die ihnen eine Vorzugsbehandlung bezüglich der Haftung für Inhalte, die über ihre Plattformen übermittelt werden, im Vergleich zu anderen Medien (vgl. die Diskussion unten) gewähren. In Bezug auf die Moderierung von Inhalten auf ihren Plattformen verhalten sie sich gelegentlich heuchlerisch, indem sie einerseits behaupten, es sei an der Regierung, Standards zu definieren, andererseits gleichzeitig insgeheim die Auferlegung jeglicher Standards zu hintertreiben versuchen.

**2** Dieser Abschnitt enthält Ideen und ist teilweise übernommen aus Anya Schiffrin und J. E. Stiglitz, »Facebook Does Not Understand the Marketplace of Ideas«, *Financial Times*, 17. Januar 2020, und Joseph E. Stiglitz und Andrew Kosenko, »Robust Theory and Fragile Practice: Information in a World of Disinformation«, *The Elgar Companion to Information Economics*, Daphne R. Raban und Julia Włodarczyk (Hg.), Northampton, MA, 2024.

3 Diejenigen, die diesen Fehler machten, waren in guter Gesellschaft: Einer der ersten Forscher auf diesem Gebiet, George Stigler von der Universität Chicago, machte ihn auch. Er wollte glauben, dass Märkte für Informationen genauso beschaffen seien wie gewöhnliche Märkte, und genauso wie er (fälschlicherweise) annahm, dass Letztere effizient seien, glaubte er dies auch von Ersteren. Vgl. z. B. George J. Stigler, »The Economics of Information«, *Journal of Political Economy* 69, no. 3 (1961): 213–225.

4 Es gibt noch einen weiteren Grund dafür, dass der Wettbewerb auf Informationsmärkten unvollkommen ist. Bei unvollkommener Information ist der Wettbewerb auf Märkten in der Regel ebenfalls unvollkommen. Marktplätze für Informationen zeichnen sich ihrerseits grundsätzlich durch Informationsunvollkommenheiten aus. Wir wissen nun aber, dass Märkte, auf denen kein vollkommener Wettbewerb herrscht, im Allgemeinen nicht effizient sind.

5 Während in einfachen Modellen, in denen die Beschaffung, Verbreitung und Verarbeitung von Informationen kostenlos und die Verbraucher vollkommen rational sind, Unternehmen Anreize haben, ehrlich zu sein, und es keiner Offenlegungspflichten bedürfte, treffen diese Annahmen in der Wirklichkeit nicht zu, zum Beispiel weil es kostspieliger Überprüfung bedarf, und die meisten gut funktionierenden Regierungen erlegen zumindest einige Offenlegungspflichten auf. Die ursprünglichen theoretischen Analysen stammen von Stiglitz (1975) und Milgrom (1981). Vgl. J. E. Stiglitz, »The Theory of ›Screening,‹ Education, and the Distribution of Income«, *American Economic Review* 65, no. 3 (1975): 283–300, und P. R. Milgrom, »Good News and Bad News: Representation Theorems and Applications«, *Bell Journal of Economics* 12, no. 2 (1981): 380–391.

6 Das US Consumer Financial Protection Bureau (CFPB) verlangt in ähnlicher Weise von Kreditgebern eine transparente Angabe ihrer Bedingungen.

7 Vgl. z. B. Jack Ewing, »Inside VW's Campaign of Trickery«, *New York Times*, 6. Mai 2017.

8 Vgl. u. a. Shlomo Benartzi und Richard Thaler, »Heuristics and Biases in Retirement Savings Behavior«, *Journal of Economic Perspectives* 21, no. 3 (2007): 81–104.

9 Selbst wenn Unternehmen entstehen, welche die Qualität der Informationen prüfen, ist dies mit Kosten verbunden, die jemand tragen muss.

10 Auch wenn ein Trittbrettfahrerproblem vorliegt, gibt es vielleicht *gewisse* Bemühungen, Informationen bereitzustellen, um Falsch- und Desinformationen entgegenzutreten, aber solche Bemühungen werden nicht ausreichen. NewsGuard ist ein kommerzielles Projekt mit dem Ziel, »Lesern, Marken und Demokratien transparente Tools [bereitzustellen], um Falschinformationen

entgegenzutreten«. Vgl. »About NewsGuard«, www.newsguardtech.com/about-newsguard/. Sein Erfolg war begrenzter als ursprünglich erhofft.

11 Es mag große Bereiche geben, wo dies nicht der Fall ist – metaphysische Fragen, bei denen die im nächsten Kapitel erörterten Grundsätze der Toleranz von entscheidender Bedeutung sind.

12 Dies steht im Widerspruch zu dem Standpunkt vieler Rechtskonservativer, die auch im Bereich der Wissenschaft auf ihrem Recht auf *ihre* Interpretation der Fakten bestehen – zum Beispiel darauf, behaupten zu dürfen, dass es den Klimawandel nicht gibt.

13 Dies mag eine zu enge Interpretation der Geschichte sein: Es hat immer wieder vereinzelte Versuche gegeben, die Unabhängigkeit der Justiz zu untergraben und, in manchen Kreisen, Expertise anzuzweifeln, einschließlich derjenigen von Bildungs- und Forschungseinrichtungen. Unter der ersten Präsidentschaft Trumps wurden diese Bemühungen allerdings mutiger und griffen immer weiter um sich.

14 Ähnliches gilt für Arbeitnehmer bei Streitigkeiten mit ihren Arbeitgebern, wenn keine Gewerkschaften existieren. Schlimmer noch: Der Oberste Gerichtshof der USA hat die Möglichkeiten von Personen, sich Sammelklagen anzuschließen, eingeschränkt. Dies hat es noch schwerer gemacht, Rechtsmittel gegen Konzerne einzulegen, wie wir in Kapitel 7 sahen. Der konservative Oberste Gerichtshof beteiligt sich an einer subtilen Neufassung des Regelrahmens unserer Wirtschaft, der Konzerne auf Kosten von Arbeitnehmern und Verbrauchern begünstigt.

15 Schiffrin und Stiglitz, »Facebook Does Not Understand the Marketplace of Ideas«.

16 Manchmal stammt ihr Gewinn aus eindeutig sittenwidrigen Geschäften, wie etwa Klickbetrug, bei dem Plattformen anderen Unternehmen Geld entlocken, ohne eine Leistung zu erbringen.

17 In einem vollkommenen Wettbewerbsmarkt übermitteln Preise alle relevanten Informationen. Im formalen Ökonomenjargon ausgedrückt: Preise sind eine ausreichende Statistik für alle relevanten Informationen.

18 Dies ist der sogenannte Erste Hauptsatz der Wohlfahrtsökonomik. Auch wenn *vollkommene* Preisdiskriminierung ebenfalls Effizienz erhalten kann, sind die von Plattformen generierten und von Unternehmen, die Preisdiskriminierung betreiben, genutzten Informationen keineswegs ausreichend, um eine vollkommene Preisdiskriminierung zu ermöglichen (auch wenn moderne Algorithmen dem viel näher kommen können, als es früher der Fall war). In Joseph E. Stiglitz, »Monopoly, Non-Linear Pricing and Imperfect Information: The Insurance Market«, *Review of Economic Studies* 44, no. 3 (1977): 407–430,

wies ich nach, dass es bei vollkommener Information zu großen Wohlfahrtsverlusten kommt, die mit dem Monopol zusammenhängen, das durch den Versuch einer unvollkommenen Preisdiskriminierung entsteht.

**19** Dies gilt auch dann, wenn zum Beispiel bei dem Versuch, eine bessere Werbemaschine zu entwerfen, um Verbrauchern mehr Geld aus der Tasche zu ziehen, vielleicht indirekt positive Nebeneffekte auftreten. Dies ist zum Beispiel ein wichtiger Ansporn für die KI-Entwicklung gewesen. Dennoch führte das unerbittliche Gewinnstreben schon mehrfach zu einer Verschlechterung der Produktqualität.

**20** Studien haben gezeigt, dass Plattformen einen Anreiz haben, toxische Inhalte (die oftmals polarisierend sind) zu zeigen, weil dies den Werbe- und Contentkonsum erhöht. Vgl. George Beknazar-Yuzbashev, Rafael Jimenez Duran, Jesse McCrosky und Mateusz Stalinski, »Toxic Content and User Engagement on Social Media: Evidence from a Field Experiment«, 1. November 2022, http://dx.doi.org/10.2139/ssrn.4307346.

**21** Selbst bei vollkommen rationalen Individuen kann es zu Polarisierung kommen, und die Polarisierung wird möglicherweise noch verstärkt durch das, was die Medien an Informationen liefern und wie sie dies tun. In unserer zersplitterten Welt beurteilen Menschen die Richtigkeit von Informationen, die sie von verschiedenen Medien erhalten, unterschiedlich. In Anbetracht der Tatsache, dass Zeit knapp ist, wenden sich Bürger auch dann, wenn Informationen kostenlos sind, den Informationsanbietern zu, die aus ihrer Sicht »besser« sind. Dies verstärkt die gesellschaftliche Polarisierung. Und auch wenn andere Informationsquellen fehlen, interpretieren *rationale* Individuen, die die gleichen Informationen erhalten – aber unterschiedliche Weltanschauungen haben –, diese Informationen jeweils anders.

**22** Oder dass sie ihr Suchtpotenzial gezielt erhöht hatten oder dass mehrere Marlboro-Männer nacheinander an Lungenkrebs gestorben waren.

**23** Vgl. z. B. Karla Hoff und Joseph E. Stiglitz, »Striving for Balance in Economics: Towards a Theory of the Social Determination of Behavior«, *Journal of Economic Behavior and Organization* 126, Part B (2016): 25–57, und Demeritt, Hoff und Stiglitz, *The Other Invisible Hand.*

**24** Die Literatur über Polarisierung ist facettenreich und vielschichtig. So gibt es zum Beispiel einige Anhaltspunkte dafür, dass es die Polarisierung verstärkt, wenn man Anschauungen ausgesetzt wird, die den eigenen Überzeugungen widersprechen. Vgl. Christopher A. Bail, Lisa P. Argyle, Taylor W. Brown, John P. Bumpus, Haohan Chen, M. B. Fallin Hunzaker, Jaemin Lee, Marcus Mann, Friedolin Merhout und Alexander Volfovsky, »Exposure to Opposing Views on Social Media Can Increase Political Polarization«, *Proceedings of the National Academy of Sciences* 115, no. 37 (2018): 9216–9221.

25 Vgl. z. B. Kevin Quealy, »The More Education Republicans Have, the Less They Tend to Believe in Climate Change«, *New York Times*, 14. November 2017.

26 Weil die Funkfrequenzen »Eigentum« der Allgemeinheit sind, wurde (vernünftigerweise) angenommen, dass diese insbesondere das Recht hat sicherzustellen, dass die Funkfrequenzen in einer Weise genutzt werden, die das gesellschaftliche Wohl fördert – und nicht zu der heute zu beobachtenden Polarisierung führt. Der Ausgewogenheitsgrundsatz war nach verbreiteter Auffassung nicht nur verfassungsrechtlich verankert, sondern auch von zentraler Bedeutung für die Demokratie. In dem Verfahren vor dem Obersten Gerichtshof, in dem dieser Grundsatz im Jahr 1969 verteidigt wurde, argumentierte Richter Byron White: »Das Recht der Zuschauer und Hörer, nicht das Recht der Rundfunkanstalten, hat Vorrang.« Vgl. Justia Law, *Red Lion Broadcasting Co., Inc. v. FCC*, 395 U.S. 367 (1969).

27 Dan Fletcher, »A Brief History of the Fairness Doctrine«, *Time*, 20. Februar 2009. Vgl. auch Victor Pickard, »The Fairness Doctrine Won't Solve Our Problems – But It Can Foster Needed Debate«, *Washington Post*, 4. Februar 2021. Für eine umfassendere Diskussion dieser Fragen vgl. Victor Pickard, *America's Battle for Media Democracy: The Triumph of Corporate Libertarianism and the Future of Media Reform*, Cambridge 2014.

28 Wir wissen seit Langem, dass ein Zusammenhang besteht zwischen dem Konsum konservativer Medien und konservativen Überzeugungen, aber die Richtung der Kausalität ist unklar gewesen. Werden Menschen dadurch, dass sie Fox News sehen, konservativer? Diese Frage ist in einer Reihe natürlicher Experimente beantwortet worden, bei denen die eindeutige Kausalität des Effekts von Fox News nachgewiesen wurde. Vgl. Stefano DellaVigna und Ethan Kaplan, »The Fox News Effect: Media Bias and Voting«, *Quarterly Journal of Economics* 122, no. 3 (2007): 1187–1234.

29 In den Vereinigten Staaten hatte man beachtliche Erfolge dabei, Menschen davon zu überzeugen, dass Erbschaftssteuern »Todesabgaben« sind und nicht etwa ein Mittel, um das Fortbestehen von Vermögensungleichheiten zu unterbinden.

30 Wir betreten hier schwieriges philosophisches Terrain, das kurz im vorherigen Kapitel diskutiert wurde. Individuen haben Handlungsmacht – sie sind der Irreführung durch die Medien nicht einfach ausgeliefert, und sie müssen Fox News nicht vertrauen. Nachdem herauskam, dass Fox News erwiesenermaßen Lügen verbreitet, hätte man erwarten können, dass die Zuschauer Fox nicht mehr so unbedarft Glauben schenken. Aber die Verhaltenswissenschaften haben enthüllt, dass Zuschauer durch die Berichterstattung beeinflusst werden und die Medien die »Brille« gestalten, durch die weite Teile der Bevölkerung die Welt betrachten.

31 Wie in früheren Kapiteln erläutert, beeinflussen solche »Brillen« unsere Sichtweise von Gesetzen und anderen Rechtsvorschriften. So sind zum Beispiel Eigentumsrechte und Vertragsfreiheit soziale Konstruktionen, und jede Gesellschaft definiert diese Rechte und schränkt sie ein, und sie tut dies hoffentlich auf eine Weise, die das gesellschaftliche Wohl fördert. Sie beruhen nicht auf irgendeinem »Naturrecht«. Das Metanarrativ, durch das die Auswirkungen alternativer Eigentums- und Vertragsregeln betrachtet werden, wirkt sich selbstverständlich auf die Regeln aus, die wir erlassen.

32 Wie in Kapitel 1 erwähnt, gibt es eine lange Tradition, unsere besondere gemeinsame Ideologie (gemeinsamen Ansichten über die Welt) als notwendig sowohl für das reibungslose Funktionieren der Gesellschaft als auch für die Erhaltung der Macht der Eliten zu betrachten (vgl. die Diskussion von Antonio Gramsci im Vorwort).

33 Social-Media-Plattformen behaupten gelegentlich, sie seien neutrale Übermittler der Informationen (oder Falschinformationen) anderer. Aber das stimmt nicht. Ihre Algorithmen legen fest, wie Informationen empfangen werden – und sie wirken sich auf das Ausmaß aus, in dem verschiedene Individuen möglicherweise unterschiedliche Informationen erhalten. Die Traditionsmedien nehmen aktiver Einfluss auf die Gestaltung von Inhalten.

34 Ich möchte betonen: Unsere gegenwärtige Dysfunktion ist das Ergebnis nicht nur der heutigen verzerrten Medienlandschaft. So hat sie zum Beispiel nichts mit dem Aufstieg des Neoliberalismus vor rund 50 Jahren zu tun. Hier sind andere Kräfte am Werk. Auch wenn sämtliche Reformen, um die Medien demokratischer und rechenschaftspflichtiger zu machen, schon vor langer Zeit umgesetzt worden wären, wäre es wohl zu einem Erstarken populistischer Kräfte gekommen.

35 Nur zwei Jahre nach der Vergabe des Kredits erkannten die Geldgeber, dass Argentinien seine Schulden nicht zurückzahlen konnte. Es kam zu einer Kapitalflucht aus dem Land; Macri wandte sich an den IWF und sicherte sich einen Kredit über 44 Milliarden Dollar in dem vergeblichen Bemühen, die Wirtschaft zu stützen. Die Dollars wurden einfach dafür benutzt, die Kapitalflucht zu erleichtern, was zur Folge hatte, dass das Land massiv verschuldet war, ohne irgendetwas mit dem Kredit erreicht zu haben.

36 Für eine Definition von Medienmacht und eine Anwendung auf die USA vgl. Andrea Prat, »Media Power«, *Journal of Political Economy* 126, no. 4 (August 2018): 1747–1783.

37 Einige behaupten, es bedürfe nur einer Einwilligung »nach fachgerechter Aufklärung«. Aber aus zwei Gründen ist dies nicht ausreichend: Individuen werden im Allgemeinen nicht vollumfänglich über die Konsequenzen einer solchen

Einwilligung aufgeklärt (aufgrund der Begrenztheit der Informationen und der eingeschränkten Rationalität, auf die an anderer Stelle in diesem Buch hingewiesen wurde), und Unternehmen präsentieren die Wahlmöglichkeiten in einer Weise, welche die Ergebnisse verzerrt. Ich war Gast bei einem Abendessen, bei dem der CEO eines großen Telekommunikationskonzerns prahlte, er könne eine solche Einwilligung für ein paar Groschen bekommen, geringfügige Beträge im Vergleich zu dem Gewinn, der sich mit den gesammelten Informationen erzielen lasse.

38 Ganz im Gegenteil, bis vor Kurzem haben US-Handelsbeauftragte versucht, andere Regierungen zu einer hightechfreundlichen Regulierung zu zwingen; wie so oft setzt sich die US-Regierung (und insbesondere der US-Handelsbeauftragte) bei Handelsgesprächen für die Interessen der Hersteller, nicht die Interessen des Landes insgesamt ein – das ist ein zentraler Punkt in meinen Büchern *Die Schatten der Globalisierung* und *Globalization and Its Discontents Revisited* sowie in meinem zusammen mit Andrew Charlton geschriebenen Buch *Fair Trade for All*, Oxford 2005.

39 Hier sind insbesondere die Allgemeine Datenschutzgrundverordnung (DSGVO) zum Schutz personenbezogener Daten und das Gesetz über digitale Dienste (DSA) von 2022 zu nennen.

40 Vgl. Stiglitz, *Der Preis der Ungleichheit* und *Der Preis des Profits*.

41 Das Ölmonopol zum Beispiel wurde durch Zerschlagung beseitigt. Aber bei großen Netzwerkexternalitäten ist das womöglich keine gute Lösung. Es ist möglicherweise schwieriger, eine Vielzahl von Plattformen zu regulieren, um sicherzustellen, dass sie Inhalte angemessen moderieren und keine negativen Auswirkungen auf die Gesellschaft haben, als nur einige wenige zu regulieren. Dennoch wäre mit einer konsequenteren Durchsetzung geltender Vorschriften schon viel gewonnen, indem man zum Beispiel verhindert, dass Plattformen sich weiterhin wettbewerbswidrig verhalten (wie es die EU und die in den USA für Verbraucherschutz und Wettbewerb zuständige Federal Trade Commission bei Google und Amazon versucht haben), und keine Fusionen und Übernahmen erlaubt, die entweder jetzt oder in absehbarer Zeit zu weniger Wettbewerb führen (der Kauf von Instagram durch Meta/Facebook hätte höchstwahrscheinlich untersagt werden sollen).

42 Es ist nicht weiter verwunderlich, dass diejenigen, die sich gern mit Finanzzauberei beschäftigen, sich nicht einfach in Luft auflösen, wenn ein magisches Elixier – die Verbriefung – nicht die erwünschte Wirkung hat. Sie suchen nach einem anderen: Diesmal sind es Bitcoin und andere Kryptowährungen. Die Pleite der Kryptobörse FTX zeigt, dass aus der Verbindung von technologischen Fortschritten mit Finanzprodukten neue Betrugsmaschen hervorgehen können.

## KAPITEL 10 TOLERANZ, SOLIDARITÄT UND FREIHEIT

1 Es gibt eine indirekte Auswirkung: Das *Wissen*, dass es andere gibt, die sich in einer bestimmten Weise verhalten, kann sich auf das Wohlergehen einer Person auswirken. Der Toleranzbegriff, der in diesem Abschnitt erörtert wird, berücksichtigt dies nicht, wie der nächste Absatz verdeutlicht.

2 Dies ist ein Feld, auf dem sich selbst in scheinbar aufgeklärten Gesellschaften aufgeklärte Sichtweisen oft nicht durchsetzten. Viele Länder haben strenge Gesetze, die genau definieren, was als nicht akzeptabel gilt, und schwere Strafen androhen.

3 Andere Länder haben ähnliche institutionelle Strukturen geschaffen, um die weltanschauliche Neutralität des Staates sicherzustellen; in Frankreich ist diese in einer Reihe von Grundsätzen verankert, die in ihrer Gesamtheit als *laïcité* bezeichnet werden, und dazu gehören auch Verbote religiöser Symbole (wie Kopftücher) in Schulen.

4 Vgl. Will E. Edington, »House Bill No. 246, Indiana State Legislature, 1897«, Proceedings of the Indiana Academy of Science 45 (1935): 206–210. Der Gesetzentwurf wurde vom Indiana House of Representatives angenommen, aber vom Indiana Senate abgelehnt.

5 Man könnte diese Intoleranz gegenüber Gedanken mit dem Argument rechtfertigen, dass das Denken solcher Gedanken die Wahrscheinlichkeit von Handlungen erhöht, die der Gesellschaft schaden (in Analogie zu dem Argument im vorangehenden Kapitel, dass das, was über das Internet verbreitet wird, der Gesellschaft schaden kann). Die Bibel warnt ausdrücklich davor, sich »verführen« zu lassen. Dies folgt einer ganz ähnlichen Logik wie die Forderung nach strengeren Waffengesetzen: Erlaubt man den Besitz von Schusswaffen, erhöht dies die Wahrscheinlichkeit, dass Menschen erschossen werden. Die Rechte entgegnet oft, dass »Menschen töten, nicht Waffen«, das heißt, dass immer ein Mensch »den Finger am Abzug hat«, und wenn Menschen *sich entscheiden*, diese Freiheit auszuüben, indem sie jemanden erschießen, sollte man nicht die Waffe dafür verantwortlich machen, sondern den Schützen. Und denjenigen, die sich verantwortungsvoll verhalten, sollte nicht die Freiheit, eine Schusswaffe bei sich zu tragen, beschnitten werden, nur weil es Personen gibt, die sich nicht richtig kontrollieren können. Aber es gibt einen klaren Unterschied zwischen dieser Sichtweise in Bezug auf Schusswaffen und der Auffassung, dass man nicht daran *denken* sollte, gewisse Taten zu begehen. Schusswaffen *dienen dazu*, Schaden zuzufügen.

6 Selbstverständlich kann man die Gedanken einer Person nur dadurch in Erfahrung bringen, dass man ihr Verhalten oder ihre mündlichen Äußerungen beobachtet; und wie ich im letzten Kapitel anmerkte, können auch mündliche Äußerungen als »Handlung« betrachtet werden, insbesondere wenn sie darauf abzielen, die Handlungen anderer zu beeinflussen.

7 Auch wenn in jedem dieser Fälle erneut bedeutende externe Effekte auftreten.

8 So wird es eine humane Gesellschaft zum Beispiel nicht zulassen, dass eine ältere Person obdachlos wird oder hungert, weil sie nicht genügend gespart hat. Wenn daher jemand nicht ausreichend für sein Alter vorsorgt, werden anderen Personen Kosten auferlegt – ein externer Effekt.

9 Auch die Toleranz der Klimawandelleugner scheint begrenzt zu sein: In einigen Gebieten der USA ist es verboten, Klimawissenschaft zu unterrichten, vermutlich aus Sorge, dieser Unterricht würde zu Handlungen (in der nächsten Generation) führen, die ihren Überzeugungen widersprechen.

10 So wirkt zum Beispiel eine Fiskalpolitik, bei der die Regierung die Ausgaben kürzt, konjunkturdämpfend, sodass das Volkseinkommen sinkt. Dies ist so gut wie *immer* der Fall, weshalb ich diesbezüglich sehr sicher bin. Aber manchmal geschieht auch etwas anderes – zum Beispiel steigen die Exporte, weil eine benachbarte Volkswirtschaft wächst, und man muss die beiden Effekte auseinanderhalten. Doch obwohl die Belege in diesem Bereich eindeutig sind, gibt es Kontroversen. Einige konservative Ökonomen behaupten, dass das infolge der Ausgabenkürzungen verringerte Defizit die Zuversicht derart stärken wird, dass die Wirtschaft im Zuge einer »expansiven Kontraktion« – Wachstumsanregung durch Einsparungen –, so die scheinbar paradoxe Bezeichnung dafür, wachsen wird. Aber das stimmt einfach nicht, Die Verringerung von Haushaltsdefiziten, die *Kürzung* von Ausgaben, wirkt im Grunde immer kontraktiv – konjunkturdämpfend. Diese falsche Auffassung führt zu einer falschen Politik – Austerität –, die der Wirtschaft und insbesondere ungelernten Arbeitskräften großen Schaden zufügt.

11 »The Codrington Legacy«, All Souls College, University of Oxford, www.asc.ox.ac.uk/codrington-legacy.

12 Und deshalb ist es ein so großer Fehler, Marktmacht in der Medienbranche ausschließlich anhand der Marktmacht im Markt für Werbung zu beurteilen.

## TEIL III DIE WIRTSCHAFTSORDNUNG DER GUTEN UND GERECHTEN GESELLSCHAFT

1 Diese Doktrin ist eng verbunden mit einer umfassenderen philosophischen Denkrichtung, die zumindest bis zu Auguste Comte zurückreicht. Diese philosophische Konzeption wurde mittlerweile weitgehend widerlegt, auch von einigen, die, wie Ludwig Wittgenstein, ursprünglich zu ihren Anhängern zählten. Der Physiker Werner Heisenberg brachte es auf den Punkt: »Für den Positivisten gibt es dann eine einfache Lösung: Die Welt ist einzuteilen in das, was man klar sagen kann, und das, worüber man schweigen muss. (…) Aber es gibt wohl keine unsinnigere Philosophie als diese. Denn man kann ja fast nichts klar sagen. Wenn man alles Unklare ausgemerzt hat, bleiben wahrscheinlich nur völlig uninteressante Tautologien übrig.« Vgl. Werner Heisenberg, »Positivismus, Metaphysik und Religion«, in *Der Teil und das Ganze: Gespräche im Umkreis der Atomphysik*, München 2022, 250. Mein Doktorvater, Paul Samuelson, hat die positivistische Agenda in den Wirtschaftswissenschaften maßgeblich vorangetrieben.

2 Im 19. Jahrhundert hatten Utilitaristen wie Jeremy Bentham behauptet, die Gesellschaft solle so organisiert werden, dass die Summe der individuellen Nutzen maximiert wird. Die Positivisten verwarfen diese Auffassung mit der Begründung, der Grad des Nutzens einer jeden Person lasse sich nicht objektiv oder wissenschaftlich messen, die Nutzen also nicht vergleichen. Es sei nicht möglich zu beurteilen, ob der Genuss, den ich aus dem Verzehr einer Erdbeere ziehe, größer oder kleiner ist als der Genuss, den Sie daraus ziehen. Daher konzentrierten sich die Positivisten auf das Konzept der Pareto-Effizienz.

3 Ökonomen könnten Ratschläge geben, *wie* eine erforderliche Umverteilung bestmöglich durchgeführt werden könnte, aber auch dann würden sie sich ihrer Verantwortung entziehen, da sie über sozusagen mythische, nicht verzerrende, pauschale Umverteilungen reden würden. Es wurde behauptet, dass man mit diesen Umverteilungen weiterhin auf den Markt setzen könnte und dass man jedenfalls die ökonomische Effizienz nicht beeinträchtigen sollte. Die wird auch als das »Zweite Wohlfahrtstheorem« bezeichnet. Bei unvollkommener Information trifft dieses im Allgemeinen nicht zu, wie ich in einer Reihe von Aufsätzen nachwies. Für eine populärwissenschaftliche Darstellung vgl. Stiglitz, *Whither Socialism?* Einer der bedeutenden Fortschritte in der Volkswirtschaftslehre in der zweiten Hälfte des 20. Jahrhunderts war die genauere Analyse von Trade-offs zwischen Effizienz und Verteilung in einer Welt ohne pauschale Umverteilungen.

4 Manchmal konzentrieren sich Ökonomen auf Reformen, bei denen die ökonomischen Vorteile der Gewinner groß genug sind, um die Verlierer zu kompensieren, sodass alle bessergestellt sein *könnten*. Aber in der Regel finden solche Kompensationen nicht statt. Ob solche Reformen Wohlfahrtssteigerungen bewirken, hängt daher entscheidend davon ab, wer die Gewinner und wer die Verlierer sind.

5 Ob solche Eingriffe eine Pareto-Verbesserung sind, spielt keine Rolle.

6 In Wirklichkeit ist die Ablehnung moralischer Standpunkte und Urteile durch technokratische Ökonomen eine Farce: Sie nehmen in ihrem Austausch mit der Politik oft unausgesprochen moralische Standpunkte ein, verschleiern diese aber hinter dem Anschein »fachlicher Objektivität«.

7 Die Endogenität von Präferenzen – die Tatsache, dass sie veränderlich sind – stellt sowohl das utilitaristische als auch das Rawls'sche Rahmenmodell vor eine Herausforderung. Bei *gegebenen* Präferenzen und risikoscheuen Individuen hilft uns das Nachdenken darüber, wie eine gute Gesellschaft hinter dem Schleier des Nichtwissens aussehen würde, zu verstehen, warum eine egalitäre Gesellschaft wünschenswert ist. Doch was wäre, wenn es möglich wäre, eine Gesellschaft von Glücksspielern zu schaffen, die das Risiko lieben und bereitwillig eine unfaire Wette mit einer geringen Chance auf einen hohen Gewinn und einer hohen Wahrscheinlichkeit auf ein Leben in Armut eingingen? Wenn alle so eingestellt wären, dann würden alle hinter dem Schleier des Nichtwissens wirtschaftliche und soziale Ordnungsrahmen auswählen, die zu höherer Ungleichheit führten.

8 Die Wirtschaftswissenschaften des 20. Jahrhunderts postulierten, dass wir nichts über die relativen Vorzüge zweier Gesellschaften mit unterschiedlichen Präferenzen aussagen könnten. Wir könnten nur feststellen, wie gut ein Wirtschaftssystem *im Rahmen dieser vorgegebenen Präferenzen* Wohlfahrt erzeuge. Ich halte das für falsch. Auch wenn es bei endogenen Präferenzen schwerer ist, eindeutige Aussagen über das individuelle Wohlergehen zu machen, als bei unveränderlichen Präferenzen, kann man trotzdem etwas darüber sagen, wie individuelles Verhalten mit dem letztendlichen Wohlergehen zusammenhängt. So kann man zum Beispiel feststellen, ob bestimmte Handlungen mit erklärten Zielen in Einklang stehen – ob zum Beispiel gewisse Handlungen, in denen sich unsere *heutigen* Präferenzen widerzuspiegeln scheinen, mit unserem mutmaßlichen langfristigen Wohlergehen übereinstimmen. In ähnlicher Weise lassen sich Fälle möglicher Dissonanz aufdecken. Zeitinkonsistenz (mit anderen Worten, wenn man heute einen Plan etwa für Sparen und Konsum für die kommenden Jahren aufstellt, sollte man sich im nächsten Jahr tatsächlich so verhalten, wie es der Plan vorsieht, und die darin vorgesehenen Beträge

konsumieren und sparen) ist tatsächlich ein großes Thema in der Verhaltensökonomik. Aber auch hier gibt es eine Uneindeutigkeit. Während wir morgen vielleicht bereuen mögen, dass wir gestern nicht so viel gespart haben, wie wir *heute* wünschen, dass wir gespart hätten, war es in keiner Weise falsch, dass wir nach unseren *damaligen* Vorlieben (Präferenzen) gehandelt haben. In gewisser Hinsicht sollten wir nicht einmal Reue empfinden. Wir wissen vielleicht sogar, dass wir in der Zukunft andere Präferenzen haben werden. Dennoch handeln wir heute danach, was uns heute Vergnügen bereitet, und dies mag durchaus »rational« die Vorstellung berücksichtigen, dass wir es morgen bereuen werden, dass wir uns heute nicht anders verhalten haben. Nur wenn wir uns nicht voll und ganz bewusst sind, was vor sich geht, kann man sagen, dass wir nicht rational handeln. (Über diese Themen gäbe es noch viel mehr zu sagen, aber eine vertiefte Behandlung ginge über den Rahmen dieses Buches hinaus.)

**9** Für eine umfassendere Diskussion und Literaturhinweise vgl. Kapitel 3 und 4.

**10** Ich behaupte nicht, dass sie in allen Gesellschaften die gleiche Form annehmen oder den gleichen Stellenwert haben. Ich teile also nicht den universalistischen Standpunkt, dass es einen einzigen Kanon natürlicher Werte gebe, der nur darauf warte, entdeckt zu werden. Wie die vorstehenden Ausführungen klargemacht haben sollten, räume ich – andererseits – zwar ein, dass Gesellschaften mit anderen Wertesystemen entstehen können, bin aber skeptisch gegenüber der extrem relativistischen Position, wonach alles erlaubt ist. Dies ist zum Teil auf die in Kapitel 10 vorgebrachten Argumente zurückzuführen: Eine gute Gesellschaft braucht ein gewisses Maß an sozialem Zusammenhalt, und es gibt einige Sichtweisen (Werte, Regeln und Vorschriften), die im Widerspruch dazu stehen. Allerdings möchte ich betonen, dass ich hier einen pragmatischen Ansatz verfolge: Angesichts des gegenwärtigen Zustands unserer Gesellschaft habe ich hier die Werte aufgelistet, die allgemeine Zustimmung finden; sie sollten gefördert werden.

## KAPITEL 11 NEOLIBERALER KAPITALISMUS: WARUM ER SCHEITERTE

**1** Robert Bork wurde von Präsident Reagan als Richter am Obersten Gerichtshof nominiert, aber wegen seiner extremen Ansichten wurde die Nominierung abgelehnt. Auf diese Ablehnung geht der Slang-Ausdruck »borked« (dt. »im Eimer«, »kaputt«) zurück. Er legte seine Ansichten zum Wettbewerbsrecht in *The Antitrust Paradoxon* (New York 1978) dar.

2 Kapitel 2 erklärte, warum dies so ist.

3 Vgl. z. B. die Arbeiten von Ed Prescott, der 2004 den Nobelpreis erhielt.

4 Dies hat Mariana Mazzucato in ihrem erkenntnisreichen Buch *Das Kapital des Staates* gut beschrieben.

5 In *Die innovative Gesellschaft* erklären Bruce Greenwald und ich, warum Märkte Innovationsressourcen falsch zuteilen. Vgl. auch Daron Acemoglu, »Distorted Innovation: Does the Market Get the Direction of Technology Right?«, *AEA Papers and Proceedings* 113 (Mai 2023): 1–28.

6 Es gibt zahlreiche Belege dafür, dass wir andere falsch einschätzen – und dass diese Fehleinschätzungen von Bedeutung sind. Vgl. Leonardo Bursztyn und David Y. Yang, »Misperceptions About Others«, *Annual Review of Economics* 14 (August 2022): 425–452.

7 Wo diese Bestimmungen zu einer »Impfstoff-Apartheid« führten, weil große Teile der Weltbevölkerung keinen Zugang zu Impfstoffen hatten. Vgl. die Diskussion im nächsten Kapitel.

8 Viele der gesellschaftlichen Rigiditäten hängen daher mit Überzeugungen und Präferenzen zusammen, die ihrerseits von den Überzeugungen und Präferenzen anderer beeinflusst werden – eine zentrale Botschaft von Teil II dieses Buches und von Demeritt et al., *The Other Invisible Hand.*

9 Obwohl man fairerweise sagen muss, dass dies eher ein Trick als ein Rechtsgrundsatz sein dürfte, da ihre Verweise auf historische Präzedenzfälle und Interpretationen höchst selektiv zu sein scheinen. Sie verwerfen das Prinzip, wenn es ihnen nicht zupasskommt.

10 Wie ich bereits früher, in der Diskussion des Marktfundamentalismus, anmerkte, nenne ich ihn u. a. deshalb eine Religion, weil der Glaube an freie Märkte trotz gegenteiliger empirischer und theoretischer Befunde fortbesteht. Für diejenigen, die daran festhalten, ist er nur schwer oder gar nicht zu widerlegen.

11 Vgl. z. B. die Arbeiten von Joseph Henrich, Robert Boyd, Samuel Bowles, Colin Camerer, Ernst Fehr, Herbert Gintis und Richard McElreath, »In Search of Homo Economicus: Behavioral Experiments in 15 Small-Scale Societies«, *American Economic Review* 91, no. 2 (Mai 2001): 73–78; und einen frühen Überblick über die einschlägige Literatur in den Bänden 1 und 2 des *Handbook of the Economics of Giving, Altruism and Reciprocity*, hg. von Serge-Christophe Kolm und Jean Mercier Ythier, Amsterdam 2006.

12 Für Diskussionen dieser Frage in der politikwissenschaftlichen Literatur vgl. Elizabeth Rigby und Gerald C. Wright, »Political Parties and Representation of the Poor in the American States«, *American Journal of Political Science* 57, no. 3 (Januar 2013): 552–565, und Matt Grossman, Zuhaib Mahmood

und William Isaac, »Political Parties, Interest Groups, and Unequal Class Influence in American Policy«, *Journal of Politics* 83, no. 4 (Oktober 2021).

13 Verschlimmert wird dies noch dadurch, dass die US-Verfassung, die jedem Bundesstaat zwei Senatoren zuspricht, die politische Macht einiger zu gering gewichtet und die anderer übergewichtet.

14 Gleichzeitig braucht es keine Krisen für positive soziale Innovationen und Reformen. Die Einführung der staatlichen Krankenversicherung für ältere Personen (Medicare) im Jahr 1965 geschah in einer Zeit relativen Wohlstands. Vgl. Robert Haveman, »Poverty and the Distribution of Economic Well-Being Since the 1960s«, in *Economic Events, Ideas, and Policies: The 1960s and After*, George L. Perry und James Tobin (Hg.), Washington, D.C., 243–298.

15 Anne Case und Angus Deaton, *Deaths of Despair and the Future of Capitalism,* Princeton, NJ, 2020.

16 In einigen dieser Fälle war es nicht bloß eine »ideologische Welle«, die sich weltweit ausbreitete. Vielmehr intervenierten die USA direkt in Ländern, um sie in die Richtung zu drängen, die Amerika wollte. In anderen Fällen dagegen hat unsere Soft Power eine wichtigere Rolle gespielt.

17 Die absolute Mobilität ist in den USA stark rückläufig. Über 90 Prozent der US-Amerikaner, die im Jahr 1940 geboren wurden, haben auf längere Sicht inflationsbereinigt mehr Geld verdient als ihre Eltern. Aber für diejenigen, die 1984 geboren wurden, ist diese Zahl auf 50 Prozent gefallen. Die relative intergenerationale Mobilität ist in den USA ebenfalls viel niedriger als in ähnlich fortgeschrittenen Volkswirtschaften. Die Wahrscheinlichkeit, dass ein Kind von Eltern im unteren Fünftel der Einkommensverteilung das obere Fünftel erreicht, beträgt 7,5 Prozent, was etwas mehr als die Hälfte der Quote in Kanada ist. Außerdem hat sich diese Quote in den USA nicht verbessert, vielmehr blieb sie für Amerikaner, die zwischen 1970 und 1986 geboren wurden, weitgehend konstant. Für Näheres zu diesen Trends vgl. Arbeiten von Raj Chetty, Nathaniel Hendren, Patrick Kline, Emmanuel Saez und Nicholas Turner, »Is the United States Still a Land of Opportunity? Recent Trends in Intergenerational Mobility«, *American Economic Review* 104, no. 5 (Mai 2014): 141–147; Raj Chetty, Nathaniel Hendren, Patrick Kline und Emmanuel Saez, »Where is the Land of Opportunity? The Geography of Intergenerational Mobility in the United States«, *The Quarterly Journal of Economics* 129, no. 4 (November 2014): 1553–1623; Raj Chetty, David Grusky, Maximilian Hell, Nathaniel Hendren, Robert Manduca und Jimmy Narang, »The Fading American Dream: Trends in Absolute Income Mobility Since 1940«, *Science* 356, no. 6336 (April 2017): 398–406, und Miles Corak und Andrew Heisz, »The Intergenerational Earnings and Income Mobility of

Canadian Men: Evidence from Longitudinal Income Tax Data«, *Journal of Human Resources* 34, no. 3 (Sommer 1999): 504–533.

**18** Aber dieser optimistische Ausblick erhält einen leichten Dämpfer durch Ergebnisse einiger Wahlen in jüngster Zeit, etwa in Schweden, bei denen viele junge Menschen für rechtsextreme Parteien stimmten.

## KAPITEL 12 FREIHEIT, SOUVERÄNITÄT UND ZWISCHENSTAATLICHER ZWANG

1 Vgl. z. B. Stiglitz, *Die Schatten der Globalisierung, Globalization and Its Discontents Revisited* und *Die Chancen der Globalisierung* sowie Charlton und Stiglitz, *Fair Trade for All.*

2 Es wird viel über die Frage diskutiert, warum der IWF auf solche Maßnahmen gedrängt hat, insbesondere dann, wenn die Inflation nicht durch einen gesamtwirtschaftlichen Nachfrageüberhang verursacht wird, sodass sie sich wahrscheinlich nicht durch höhere Zinsen erfolgreich bekämpfen lässt, die sich ihrerseits allerdings negativ auf das BIP und die Beschäftigung auswirken. Höhere Zinsen sind den Interessen der Finanzmärkte dienlich, für deren Interessen sich wiederum das US-Finanzministerium starkmacht, dessen Sichtweise im IWF von jeher tonangebend war.

3 Offiziell betrug der Satz 15 Prozent, aber es wird erwartet, dass die Einnahmen aufgrund von Ausgliederungen deutlich geringer ausfallen.

4 Ein Teil des Problems bestand darin, dass sich in der Formel, nach der »Besteuerungsrechte« zugeteilt wurden, die Interessen der fortgeschrittenen Länder widerspiegelten. Vgl. Julie McCarthy, »A Bad Deal for Development: Assessing the Impacts of the New Inclusive Framework Tax Deal on Low- and Middle-Income Countries«, Brookings Global Working Paper #174 (Mai 2022), und Independent Commission for the Reform of International Corporate Taxation, »ICRICT Response to the OECD Consultation on the Pillar One and Pillar Two Blueprints«, 13. Dezember 2020.

5 Vgl. z. B. Joanna Robin und Brenda Medina, »UN votes to create ›historic‹ global tax convention despite EU, UK moves to ›kill‹ proposal«, International Consortium of Investigative Journalists, 22. November 2023, www.icij.org.

6 Die Tatsache, dass Schuldgefängnisse ein anerkannter Teil der damaligen Rechtsordnung waren, sollte uns daran erinnern, dass sich gesellschaftliche Vorstellungen darüber, was akzeptable und wünschenswerte Veränderungen sind, im Lauf der Zeit erheblich wandeln können. Die Ungerechtigkeiten eines solchen Systems scheinen auf der Hand zu liegen, trotzdem wurde es als eine Warnung an alle, sich nicht zu überschulden, gerechtfertigt, und es

diente zudem den Interessen der Geldgeber – die Drohung mit dem Gefängnis ermöglichte es ihnen, aus den Verwandten des Schuldners Geld herauszupressen.

7 Der PROMESA (Puerto Rico Oversight, Management, and Economic Stability Act) Board wurde von der US-Bundesregierung eingesetzt, die der Insel ihr Recht auf ein eigenes Insolvenzverfahren verweigerte.

8 Dies bedeutet, dass »vertragliche Ansätze« – die Ausarbeitung von Verträgen, die eine zügige Erledigung von Insolvenzfällen ermöglichen – noch schwieriger sind. Zu Beginn des Jahrhunderts waren viele optimistisch, dass solche vertraglichen Ansätze trotzdem für Staatsanleihen funktionieren würden, auch wenn kein Land sich im Innern darauf stützte. Mit der Argentinienkrise wurde klar, dass bessere Verträge halfen, aber sie boten keine umfassende Lösung für die Probleme im Zusammenhang mit der Beilegung von Schulden.

9 Frühere Kapitel haben gezeigt, welche Rolle Ängste bei der Einführung der neoliberalen Agenda auf nationaler Ebene spielten.

10 Diese unmenschliche Härte wurde durch eine Dosis Humanität gemildert, wie sie zum Beispiel in der HIPC-, der Hochverschuldete-arme-Länder-Initiative zum Ausdruck kam, die erhebliche Schuldenerlässe seitens des IWF und multilateraler und bilateraler Geber zum Zweck der Wiederherstellung der Schuldentragfähigkeit beinhaltete. Die Länder mussten eine Reihe von Auflagen erfüllen. Die Initiative begann im Jahr 1996, das Gesamtvolumen der Schuldenerlässe beträgt – nach ihrem abgezinsten Gegenwartswert – schätzungsweise 76 Milliarden Dollar. Aber 25 Jahre später ist das Schuldenproblem zurück. Vgl. International Monetary Fund, »Debt Relief Under the Heavily Indebted Poor Countries (HIPC) Initiative«, www.imf.org/en/About/Factsheets/Sheets/2023/Debt-relief-under-the-heavily-indebted-poor-countries-initiative-HIPC.

11 Letztlich hat die dysfunktionale Politik in Argentinien die Probleme verschärft. Zum gegenwärtigen Zeitpunkt ist unklar, wie Argentinien die *umstrukturierten* Schulden zurückzahlen will; eine weitere Umschuldung ist beinahe unvermeidlich.

12 Selbstverständlich waren die »offiziellen« Gründe andere, und viele Faktoren waren im Spiel. Die USA schienen dabei die treibende Kraft zu sein. Siehe meinen Meinungsbeitrag »A Coup Attempt at the IMF«, Project Syndicate, 27. September 2021, www.project-syndicate.org/commentary/coup-attempt-against-imf-managing-director-georgieva-by-joseph-e-stiglitz-2021-09.

13 Die Verbriefung von Krediten in Wertpapierform hat das Schuldenproblem zweifellos verschlimmert – wie es dies schon in der Finanzkrise von 2008 tat,

die von den USA ausging. Banken und Banker wurden nach dem Volumen der vergebenen Kredite belohnt, wobei sie der Rückzahlungsfähigkeit der Länder zu wenig Beachtung schenkten.

14 Durch sogenannte CDS – Credit Default Swaps –, eine spezielle Sorte von Finanzderivaten, die als eine Art Versicherungspolice fungieren, welche den Gläubiger auszahlt, wenn und nur wenn der Schuldner zahlungsunfähig wurde. Sie spielten eine wichtige Rolle bei der Finanzkrise von 2008.

15 Diwan und Wei haben anhand der IDS-, der International-Debt-Statistics-Datenbank der Weltbank geschätzt, dass China im Jahr 2020 15,1 Prozent der gesamten langfristigen Auslandsschulden (öffentlichen und öffentlich garantierten) der Niedrigeinkommensländer und 9,4 Prozent des Bestands an Auslandschulden der Länder mittleren Einkommens hielt. Ishac Diwan und Shang-Jin Wei, »China's Developing Countries Debt Problem: Options for Win-Win Solutions«, Finance for Development Lab Policy Note 3 (Dezember 2022). Horn et al. benutzten Rohdaten auf der Basis öffentlicher Zusagen, um die Schuldenbestände abzuschätzen, und fanden heraus, dass China unter Berücksichtigung »verborgener« Schulden (das heißt chinesischer Kreditzusagen, die der Weltbank nicht gemeldet wurden) Gläubiger von mehr als 30 Prozent der Auslandsschulden der 50 Länder war, die im Jahr 2016 am höchsten bei China verschuldet waren. Vgl. Sebastian Horn, Carmen M. Reinhart und Christoph Trebesch, »China's Overseas Lending«, *Journal of International Economics* 133 (November 2021): 1–32. In einem *Forbes*-Artikel behauptet Katharina Buchholz, dass »im Jahr 2022 37 Prozent der Schuldendienstzahlungen von Niedrigeinkommensländern an China gingen«, »The Countries Most in Debt to China«, *Forbes*, 19. August 2022.

16 In einigen Fällen hat China sogar eine ähnliche Rhetorik benutzt und behauptet, es habe eine treuhänderische Verpflichtung gegenüber seinen Bürgern, einen möglichst großen Teil seiner Forderungen einzuziehen – so, wie Finanzinstitute behaupten, sie hätten eine treuhänderische Verpflichtung gegenüber ihren Investoren.

17 Aufgrund innenpolitischer Faktoren dürfte es für China schwierig sein, Schulden einfach abzuschreiben; Umschuldungen hingegen fallen dem Land leichter. Diese ermöglichen Zahlungsaufschübe, die den abgezinsten Gegenwartswert der Forderungen verringern – also faktisch einem Schuldenschnitt gleichkommen. Aber es ist oft schwierig, diese Form der Schuldenminderung mit einer direkten Schuldenreduktion zu vergleichen, zum Teil weil der angemessene Abzinsungsfaktor, den man für die Abschätzung des Wertes des Rückzahlungsaufschubs ansetzen sollte, strittig ist.

**18** Für eine umfassendere Darstellung dieser Ereignisse vgl. Stiglitz, *Die Schatten der Globalisierung*. Für eine Diskussion ihrer Folgen vgl. Stiglitz, *Globalization and Ist Discontents Revisited.*

**19** Der »Washington Consensus« war ein Wirtschaftsprogramm, das auf einem Konsens zwischen der Weltbank, dem IWF und dem US-Finanzministerium beruhte, er war kein entwicklungspolitischer Konsens zwischen sämtlichen Staaten darüber, welche Reformen Länder durchführen müssten, um Wachstum zu erreichen. Die Liberalisierung der Kapitalmärkte gehörte nicht zu den ursprünglichen Handlungsempfehlungen, wie sie John Williamson in seiner Zusammenfassung der wirtschaftspolitischen Leitlinien, die die Bretton-Woods-Institutionen nachdrücklich in Lateinamerika propagierten, darlegte: »What Washington Means by Policy Reform«, in *Latin American Readjustment: How Much Has Happened,* John Williamson (Hg.), Washington, D.C., 1989, aber sie wurde schon bald Teil des Standardpakets, das den Entwicklungs- und Schwellenländern aufgedrängt wurde. Für eine umfassendere Diskussion der Fragen vgl. den von Narcis Serra und mir herausgegebenen Band *The Washington Consensus Reconsidered: Towards a New Global Governance* (New York 2008).

**20** Vgl. Bruce Greenwald und Joseph E. Stiglitz, »A Modest Proposal for International Monetary Reform«, in *Time for a Visible Hand: Lessons from the 2008 World Financial Crisis*, Stephany Griffith-Jones, Jose A. Ocampo und Joseph E. Stiglitz (Hg.), Initiative for Policy Dialogue Series (Oxford 2010), 314–344, und »Towards a New Global Reserves System«, *Journal of Globalization and Development* 1, no. 2 (2010), Article 10.

**21** Obwohl sie auch dann noch dafür plädierten, die Instrumente zurückhaltend und nur unter eng definierten Umständen einzusetzen. Die analytischen Grundlagen und auch die empirische Fundierung für ihren langjährigen Widerstand gegen Kapitalverkehrskontrollen waren bestenfalls schwach. Vgl. Joseph E. Stiglitz, »Capital Market Liberalization, Globalization, and the IMF«, in *Capital Market Liberalization and Development*, Jose Antonio Ocampo und Joseph E. Stiglitz (Hg.), Oxford 2008, 76–100. Ich wies nach, dass Kapitalverkehrskontrollen wirtschaftliche Stabilität und Wohlstand fördern können. Vgl. auch Jonathan D. Ostry, Atish R. Ghosh und Mahvash Saeed Qureshi, *Capital Controls*, Cheltenham, GB, 2015 (Ostry war zuvor stellvertretender Leiter der Research-Abteilung des IWF).

**22** Diese Theorie ging von der Annahme vollkommener Wettbewerbsmärkte einschließlich Arbeitsmärkte aus. Aber auf Märkten herrscht kein vollkommener Wettbewerb, und die Globalisierung untergrub die Verhandlungsmacht von Arbeitnehmern und verschlechterte ihre Lage noch stärker als von der Standardtheorie vorhergesagt.

23 Die Frage, ob die USA das internationale regelbasierte System untergraben haben, sollte getrennt von der Frage betrachtet werden, ob der Inflation Reduction Act, unterm Strich, in Anbetracht der von ihm angestoßenen Maßnahmen zur Verringerung klimarelevanter Emissionen als positiv anzusehen ist.

24 Vgl. insbesondere Anmerkung 44 in Kapitel 3.

25 Eine bedeutende Ausnahme von der allgemeinen Tendenz, geistiges Eigentum und Covid-19-bezogene Produkte in privater Hand »zu horten«, war der AstraZeneca-Impfstoff, den das Unternehmen zusammen mit der Universität Oxford entwickelte. Der Hersteller verpflichtete sich, den Impfstoff auf gemeinnütziger Basis an Entwicklungsländer abzugeben. Leider wurden dessen Sicherheit und Wirksamkeit erst später als die der mRNA-Impfstoffe von Pfizer und Moderna nachgewiesen, und er war weniger wirksam. Einige in den Entwicklungsländern lehnten ihn mit der Begründung ab, es sei ein zweitklassiges Produkt, das ihnen aufgedrängt werde.

26 Die USA haben ihre Maßnahmen größtenteils als eine Reaktion darauf, dass sich China nicht an die Regeln halte, dargestellt, aber dies ist etwas unredlich. Für eine Darlegung des US-Standpunkts durch den Nationalen Sicherheitsberater Jake Sullivan vgl. »Remarks by National Security Advisor Jake Sullivan on Renewing American Economic Leadership at the Brookings Institution«, The White House, 27. April 2023.

27 Ich führe einige der in diesem Abschnitt vorgetragenen Ideen weiter aus in Joseph E. Stiglitz, »Regulating Multinational Corporations: Towards Principles of Cross-Border Legal Frameworks in a Globalized World Balancing Rights with Responsibilities«, *American University International Law Review* 23, no. 3 (2007): 451–558, Grotius-Vorlesung, gehalten anlässlich der 101. Jahrestagung der American Society for International Law, Washington, D.C., 28. März 2007; und Joseph E. Stiglitz, »Towards a Twenty-first Century Investment Agreement«, Vorwort im *Yearbook on International Investment Law and Policy 2015–2016*, Lise Johnson und Lisa Sachs (Hg.), Oxford 2017, xiii–xxviii.

28 Kyla Tienhaara, Rachel Thrasher, B. Alexander Simmons und Kevin P. Gallagher, »Investor-State Disputes Threaten the Global Green Energy Transition«, *Science* 376, no. 6594 (13. Mai 2022): 701–703.

29 Noch ein weiteres Beispiel: Der Preis für Erdöl könnte in die Höhe schnellen und Marktlagengewinne erzeugen. Das Land könnte berechtigterweise Marktlagengewinne besteuern wollen, aber wegen des Investitionsabkommens ist es vielleicht nicht dazu in der Lage. Ein wohldurchdachter Vertrag hätte einem ausländischen Ölkonzern nicht erlaubt, sich den hohen unerwarteten

Gewinn unter den Nagel zu reißen, aber Verträge sind in der Regel nicht sorgfältig ausgearbeitet, und kein Vertrag kann zukünftige Entwicklungen vollständig vorhersehen.

30 Vgl. z. B. Malena Castaldi und Anthony Esposito, »Philip Morris Loses Tough-on-Tobacco Lawsuit in Uruguay«, Reuters, 9. Juli 2016.

31 Die Bestimmungen in Kapitel 11 des NAFTA.

32 Dani Rodrik hat dies »vorzeitige Deindustrialisierung« genannt. Vgl. Dani Rodrik, »Premature Deindustrialization«, *Journal of Economic Growth* 21, no. 1 (2016): 1–33.

33 Dies entspricht weitgehend dem klassischen Verständnis von Freiheit, wie es von Mill vertreten wurde. Meine Diskussion in früheren Kapiteln hat betont, dass externe Effekte viel häufiger vorkommen, als es Mill zu glauben schien, und das Gleiche gilt für Situationen, in denen kollektives Handeln dem Allgemeinwohl förderlich sein könnte. Wie oben erwähnt, verursacht das Verhalten *großer* Länder wie der USA erhebliche Externalitäten, und eine Regulierung ihres Verhaltens, die dazu führte, dass sie die Auswirkungen ihrer Externalitäten berücksichtigen würden, wäre wünschenswert.

34 Betrachten wir Kapitalmarktregulierungen, die den Zustrom von ausländischem Kapital einschränken. Kapitalisten in den USA werden nur in dem Maße geschädigt, in dem ihnen eine Investitions- (bzw. Ausbeutungs-)Möglichkeit genommen wird, und dies sollte kein ausreichender Grund für Einmischungen sein. Bekanntlich nahm der Westen in den Opiumkriegen die entgegengesetzte Haltung ein; ich halte sie für falsch, und sie hat die Beziehungen zwischen dem Westen und China lange Zeit schwer belastet.

35 Höchstwahrscheinlich hatte ihre entschiedene Befürwortung der Kapitalmarktliberalisierung mehr mit ihrer Überzeugung zu tun, diese würde zahllose neue Profitchancen eröffnen, als mit ihrer tiefen Sorge um das Wohl der Entwicklungsländer.

36 Wir können uns diesen Fragen auch aus der Sicht eines Smith'schen »unparteiischen Zuschauers« nähern. Rawls selbst widerstrebte es, sein analytisches Modell in einem solchen kulturübergreifenden Kontext anzuwenden. Er skizzierte eine Vision für Fairness in einem globalen Rahmen in »The Law of Peoples«, *Critical Inquiry* 20, no. 1 (1993): 36–68. Allerdings lösten diese Bemühungen gut begründete Vorwürfe des kulturellen Relativismus aus. Vgl. Patrick Hayden, »Rawls, Human Rights, and Cultural Pluralism: A Critique«, *Theoria: A Journal of Social and Political Theory*, no. 92 (1998): 46–56. Die Themen regten zahllose Publikationen an, in die wir uns hier nicht näher vertiefen können und die ähnliche Fragen aufwarfen wie diejenigen, die in Anmerkung 3, Kapitel 5, Anmerkung 10 im nächsten Kapitel und den Anmer-

kungen 7 und 10 in der Einleitung von Teil III diskutiert wurden. So wissen wir zum Beispiel hinter dem Schleier des Nichtwissens nicht, wie risikoscheu wir sein werden, und wenn wir dies nicht wissen, können wir alternative Risikosituationen nicht gut einschätzen. Da ich hier internationale *Wirtschafts*abkommen betrachte, stelle ich weniger Anforderungen an die Theorie, als es Rawls tat, das heißt, ich diskutiere weder Fragen der Menschenrechte noch internationale Verpflichtungen reicher Länder, den armen Hilfe zu leisten.

## KAPITEL 13 PROGRESSIVER KAPITALISMUS, SOZIALDEMOKRATIE UND EINE LERNENDE GESELLSCHAFT

1 Das heißt, neue Erkenntnisse oder auch veränderte Ansichten darüber, wie die Wirtschaft funktioniert, wirken sich auf die Funktionsweise der Wirtschaft aus. Dies gilt unabhängig davon, ob diese Überzeugungen wahr sind. Der Neoliberalismus beruhte auf einem (falschen) theoretischen Modell des Wirtschaftsgeschehens; aber in dem Maße, wie sich neoliberale Ideen ausbreiteten, änderten sich Gesetze und Verhaltensweisen und mit ihnen das Wirtschaftssystem. Ideen sind einflussreich. In diesem Fall war ihr Einfluss schädlich.

2 Für eine ausführlichere Diskussion über die zentralen Voraussetzungen einer lernenden Gesellschaft vgl. Stiglitz und Greenwald, *Die innovative Gesellschaft*.

3 Ich habe ausführlich beschrieben, wie der Neoliberalismus uns in die entgegengesetzte Richtung drängte. Während Anhänger des Neoliberalismus hervorhoben, dass dieser auf wachstumsfördernde technologische und politische Veränderungen dränge, sah er kaum Mechanismen vor, die es den Leidtragenden erlaubt hätten, mit diesen Veränderungen zurechtzukommen. Dies führte dazu, dass populistische Kräfte bei betroffenen Bevölkerungsgruppen auf wachsende Resonanz stießen. Die Gegenreaktionen gegen »Fortschritte« wie Handelsliberalisierung und auch gegen die Wissenschaft und Hochschulen, die in vielen Teilen der Welt zu sehen sind, deuten darauf hin, dass sich auch die Geschwindigkeit des technologischen Wandels und der Anstieg des Lebensstandards im engeren Sinne womöglich verlangsamen.

4 Nehmen wir zum Beispiel das folgende Zitat aus *Der Wohlstand der Nationen* (München 2009), S. 85: »Unsere Kaufleute und Unternehmer klagen zwar über die schlimmen Folgen hoher Löhne, da sie zu einer Preissteigerung führen, wodurch ihr Absatz (…) zurückgehe, doch verlieren sie kein Wort über die schädlichen Auswirkungen ihrer hohen Gewinne. Sie schweigen einfach über die verwerflichen Folgen der eigenen Vorteile und klagen immer nur über die anderen Leute.«

5 Dafür gibt es viele Erklärungen. Vgl. Joseph E. Stiglitz, »Technological Change, Sunk Costs, and Competition«, Brookings Papers on Economic Activity, Economic Studies Program, Brookings Institution, vol. 1987, no. 3 (1987): 883–947. Ich diskutiere dort, wieso schon geringe versunkene Kosten das Fortbestehen hoher Monopolgewinne ermöglichen – ausschlaggebend für einen Markteintritt sind nicht die heutigen Gewinne, sondern die Gewinne nach vollzogenem Markteintritt. Etablierte Unternehmen, die Gewinne erwirtschaften, können Maßnahmen ergreifen, die klarmachen, dass der Neuling nach dem Markteintritt mit einem scharfen Wettbewerb und niedrigen Gewinnen zu rechnen hat. Es gibt eine Vielzahl derartiger Strategien zur Eintrittsabschreckung. Auch ohne aktive Abschreckungsmaßnahmen mögen die hohen finanziellen Kosten des Markteintritts von einem solchen abhalten.

6 Friedman war der Auffassung, dass die Regierung beim Auftreten von Externalitäten etwas tun sollte, um sie abzumildern (Regulierungsmaßnahmen lehnte er ab und bevorzugte Preisinterventionen). Seines Erachtens begingen Unternehmen einen Fehler, wenn sie auch nur die geringste Verantwortung für Externalitäten übernahmen, sofern der Staat dies nicht tat. Aber seine Argumentation war logisch inkonsistent. Die Maximierung des Unternehmenswertes (Aktionärsvermögens) durch mächtige Konzerne, die die Politik vor Regulierung warnten, führte zu unzulänglichen staatlichen Maßnahmen.

7 Friedman, »The Social Responsibility of Business Is to Increase Its Profits«.

8 Vgl. Joseph E. Stiglitz, »On the Optimality of the Stock Market Allocation of Investment«, *Quarterly Journal of Economics* 86, no. 1 (1972): 25–60 (vorgestellt auf den Far Eastern Meetings of the Econometric Society, Juni 1970, Tokio), Sandy Grossman und Joseph E. Stiglitz, »On Value Maximization and Alternative Objectives of the Firm«, *Journal of Finance* 32, no. 2 (1977): 389–402, und Sandy Grossman und Joseph E. Stiglitz, »Stockholder Unanimity in the Making of Production and Financial Decisions«, *Quarterly Journal of Economics* 94, no. 3 (1980): 543–566.

9 Die Transaktionskosten, die in der Regel in ökonomischen Analysen ausgeklammert werden, können einen starken Einfluss auf die Funktionsweise eines Wirtschaftssystems ausüben, auch auf die Existenz und Aufrechterhaltung von Machtverhältnissen. Sammelklagen sind deshalb so wichtig, weil die Kosten von Rechtsbehelfen gegen unrechtmäßige Handlungen eines Unternehmens für einen Einzelnen oftmals unerschwinglich hoch sind. Wie schon erwähnt, haben Fortschritte in der Wirtschaftstheorie in den letzten Jahrzehnten gezeigt, dass selbst sehr geringe Kosten die Ergebnisse drastisch verändern können.

10 So wissen wir zum Beispiel nicht, wie risikoscheu wir hinter dem Schleier des Nichtwissens sein würden. Wenn wir dies nicht wissen, können wir alternative Risikosituationen nicht gut einschätzen. Wir könnten dieses Problem selbstverständlich auch so betrachten, als befänden wir uns hinter dem Schleier des Nichtwissens – zum Beispiel ausgehend von der Annahme, dass wir alle mit gleicher Wahrscheinlichkeit unterschiedliche Grade der Risikoaversion haben. Hier klammern wir dies und andere damit zusammenhängende analytische Subtilitäten aus. Vgl. auch die Diskussion in Anmerkung 3 von Kapitel 5, Anmerkung 36 von Kapitel 12 und den Anmerkungen 7 und 10 zu der Einleitung von Teil III.

11 Diese Erklärung erkannte auch viele der anderen Rechte und Merkmale einer gerechten Gesellschaft an, die im Mittelpunkt dieses Buches stehen. Es war eine globale Übereinkunft über ein »von allen Völkern und Nationen zu erreichendes gemeinsames Ideal«. Leider haben konservative Regierungen das nationale britische Gesundheitssystem (National Health Service) lange Zeit unterfinanziert und dadurch dessen Fähigkeit beeinträchtigt, die notwendigen Gesundheitsleistungen zu erbringen.

12 Es gibt viele weitere Bereiche, wo die »öffentliche Option« die Wahlmöglichkeiten erweitern und den Wettbewerb beleben könnte – zum Beispiel bei der Vergabe von Hypothekendarlehen oder bei Rentenversicherungspolicen. In einem Land wie den USA, in dem viele weiterhin fest davon überzeugt sind, die Privatwirtschaft sei effizienter und gehe besser auf individuelle Bedürfnisse und Wünsche ein, ist die öffentliche Option besonders wichtig. Insoweit diese Überzeugung zutrifft, wird die öffentliche Option nicht in Anspruch genommen werden; insoweit sie nicht zutrifft, wird sie genutzt werden.

13 Die öffentliche Option verdeutlicht, dass die Details der institutionellen und rechtlichen Strukturen, die den progressiven Kapitalismus definieren, sich von Land zu Land unterscheiden und von seiner jeweiligen Geschichte und Kultur abhängen. Es gibt nicht die eine und einzige Form des progressiven Kapitalismus. Die Ausarbeitung dieser Details verdeutlicht auch die Größe der Herausforderung, die vor uns liegt.

14 Die Regierung Clinton bemühte sich, entschiedene Maßnahmen gegen den Klimawandel zu ergreifen und das Gesundheitssystem zu reformieren, um den Zugang zur Gesundheitsversorgung zu verbessern, aber diese Bemühungen scheiterten. Andererseits folgte sie der neoliberalen Doktrin, indem sie einen ausgeglichenen Haushalt anstrebte – sie erzielte sogar einen Überschuss – und den Finanzmarkt deregulierte. Für eine umfassendere Darstellung vgl. mein Buch *Die Roaring Nineties* oder Nelson Lichtenstein und Jill Stein, *A Fabulous Failure: The Clinton Presidency and the Transformation of American Capitalism*, Princeton, NJ, 2023.

15 Dies ist ein Beispiel für einen Bereich, wo die Annahme effizienter Märkte falsch ist: Es sollte offenkundig sein, dass Märkte für viele der größten Risiken, denen Menschen ausgesetzt sind, keinen Versicherungsschutz anbieten.

16 Und tatsächlich waren die makroökonomischen Misserfolge größtenteils der ideologischen Überzeugung geschuldet, Märkte würden sich von selbst korrigieren. Daher bedürfe es keiner strengen Bankenregulierung.

17 Ich möchte jedoch betonen, dass der Erfolg des progressiven Kapitalismus nicht davon abhängt, dass die utopische Wunschvorstellung einer grundlegenden Wandlung aller Menschen in Erfüllung geht. Vielmehr geht er von der Tatsache aus, dass Menschen das Wirtschaftssystem formen und von ihm geformt werden. Es muss eine Kongruenz geben, und zwar nicht nur in einem mythischen »langfristigen Gleichgewicht«, sofern dies überhaupt erreichbar wäre. Es muss durch einen evolutionären Prozess erreicht werden, *der von dort ausgeht, wo wir heute stehen.* Auch wenn Menschen so egoistisch sind, wie es die herrschende Wirtschaftstheorie annimmt, funktioniert der progressive Kapitalismus gut. Aber er könnte noch besser funktionieren, wenn mehr Menschen rücksichtsvoller gegenüber anderen wären.

## KAPITEL 14 DEMOKRATIE, FREIHEIT, SOZIALE GERECHTIGKEIT UND DIE GUTE GESELLSCHAFT

1 In seiner Rede zur Amtseinführung im Jahr 1981 relativierte er die Aussage ein wenig: »*In der gegenwärtigen Krise* ist die Regierung nicht die Lösung für unser Problem; die Regierung ist das Problem« (Hervorhebung durch den Verfasser), aber seine Botschaft war als eine allgemeine Aussage intendiert.

2 Vgl. Jonathan J. B. Mijs und Elizabeth L. Roe, »Is America Coming Apart? Socioeconomic Segregation in Neighborhoods, Schools, Workplaces, and Social Networks, 1970–2020«, *Sociology Compass* 15, e12884 (2021).

3 Wenn die grundlegenden Meinungsverschiedenheiten über die Regeln, die eine gute, gerechte Gesellschaft ausmachen, eine gewisse kritische Schwelle überschreiten, dann kann eine Gesellschaft letztlich nicht mehr gut funktionieren, so sie denn überhaupt noch funktioniert. Wenn ein enger Zusammenhang zwischen einem Territorium (Region) und Überzeugungen besteht, kann es durchaus wünschenswert sein, den territorialen Einheiten eine gewisse Autonomie bei der Festsetzung der Regeln einzuräumen oder sogar eine politische Trennung in Erwägung zu ziehen. Die Frage der Grenzen von Ländern und der Vorteile einer Dezentralisierung hoheitlicher Befugnisse wird seit Langem von Wirtschafts- und Politikwissenschaftlern erforscht. Vgl. z. B.

Alberto Alesina und Enrico Spolare, »On the Number and Size of Nations«, *Quarterly Journal of Economics* 112, no. 4 (1997): 1027–1056, und Joseph E. Stiglitz, »Devolution, Independence, and the Optimal Provision of Public Goods«, *Economics of Transportation* 4 (2015): 82–94, geschrieben mitten in der Debatte über die Unabhängigkeit Schottlands.

4 Vgl. Adam Smith, *Theorie der ethischen Gefühle,* Hamburg 2021, III:V (S. 257, 260). Es mag den Anschein haben, als stünde dieses Zitat im Widerspruch zu der bekannteren Aussage über die segensreichen Wirkungen eigennützigen Handelns. Ein Teil der Auflösung dieses Widerspruchs liegt im (gesellschaftlichen) »Ruf«: Es wäre nicht im eigenen Interesse eines Individuums, sich auf eine Weise zu verhalten, die nicht vertrauenswürdig ist. Aber hinter Smiths Auffassung steckt noch mehr: Wenn man in einer Weise handelt, die nicht vertrauenswürdig ist, treten externe Effekte auf (um die heutige Terminologie zu benutzen), weil derartiges Verhalten zu einer Gesellschaft führt, in der es an Vertrauen mangelt, und dies untergräbt eine Marktwirtschaft. Smith hebt hervor, dass Menschen in einer guten Gesellschaft diese Externalität internalisiert haben und sich entsprechend verhalten. Für eine hervorragende Diskussion vgl. Jerry Evensky, »Adam Smith's Essentials: On Trust, Faith, and Free Markets«, *Journal of the History of Economic Thought* 33, no. 2 (2011): 249 – 267.

5 Die Standardökonomik sagt, dass Reputationsmechanismen einen Schutz gegen solche opportunistischen Verhaltensweisen bieten – aber es ist offensichtlich, dass derartige Mechanismen nur einen eingeschränkten Schutz darstellen. Der wichtigste Schutzmechanismus gegen solche abweichenden Verhaltensweisen sind jedoch gesellschaftliche Normen: Wir müssen Menschen Normen »anständigen« Verhaltens einprägen. Aber leider leistet unsere gegenwärtige Wirtschafts- und Gesellschaftsordnung dies nur unzureichend.

6 In Entwicklungs- und Schwellenländern ist die Lage noch schlechter. Wie ich in Kapitel 12 erörterte, haben Länder unter dem Einfluss des IWF ihre Kapitalmärkte »liberalisiert«, mit negativen Auswirkungen auf ihre Wirtschaft und Demokratie. Länder, die liberalisiert haben, befürchten den Verlust von Kapital, wenn sie eine Politik verfolgen, die den internationalen Finanzmärkten missfällt – wozu auch das Rückgängigmachen der Kapitalmarktliberalisierung gehört.

7 Während diese Sichtweise von einer umfangreichen Literatur gestützt wird, gibt es einige Rechtsstehende, die behaupten, das Problem sei, dass sie nicht genügend Einfluss hätten. Wäre es anders, dann wäre ein Populist wie Trump niemals gewählt worden. Allerdings ist völlig klar, dass er nach seiner ersten Wahl eine Politik betrieb, die im Interesse der Superreichen war, wie es die Steuersenkung von 2017 belegt. Vgl. Greg Mankiws Blog »Who Is the

Prototypical Rich Person?«, 23. Januar 2019, https://gregmankiw.blogspot.com/2019/01/who-is-prototypical-rich-person.html.

**8** In gewisser Weise ist die extreme Spaltung vielleicht verständlich: In Anbetracht der Tatsache, dass die Agenda der Rechten von einer deutlichen Minderheit unterstützt wurde, mussten sie tun, was sie konnten, solange sie an der Macht waren, um sicherzustellen, dass ihre Minderheit die Schalthebel der Macht kontrollierte, zumindest so weit in die Zukunft hinein, wie sie konnten.

**9** Martin Wolf, *The Crisis of Democratic Capitalism*, New York 2023.

**10** Dies ist selbstverständlich nur eines von vielen Beispielen für die Fehlinterpretation historischer Ereignisse. Hitlers Aufstieg wird auf die hohe Inflation zurückgeführt – und diese »Tatsache« wird oft als Erklärung für die besonders ausgeprägte Inflationsangst der Deutschen herangezogen. Tatsächlich hatte Hitlers Aufstieg viel mehr mit der hohen Arbeitslosigkeit und der Weltwirtschaftskrise zu tun.

**11** Die Tatsache, dass das Überleben der Demokratie in den USA ein so großer Anlass zur Sorge geworden ist, was sich in Bestsellern wie *How Democracies Die* niederschlägt, sagt eine Menge über den gegenwärtigen Zustand der USA aus. Vgl. Steven Levitsky und Daniel Ziblatt, *How Democracies Die*, New York 2019.

# REGISTER


## A

Arnault, Bernard 175
Arrhenius, Svantje 87
Arrow, Kenneth 127f., 426
Ausbeutung 21f., 41f., 51, 58f., 71, 79, 144ff., 158ff., 176, 178ff., 182ff., 186f., 194f., 197f., 205ff., 232, 236, 240, 242ff., 247f., 252, 295, 301, 304, 323, 345, 350, 352, 368, 370, 376
Austerität 308, 455

## B

Becker, Gary S. 225f., 410, 419
Bentham, Jeremy 381, 456
Berlin, Isaiah 11, 86, 405
Bernanke, Ben 358
Bezos, Jeff 118, 179, 294
Biden, Joe 341, 354
Bilgrami, Akeel 230f., 277
BIP *siehe* Bruttoinlandsprodukt
Bismarck, Otto von 151
Blair, Tony 62, 69, 369
Blankfein, Lloyd 198, 440
Bolsonaro, Jair 317, 390
Boric, Gabriel 356
Bork, Robert 301, 458
Bruttoinlandsprodukt 26f., 66f., 72, 87, 115, 178ff., 301, 305, 308, 409, 461
Buchanan, James 410
Bush, George W. 12, 15, 387

## C

Cap-and-Trade-System 419
Caveat-emptor-Grundsatz 198, 242, 244, 440
Chapman, Bruce 154
Cicero, Marcus Tullius 31
Clinton, Bill 15f., 25, 62, 65, 69, 369
Coase, Ronald 106–109, 302, 419f.
Codrington, Christopher 287
Cruz, Ted 13

## D

Debreu, Gerard 127f., 426
Deindustrialisierung 15, 21, 62, 71f., 316, 339, 348, 412
Demeritt, Allison 221
Deregulierung des Finanzsektors 12, 15f., 21, 61f., 65, 103, 302, 318, 358, 402, 411
Dickens, Charles 330, 408
Donne, John 31
Duke, James Buchanan 185

## E

Eigentum, geistiges 44, 200f., 203f., 326, 352
Eigentumsrechte 22, 32, 36, 43f., 107f., 112, 142ff., 156, 158, 163–173, 202ff., 302, 419, 422, 432f., 452
Einkommen 37ff., 76, 79, 159ff., 163, 170, 175, 177f., 182, 184, 186, 202, 295, 430, 433, 441
Einkommenskonzentration 306
Einkommensungleichheit 175, 177, 379, 388
Einkommensverteilung 22, 75, 79f., 173f., 181, 186, 200, 295, 368, 414f., 427, 434
Engels, Friedrich 57
Enteignung 32, 165, 168, 342f.
Externalitäten 86f., 89–94, 99–109, 112, 114, 121, 134, 155, 161, 180, 212, 218ff., 224, 246, 250, 258, 273, 278ff., 300, 302f., 305, 312, 324f., 369, 418, 420, 468

## F

Feudalismus 293
Finanzialisierung 25, 91
Finanzkrise (2008) 15f., 21, 65, 67f., 70, 80, 91, 157, 185, 233, 235, 308, 361, 385, 463
Finanzmarktliberalisierung 70f., 80, 106, 369
Fitoussi, Jean-Paul 26, 430, 447
Fleischacker, Samuel 139
Franco, Francisco 309
Freihandelsabkommen 22, 62, 338f., 346, 369
Friedman, Milton 17, 20f., 37, 46, 52–55, 62f., 67, 72–76, 78–81, 86, 101ff., 106, 109f., 114, 183, 195, 222f., 299, 349, 364, 383, 386, 390f., 410, 412, 420, 468
Friedman, Rose 37, 183
Fukuyama, Francis 64

## G

Galbraith, John Kenneth 195f.
Gates, Bill 118, 179, 185
Gesellschaft, gute 27, 37, 39, 219, 248, 296ff., 383, 406, 431, 458
Gesellschaftsvertrag 45, 137–148, 155f., 158, 164, 168, 181, 427
Globalisierung 22, 25, 92, 187, 327, 337, 461
Gneezy, Uri 223
Governance 350, 357, 361, 363
Gramsci, Antonio 22
Greenspan, Alan 358, 404
Greenwald, Bruce 92, 407, 412, 417
Große Depression 21, 58f., 65f., 69, 75, 129, 301, 307, 316, 358f., 402
Große Rezession 129, 301f., 307, 358f. *siehe auch* Finanzkrise (2008)
Grossman, Sandy 364
Güter, öffentliche 121f., 133f., 177, 217, 220, 262, 302, 382, 423f., 426f.

## H

Handeln, kollektives 18, 21, 31, 36, 45, 51, 75, 118, 153, 261, 280, 369ff., 377, 382
Handelsabkommen 322ff., 337, 339, 347, 353 *siehe auch* Freihandelsabkommen
Hand, unsichtbare 56, 72, 93, 221, 310, 444
Hardin, Garrett 44, 407
Hawksmoore, Nicholas 287

Hayek, Friedrich von 17, 20, 46, 52–55, 62, 73–76, 78–81, 86, 101f., 106, 109, 383, 386, 390f., 410
Heisenberg, Werner 456
Henry, Patrick 33
Hitler, Adolf 390
Hobbes, Thomas 45, 57, 408
Hoff, Karla 221
Holmes, Oliver Wendell 132
Hume, David 442

**I**

Inflation 61, 92, 152, 305, 307, 325, 437f., 461, 472
Investitionen 104f., 119, 131, 136, 144, 150, 181, 303, 370, 418, 423
Investitionsabkommen 50, 342ff., 346f., 349, 351, 369

**J**

Jefferson, Thomas 405
Jevons, William Stanley 408
Johnson, Lyndon B. 151

**K**

Kahneman, Daniel 213, 311
Kapitalismus, progressiver 33, 51, 54, 82, 305f., 356f., 360, 363, 365, 368f., 373f., 381, 383, 389, 391ff., 395f., 469f.
Kapitalmarktliberalisierung 304, 335f., 349, 354, 410
Keynes, John Maynard 59, 81f., 288, 408
Kommunismus 64, 293, 360, 369

**L**

Lehman, Gebrüder 185
Leitzinsen 305, 308, 325
Liberalismus 58, 65f. *siehe auch* Neoliberalismus
Libertarismus 13, 33, 38, 148, 159f., 177f., 188, 380, 404f.
Locke, John 45
Lucas, Robert 77, 295, 414, 419

**M**

Macri, Mauricio 264, 331, 452
Macron, Emmanuel 115
Mankiw, Gregory 413
Marktdisziplin 64
Markteffizienz 25, 42, 56f., 66, 72, 93, 127f., 183, 193, 238, 243, 246, 253, 418, 426, 429
Marktfundamentalismus 127, 411, 425
Marktmacht 41, 48, 57, 74, 79, 141, 146, 160, 183–186, 188f., 192–196, 198, 201, 206, 232, 240f., 250–255, 260, 265, 269, 272, 289, 301, 306, 352, 385, 389
Marktversagen 26, 72, 110, 148, 161, 174, 300ff., 304ff., 410
Marktwirtschaft 25, 38, 51, 55f., 64, 78, 128, 175f., 183, 186, 207, 234, 240, 271, 375, 377, 384
Marx, Karl 58
Mill, John Stuart 17, 19, 46, 86, 273, 408
Modi, Narendra 317, 390
Monopole 188f., 193, 439, 453
Monopolisierung 20, 25, 168
Monopolmacht 168f., 188f., 199f., 205, 441
Monopsonmacht 187
Musk, Elon 179, 250, 255, 359, 387
Mussolini, Benito 390

## N

Neoliberalismus 21, 26f., 33, 50, 53, 65–69, 71, 76, 80ff., 103, 112, 133, 174, 215, 232, 238, 263, 265, 270, 293, 299–302, 304–307, 309, 313f., 316ff., 325, 339, 341, 348ff., 356, 361, 364f., 369, 372f., 379, 384–388, 390f., 395, 411, 467
New Deal 59, 316, 319, 409

## O

Obama, Barack 341, 431
OECD 78, 328, 415
Orbán, Viktor 29, 317
Orwell, George 227f., 271, 391
Ostrom, Elinor 111

## P

Pareto-Kriterium 294–297
Paul, Ron 13
Pigou, Arthur C. 420
Pinochet, Augusto 63, 309
Polarisierung 256ff., 262, 271, 286, 288, 350, 379f., 450
Positivismus 294f., 456
Prädistribution 181, 381, 434
Präferenzen, endogene 212, 216, 220, 224, 231, 296, 407, 457
Preisdiskriminierung 251, 253, 269f., 449f.
Preise 75, 109f., 114, 127f., 160, 176, 190, 253, 306, 418, 420, 449
Preismechanismus 102, 109, 221
Privatisierung 61f., 108f., 111f., 114, 303, 318, 423
Pro-Kopf-Einkommen 71, 371, 409
Putin, Wladimir 72, 118, 307, 390

## R

Rand, Ann 404
Rawls, John 138f., 155, 157, 229, 285, 352, 381, 427f., 434, 466
Reagan, Ronald 12, 15f., 51, 62, 70, 316, 364, 369, 376
Regulierung 53, 111–114, 116, 129, 133, 144, 165, 236, 246, 265–269, 303, 351, 369, 376, 378, 385, 388, 466, 468
Reich, Robert 410
Rent-Seeking 41, 179, 254, 304, 407
Rezession 70, 92, 333
Ricardo, David 408
Risikomärkte 93, 150, 304
Rockefeller, John D. 185, 232
Roosevelt, Franklin D. 14, 59, 81f., 150, 153, 410
Rubin, Robert 410
Rustichini, Aldo 223

## S

Sackler, Familie 228f., 232
Salazar, António de Oliveira 309
Samuelson, Paul 66, 423
Santorum, Rick 13
Sarkozy, Nicolas 26
Schäuble, Wolfgang 50
Schiffrin, Anya 249
Schröder, Gerhard 62, 69, 369
Schulden 103–106, 276, 305, 330–336, 347, 418, 462
Schuldenkrise 325
Schumpeter, Joseph 413
Sen, Amartya 26, 445
Senior, Nassau William 161, 432
Silva, Luiz Inácio da 336
Smith, Adam 56ff., 72, 93, 95, 103,

126f., 139ff., 156f., 221, 229, 285, 310, 362, 364, 384, 444
Sozialdemokratie 33, 50, 356, 369, 392
Sozialisation 216, 219f., 225, 238
Stalin, Josef 390
Steuern 17, 24, 34, 38ff., 77, 113, 115f., 118f., 122, 129, 132, 136, 138, 144, 155, 158f., 161, 177ff., 182, 219, 262, 306, 314, 325, 327ff., 344, 346f., 349, 359, 369, 388, 413, 428, 434f., 439
Steueroasen 325
Stigler, George 410, 419, 448
Subventionen 112f., 370
Summers, Larry 410

## T

Taylor, John 410
Thatcher, Margaret 62, 70, 364, 369, 373
*Trade-offs* 17, 40f., 44, 97f., 100, 116, 178f., 181f., 189, 203, 275, 277f., 295
*Transparenz* 42, 146, 243–246, 249f., 268, 282, 304, 372, 448
Trickle-down-Ökonomie 61, 69, 76, 263, 338, 414
Trump, Donald 29, 70, 80, 180f., 184, 220, 261, 314, 316f., 341, 354, 371, 385, 387, 390f., 436, 471
Tversky, Amos 213

## U

Umverteilung 139, 161, 171, 178–181, 186, 191, 219, 306, 434, 456
Utilitarismus 456

## V

Verhaltensökonomik 23, 37, 46, 181, 213f., 216, 227, 232, 245, 257, 312, 406f., 458
Vermögen 51, 160, 162, 170ff., 175, 177, 182, 185
Vermögenskonzentration 52, 293, 306, 367
Vermögensungleichheit 162, 177, 348, 379
Vermögensverteilung 22, 75, 80, 160, 170, 173, 200, 368, 427
Verträge 22, 44f., 135ff., 142–146, 158, 246, 322, 384
Vertragsdurchsetzung 20, 36, 45, 142, 144, 155f., 246
*Vertragsfreiheit* 32, 143, 197, 246, 248, 452
Volcker, Paul 325

## W

Walras, Léon 126
Weinstein, Harvey 146
Weitzman, Martin 421
Weltwirtschaftskrise 21, 58, 316, 472 *siehe auch* Große Depression
Wettbewerb 20, 51ff., 56, 59, 72, 75, 79, 110, 126, 142, 158, 160, 176, 187, 193ff., 198, 250, 252, 301, 306, 362, 368, 389, 406, 412f., 440, 448
Wettbewerbsgesetze 20, 53, 195, 263, 306, 385
Wettbewerbsmarkt 25, 72, 128, 160, 173, 175f., 241, 243, 253, 383, 385, 429, 438, 449, 464
Wettbewerbsökonomie 126, 177f., 225, 362
Wolf, Martin 389

## Z

Zuckerberg, Mark 255, 387

»Wir brauchen dieses Buch.«
*Ibram X. Kendi*

**Von 0 auf Platz 1 der *New-York-Times*-Bestseller-Liste: Clint Smith mit dem Buch der Stunde**

Clint Smith nimmt seine Leser mit auf eine einzigartige Reise zu den Wahrzeichen und historischen Stätten Amerikas, die von der Geschichte der Sklaverei künden. Doch ist die Wahrheit über die Unterdrückung und das Leid unter den vielen Schichten der Erinnerung verschüttet. Clint Smith fördert sie wieder zutage. Dabei folgt er den Spuren des transatlantischen Sklavenhandels von New Orleans nach Monticello bis zum berüchtigten Angola Prison und offenbart uns, wie dieser in der gegenwärtigen Erinnerungskultur, in Erzählungen und Monumenten nachwirkt. Brillant veranschaulicht er, wie eng alltägliche Orte, Feiertage und ganze Stadtteile mit diesem gewaltsamen Kapitel der amerikanischen Geschichte verflochten sind und so noch immer die Gegenwart prägen.

Siedler